Synthex
Informatique

UML 2
Pratique de la modélisation

3e édition

Benoît Charroux
EFREI (École d'ingénieur)

Aomar Osmani
université Paris XIII

Yann Thierry-Mieg
université Paris VI

PEARSON
Education

ISBN : 978-2-7440-7466-0
ISSN : 1768-7616

Mise en page : Compo-Méca.

2 3 4 5 6 7 8 9 OACI 20 19 18 17
407466 ABCD OF10

Sommaire

Les auteurs

Benoît Charroux est docteur en informatique. Après avoir mené des travaux de recherche en traitement d'images, il se consacre maintenant exclusivement à la formation. Ayant dirigé le département informatique de l'ESIGETEL, il gère à présent les enseignements de l'informatique à l'EFREI (École d'Ingénieurs des Technologies de l'Information et de la Communication). Il enseigne les technologies orientées objet (UML, Java, C++, EJB) dans de nombreux établissements : écoles d'ingénieurs, universités, et entreprises.

Aomar Osmani est docteur en informatique et maître de conférences à l'université Paris XIII. Il mène des travaux de recherche en diagnostic de systèmes dynamiques, en raisonnement temporel et en apprentissage artificiel. Ces activités d'enseignement portent sur la plupart des domaines de l'informatique (architecture des ordinateurs, réseaux, systèmes, bases de données). Il a principalement enseigné ces dernières années les technologies orientées objet et le génie logiciel, et a participé, à l'institut universitaire de technologie de Paris XIII, à la création et à la direction de groupes de licence professionnelle.

Yann Thierry-Mieg est docteur en informatique et maître de conférences. Ses problématiques de recherche sont centrées sur la modélisation et la vérification formelle de systèmes informatiques, plus particulièrement répartis, en vue de fournir des outils pour vérifier de manière automatique le comportement d'un système à partir de son modèle. Il enseigne à Paris VI ainsi qu'à l'EFREI les systèmes d'information, les technologies orientées objet et les méthodologies de développement.

Introduction

L'approche objet est incontournable dans le cadre du développement de systèmes logiciels complexes, capables de suivre les évolutions incessantes des technologies et des besoins applicatifs. Cependant, la programmation objet est moins intuitive que la programmation fonctionnelle. En effet, il est plus naturel de décomposer les problèmes informatiques en termes de fonctions qu'en termes d'ensembles d'objets en interaction. De ce fait, l'approche objet requiert de modéliser avant de concevoir. La modélisation apporte une grande rigueur, offre une meilleure compréhension des logiciels, et facilite la comparaison des solutions de conception avant leur développement. Cette démarche se fonde sur des langages de modélisation, qui permettent de s'affranchir des contraintes des langages d'implémentation.

Le besoin d'une méthode de description et de développement de systèmes, prenant en compte à la fois les données et les traitements, a grandi en même temps que la taille des applications objet. Au milieu des années 90, plusieurs dizaines de méthodes objet sont disponibles, mais aucune ne prédomine. L'unification et la normalisation des trois méthodes dominantes, à savoir Booch, du nom de son auteur, OOSE (*Object Oriented Software Engineering*), d'Ivan Jacobson et OMT (*Object Modeling Technique*), de James Rumbaugh, sont à l'origine de la création du langage UML (*Unified Modeling Language*).

UML est une notation graphique conçue pour représenter, spécifier, construire et documenter les systèmes logiciels. Ses deux principaux objectifs sont la modélisation de systèmes utilisant les techniques orientées objet, depuis la conception jusqu'à la maintenance, et la création d'un langage abstrait compréhensible par l'homme et interprétable par les machines. UML s'adresse à toutes les personnes chargées de la production, du déploiement et du suivi de logiciels (analystes, développeurs, chefs de projets, architectes...), mais peut également servir à la communication avec les clients et les utilisateurs du logiciel. Il s'adapte à tous les domaines d'application et à tous les supports. Il permet de construire plusieurs modèles d'un système, chacun mettant en valeur des aspects différents : fonctionnels, statiques, dynamiques et organisationnels. UML est devenu un langage incontournable dans les projets de développement.

Une méthode de développement définit à la fois un langage de modélisation et la marche à suivre lors de la conception. Le langage UML propose uniquement une notation dont l'interprétation est définie par un standard, mais pas une méthodologie complète. Plusieurs processus de développement complets fondés sur UML existent, comme le Rational Unified Process (RUP), de Booch, Jacobson et Rumbaugh, ou l'approche MDA (*Model Driven Architecture*) proposée par l'OMG, mais ils ne font pas partie du standard UML.

Le processus RUP propose de bien maîtriser les étapes successives de la modélisation et du développement par une approche itérative. L'approche MDA propose une architecture du développement en deux couches : le PIM (*Platform Indepent Model*) représente une vision abstraite du système, indépendante de l'implémentation ; le PSM (*Platform Specific Model*) représente les programmes exécutables, qui doivent être obtenus en partie automatiquement à partir du PIM ; à cela s'ajoute le PDM (*Platform Definition Model*), en l'occurrence une description de l'architecture physique voulue (langages de programmation, architecture matérielle...).

UML intègre de nombreux concepts permettant la génération de programmes. C'est un langage de modélisation fondé sur des événements ou des messages. Il ne convient pas pour la modélisation de processus continus, comme la plupart des procédés en physique. Ce n'est pas un langage formel, ni un langage de programmation. Il ne peut pas être utilisé pour valider un système, ni pour générer un programme exécutable complet. Mais, il permet de produire des parties de code, comme le squelette des classes (attributs et signatures de méthode). Même si la version 2 apporte des avancées significatives au niveau du formalisme, UML n'a pas encore atteint la rigueur syntaxique et sémantique des langages de programmation.

UML est le résultat d'un large consensus, continuellement enrichi par les avancées en matière de modélisation de systèmes et de développement de logiciels. C'est le résultat d'un travail d'experts reconnus, issus du terrain. Il couvre toutes les phases du cycle de vie de développement d'un système et se veut indépendant des langages d'implémentation et des domaines d'application.

Historique du langage UML

À la fin des années 80, l'industrie commence à utiliser massivement les langages de programmation orientés objet, tels que C++, Objective C, Eiffel et Smalltalk. De l'industrialisation de ce type de programmation est né le besoin de « penser objet », indépendamment du langage d'implémentation. Plusieurs équipes proposent alors des méthodes (OMT, OOSE, Booch, Coad, Odell, CASE...) qui, pour la plupart, modélisent les mêmes concepts fondamentaux dans différents langages, avec une terminologie, des notations et des définitions différentes. Les différents protagonistes conviennent rapidement du besoin d'unifier ces langages en un standard unique.

Lors de la conférence OOPSLA d'octobre 1995, Booch et Rumbaugh présentent la version 0.8 de leur méthode unifiée (Unified Method 0.8). Ils sont rejoints la même année par Jacobson. Les trois auteurs améliorent la méthode unifiée et proposent en 1996 la version 0.9 du langage UML. Rational Software, qui emploie désormais le trio, publie en

1997 la documentation de la version 1.0 d'UML et la propose à l'OMG en vue d'une standardisation. Des modifications sont apportées à la version proposée par Rational, puis l'OMG propose, la même année, la version UML 1.1, qui devient un standard.

L'OMG constitue ensuite un groupe de révision nommé RTF (*Revision Task Force*). Entre-temps, de très nombreux utilisateurs industriels adoptent UML et apportent quelques modifications, ce qui conduit à la proposition de la version 1.2 en 1999. La première révision significative du langage est la version 1.3, proposée en 1999, dont la spécification complète est publiée en mars 2000. En mars 2003, la version 1.5 voit le jour.

Concrètement, UML 1 est utilisé lors de la phase d'analyse et de conception préliminaire des systèmes. Il sert à spécifier les fonctionnalités attendues du système (diagrammes de cas d'utilisation et de séquence) et à décrire l'architecture (diagramme de classes). La description de la partie comportementale (diagrammes d'activités et d'états) est moins utilisée. Cela est dû essentiellement à l'insuffisance de la formalisation de la conception détaillée dans UML 1. La plupart du temps, en matière de spécification des algorithmes et des méthodes de traitement, le seul moyen est de donner une description textuelle informelle. Certes, des outils comme les automates et les diagrammes d'activités sont disponibles, mais leur emploi est limité. Les utilisateurs restent sur le vieux paradigme centré sur le code : ils se contentent de recourir à UML lors des phases préliminaires et passent à un langage de programmation classique lors des phases de codage et de tests. L'un des objectifs de l'OMG est de proposer un paradigme guidé par des modèles décrivant à la fois le codage, la gestion de la qualité, les tests et vérifications, et la production de la documentation. Il s'agit de recentrer l'activité des informaticiens sur les fonctions que le système doit fournir, en conformité avec les exigences du client et les standards en vigueur.

Objectif du livre

L'objectif de cet ouvrage est de fournir une référence concise des concepts de base d'UML, illustrée par de nombreux exemples. Nous adoptons le point de vue pragmatique des utilisateurs du langage. Il permet de comprendre l'importance de la modélisation et l'intérêt d'employer une notation graphique.

Selon le principe de cette collection, chaque chapitre commence par une synthèse de cours présentant les concepts de base du langage, avec leur syntaxe précise, et illustrée de nombreux exemples, remarques pratiques et commentaires. Vient ensuite une série d'exercices.

Ce livre donne la vue utilisateur des concepts de la notation UML : ils sont décrits avec précision dans la norme par un métamodèle, mais cet aspect un peu complexe n'est pas détaillé dans cet ouvrage.

Le langage UML ne s'appuie pas sur un processus décrivant les étapes du développement. Cependant, il est bien adapté aux processus itératifs guidés par les besoins des utilisateurs et axés sur l'architecture. Les exemples et les exercices corrigés, présentés au fil des chapitres, donnent des indications sur les approches à suivre pour élaborer un modèle d'une situation donnée. Le problème difficile et récurrent de l'enchaînement des modèles est traité, avec la méthode agile SCRUM, dans une étude de cas présentée au chapitre 6.

Structure du livre

Le livre est composé de chapitres qui peuvent être lus séparément. Cependant, le plan respecte toujours la même démarche dont la première étape correspond à une présentation du point de vue fonctionnel. L'analyse fonctionnelle permet de mettre au point une représentation graphique, compacte et complète des besoins, appelée « diagramme de cas d'utilisation ». Les cas sont éventuellement décrits textuellement afin de spécifier les différents scénarios attendus du système. Vient ensuite la partie « analyse statique », dans laquelle on spécifie les classes et les relations entre classes (diagramme de classes). Des cas particuliers ou explicatifs sont aussi présentés par des diagrammes d'objets. Une fois que les différents objets sont définis (diagramme de classes), on revient sur l'analyse fonctionnelle dans laquelle on spécifie les interactions entre les différents objets du système. On peut être intéressé par les échanges dans le temps (diagramme de séquence) ou encore par les collaborations existantes entre les objets (diagramme de communication). La description de la partie dynamique du système est présentée par les diagrammes d'états et les diagrammes d'activités.

Chaque chapitre est divisé en deux parties : le rappel de cours puis les exercices corrigés, qui occupent une part importante de l'ouvrage. Ils illustrent *via* des exemples simples les concepts présentés dans le rappel de cours et expliquent comment utiliser UML dans des situations pratiques. Ils donnent quelques indications sur la manière de modéliser (ce qui ne fait pas partie de la description du langage). À travers une application concrète, le chapitre 6 introduit le diagramme de composants, qui permet une organisation statique du système, et présente une méthodologie complète intégrant la plupart des concepts présentés dans les chapitres précédents.

Prérequis

Si cet ouvrage peut être abordé par toute personne ayant une certaine culture informatique, certains passages nécessitent la connaissance des notions minimales de programmation objet. De nombreux concepts d'UML (classes, héritage, encapsulation...) sont directement proposés par les langages de programmation orientés objet, comme le C++ ou Java. Certains exemples sont donc comparés à ces langages, et supposent donc une expérience minimale de la programmation orientée objet. Les ouvrages sur le C++ et Java 5, publiés dans la même collection, sont de bonnes références en la matière.

Pourquoi modéliser ?

Un modèle est une représentation simplifiée d'une réalité. Il permet de capturer des aspects pertinents pour répondre à un objectif défini *a priori*. Par exemple, un astronaute modélisera la Lune comme un corps céleste ayant une certaine masse et se trouvant à une certaine distance de la Terre, alors qu'un poète la modélisera comme une dame avec laquelle il peut avoir une conversation.

Le modèle s'exprime sous une forme simple et pratique pour le travail [Rumbaugh2004]. Quand le modèle devient compliqué, il est souhaitable de le décomposer en plusieurs modèles simples et manipulables.

L'expression d'un modèle se fait dans un langage compatible avec le système modélisé et les objectifs attendus. Ainsi, le physicien qui modélise la lune utilisera les mathématiques comme langage de modélisation. Dans le cas du logiciel, l'un des langages utilisés pour la modélisation est le langage UML. Il possède une sémantique propre et une syntaxe composée de graphique et de texte et peut prendre plusieurs formes (diagrammes).

Les modèles ont différents usages :

- Ils servent à circonscrire des systèmes complexes pour les dominer. Par exemple, il est inimaginable de construire une fusée sans passer par une modélisation permettant de tester les réacteurs, les procédures de sécurité, l'étanchéité de l'ensemble, etc.
- Ils optimisent l'organisation des systèmes. La modélisation da la structure d'une entreprise en divisions, départements, services, etc. permet d'avoir une vision simplifiée du système et par là même d'en assurer une meilleure gestion
- Ils permettent de se focaliser sur des aspects spécifiques d'un système sans s'embarrasser des données non pertinentes. Si l'on s'intéresse à la structure d'un système afin de factoriser ses composants, il est inutile de s'encombrer de ses aspects dynamiques. En utilisant, par exemple, le langage UML, on s'intéressera à la description statique (*via* le diagramme de classes) sans se soucier des autres vues.
- Ils permettent de décrire avec précision et complétude les besoins sans forcément connaître les détails du système.
- Ils facilitent la conception d'un système, avec notamment la réalisation de maquette approximative, à échelle réduite, etc.
- Ils permettent de tester une multitude de solutions à moindre coût et dans des délais réduits et de sélectionner celle qui résout les problèmes posés.

La modélisation objet produit des modèles discrets permettant de regrouper un ensemble de configurations possibles du système et pouvant être implémentés dans un langage de programmation objet. La modélisation objet présente de nombreux avantages à travers un ensemble de propriétés (classe, encapsulation, héritage et abstraction, paquetage, modularité, extensibilité, adaptabilité, réutilisation) qui lui confère toute sa puissance et son intérêt.

UML 2

UML 2 apporte des évolutions majeures par rapport à UML 1.5, sans toutefois être révolutionnaire : les principales fonctionnalités de base se ressemblent. Au niveau du métamodèle, qui concerne surtout les développements d'outils, UML 2 se rapproche davantage des standards de modélisation objet proposés par l'OMG. En particulier, l'unification du noyau UML et des parties conceptuelles de modélisation MOF (*Meta-Object Facility*) permet aux outils MOF de gérer les modèles UML ; l'ajout du principe de profils permet de mieux définir les extensions du domaine ; enfin, la réorganisation du métamodèle UML élimine les redondances présentes dans les versions précédentes (voir la fin de l'ouvrage pour plus de détails concernant la structuration du langage UML).

Du point de vue de l'utilisateur, les changements concernent certaines notations. La notation des diagrammes de séquence se rapproche de la norme d'échanges de messages MSC (*Message Sequence Chart*) de l'IUT (*Union Internationale des Télécommunications*). Le concept de classeurs s'inspire des avancées de l'ingénierie temps réel du langage de description et de spécification SDL. De plus, UML 2 unifie la modélisation des activités et la modélisation des actions introduites dans UML 1.5 et utilise des notations de modélisation de processus métier. Des éléments de modélisation contextuels améliorent la souplesse et formalisent mieux le concept d'encapsulation des classes et des collaborations.

Afin de formaliser le modèle utilisateur du langage et de le rapprocher davantage des normes OMG, le langage UML est structuré en quatre couches (figure 0.1) ; seules les deux couches *user model* et *run time instance* sont destinées à l'utilisateur.

Figure 0.1
Organisation en quatre couches du langage UML.

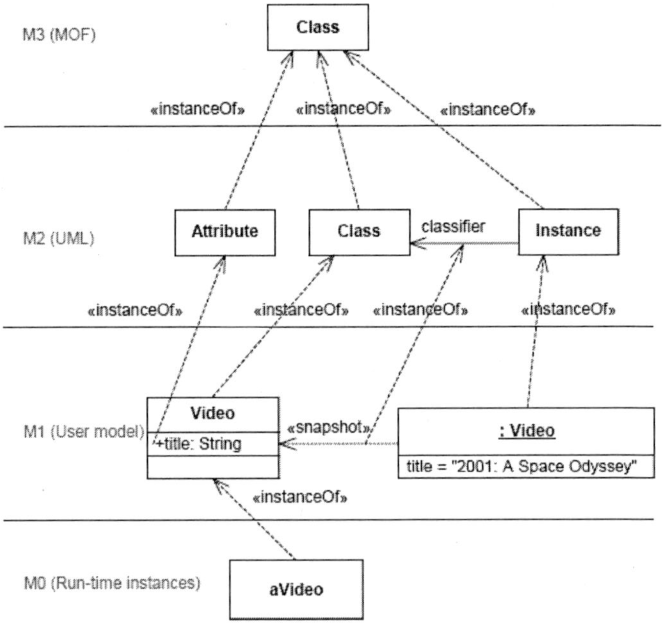

L'utilisateur n'a pas besoin de mettre en évidence cette organisation quand il utilise UML. Il doit se contenter de respecter la syntaxe et la sémantique du langage détaillées dans ce livre. Il doit également connaître les différents diagrammes mettant en valeur tantôt des aspects statiques, tantôt des aspects comportementaux du système. Une organisation conceptuelle des différents diagrammes UML permet d'avoir une vision plus claire des vues offertes par ce langage. Les trois auteurs à l'origine du langage UML proposent un découpage conceptuel en quatre domaines : structurel, dynamique, physique et gestion de modèles (voir la fin de l'ouvrage pour plus de détails).

Chapitre 1

Diagramme de cas d'utilisation

UML permet de construire plusieurs modèles d'un système : certains montrent le système du point de vue des utilisateurs, d'autres montrent sa structure interne, d'autres encore en donnent une vision globale ou détaillée. Les modèles se complètent et peuvent être assemblés. Ils sont élaborés tout au long du cycle de vie du développement d'un système (depuis le recueil des besoins jusqu'à la phase de conception). Dans ce chapitre, nous allons étudier un des modèles, en l'occurrence le premier à construire : le diagramme de cas d'utilisation. Il permet de recueillir, d'analyser et d'organiser les besoins. Avec lui débute l'étape d'analyse d'un système.

1. L'importance de bien recueillir les besoins

Le développement d'un nouveau système, ou l'amélioration d'un système existant, doit répondre à un ou à plusieurs besoins. Par exemple, une banque a besoin d'un guichet automatique pour que ses clients puissent retirer de l'argent même en dehors des heures d'ouverture de la banque. Celui qui commande le logiciel est le maître d'ouvrage. Celui qui réalise le logiciel est le maître d'œuvre.

Le maître d'ouvrage intervient constamment au cours du projet, notamment pour :

- définir et exprimer les besoins ;
- valider les solutions proposées par le maître d'œuvre ;
- valider le produit livré.

Le maître d'œuvre est, par exemple, une société de services en informatique (SSII). Il a été choisi, avant tout, pour ses compétences techniques. Mais son savoir-faire va bien au-delà. Au début du projet, il est capable de recueillir les besoins auprès du maître d'ouvrage. Le recueil des besoins implique une bonne compréhension des métiers concernés. Réaliser un logiciel pour une banque, par exemple, implique la connaissance du domaine bancaire et l'intégration de toutes les contraintes et exigences de ce métier. Cette condition est nécessaire pour bien cerner les cas d'utilisation exprimés par le client afin d'apporter les solutions adéquates.

Chaque cas a ses particularités liées au métier du client. Le recueil des besoins peut s'opérer de différentes façons. Cela dit, il est recommandé de compléter le cahier des charges par des discussions approfondies avec le maître d'ouvrage et les futurs utilisateurs du système. Il convient également d'utiliser tous les documents produits à propos du sujet (rapports techniques, étude de marché…) et d'étudier les procédures administratives des fonctions de l'entreprise qui seront prises en charge par le système. La question que doit se poser le maître d'œuvre durant le recueil des besoins est la suivante : ai-je toutes les connaissances et les informations pour définir ce que doit faire le système ?

2. Le diagramme de cas d'utilisation

2.1. Les cas d'utilisation

Parlons à présent d'UML et voyons quelle aide il peut apporter lors du recueil des besoins. UML n'est qu'un langage et il ne sert ici qu'à formaliser les besoins, c'est-à-dire à les représenter sous une forme graphique suffisamment simple pour être compréhensible par toutes les personnes impliquées dans le projet. N'oublions pas que bien souvent, le maître d'ouvrage et les utilisateurs ne sont pas des informaticiens. Il leur faut donc un moyen simple d'exprimer leurs besoins. C'est précisément le rôle des diagrammes de cas d'utilisation. Ils permettent de recenser les grandes fonctionnalités d'un système.

Exemple

La figure 1.1 modélise une borne interactive qui permet d'accéder à une banque. Le système à modéliser apparaît dans un cadre (cela permet de séparer le système à modéliser du monde extérieur). Les utilisateurs sont représentés par des petits bonshommes, et les grandes fonctionnalités (les cas d'utilisation) par des ellipses.

Figure 1.1
Diagramme de cas d'utilisation modélisant une borne d'accès à une banque.

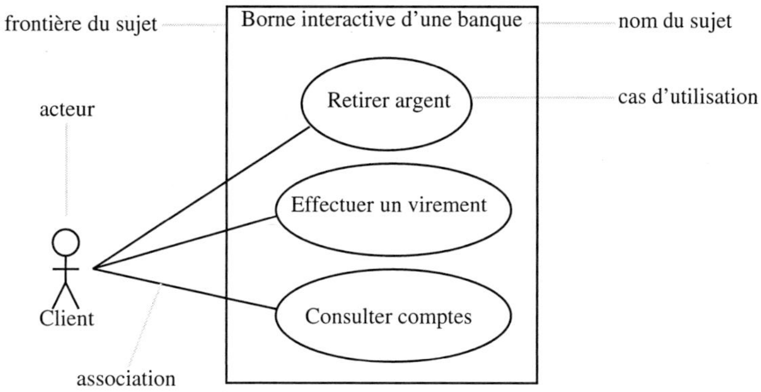

L'ensemble des cas d'utilisation contenus dans le cadre constitue « un sujet ». Les petits bonshommes sont appelés « acteurs ». Ils sont connectés par de simples traits (appelés « associations ») aux cas d'utilisation et mettent en évidence les interactions possibles entre le système et le monde extérieur. Chaque cas modélise une façon particulière et cohérente d'utiliser un système pour un acteur donné.

Définition

Un cas d'utilisation est une manière spécifique d'utiliser un système. Les acteurs sont à l'extérieur du système ; ils modélisent tout ce qui interagit avec lui. Un cas d'utilisation réalise un service de bout en bout, avec un déclenchement, un déroulement et une fin, pour l'acteur qui l'initie.

Notation et spécification

Un cas d'utilisation se représente par une ellipse (figure 1.2). Le nom du cas est inclus dans l'ellipse ou bien il figure dessous. Un stéréotype (voir la définition ci-après), peut être ajouté optionnellement au-dessus du nom, et une liste de propriétés placée au-dessous.
Un cas d'utilisation se représente aussi sous la forme d'un rectangle à deux compartiments : celui du haut contient le nom du cas ainsi qu'une ellipse (symbole d'un cas d'utilisation) ; celui du bas est optionnel et peut contenir une liste de propriétés (figure 1.3).
Un acteur se représente par un petit bonhomme ayant son nom inscrit dessous (figure 1.1) ou par un rectangle contenant le stéréotype acteur avec son nom juste en dessous (figure 1.4). Il est recommandé d'ajouter un commentaire sur l'acteur pour préciser son rôle.

Figure 1.2 et 1.3
Représentations d'un cas d'utilisation.

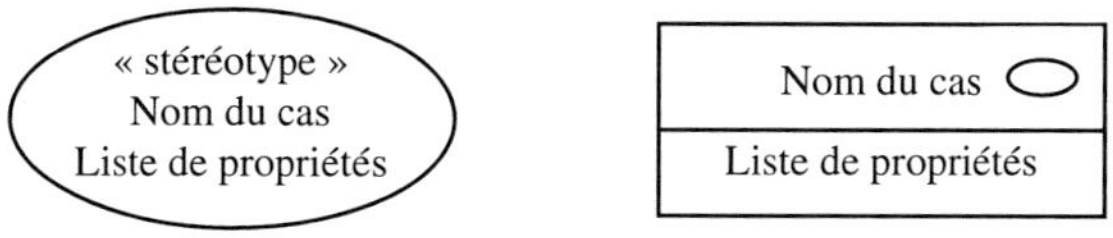

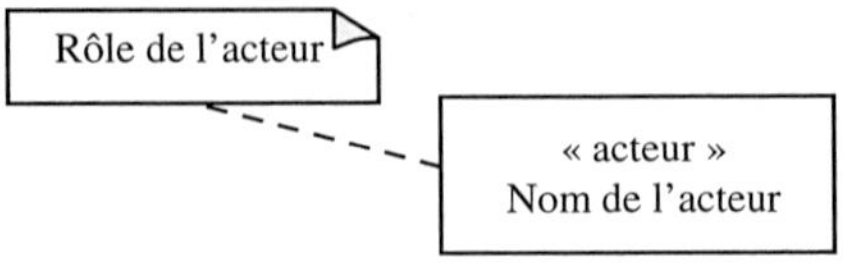

Figure 1.4
Autre représentation d'un acteur.

La figure 1.4 représente un acteur par un rectangle. UML utilise aussi les rectangles pour représenter des classes, et plus généralement des classeurs. Pour autant, la notation n'est pas ambiguë puisque le stéréotype acteur indique que le rectangle désigne un acteur. Les stéréotypes permettent d'adapter le langage à des situations particulières.

Définition

Un stéréotype représente une variation d'un élément de modèle existant.

À un niveau d'abstraction plus élevé, UML permet de représenter tous les cas d'utilisation d'un système par un simple rectangle. La figure 1.5 montre comment un tel rectangle peut remplacer tous les cas d'utilisation de la figure 1.1.

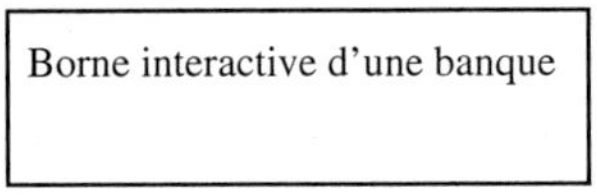

Figure 1.5
Représentation des cas d'utilisation à un niveau d'abstraction élevé.

Le rectangle de la figure 1.5 est appelé « classeur ».

Définition

Un classeur est un élément de modélisation qui décrit une unité comportementale ou structurelle. Les acteurs et les cas d'utilisation sont des classeurs. Tout au long de ce livre, on retrouvera le terme « classeur » car cette notion englobe aussi les classes, des parties d'un système, etc.

Notation

Un classeur se représente par un rectangle contenant éventuellement des compartiments (la figure 1.6 montre comment il est possible de faire figurer explicitement des cas d'utilisation dans un classeur).

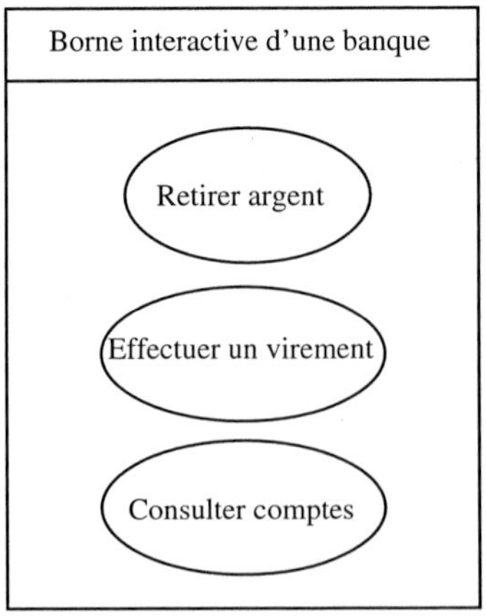

Figure 1.6
Les compartiments d'un classeur.

2.2. Relations entre acteurs et cas d'utilisation

Un acteur peut utiliser plusieurs fois le même cas d'utilisation.

Exemple

La figure 1.7 montre un internaute qui télécharge plusieurs morceaux de musique sur Internet.

Figure 1.7
Association avec multiplicité.

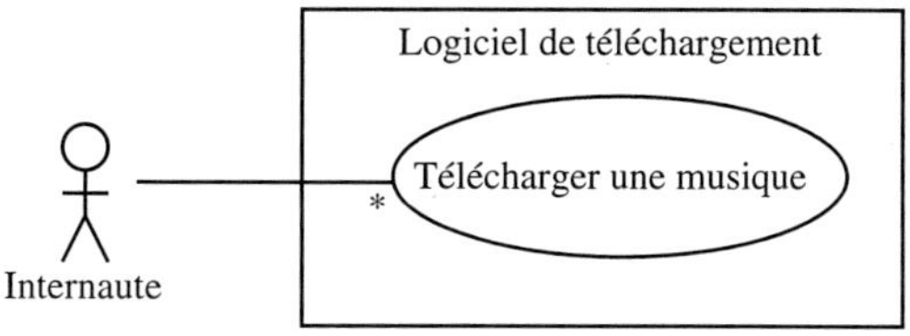

Le symbole * qui signifie « plusieurs » est ajouté à l'extrémité du cas et s'appelle une multiplicité. Plusieurs valeurs sont possibles pour la multiplicité : exactement n s'écrit tout simplement n, m..n signifie entre m et n, etc. Préciser une multiplicité sur une relation n'implique pas nécessairement que les cas sont utilisés en même temps.

2.3. Relations entre cas d'utilisation

Pour clarifier un diagramme, UML permet d'établir des relations entre les cas d'utilisation. Il existe principalement deux types de relations : les dépendances stéréotypées et la généralisation/spécialisation. Les dépendances stéréotypées sont des dépendances dont la portée est explicitée par le nom du stéréotype. Les stéréotypes les plus utilisés sont l'inclusion et l'extension.

- La relation d'inclusion. Un cas A est inclus dans un cas B si le comportement décrit par le cas A est inclus dans le comportement du cas B : on dit alors que le cas B dépend de A. Cette dépendance est symbolisée par le stéréotype inclut. Par exemple, l'accès aux informations d'un compte bancaire inclut nécessairement une phase d'authentification avec un mot de passe (figure 1.8).
- La relation d'extension. Si le comportement de B peut être étendu par le comportement de A, on dit alors que A étend B. Une extension est souvent soumise à condition. Graphiquement, la condition est exprimée sous la forme d'une note. La figure 1.8 présente l'exemple d'une banque où la vérification du solde du compte n'intervient que si la demande de retrait d'argent dépasse 20 euros.
- La relation de généralisation. Un cas A est une généralisation d'un cas B si B est un cas particulier de A. À la figure 1.8, la consultation d'un compte bancaire *via* Internet est un cas particulier de la consultation. Cette relation de généralisation/spécialisation est présente dans la plupart des diagrammes UML et se traduit par le concept d'héritage dans les langages orientés objet.

Les inclusions permettent aussi de décomposer un cas complexe en sous-cas plus simples.

Exemple

À la figure 1.9, le modélisateur a jugé que la vente d'un article par correspondance est un problème complexe et qu'il est important de faire apparaître dans le modèle une décomposition en sous-cas.

Notation et spécification

Une dépendance se représente par une flèche pointillée. Un stéréotype est souvent ajouté au-dessus du trait.

Le stéréotype inclut indique que la relation de dépendance est une inclusion (figures 1.8 et 1.9). Le stéréotype étend indique une extension (figure 1.8). L'extension peut intervenir à un point précis du cas étendu ; ce point s'appelle le point d'extension ; il porte un nom, qui figure dans un compartiment du cas étendu sous la rubrique « point d'extension », et est éventuellement associé à une contrainte indiquant le moment où l'extension intervient. Une extension est souvent soumise à une condition (indiquée dans une note attachée à la flèche pointillée).
Le symbole utilisé pour la généralisation est une flèche en traits pleins dont la pointe est un triangle fermé. La flèche pointe vers le cas le plus général (figure 1.8).

Figure 1.8
Relations entre cas dans un diagramme de cas d'utilisation.

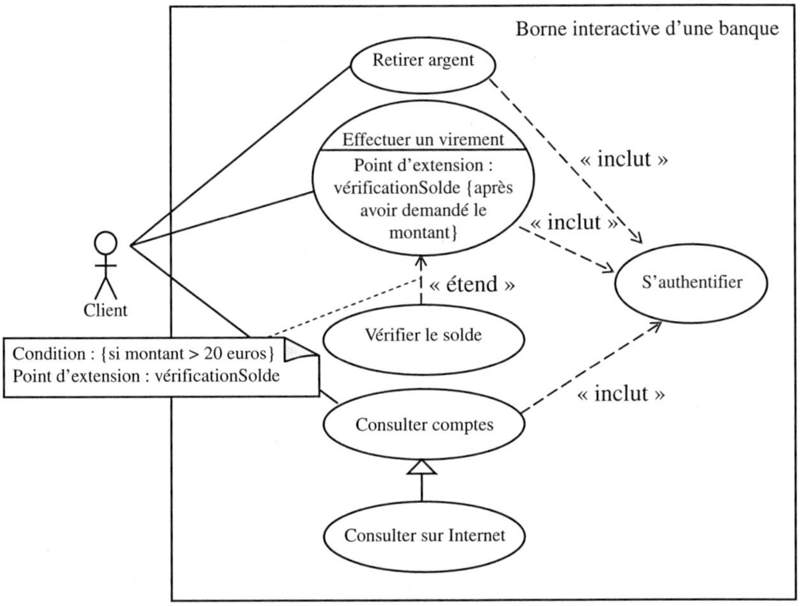

Figure 1.9
Relations entre cas pour décomposer un cas complexe.

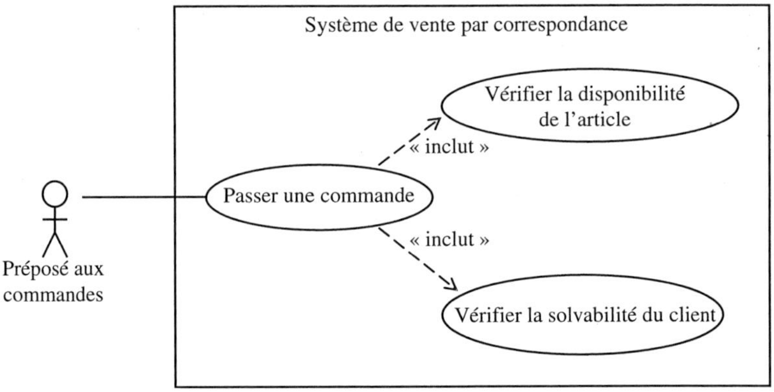

Un cas relié à un autre cas peut ne pas être directement accessible à un acteur (figure 1.9). Un tel cas est appelé « cas interne ».

Définition

Un cas d'utilisation est dit « interne » s'il n'est pas relié directement à un acteur.

Les relations entre cas ne sont pas obligatoires. Elles permettent de clarifier et d'enrichir les cas d'utilisation. Par exemple, à la figure 1.8, rien n'empêche de regrouper les cas « Consulter comptes » et « Consulter sur Internet » en un seul cas. Cependant, indiquer dès la phase de recueil des besoins qu'il y a des cas particuliers apporte une information supplémentaire pertinente. La question à se poser est : faut-il la faire figurer dans le diagramme de cas d'utilisation ou la prendre en compte plus tard ? La réponse à cette question ne sera pas toujours la même selon le contexte du projet.

Remarque

Attention à l'orientation des flèches : si le cas A inclut B on trace la flèche de A vers B, mais si B étend A, la flèche est dirigée de B vers A.

2.4. Relations entre acteurs

La seule relation possible entre deux acteurs est la généralisation : un acteur A est une généralisation d'un acteur B si l'acteur A peut être substitué par l'acteur B (tous les cas d'utilisation accessibles à A le sont aussi à B, mais l'inverse n'est pas vrai).

Exemple

La figure 1.10 montre que le directeur des ventes est un préposé aux commandes avec un pouvoir supplémentaire (en plus de pouvoir passer et suivre une commande, il peut gérer le stock). Le préposé aux commandes ne peut pas gérer le stock.

Figure 1.10
Relations entre acteurs.

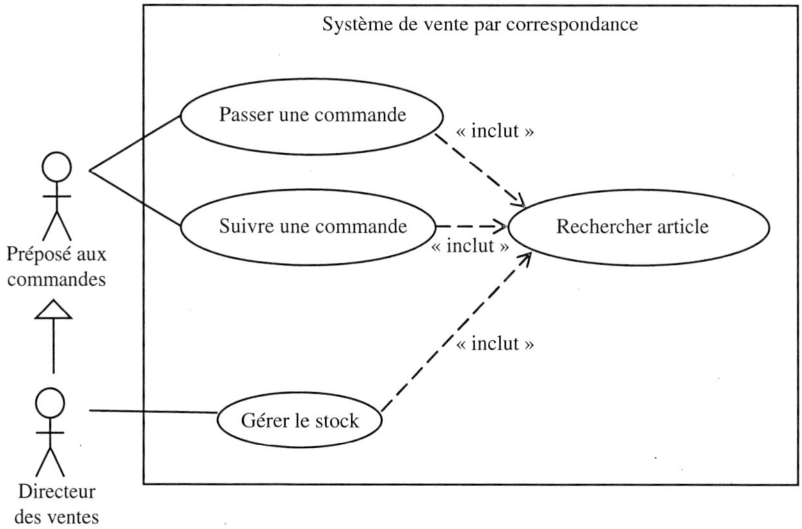

Notation

Le symbole utilisé pour la généralisation entre acteurs est une flèche en traits pleins dont la pointe est un triangle fermé. La flèche pointe vers l'acteur le plus général.

2.5. Regroupement des cas d'utilisation en paquetages

UML permet de regrouper des cas d'utilisation dans une entité appelée « paquetage ». Le regroupement peut se faire par acteur ou par domaine fonctionnel. Un diagramme de cas d'utilisation peut contenir plusieurs paquetages et des paquetages peuvent être inclus dans d'autres paquetages.

Définition

Un paquetage permet d'organiser des éléments de modélisation en groupe. Un paquetage peut contenir des classes, des cas d'utilisations, des interfaces, etc.

Exemple

À la figure 1.11, trois paquetages ont été créés : Client, Stock et Support. Ces paquetages contiennent les cas d'utilisation du diagramme de la figure 1.10 (Client contient les cas « Passer une commande » et « Suivre une commande », Stock contient le cas « Gérer le stock », tandis que le cas « Rechercher article » est inclus dans le paquetage Support.

Figure 1.11
Regroupement des cas d'utilisation en paquetage.

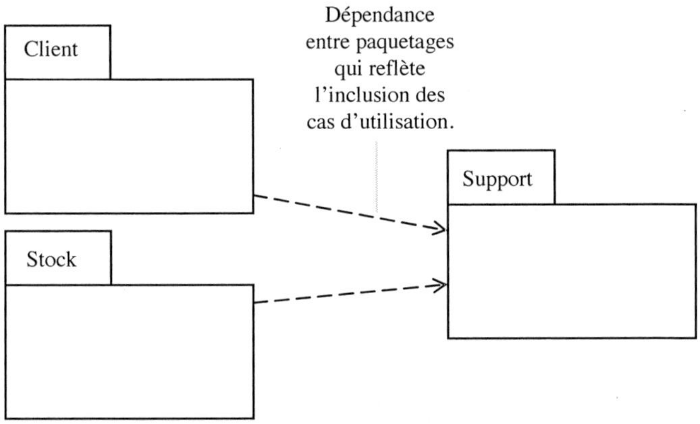

En tant que langage, UML est soumis à des règles de nommage qu'il faut strictement respecter : pour accéder au contenu de paquetages imbriqués les uns dans les autres, il faut utiliser des deux-points comme séparateur des noms de paquetage. Par exemple, si un paquetage B inclus dans un paquetage A contient une classe X, il faut écrire A::B::X pour pouvoir utiliser la classe X en dehors du contexte des paquetages.

3. Modélisation des besoins avec UML

3.1. Qui sont les acteurs ? Comment les identifier ?

Les principaux acteurs sont les utilisateurs du système. Ils sont en général faciles à repérer. C'est le maître d'ouvrage qui les désigne. Chaque acteur doit être nommé, mais attention, pour trouver son nom, il faut penser à son rôle : un acteur représente un ensemble cohérent de rôles joués vis-à-vis d'un système. Ainsi, pour un logiciel de gestion de paie, le nom correct d'un acteur est Comptable plutôt que Mme Dupont. Plusieurs personnes peuvent avoir le même rôle. C'est le cas des clients d'une banque par exemple. Il n'y aura alors qu'un seul acteur. Réciproquement, une même personne physique peut jouer des rôles différents vis-à-vis du système et donc correspondre à plusieurs acteurs.

En général, les utilisateurs ne sont pas difficiles à trouver, mais il faut veiller à ne pas oublier les personnes responsables de l'exploitation et de la maintenance du système. Par exemple, un logiciel de surveillance qui limite les accès à un bâtiment doit avoir un administrateur chargé de créer des groupes de personnes et leur donner des droits d'accès. Il ne s'agit pas ici des personnes qui installent et paramètrent le logiciel avant sa mise en production, mais des utilisateurs du logiciel dans son fonctionnement nominal.

En plus des utilisateurs, les acteurs peuvent être :

- des périphériques manipulés par le système (imprimantes, robots...) ;
- des logiciels déjà disponibles à intégrer dans le projet ;
- des systèmes informatiques externes au système mais qui interagissent avec lui, etc.

Pour faciliter la recherche des acteurs, on peut imaginer les frontières du système. Tout ce qui est à l'extérieur et qui interagit avec le système est un acteur ; tout ce qui est à l'intérieur est une fonctionnalité du système que le maître d'œuvre doit réaliser.

Un cas d'utilisation a toujours au moins un acteur principal pour qui le système produit un résultat observable, et éventuellement d'autres acteurs ayant un rôle secondaire. Par exemple, l'acteur principal d'un cas de retrait d'argent dans un distributeur automatique de billets est la personne qui fait le retrait, tandis que la banque qui vérifie le solde du compte est un acteur secondaire. En général, l'acteur principal initie le cas d'utilisation par ses sollicitations.

Définition

L'acteur est dit « principal » pour un cas d'utilisation lorsque le cas d'utilisation rend service à cet acteur. Les autres acteurs sont dits « secondaires ». Un cas d'utilisation a au plus un acteur principal, et un ensemble – éventuellement vide – d'acteurs secondaires.
Un acteur principal obtient un résultat observable du système tandis qu'un acteur secondaire est sollicité pour des informations complémentaires.

3.2. Comment recenser les cas d'utilisation ?

Il n'y a pas une façon unique de repérer les cas d'utilisation. Il faut se placer du point de vue de chaque acteur et déterminez comment il se sert du système, dans quels cas il l'utilise, et à quelles fonctionnalités il doit avoir accès. Il faut éviter les redondances et limiter le nombre de cas en se situant au bon niveau d'abstraction (par exemple, ne pas réduire un cas à une action).

Exemple

Considérons un système de réservation et d'impression de billets de train *via* des bornes interactives situées dans des gares. En prenant pour acteur une personne qui souhaite obtenir un billet, on peut obtenir la liste suivante des cas d'utilisation :

- rechercher un voyage ;
- réserver une place dans un train ;
- acheter son billet.

L'ensemble des cas d'utilisation doit couvrir exhaustivement tous les besoins fonctionnels du système. L'étape de recueil des besoins est souvent longue et fastidieuse car les utilisateurs connaissent l'existant et n'ont qu'une vague idée de ce que leur apportera un futur système ; en outre, le cahier des charges contient des imprécisions, des oublis, voire des informations contradictoires difficiles à extraire. L'élaboration du diagramme de cas d'utilisation permet de pallier ces problèmes en recentrant le système sur les besoins fonctionnels et ce, dès le début du projet.

On peut se demander pourquoi adopter un point de vue fonctionnel, et non technique ? Trop souvent, par le passé, les logiciels étaient techniquement très élaborés sans pour autant satisfaire les utilisateurs. Avec les diagrammes de cas d'utilisation, on se place clairement du côté des utilisateurs. Le côté technique n'est pas oublié mais abordé différemment : les besoins sont affinés lors de l'écriture des spécifications – on parle de spécifications techniques des besoins (voir la section « Description textuelle des cas d'utilisation »).

Remarque

Il ne faut pas faire apparaître les détails des cas d'utilisation, mais il faut rester au niveau des grandes fonctions du système. La question qui se pose alors est de savoir jusqu'à quel niveau de détails descendre ? Si le nombre de cas est trop important, il faut se demander si on a fait preuve de suffisamment d'abstraction. Le nombre de cas d'utilisation est un bon indicateur de la faisabilité d'un logiciel.

Il ne doit pas y avoir de notion temporelle dans un diagramme de cas d'utilisation. Il ne faut pas se dire que l'acteur fait ceci, puis le système lui répond cela, ce qui implique une réaction de l'acteur, et ainsi de suite. Le séquencement temporel sera pris en compte plus tard, notamment dans la description détaillée des cas (voir section 3.3).

L'intérêt des cas d'utilisation ne se limite pas au recueil des besoins. La description des cas d'utilisation peut servir de base de travail pour établir les tests de vérification du bon fonctionnement du système, et orienter les travaux de rédaction de la documentation à l'usage des utilisateurs.

3.3. Description des cas d'utilisation

Le diagramme de cas d'utilisation décrit les grandes fonctions d'un système du point de vue des acteurs, mais n'expose pas de façon détaillée le dialogue entre les acteurs et les cas d'utilisation.

Exemple

L'exemple de la figure 1.12 ne permet pas de savoir ce qui entre et ce qui sort du logiciel bancaire : le retrait d'argent se fait-il en euros ou en dollars ? Dans quel ordre les opérations sont-elles effectuées ? Faut-il choisir le montant du retrait avant de choisir le compte à débiter, ou bien l'inverse ? Tous ces détails sont des éléments de spécification. Spécifier un produit, c'est le décrire de la façon la plus précise possible.

Figure 1.12
Diagramme de cas d'utilisation pour une banque.

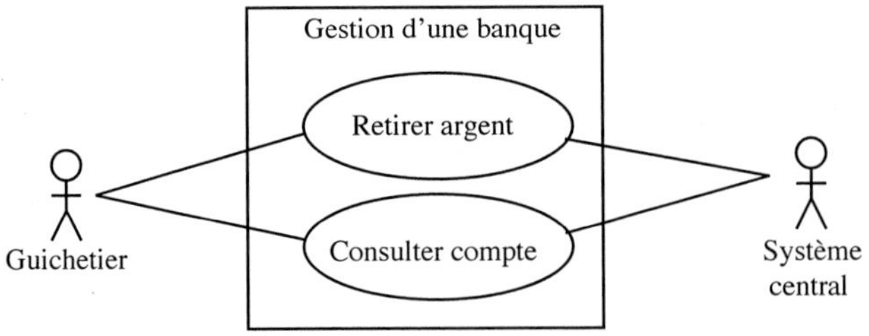

Les spécifications peuvent être divisées en deux catégories selon qu'elles sont fonctionnelles ou techniques. Les spécifications fonctionnelles concernent les fonctions du système, la fonction de retrait d'argent par exemple, tandis que les spécifications techniques permettent de préciser le contexte d'exécution du système. Par exemple, le logiciel qui gère la distribution des billets doit être compatible avec tel ou tel système d'exploitation, ou encore, un retrait d'argent doit se faire en moins de 5 secondes.

Les spécifications fonctionnelles découlent directement du diagramme de cas d'utilisation. Il s'agit de reprendre chaque cas et de le décrire très précisément. En d'autres termes, vous devez décrire comment les acteurs interagissent avec le système.

Exemple

À partir du diagramme de cas d'utilisation de l'exemple précédent, la figure 1.13 montre une façon de décrire les interactions entre le guichetier et le système. On y voit clairement apparaître une séquence de messages.
Le graphisme utilisé fait partie du formalisme des diagrammes de séquence (voir chapitre 3).

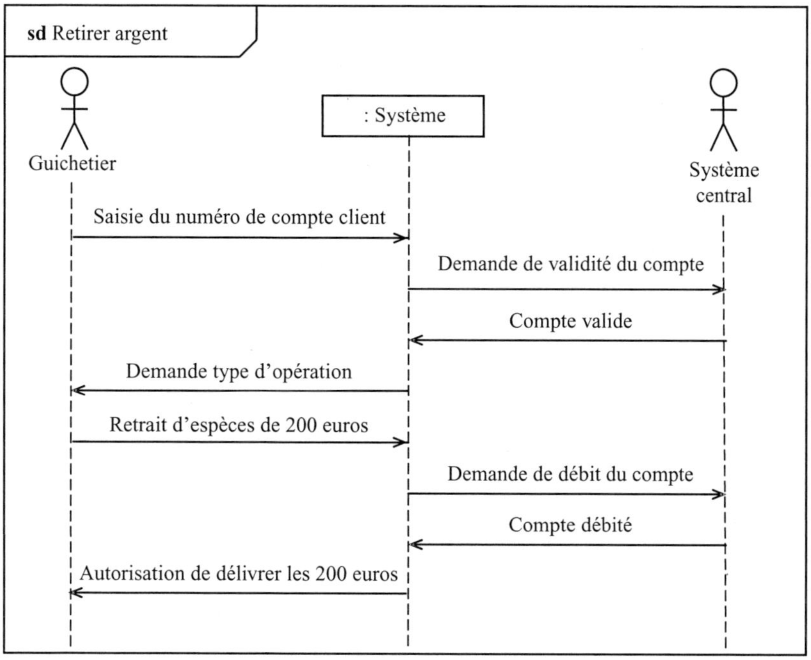

Figure 1.13 Description d'un cas d'utilisation par une séquence de messages.

Les différentes façons de décrire les cas d'utilisation

UML n'impose rien quant à la façon de décrire un cas d'utilisation. Au lieu d'utiliser une séquence de messages, il est possible d'utiliser les diagrammes d'activités d'UML (voir chapitre 5). Cette liberté de choix peut être déroutante, mais comme UML est censé pouvoir modéliser tout type de système, une manière unique de décrire un cas ne suffirait pas.

Remarque

Une des forces de la notation UML est de proposer de nombreux types de diagrammes qui mettent en avant des aspects différents d'une description. Ainsi, le modélisateur peut utiliser le type de diagramme qui lui paraît le plus adapté pour représenter son problème (et sa solution), tout en restant dans la norme.

Description textuelle des cas d'utilisation

Bien que de nombreux diagrammes d'UML permettent de décrire un cas, il est recommandé de rédiger une description textuelle car c'est une forme souple qui convient dans bien des situations. Une description textuelle couramment utilisée se compose de trois parties, comme le montre l'exemple suivant. La première partie permet d'identifier le cas. Elle doit contenir :

- le nom du cas ;
- un résumé de son objectif ;
- les acteurs impliqués (principaux et secondaires) ;
- les dates de création et de mise à jour de la description courante ;
- le nom des responsables ;
- un numéro de version.

La deuxième partie contient la description du fonctionnement du cas sous la forme d'une séquence de messages échangés entre les acteurs et le système. Elle contient toujours une séquence nominale qui correspond au fonctionnement nominal du cas (par exemple, un retrait d'argent qui se termine par l'obtention des billets demandés par l'utilisateur). Cette séquence nominale commence par préciser l'événement qui déclenche le cas (l'utilisateur introduit sa carte bancaire par exemple) et se développe en trois points :

- Les pré-conditions. Elles indiquent dans quel état est le système avant que se déroule la séquence (le distributeur est alimenté en billets par exemple).
- L'enchaînement des messages.
- Les post-conditions. Elles indiquent dans quel état se trouve le système après le dérouement de la séquence nominale (une transaction a été enregistrée par la banque par exemple).

Parfois la séquence correspondant à un cas a besoin d'être appelée dans une autre séquence (par exemple quand une relation d'inclusion existe entre deux cas d'utilisation). Signifier l'appel d'une autre séquence se fait de la façon suivante : « appel du cas X », où X est le nom du cas.

Les acteurs n'étant pas sous le contrôle du système, ils peuvent avoir des comportements imprévisibles. La séquence nominale ne suffit donc pas pour décrire tous les comportements possibles. À la séquence nominale s'ajoutent fréquemment des séquences alternatives et des séquences d'exceptions. Ces deux types de séquences se décrivent de la même façon que la séquence nominale mais il ne faut pas les confondre. Une séquence alternative diverge de la séquence nominale (c'est un embranchement dans une séquence nominale) mais y revient toujours, alors qu'une séquence d'exception intervient quand une erreur se produit (le séquencement nominal s'interrompt, sans retour à la séquence nominale).

Exemple

Dans le cas d'un retrait d'argent, des séquences alternatives se produisent par exemple dans les situations suivantes :

- Le client choisit d'effectuer un retrait en euros ou en dollars.
- Le client a la possibilité d'obtenir un reçu.

Une exception se produit si la connexion avec le système central de la banque qui doit vérifier la validité du compte est interrompue.

La survenue des erreurs dans les séquences doit être signalée de la façon suivante : « appel de l'exception Y » où Y est le nom de l'exception.

La dernière partie de la description d'un cas d'utilisation est une rubrique optionnelle. Elle contient généralement des spécifications non fonctionnelles (ce sont le plus souvent des spécifications techniques, par exemple pour préciser que l'accès aux informations bancaires doit être sécurisé). Cette rubrique contient aussi d'éventuelles contraintes liées aux interfaces homme-machine (par exemple, pour donner la possibilité d'accéder à tous les comptes d'un utilisateur à partir de l'écran principal).

Description d'un retrait d'argent

Identification

Nom du cas : retrait d'espèces en euros.
But : détaille les étapes permettant à un guichetier d'effectuer l'opération de retrait d'euros demandé par un client.
Acteur principal : Guichetier.
Acteur secondaire : Système central.
Date : le 18/02/2005.
Responsable : M. Dupont.
Version : 1.0.

Séquencement

Le cas d'utilisation commence lorsqu'un client demande le retrait d'espèces en euros.
Pré-conditions
Le client possède un compte (donne son numéro de compte).
Enchaînement nominal

1. Le guichetier saisit le numéro de compte client.
2. L'application valide le compte auprès du système central.
3. L'application demande le type d'opération au guichetier.
4. Le guichetier sélectionne un retrait d'espèces de 200 euros.
5. L'application demande au système central de débiter le compte.
6. Le système notifie au guichetier qu'il peut délivrer le montant demandé.

Post-conditions
Le guichetier ferme le compte.
Le client récupère l'argent.

Rubriques optionnelles

Contraintes non fonctionnelles
Fiabilité : les accès doivent être extrêmement sûrs et sécurisés.
Confidentialité : les informations concernant le client ne doivent pas être divulguées.
Contraintes liées à l'interface homme-machine
Donner la possibilité d'accéder aux autres comptes du client.
Toujours demander la validation des opérations de retrait.

La séquence nominale, les séquences alternatives, les exceptions, etc., font qu'il existe une multitude de chemins depuis le début du cas jusqu'à la fin. Chaque chemin est appelé « scénario ». Un système donné génère peu de cas d'utilisation, mais, en général, beaucoup de scénarios.

Remarque

Parfois, les utilisateurs ont du mal à décrire un cas sous une forme textuelle. Il est alors judicieux de se servir d'une autre forme de description, en utilisant un organigramme ou encore en construisant des maquettes des interfaces homme-machine. Le dessin, même sommaire, de l'aspect des écrans des interfaces permet de fixer les idées ; il offre une excellente base pour la discussion avec le maître d'ouvrage, qui le considère comme plus « parlant ».

Conclusion

Les phases de recueil des besoins et d'écriture des spécifications sont longues et fastidieuses. Mais quand elles sont bien menées, elles permettent de lever toutes les ambiguïtés du cahier des charges et de recueillir les besoins dans leurs moindres détails. Les spécifications permettant d'approfondir les besoins (on parle d'ailleurs à juste titre de spécifications techniques des besoins), la frontière entre ces deux notions est floue.

Il n'est pas question à ce moment de la modélisation de limiter les besoins. Du côté du maître d'œuvre, la tendance est à les limiter à des fonctionnalités essentielles, tandis que le maître d'ouvrage, et surtout les utilisateurs, ont tendance à en exprimer bien plus qu'il n'est possible d'en réaliser. Le maître d'œuvre doit faire preuve ici de patience et mener la phase de spécifications de tous les besoins jusqu'à son terme. C'est à ce moment seulement, que des priorités sont mises sur les spécifications. Le maître d'œuvre tente alors d'agencer les besoins de façon cohérente et fait plusieurs propositions de solutions au maître d'ouvrage, qui couvrent plus ou moins de besoins. UML ne propose rien pour mettre des priorités sur les spécifications.

Le diagramme de cas d'utilisation est un premier modèle d'un système. Que savons-nous sur le système après avoir créé ce diagramme ? Sur le système lui-même, en interne, pas grand-chose à vrai dire. C'est encore une boîte noire à l'architecture et au mode de fonctionnement interne inconnus. Donc, a fortiori, à ce stade, nous ne savons toujours pas comment le réaliser. En revanche, son interface avec le monde qui l'entoure est partiellement connue : nous nous sommes placés du point de vue des acteurs pour définir les spécifications fonctionnelles. Il faut s'attarder un instant sur l'expression « partiellement connue » pour mesurer les limites du modèle des cas d'utilisation. Les spécifications fonctionnelles disent ce que le système doit faire pour les acteurs. En d'autres termes, nous connaissons précisément ce qui entre et ce qui sort du système, mais, en revanche, nous ne savons toujours pas comment réaliser cette interface avec l'extérieur.

L'objectif de cette phase de la modélisation est donc de clairement identifier les frontières du système et les interfaces qu'il doit offrir à l'utilisateur. Si cette étape commence avant la conception de l'architecture interne du système, il est en général utile, quand la réflexion est suffisamment poussée, de poser les bases de la structure interne du système, et donc d'alterner analyse des besoins et ébauche des solutions envisagées.

Aux spécifications fonctionnelles s'ajoutent des spécifications techniques qui peuvent être vues comme des exigences pour la future réalisation.

Le présent chapitre se poursuit par une série de problèmes corrigés. Le chapitre 2, quant à lui, présente le diagramme des classes, qui permet de modéliser la structure interne d'un système.

Problèmes et exercices

La construction d'un diagramme de cas d'utilisation débute par la recherche des frontières du système et des acteurs, pour se poursuivre par la découverte des cas d'utilisation. L'ordre des exercices suit cette progression. L'élaboration proprement dite d'un diagramme de cas d'utilisation est illustrée par plusieurs exercices. Ce chapitre se termine par des études de cas de complexités croissantes.

Exercice 1 : Identification des acteurs et recensement de cas d'utilisation simples

Considérons le système informatique qui gère une station-service de distribution d'essence. On s'intéresse à la modélisation de la prise d'essence par un client.

1. Le client se sert de l'essence de la façon suivante. Il prend un pistolet accroché à une pompe et appuie sur la gâchette pour prendre de l'essence. Qui est l'acteur du système ? Est-ce le client, le pistolet ou la gâchette ?
2. Le pompiste peut se servir de l'essence pour sa voiture. Est-ce un nouvel acteur ?
3. La station a un gérant qui utilise le système informatique pour des opérations de gestion. Est-ce un nouvel acteur ?
4. La station-service a un petit atelier d'entretien de véhicules dont s'occupe un mécanicien. Le gérant est remplacé par un chef d'atelier qui, en plus d'assurer la gestion, est aussi mécanicien. Comment modéliser cela ?

Solution

1. Pour le système informatique qui pilote la station-service, le pistolet et la gâchette sont des périphériques matériels. De ce point de vue, ce sont des acteurs. Il est néanmoins nécessaire de consigner dans le système informatique l'état de ces périphériques : dès qu'un client prend le pistolet par exemple, le système doit informer le pompiste en indiquant le type d'essence choisi. Pistolet et gâchette doivent donc faire partie du système à modéliser. Ici, nous sommes face à deux options contradictoires : soit le pistolet et la gâchette sont des acteurs, soit ils ne le sont pas. Pour lever cette ambiguïté, il faut adopter le point de vue du client. Le client agit sur le système informatique quand il se sert de l'essence. L'action de se servir constitue une transaction bien isolée des autres fonctionnalités de la station-service. Nous disons donc que « Se servir » est un cas d'utilisation.

   Le client, qui est en dehors du système, devient alors l'acteur principal, comme le montre la figure 1.14. Ce cas englobe la prise du pistolet et l'appui sur la gâchette. Ces périphériques ne sont plus considérés comme des acteurs ; s'ils l'étaient, la modélisation se ferait à un niveau de détails trop important.

   Le client est donc l'acteur principal du système. Or, bien souvent, le pompiste note le numéro d'immatriculation du véhicule du client dans le système informatique.

Le client doit alors être modélisé deux fois : la première fois en tant qu'acteur, et la seconde, à l'intérieur du système, pour y conserver un numéro d'immatriculation.

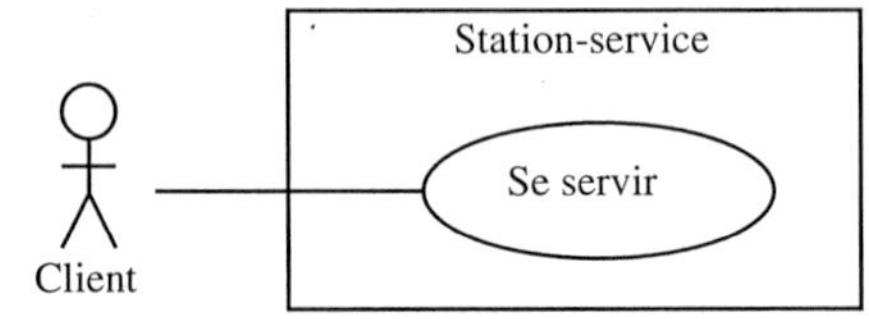

Figure 1.14
Le client comme acteur du cas « Se servir ».

2. Un acteur est caractérisé par le rôle qu'il joue vis-à-vis du système. Le pompiste, bien qu'étant une personne différente du client, joue un rôle identique quand il se sert de l'essence. Pour le cas « Se servir », il n'est pas nécessaire de créer un acteur supplémentaire représentant le pompiste.
3. La gestion de la station-service définit une nouvelle fonctionnalité à modéliser. Le gérant prend le rôle principal ; c'est donc un nouvel acteur (figure 1.15).

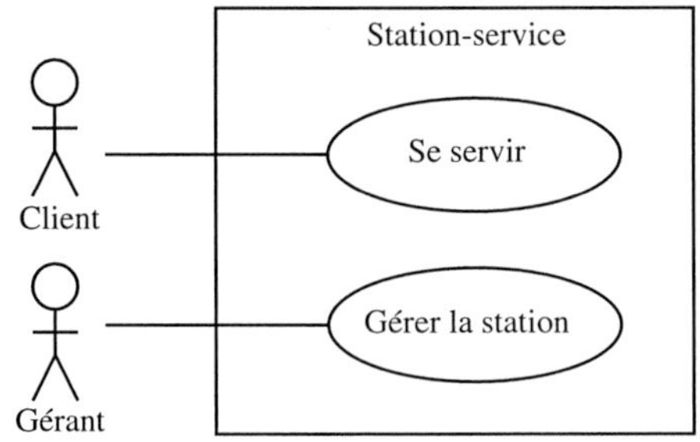

Figure 1.15
Deux acteurs pour deux rôles.

4. La station offre un troisième service : l'entretien des véhicules. Le système informatique doit prendre en charge cette fonctionnalité supplémentaire. Un nouvel acteur apparaît alors : le mécanicien. Le gérant est à présent un chef d'atelier qui est un mécanicien ayant la capacité de gérer la station. Il y a ainsi une relation de généralisation entre les acteurs Mécanicien et Chef d'atelier (figure 1.16) signifiant que le chef d'atelier peut, en plus d'assurer la gestion, entretenir des véhicules.

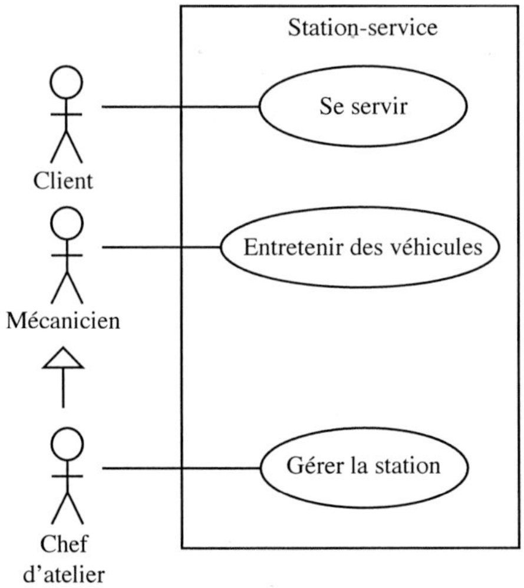

Figure 1.16
Relation de généralisation entre acteurs.

Exercice 2 : Relations entre cas d'utilisation

Quel est le défaut du diagramme présenté à la figure 1.17 ?

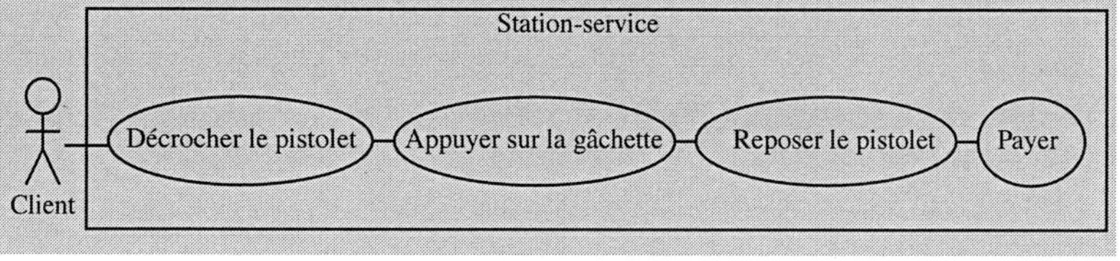

Figure 1.17
Exemple d'un diagramme erroné.

Solution

Il ne faut pas introduire de séquencement temporel entre des cas d'utilisation (cette notion apparaît lors de la description des cas). De plus, il est incorrect d'utiliser un trait plein pour relier deux cas. Cette notation est réservée aux associations entre les acteurs et les cas.

Exercice 3 : Relations entre cas d'utilisation – cas internes

Choisissez et dessinez les relations entre les cas suivants :

1. Une agence de voyages organise des voyages où l'hébergement se fait en hôtel. Le client doit disposer d'un taxi quand il arrive à la gare pour se rendre à l'hôtel.

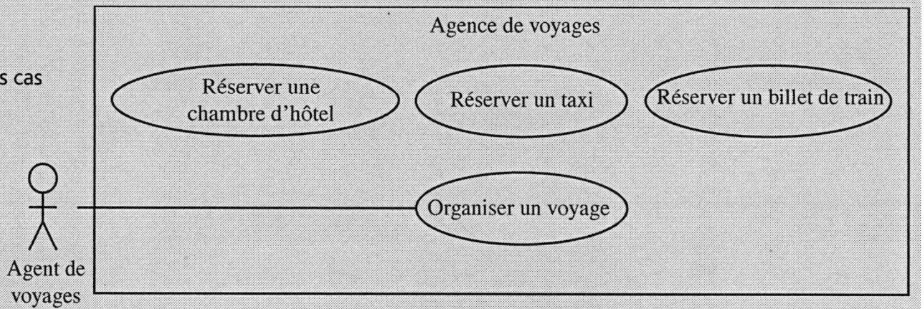

Figure 1.18
Diagramme incomplet des cas d'utilisation d'une agence de voyages.

2. Certains clients demandent à l'agent de voyages d'établir une facture détaillée. Cela donne lieu à un nouveau cas d'utilisation appelé « Établir une facture détaillée ». Comment mettre ce cas en relation avec les cas existants ?
3. Le voyage se fait soit par avion, soit par train. Comment modéliser cela ?

Solution

1. Le modélisateur a considéré que l'organisation d'un voyage est trop complexe pour être représentée par un seul cas d'utilisation. Il l'a donc décomposée en trois tâches modélisées par les trois cas d'utilisation « Réserver une chambre d'hôtel », « Réserver un taxi » et « Réserver un billet de train ». Ces trois tâches forment des transactions suffisamment isolées les unes des autres pour être des cas d'utilisation. De plus, ces cas sont mutuellement indépendants. Ils constituent des cas internes du système car ils ne sont pas reliés directement à un acteur.

Figure 1.19
Relations d'inclusion entre cas d'utilisation.

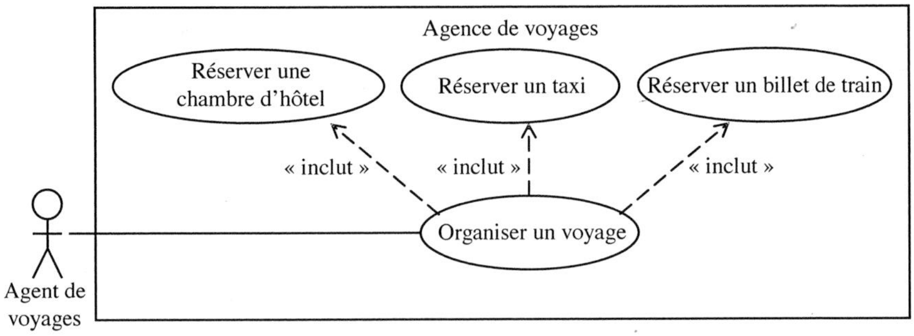

2. L'établissement d'une facture détaillée se fait uniquement sur demande du client. Ce caractère optionnel est modélisé par une relation d'extension entre les cas « Organiser un voyage » et « Établir une facture détaillée ». L'extension porte la condition « à la demande du client ».

Figure 1.20
Relation d'extension entre cas d'utilisation.

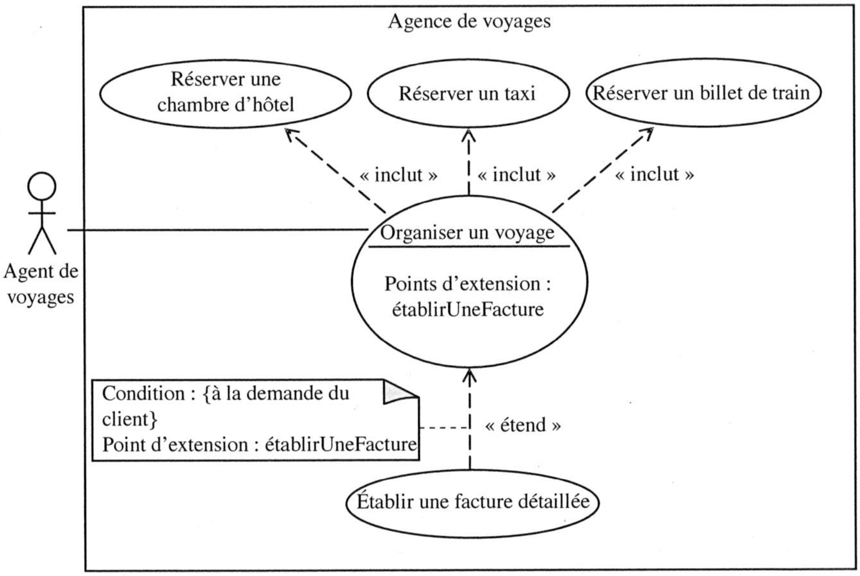

3. Il y a maintenant deux cas particuliers : le voyage se fait en train ou en avion. Ces cas particuliers sont modélisés par les cas « Réserver un billet de train » et « Réserver un billet d'avion ». Ceux-ci sont liés à un cas plus général appelé « Réserver un titre de transport ».

Figure 1.21
Relation de généralisation entre cas d'utilisation.

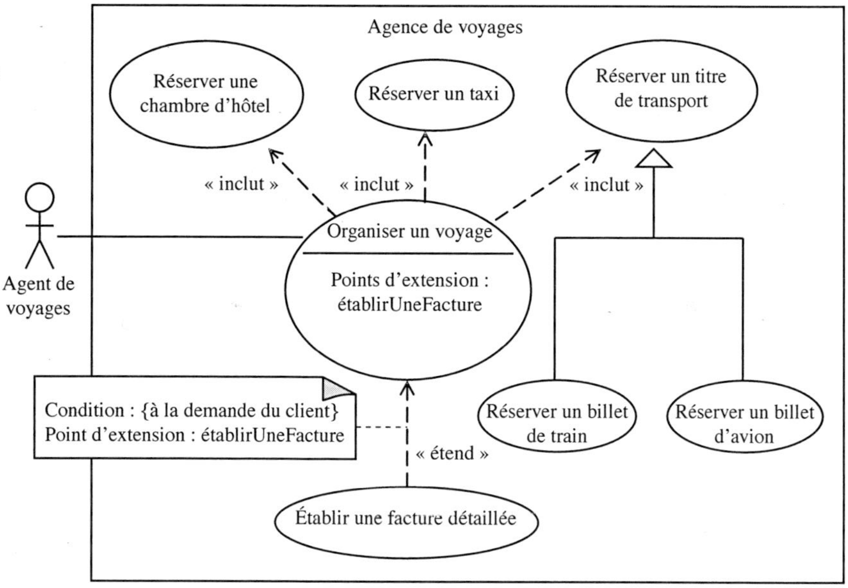

Exercice 4 : Identification des acteurs, recensement des cas d'utilisation et relations simples entre cas

Modélisez avec un diagramme de cas d'utilisation le fonctionnement d'un distributeur automatique de cassettes vidéo dont la description est donnée ci-après.

Une personne souhaitant utiliser le distributeur doit avoir une carte magnétique spéciale. Les cartes sont disponibles au magasin qui gère le distributeur. Elles sont créditées d'un certain montant en euros et rechargeables au magasin. Le prix de la location est fixé par tranches de 6 heures (1 euro par tranche). Le fonctionnement du distributeur est le suivant : le client introduit sa carte ; si le crédit est supérieur ou égal à 1 euro, le client est autorisé à louer une cassette (il est invité à aller recharger sa carte au magasin sinon) ; le client choisit une cassette et part avec ; quand il la ramène, il l'introduit dans le distributeur puis insère sa carte ; celle-ci est alors débitée ; si le montant du débit excède le crédit de la carte, le client est invité à régulariser sa situation au magasin et le système mémorise le fait qu'il est débiteur ; la gestion des comptes débiteurs est prise en charge par le personnel du magasin. On ne s'intéresse ici qu'à la location des cassettes, et non à la gestion du distributeur par le personnel du magasin (ce qui exclut la gestion du stock des cassettes).

Solution

Le seul acteur est le client.

L'acquisition d'une carte et sa recharge ne se font pas *via* le distributeur : il faut aller au magasin. Ces fonctions ne donnent pas lieu à des cas d'utilisation.

Il ne faut pas faire apparaître un séquencement temporel dans un diagramme de cas d'utilisation. On ne fait donc pas figurer les étapes successives telles que l'introduction de la carte puis le choix d'une cassette, etc. Ce niveau de détails apparaîtra quand on décrira les cas d'utilisation (sous forme textuelle par exemple). Dans un diagramme de cas d'utilisation, il faut rester au niveau des grandes fonctions et penser en termes de transactions (une transaction est une séquence d'opérations qui fait passer un système d'un état cohérent initial à un état cohérent final).

Il n'y a donc que deux cas : « Emprunter une vidéo » et « Restituer une vidéo » (figure 1.22).

Figure 1.22
Diagramme de cas d'utilisation d'un distributeur de cassettes vidéo.

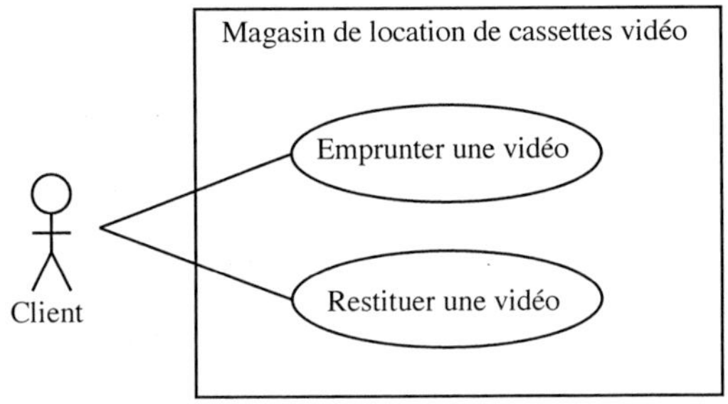

Nom de l'acteur	Rôle
Client	Représente un client du magasin de location de cassettes vidéo.

Pour décrire le cas « Emprunter une vidéo », imaginons un scénario possible. Le client introduit sa carte. Il doit ensuite pouvoir choisir une vidéo. Quels sont les critères de choix ? L'énoncé ne précise pas ces critères. Ce problème arrive fréquemment en situation réelle.

Le maître d'ouvrage dans un projet informatique de cette ampleur est bien souvent le propriétaire du magasin de location. Il sait rarement rédiger un cahier des charges. C'est le rôle du maître d'œuvre d'obliger le maître d'ouvrage à bien formuler ses besoins. Choisir une vidéo peut être complexe : la recherche se fait-elle par genres, par titres ou par dates de sortie des films en salles ? Si la recherche se fait par genres, quels sont-ils ? Rechercher un film semble plus complexe qu'on ne l'imaginait au premier abord. De plus, cette fonctionnalité peut être isolée de la location proprement dite, qui concerne plutôt la gestion de la carte. Ces remarques incitent à créer le cas supplémentaire « Rechercher une vidéo ». L'emprunt d'une vidéo inclut sa recherche. Une relation d'inclusion intervient donc entre les cas « Emprunter une vidéo » et « Rechercher une vidéo », comme le montre la figure 1.23.

Figure 1.23
Diagramme de cas d'utilisation complété par la recherche d'une vidéo.

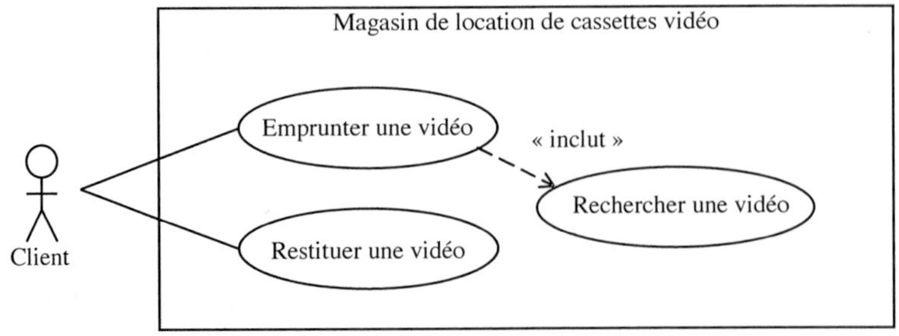

À ce point de la modélisation, deux remarques s'imposent :

- Le succès d'UML en tant que langage de modélisation s'explique, entre autres, par le fait qu'il oblige le modélisateur à poser les bonnes questions au bon moment ; la modélisation vient à peine de commencer que déjà des questions se posent. Il faut cependant veiller à rester au niveau du recueil des besoins et des spécifications et ne faire aucun choix de conception du système. Il faut se contenter de décrire les fonctions du système sans chercher à savoir comment les réaliser.
- Le problème des critères de recherche a conduit à une révision du diagramme de cas d'utilisation. Cet « aller-retour » sur les modèles est nécessaire. Chacun d'eux apporte des informations complémentaires qui peuvent remettre en cause les modèles existants. Une fois tous les modèles établis, la modélisation sera alors aboutie.

Exercice 5 : Description d'un cas d'utilisation

Décrivez sous forme textuelle les cas d'utilisation « Emprunter une vidéo » et « Rechercher une vidéo » du diagramme présenté à la figure 1.23. La recherche d'une vidéo peut se faire par genres ou par titres de film. Les différents genres sont action, aventure, comédie et drame. Quand une liste de films s'affiche, le client peut trier les films par titres ou par dates de sortie en salles.

Solution

Avant de présenter la solution, donnons quelques indications :

- Tous les cas d'utilisation d'un système doivent être décrits sous forme textuelle (dans la suite de ce chapitre, nous omettrons éventuellement de le faire pour des raisons de place ou d'intérêt).
- Quand une erreur (exception) est détectée dans un cas, une séquence d'erreurs est activée (par exemple, voir la séquence E1 dans la description suivante). La séquence nominale n'est pas reprise et le cas s'interrompt aussitôt.

Description du cas « Emprunter une vidéo »

Identification

Nom du cas : « Emprunter une vidéo ».
But : décrire les étapes permettant au client du magasin d'emprunter une cassette vidéo *via* le distributeur automatique.
Acteur principal : Client.
Acteur secondaire : néant.
Date de création : le 31/12/2004.
Date de mise à jour : le 1/1/2005.
Responsable : M. Dupont.
Version : 1.1.

Séquencement

Le cas d'utilisation commence lorsqu'un client introduit sa carte.

Description du cas « Emprunter une vidéo » (suite)

Pré-conditions

Le client possède une carte qu'il a achetée au magasin.

Le distributeur est alimenté en cassettes.

Enchaînement nominal

1. Le système vérifie la validité de la carte.
2. Le système vérifie que le crédit de la carte est supérieur ou égal à 1 euro.
3. Appel du cas « Rechercher une vidéo ».
4. Le client a choisi une vidéo.
5. Le système indique, d'après la valeur de la carte, pendant combien de temps (tranches de 6 heures) le client peut garder la cassette.
6. Le système délivre la cassette.
7. Le client prend la cassette.
8. Le système rend la carte au client.
9. Le client prend sa carte.

Enchaînements alternatifs

A1 : Le crédit de la carte est inférieur à 1 euro.

L'enchaînement démarre après le point 2 de la séquence nominale :

3. Le système indique que le crédit de la carte ne permet pas au client d'emprunter une vidéo.
4. Le système invite le client à aller recharger sa carte au magasin.

La séquence nominale reprend au point 8.

Enchaînements d'exception

E1 : La carte introduite n'est pas valide.

L'enchaînement démarre après le point 1 de la séquence nominale :

2. Le système indique que la carte n'est pas reconnue.
3. Le distributeur éjecte la carte.

E2 : La cassette n'est pas prise par le client.

L'enchaînement démarre après le point 6 de la séquence nominale :

7. Au bout de 15 secondes le distributeur avale la cassette.
8. Le système annule la transaction (toutes les opérations mémorisées par le système sont défaites).
9. Le distributeur éjecte la carte.

E3 : La carte n'est pas reprise par le client.

L'enchaînement démarre après le point 8 de la séquence nominale :

9. Au bout de 15 secondes le distributeur avale la carte.
10. Le système consigne cette erreur (date et heure de la transaction, identifiant du client, identifiant du film).

E4 : Le client a annulé la recherche (il n'a pas choisi de vidéo).

L'enchaînement démarre au point 4 de la séquence nominale :

5. Le distributeur éjecte la carte.

Post-conditions

Le système a enregistré les informations suivantes :

- La date et l'heure de la transaction, à la minute près : les tranches de 6 heures sont calculées à la minute près.
- L'identifiant du client.
- L'identifiant du film emprunté.

Rubriques optionnelles

Contraintes non fonctionnelles

Le distributeur doit fonctionner 24 heures sur 24 et 7 jours sur 7.

La vérification de la validité de la carte doit permettre la détection des contrefaçons.

Contrainte liée à l'interface homme-machine

Avant de délivrer la cassette, demander confirmation au client.

Description du cas « Rechercher une vidéo »

Identification
Nom du cas : « Rechercher une vidéo ».
But : décrire les étapes permettant au client de rechercher une vidéo *via* le distributeur automatique.
Acteur principal : néant (cas interne inclus dans le cas « Emprunter une vidéo »).
Acteur secondaire : néant.
Date de création : le 31/12/2004.
Responsable : M. Dupont.
Version : 1.0.

Séquencement
Le cas démarre au point 3 de la description du cas « Emprunter une vidéo ».

Enchaînement nominal (le choix du film se fait par genres)

1. Le système demande au client quels sont ses critères de recherche pour un film (les choix possibles sont : par titres ou par genres de film).
2. Le client choisit une recherche par genres.
3. Le système recherche les différents genres de film présents dans le distributeur.
4. Le système affiche une liste des genres (les choix possibles sont action, aventure, comédie et drame).
5. Le client choisit un genre de film.
6. Le système affiche la liste de tous les films du genre choisi présents dans le distributeur.
7. Le client sélectionne un film.

Enchaînements alternatifs

A1 : Le client choisit une recherche par titres.
L'enchaînement démarre après le point 1 de la séquence nominale :

2. Le client choisit une recherche par titres.
3. Le système affiche la liste de tous les films classés par ordre alphabétique des titres.

La séquence nominale reprend au point 7.

Enchaînements d'exception

E1 : Le client annule la recherche.
L'enchaînement peut démarrer aux points 2, 5 et 7 de la séquence nominale :
Appel de l'exception E4 du cas « Emprunter une vidéo ».

Post-conditions
Le système a mémorisé le film choisi par le client.

Rubriques optionnelles

Contraintes non fonctionnelles

Contraintes liées à l'interface homme-machine
Quand une liste de films s'affiche, le client peut trier la liste par titres ou par dates de sortie en salles.
Le client peut se déplacer dans la liste et la parcourir de haut en bas et de bas en haut.
Ne pas afficher plus de 10 films à la fois dans la liste.

Exercice 6 : Relations d'extension entre cas d'utilisation, regroupement de cas d'utilisation en paquetages

Modélisez à l'aide d'un diagramme de cas d'utilisation un système informatique de pilotage d'un robot à distance.

Le fonctionnement du robot est décrit ci-après.

Un robot dispose d'une caméra pour filmer son environnement. Il peut avancer et reculer grâce à un moteur électrique capable de tourner dans les deux sens et commandant la rotation des roues. Il peut changer de direction car les roues sont directrices. Il est piloté à distance : les images prises par la caméra sont envoyées vers un poste de télépilotage. Ce dernier affiche l'environnement du robot sur un écran. Le pilote visualise l'image et utilise des commandes pour contrôler à distance les roues et le moteur du robot. La communication entre le poste de pilotage et le robot se fait *via* des ondes radio.

Solution

Le système informatique est composé de deux sous-systèmes :

- le sous-système du robot ;
- le sous-système du poste de télépilotage.

D'où l'idée de faire deux diagrammes de cas d'utilisation – un par sous-système – et de placer chaque diagramme dans un paquetage. La figure 1.24 montre deux paquetages : un pour le sous-système du robot et un pour le sous-système du poste de pilotage. La relation de dépendance entre les paquetages signifie que le système de pilotage utilise le robot.

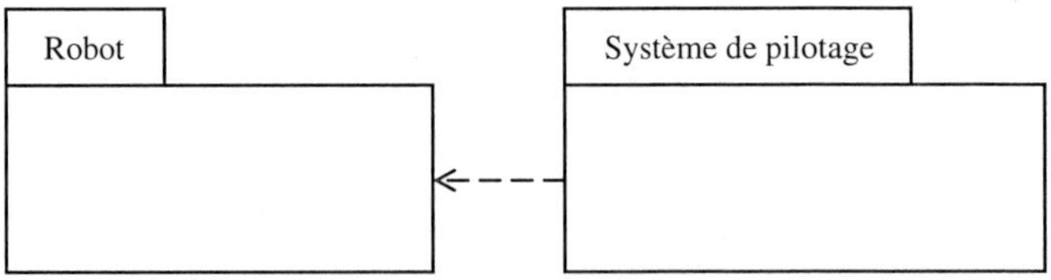

Figure 1.24
Représentation du système de télépilotage d'un robot par des paquetages.

Commençons par modéliser le robot. Ses capteurs (caméra, moteur et roues) sont à l'extérieur du système informatique et ils interagissent avec lui. Ils correspondent *a priori* à la définition d'acteurs. Reprenons chaque capteur pour l'étudier en détail :

- Le système doit demander la capture d'une image à la caméra et réaliser la capture. La caméra est donc un acteur associé à un cas d'utilisation appelé « Capturer images » (figure 1.25).
- Le sens de rotation du moteur peut être commandé. Le moteur est l'acteur ; il est associé à un cas appelé « Commander le moteur ».

- La direction des roues peut être modifiée, d'où la création du cas d'utilisation « Commander la direction » relié à l'acteur Direction.

Pour pouvoir envoyer les images au poste de pilotage et recevoir les commandes en retour, il faut un capteur supplémentaire, émetteur/récepteur d'ondes radio. Le système informatique ne va pas se charger d'envoyer et de recevoir des ondes radio – c'est le rôle des périphériques d'émission et de réception – mais il doit s'occuper du transcodage des images pour les envoyer *via* des ondes. Le système informatique doit-il réaliser lui-même ce transcodage ou bien les fonctions de transcodage sont-elles fournies avec les périphériques ? Pour répondre à cette question, il faudrait réaliser une étude de marché des émetteurs/récepteurs radio. Cela dépasse le cadre de cet ouvrage. Considérons que le système informatique intervient, ne serait-ce que pour appeler des fonctions de transcodage. Cela constitue un cas d'utilisation. Deux flots d'informations distincts doivent être envoyés au poste de pilotage : des images et des commandes. Cette dernière remarque incite à créer deux cas d'utilisation : un pour émettre des images (« Envoyer les images ») et un pour recevoir les commandes (« Recevoir les commandes »). En outre, selon l'utilisation du robot, la transmission des images s'effectue plus ou moins vite : si les déplacements du robot sont rapides par exemple, la transmission doit l'être aussi. Ces contraintes de réalisation font partie des spécifications techniques du système. Elles doivent figurer dans la description textuelle du cas d'utilisation. Sur le diagramme de cas d'utilisation, il est possible de placer une relation d'extension entre les cas « Envoyer les images » et « Capturer images », en indiquant comme point d'extension à quel moment de la capture et à quelle fréquence sont envoyées les images.

Nom de l'acteur	Rôle
Caméra	Permet de capturer des images de l'environnement du robot.
Direction	Permet de diriger les roues du robot.
Moteur	Permet de faire avancer ou reculer le robot.
Émetteur	Permet d'envoyer des ondes radio.
Récepteur	Permet de recevoir des ondes radio.

Figure 1.25
Diagramme de cas d'utilisation du robot.

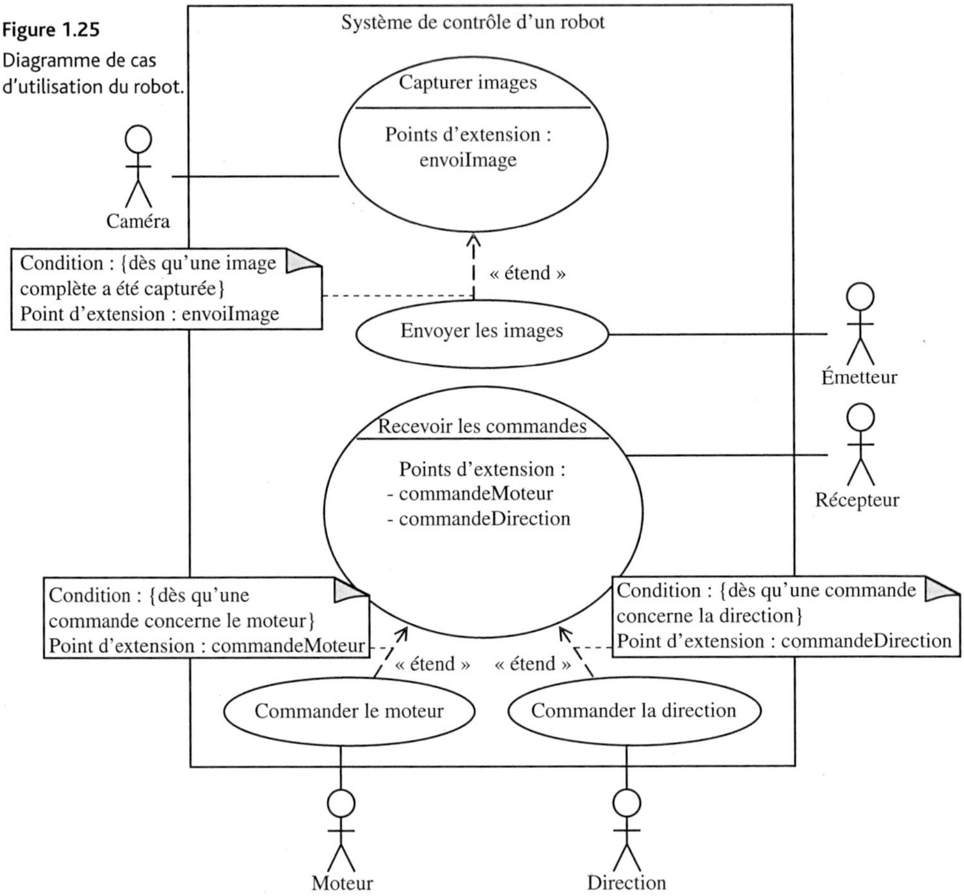

Intéressons-nous à présent au sous-système de pilotage. La figure 1.26 présente le diagramme de cas d'utilisation, qui se déduit sans problème du diagramme précédent.

Nom de l'acteur	Rôle
Pilote	Représente un pilote qui agit sur les commandes à distance.
Émetteur	Permet d'envoyer des ondes radio.
Récepteur	Permet de recevoir des ondes radio.

Figure 1.26
Diagramme de cas d'utilisation du système de pilotage.

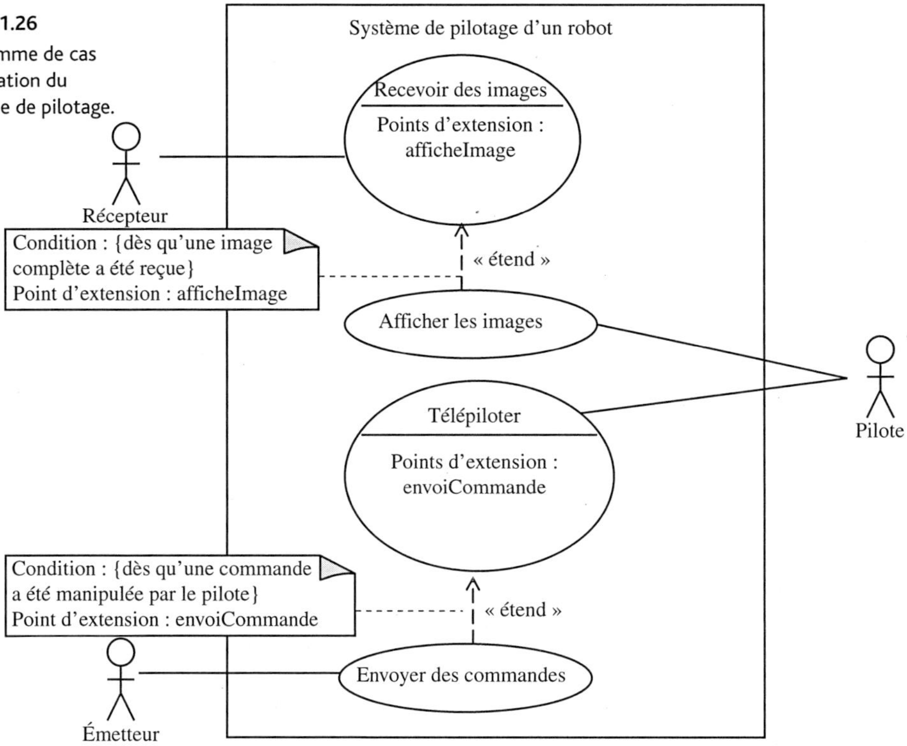

Exercice 7 : Relations entre acteurs, extensions conditionnelles entre cas d'utilisation

Modélisez à l'aide d'un diagramme de cas d'utilisation une médiathèque dont le fonctionnement est décrit ci-après.

Une petite médiathèque n'a qu'une seule employée qui assume toutes les tâches :

- la gestion des œuvres de la médiathèque ;
- la gestion des adhérents.

Le prêt d'un exemplaire d'une œuvre donnée est limité à trois semaines. Si l'exemplaire n'est pas rapporté dans ce délai, cela génère un contentieux. Si l'exemplaire n'est toujours pas rendu au bout d'un an, une procédure judiciaire est déclenchée.

L'accès au système informatique est protégé par un mot de passe.

Solution

La médiathèque n'emploie qu'une employée. Néanmoins, un acteur est déterminé par le rôle qu'il joue vis-à-vis du système à modéliser. Ici, l'employée a deux rôles essentiels :

- le rôle de bibliothécaire qui gère les œuvres ainsi que les adhérents ;
- le rôle de gestionnaire des contentieux ayant les connaissances juridiques suffisantes pour déclencher des procédures judiciaires.

Ces rôles sont modélisés par deux acteurs : Bibliothécaire et Gestionnaire des contentieux. Un gestionnaire de contentieux est un bibliothécaire avec pouvoir. Les acteurs correspondants sont reliés par une relation de généralisation (figure 1.27). Ainsi, l'acteur Gestionnaire des contentieux peut utiliser les cas associés à l'acteur Bibliothécaire. A contrario, l'acteur Bibliothécaire ne peut pas utiliser les cas relatifs à la gestion des contentieux.

Jusqu'à présent la médiathèque fonctionne avec une seule employée. Si, à l'avenir, plusieurs employés devenaient nécessaires, le système informatique pourrait fonctionner avec deux groupes d'utilisateurs : un premier groupe dont le rôle serait limité à celui des bibliothécaires et un deuxième groupe susceptible de gérer les contentieux en plus d'avoir un rôle de bibliothécaire. L'authentification du groupe auquel appartient un utilisateur du système doit être contrôlée par un mot de passe. La gestion des mots de passe requiert la présence d'un administrateur du système. Pour UML, peu importe si cette personne fait partie ou non du groupe des bibliothécaires ou des gestionnaires de contentieux. Comme un nouveau rôle apparaît dans le système, cela justifie la définition d'un acteur supplémentaire : Administrateur. Tous les cas d'utilisation liés aux acteurs incluent la procédure d'authentification matérialisée par le cas « S'authentifier ».

Dans le diagramme, la gestion des adhérents et la gestion des emprunts sont séparées : « Gérer les adhérents » consiste à ajouter, à supprimer ou à modifier l'enregistrement d'un adhérent dans la médiathèque, tandis que « Gérer les emprunts » consiste à prêter des exemplaires aux adhérents déjà inscrits.

La gestion des contentieux a deux degrés d'alerte :

- Un exemplaire n'a pas été rendu au bout de trois semaines.
- Un exemplaire n'a toujours pas été rapporté au bout d'un an.

Cela correspond à deux fonctionnalités distinctes puisque, dans le deuxième cas seulement, il faut déclencher une procédure judiciaire. Nous représentons cela par deux cas d'utilisation : « Gérer les contentieux » et « Déclencher une procédure judiciaire ». Ces deux cas sont liés par une relation d'extension soumise à la condition « si le retard dépasse un an ».

Nom de l'acteur	Rôle
Bibliothécaire	Représente un bibliothécaire. Il gère les œuvres, les adhérents et les emprunts.
Gestionnaire des contentieux	Représente un bibliothécaire qui peut gérer les contentieux.
Administrateur	Représente un gestionnaire des droits d'accès au système.

Figure 1.27
Diagramme de cas d'utilisation d'une médiathèque.

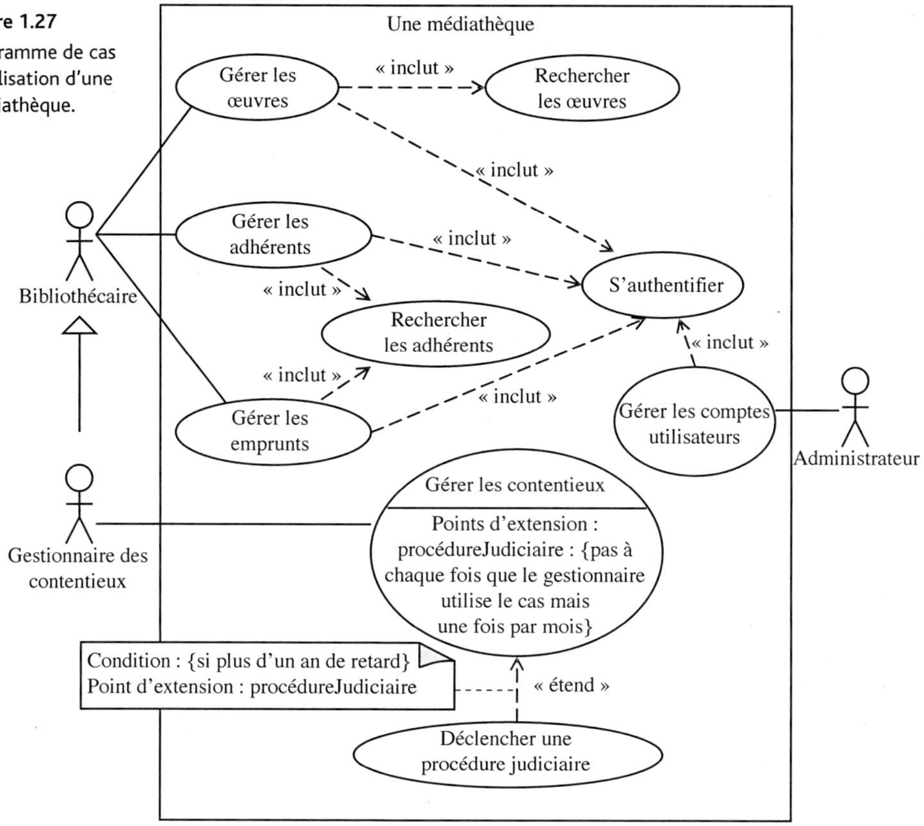

Exercice 8 : Identification des acteurs, recensement des cas d'utilisation internes et relation de généralisation entre cas

Modélisez à l'aide d'un diagramme de cas d'utilisation le système informatique qui gère la distribution d'essence dans une station-service. Le fonctionnement de la distribution de l'essence est décrit ci-après.

Avant de pouvoir être utilisée par un client, la pompe doit être armée par le pompiste. La pompe est ainsi apprêtée, mais ce n'est que lorsque le client appuie sur la gâchette du pistolet de distribution que l'essence est pompée. Si le pistolet est dans son étui de rangement et si la gâchette est pressée, l'essence n'est pas pompée. La distribution de l'essence à un client est terminée quand celui-ci remet le pistolet dans son étui. La mesure de l'essence distribuée se fait par un débitmètre.

Quatre types de carburants sont proposés : diesel, sans plomb avec un indice d'octane de 98, sans plomb avec un indice d'octane de 95, et plombé.

Le paiement peut s'effectuer en espèces, par chèque ou par carte bancaire. En fin de journée, les transactions sont archivées.

Le niveau des cuves ne doit pas descendre en dessous de 5 % de la capacité maximale. Sinon les pompes ne peuvent plus être armées.

Solution

Pour un système complexe, il vaut mieux se concentrer sur les fonctions essentielles puis passer aux cas moins importants.

Identification des principaux acteurs et recensement des cas d'utilisation essentiels

L'acteur principal est évidemment le client. Il utilise le système pour obtenir de l'essence. Il est associé au cas d'utilisation « Se servir ». Rappel : dans un diagramme de cas d'utilisation, on ne détaille pas la séquence des opérations. Par exemple, le type d'essence choisi sera pris en compte quand on décrira le cas.

Imaginons le fonctionnement de la pompe : l'essence ne peut être distribuée que si la pompe est armée ; le client prend un pistolet ; sur le pupitre du pompiste est indiqué le type d'essence choisi ; le pompiste arme la pompe en appuyant sur un bouton de son pupitre, ce qui initialise la pompe.

Ainsi, le cas « Se servir » doit inclure l'armement de la pompe. Deux solutions sont possibles :

- La première utilise un cas unique (Se servir), et deux acteurs (Client et Pompiste), comme le montre la figure 1.28.

Figure 1.28
Se servir de l'essence : solution avec un cas unique.

- La deuxième solution met en œuvre deux cas : « Se servir » et « Armer pompe » (figure 1.29).

Figure 1.29
Se servir de l'essence : solution avec deux cas.

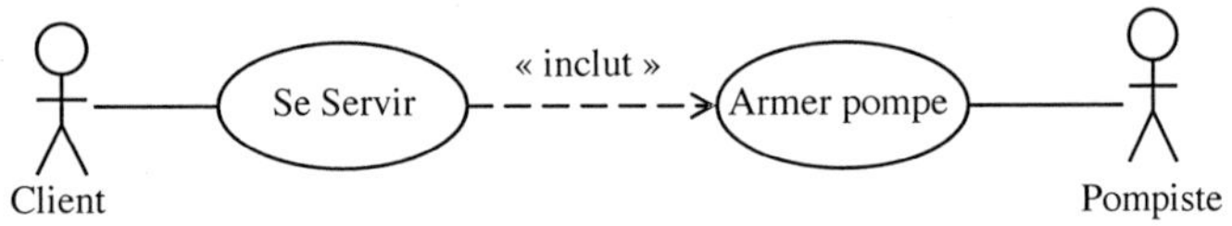

L'armement de la pompe est indispensable, sinon l'essence ne peut être distribuée, d'où la relation d'inclusion entre les cas « Se servir » et « Armer pompe ». L'armement de la pompe se fait en une seule action pour le pompiste : celle d'armer la pompe en appuyant sur un bouton. La description de l'armement se résume donc à une séquence très sommaire d'actions. Faut-il alors représenter cela par un cas d'utilisation ? L'argument qui fait pencher pour le maintien du cas « Armer pompe » est que l'armement est une opération bien isolée des autres fonctions : il s'agit d'initialiser la pompe et donc de piloter des périphériques (mécaniques, électroniques…). Vu sous cet angle, l'armement est suffisamment complexe et bien isolé des autres fonctions pour en faire un cas (figure 1.31).

Le pompiste est un acteur secondaire du cas « Armer pompe » (c'est un cas interne pour lequel le pompiste est consulté). L'armement de la pompe n'est possible que si le niveau de la cuve est suffisant. Un détecteur de niveau (périphérique externe au système informatique) est nécessaire. Ce périphérique est représenté par l'acteur « Capteur niveau cuve pour armement ». Il est secondaire car l'information sur le niveau de la cuve ne lui est pas destinée. Si le niveau est trop bas, c'est le pompiste qui doit en être informé. Il saura ainsi ce qui empêche l'armement de la pompe. La vérification du niveau de la cuve est importante pour le système. De plus, cette opération constitue une transaction bien isolée des autres fonctions (il s'agit de contrôler un périphérique matériel). C'est la raison pour laquelle on décide de créer un cas « Vérifier niveau cuve pour armement ». Pour transmettre le niveau de la cuve au pompiste, il faut relier l'acteur Pompiste au cas « Vérifier niveau cuve pour armement ». Le pompiste est informé que le niveau est trop bas, mais la vérification doit être automatique pour que les pompes soient éventuellement bloquées. Une relation d'inclusion intervient donc entre les cas « Armer pompe » et « Vérifier niveau cuve pour armement » (figure 1.31).

Recensement des cas de moindres importances

Après avoir trouvé les principaux cas, il est temps de se consacrer à ceux de moindre importance. Il ne faut pas oublier de couvrir tous les besoins et ne pas hésiter à introduire des cas auxquels le maître d'ouvrage n'a pas pensé. Il validera ou pas le modèle a posteriori.

L'énoncé n'aborde pas le problème du remplissage des cuves d'essence. Cette opération est réalisée par une entreprise tierce de livraison d'essence. Elle doit cependant être consignée dans le système informatique de la station-service. Une solution consiste à alerter le pompiste dès que le niveau des cuves descend au-dessous d'un certain seuil. Ce deuxième seuil, appelé « seuil de remplissage des cuves », doit être supérieur au seuil des 5 % de l'énoncé (celui qui empêche les pompes d'être armées). Quand il est atteint, le pompiste prévient l'entreprise de livraison d'essence de sorte à éviter de tomber au seuil des 5 %. Si la station-service est sur une autoroute, la livraison d'essence doit être garantie 24 heures sur 24. Il faut peut-être contacter la société de livraison automatiquement – sans passer par l'intermédiaire du pompiste – dès que le niveau devient trop bas. Le capteur du niveau de remplissage est représenté par un acteur appelé « Capteur niveau cuve pour remplissage » (figure 1.31). Il est associé au cas « Vérifier niveau cuve pour remplissage », lui-même associé à l'acteur Pompiste.

Abordons à présent le problème du paiement. De concert avec le maître d'ouvrage, le maître d'œuvre imagine un fonctionnement possible du système : dès que le client raccroche le pistolet, le montant à payer est calculé ; il s'affiche sur le pupitre du pompiste ; le client qui vient payer indique son mode de paiement (espèces, chèque ou carte bancaire) ; le pompiste sélectionne le mode de paiement choisi. À partir de là, les cas divergent :

- Pour un paiement en espèces, le pompiste encaisse le montant demandé, puis valide la transaction, qui est mémorisée dans le système informatique (le montant, la date de la transaction et le mode de paiement sont conservés).
- Si le paiement se fait par chèque, ce dernier est rempli automatiquement, puis le pompiste l'encaisse. La transaction est mémorisée dans le système informatique (en plus de la date, du montant et du mode paiement, sont conservés les références d'une pièce d'identité ou le numéro d'immatriculation du véhicule).
- Pour un paiement par carte bancaire, la banque de la station-service réalise une transaction avec la banque du client. Les seules informations à conserver dans le système

informatique de la station-service sont le montant, la date de la transaction et le mode de paiement.

Comment représenter cela dans un diagramme de cas d'utilisation ? Une première solution (présentée à la figure 1.31) consiste à créer un cas général appelé « Payer », et trois cas particuliers reliés par une relation de spécialisation au cas « Payer ». Chacun des trois cas représente un mode de paiement.

Une autre solution (présentée à la figure 1.30) repose sur un cas, « Payer », qui se déroule jusqu'au choix du mode de paiement, puis, selon le type de paiement, un des trois modes est activé (« Payer en espèces », « Payer par chèque » ou « Payer par carte bancaire »). Ces trois cas sont typiquement des extensions du cas « Payer », où l'extension est soumise à condition.

Figure 1.30
Utilisation de relations d'extension pour modéliser le paiement.

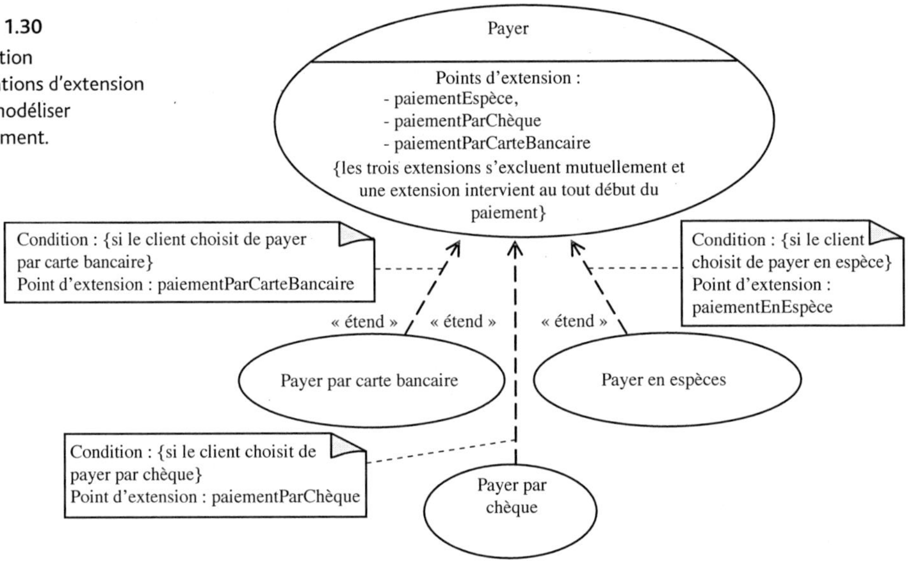

Ces deux solutions sont possibles. Il est difficile de dire laquelle est la meilleure. La suite de l'exercice se fonde arbitrairement sur la représentation avec des relations de généralisation (figure 1.31). Le modélisateur se retrouve régulièrement face à ce dilemme. La réponse est souvent la même : peu importe la façon de modéliser un système du moment que le modèle est correct – un modèle est correct s'il montre une solution qui satisfait le maître d'ouvrage ainsi que les futurs utilisateurs du système.

Aboutir à une modélisation correcte

Il faut prendre le temps d'élaborer le diagramme de cas d'utilisation, bien qu'il soit généralement simple à bâtir, afin d'éviter les a priori qui peuvent conduire à une modélisation erronée.

À la relecture du fonctionnement du paiement tel qu'il est décrit précédemment, le pompiste devient l'acteur principal du cas de paiement. C'est un peu surprenant car on pourrait croire au premier abord qu'il s'agit du client. Or, la seule fois où le client intervient directement sur le système informatique de la station-service est quand il saisit son numéro de carte bancaire. Toutes les autres situations nécessite l'intervention du pompiste. Attardons-nous un instant encore sur le paiement par carte bancaire. Il faut de toute évidence faire figurer un acteur supplémentaire qui représente la banque, car elle interagit avec le système sans en faire partie. C'est un acteur secondaire qui est sollicité uniquement pour confirmer le bon déroulement de la transaction. Quel est le rôle de cet acteur ? Le plus souvent, les solutions de paiement par carte bancaire sont disponibles clés en main sur le marché. Elles incluent un lecteur de cartes ainsi qu'un logiciel pour le piloter. Le maître d'œuvre doit proposer plusieurs solutions présentes sur le marché au maître d'ouvrage, et éventuellement une solution propriétaire si aucune solution du marché ne lui convient. Le maître d'ouvrage décidera. Dans le cadre de cet exercice, à défaut de pouvoir dialoguer avec un maître d'ouvrage, nous choisissons l'achat d'une solution clés en main pour le paiement par carte bancaire. Dans ce cas, le client, lorsqu'il saisit le code de sa carte, n'interagit plus directement avec le système informatique de la station-service. Ainsi, quel que soit le mode de paiement, tout passe par l'intermédiaire du pompiste. Le client n'est donc pas un acteur du système.

Le calcul automatique du montant à payer peut se faire dès que le client raccroche le pistolet (ce qui intervient à la fin du cas « Se servir »). Pour indiquer le moment où le montant est calculé, on peut ajouter une relation d'extension entre les cas « Se servir » et « Payer », avec un point d'extension qui précise le moment où le calcul du montant intervient, comme le montre la figure 1.31. Le paiement peut aussi intervenir avant de se servir. Dans ce cas, il est possible d'ajouter un deuxième point d'extension.

Modélisation des concepts abstraits

Parfois, le langage UML peut paraître limité. Il faut alors trouver, parmi les éléments du langage, celui qui convient le mieux à une situation donnée.

Un dernier besoin n'est pas décrit par le diagramme de cas d'utilisation : c'est l'archivage en fin de journée des transactions. Faut-il prendre en compte ce cas et, si oui, quel acteur l'utilise ? Un cas d'utilisation est déclenché par un événement. Les événements peuvent être classés en trois catégories :

- **Les événements externes.** Ils sont déclenchés par des acteurs.
- **Les événements temporels.** Ils résultent de l'atteinte d'un moment dans le temps.
- **Les événements d'états.** Ils se produisent quand quelque chose dans le système nécessite un traitement.

Ici, il s'agit d'un événement temporel. Il est difficile de définir un acteur qui déclencherait cet événement. Comment le temps peut-il interagir avec un système ? Cela dit, l'archivage quotidien est une fonctionnalité essentielle. Il faut la faire figurer dans la modélisation du système. À quelle étape de la modélisation doit-on prendre en compte cette fonctionnalité ? Comme nous en sommes à produire le premier modèle du système et que cette fonctionnalité est importante, nous choisissons, pour ne pas l'oublier, d'en faire un cas d'utilisation. Pour déclencher ce cas, nous introduisons un acteur appelé Timer qui, une fois par jour, déclenche un événement temporel. Timer est un acteur, il est donc en dehors du système. Cela signifie que l'heure est donnée par une horloge externe à notre système informatique (par exemple, l'horloge du système d'exploitation du système informatique).

La prise en compte des événements d'états est plus délicate puisque, par définition, ils se produisent à l'intérieur d'un système. Ils ne peuvent donc pas être déclenchés par un acteur, qui est forcément en dehors du système. Il est toutefois possible qu'un événement d'état active un cas d'utilisation à condition que ce cas soit interne au système. Une façon de représenter un cas de ce type consiste à le relier à d'autres cas *via* des relations d'extension et à faire figurer comme condition d'extension l'événement d'état. C'est cette solution qui a été adoptée entre les cas « Se servir » et « Payer », en considérant ce dernier comme un cas interne vis-à-vis du cas « Se servir ».

Nom de l'acteur	Rôle
Client	Acteur principal du cas d'utilisation « Se servir ». Représente le client qui se sert de l'essence.
Pompiste	Acteur principal des cas « Payer » et « Vérifier niveau cuve pour remplissage ». Acteur secondaire pour le cas « Armer pompe ».
Capteur niveau cuve pour armement	Acteur secondaire du cas « Vérifier niveau cuve pour armement ».
Capteur niveau cuve pour remplissage	Acteur secondaire du cas « Vérifier niveau cuve pour remplissage ».
Timer	Acteur secondaire du cas « Archiver les transactions ».
Banque	Acteur secondaire du cas « Payer par carte bancaire ».

Figure 1.31
Diagramme de cas d'utilisation d'une station-service.

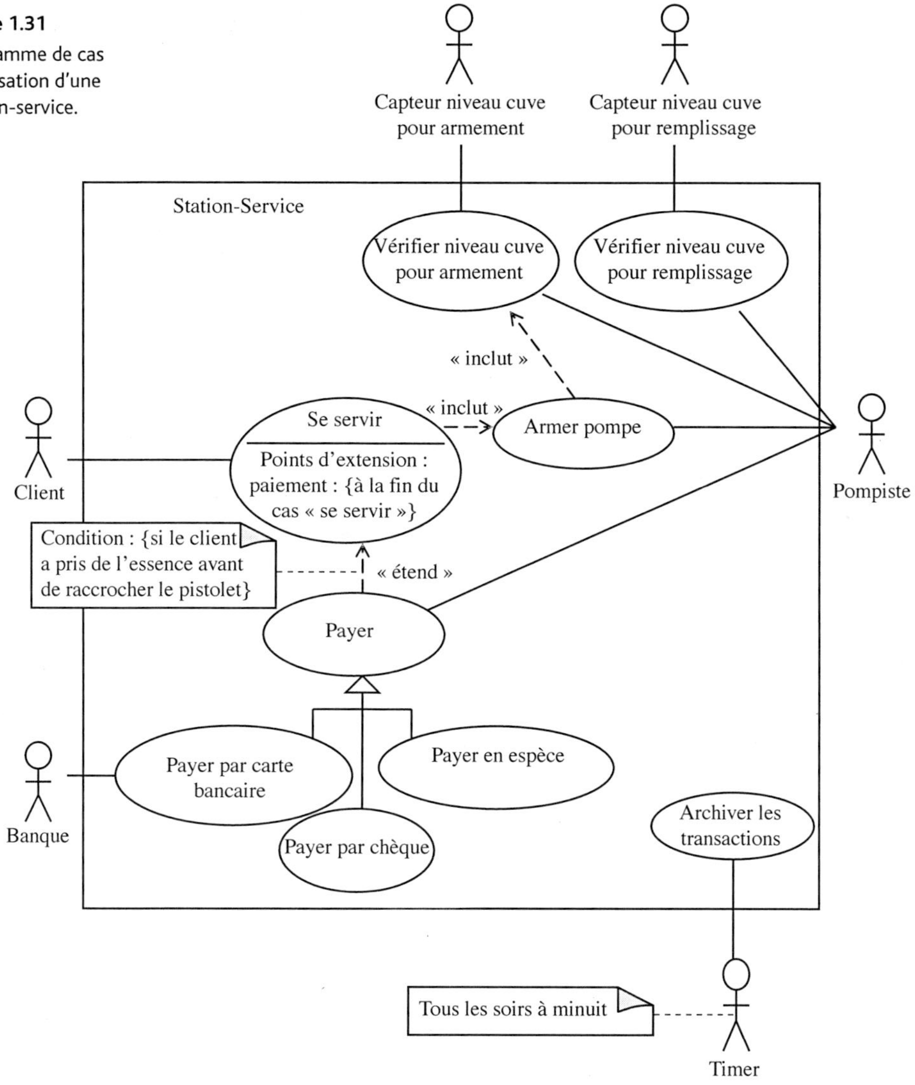

Chapitre 2

Diagramme de classes

Le diagramme de classes est considéré comme le plus important de la modélisation orientée objet. Alors que le diagramme de cas d'utilisation montre un système du point de vue des acteurs, le diagramme de classes en montre la structure interne. Il contient principalement des classes. Une classe contient des attributs et des opérations. Le diagramme de classes n'indique pas comment utiliser les opérations : c'est une description purement statique d'un système. L'aspect dynamique de la modélisation est apporté par les diagrammes d'interactions (voir chapitre 3).

1. Exemple de diagramme de classes

Les classeurs décrivent les caractéristiques structurelles et comportementales de certains éléments du modèle UML. Les classes, les interfaces, les associations, les cas d'utilisation, les collaborations, les acteurs, les types primitifs, les composants, les signaux sont des spécialisations possibles de classeurs.

Le diagramme de classes présente un ensemble de classeurs. Il décrit les classes et leurs -relations, comme le montre l'exemple suivant. Il peut également décrire les regroupements de classes en paquetages, les interfaces et les objets, les classes qui participent à une collaboration ou qui réalisent un cas d'utilisation, etc.

Exemple

La figure 2.1 modélise une entreprise à l'aide de cinq classes : Entreprise, Service, Bureau, Employé et Siège. Les classes possèdent éventuellement des attributs (la classe Service est caractérisée par un nom, un employé se caractérise par un nom et un identifiant). Elles -contiennent aussi des opérations (demandeCongès pour la classe Employé). Les classes sont reliées entre elles par des associations symbolisées par des traits. Plusieurs types d'associations existent, qui se représentent différemment (par des losanges, des flèches...).

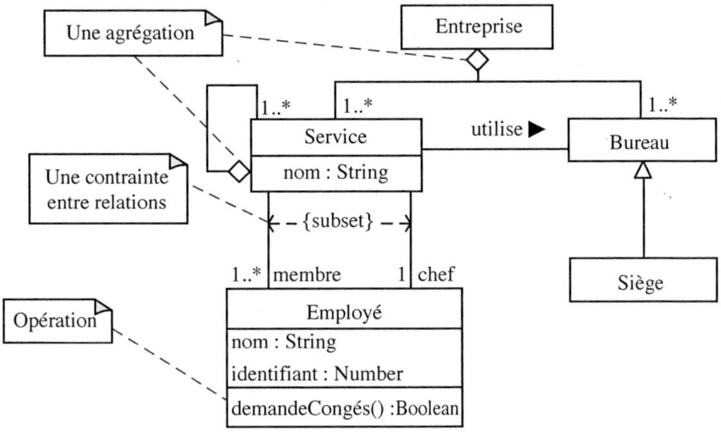

Figure 2.1
Exemple de diagramme de classes.

Pour créer un diagramme de classes, vous avez besoin d'abord de définir les classes et leurs responsabilités, les paquetages ainsi que les relations (association, composition, agrégation, héritage, dépendance...) possibles entre ces éléments. D'autres éléments peuvent également apparaître dans le diagramme de classes, comme les objets et les interfaces.

Nous présenterons, dans ce chapitre, les éléments indispensables pour bien réussir la modélisation du diagramme de classes. Commençons par décrire la genèse des classes.

2. De l'objet à la classe

Beaucoup d'objets naturels ou informatiques se ressemblent tant au niveau de leur description que de leur comportement. Afin de limiter la complexité de la modélisation, vous pouvez regrouper les objets ayant les mêmes caractéristiques en classes. Ainsi, une classe décrit les états (ou attributs) et le comportement à haut niveau d'abstraction d'objets similaires.

De cette façon, vous pouvez définir la classe comme le regroupement des données et des traitements applicables aux objets qu'elle représente, comme le montre la figure 2.2. Dans l'approche objet, il faut, avant tout, pouvoir identifier les objets, les différencier des autres avant de les définir. L'identité associée à une classe est essentielle car elle conditionne la perception des structures et des comportements des objets qu'elle représente.

Exemple

La figure 2.2 modélise la situation suivante : Jean est un homme célibataire âgé de 40 ans et Anne est une femme mariée.

Figure 2.2
Représentation UML de la classe *Personne.*

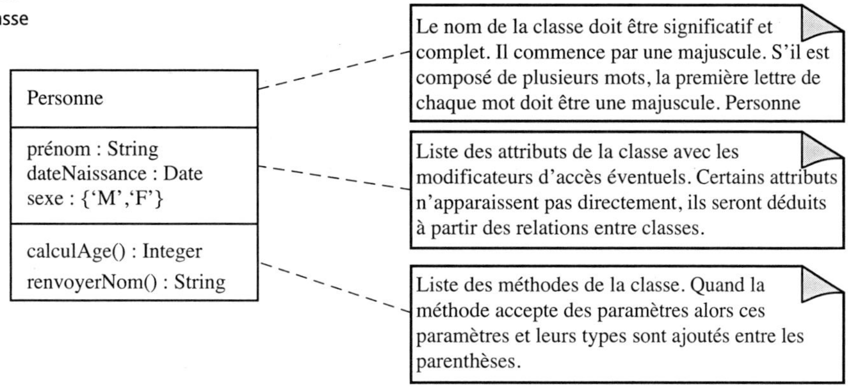

Dans cet exemple, on regroupe les similarités entre les deux objets Jean et Anne dans une classe *Personne*. Les informations qui apparaissent dans l'exemple sont le prénom, le sexe et l'âge. De ce fait, la classe *Personne* est munie des attributs suivants : prénom, sexe et date de naissance. En effet, l'âge est une donnée qui change continuellement. Il est calculé en faisant la différence entre la date courante et la date de naissance. On parle dans ce cas d'attributs dérivés. Cette dernière analyse permet de compléter la description de la classe en ajoutant l'attribut date de naissance et une opération permettant le calcul de l'âge.

En UML, la classe *Personne* est représentée graphiquement par un rectangle divisé en plusieurs compartiments. Le premier compartiment indique le nom de la classe, le deuxième ses attributs, le troisième ses méthodes. En fonction de l'état de la modélisation et des éléments à mettre en valeur, d'autres compartiments, comme les compartiments de responsabilités et d'exceptions, peuvent être ajoutés à la description de la classe.

Définition

Une classe est une description d'un ensemble d'objets ayant une sémantique, des attributs, des méthodes et des relations en commun. Un objet est une instance d'une classe.

Remarque

Dans les langages de programmation objet, on confond souvent la notion d'instance et la notion d'objet alors que la première est plus générale que la seconde. Un objet est une instance d'une classe. Mais une instance peut être une instance de plusieurs autres éléments du langage UML. Par exemple, un lien est une instance d'une association.

Un objet d'une classe doit avoir des valeurs uniques pour tous les attributs définis dans la classe et doit pouvoir exécuter (sans exception) toutes les méthodes de la classe.

2.1. Classe et méthode abstraites

Dans votre environnement quotidien, vous faites abstraction d'une quantité de détails qui permettent d'avoir une vision globale et généralisante du monde. Cette notion d'abstraction se retrouve, au sein de l'approche objet, dans les classes et les méthodes abstraites. -Imaginez une classe modélisant une figure géométrique. Toutes les figures géométriques doivent pouvoir être dessinées. Ajoutez à cette classe une opération qui permet de dessiner une figure. À ce stade de la modélisation, vous êtes dans l'incapacité de définir l'implémentation de cette opération. On l'appelle « méthode abstraite ».

Définition

Une méthode est dite abstraite lorsqu'on connaît son entête mais pas la manière dont elle peut être réalisée. Une classe est dite abstraite lorsqu'elle définit au moins une méthode abstraite ou lorsqu'une classe parent contient une méthode abstraite non encore réalisée.

Exemple

Chaque élément graphique du langage UML est représenté par une figure géométrique. Les caractéristiques communes de ces figures géométriques sont le type de trait utilisé pour les dessiner et la possibilité de les dessiner.

Il est évident que si nous ne connaissons pas la forme exacte de la figure à dessiner nous ne pouvons pas le faire. On dira de ce fait que la méthode *dessiner* est abstraite dans la classe *FigureGéométrique* et la classe *FigureGéométrique* est donc elle-même abstraite. Cependant, si on définit un rectangle comme particularisation de la figure géométrique alors le rectangle pourra être dessiné et la méthode *dessiner* fournit ainsi un corps à l'opération dessiner qui sera dite concrète. Une classe abstraite contient au moins une méthode abstraite. La figure 2.3 donne un exemple d'une classe abstraite contenant une méthode abstraite et les conséquences de cette propriété sur les classes dérivées. En particulier, une classe qui dérive d'une classe abstraite doit implémenter toutes les méthodes abstraites sinon elle reste aussi abstraite.

Figure 2.3

Exemple de classe abstraite.

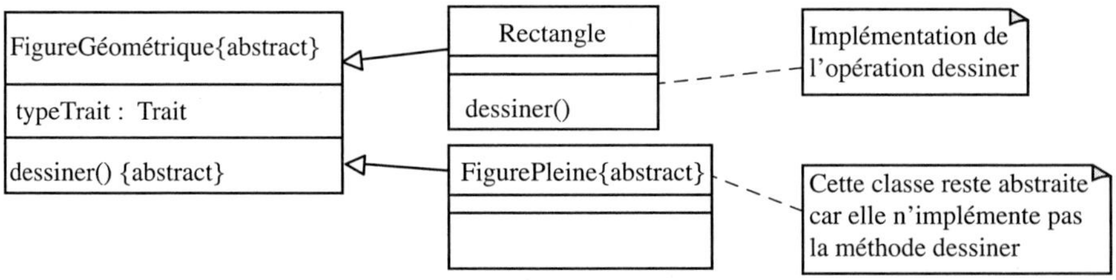

2.2. Nom de la classe

La modélisation d'une classe passe par plusieurs étapes auxquelles participent éventuellement plusieurs intervenants. Par exemple, une classe peut être extraite des cas d'utilisation par un analyste programmeur, et après analyse et factorisation opérées par un ingénieur de développement, être mise dans un paquetage prédéfini et considérée comme valide. Pour distinguer ces étapes de modélisation, vous devez ajouter au nom de la classe toutes les informations pertinentes.

Les informations les plus souvent utilisées sont le nom de la classe, les paquetages qui la contiennent, le stéréotype éventuel de la classe, l'auteur de la modélisation, la date, le statut de la classe (elle est validée ou pas). Par défaut, une classe est considérée comme concrète. Sinon, ajoutez le mot-clé *abstract* pour indiquer qu'elle est abstraite.

Spécification

La syntaxe de base de la déclaration d'un nom d'une classe est la suivante :

```
[« stéréotype »]

[<NomDuPackage1> ::…:<NomDuPaquetage N>::]

<NomDeLaClasse>[{[abstract],[auteur],[état],…}]
```

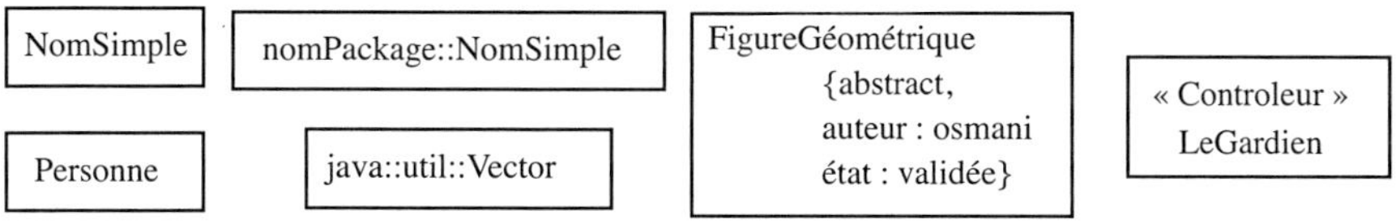

Figure 2.4 Quelques exemples de noms de classe.

Remarque

Le nom de la classe doit évoquer le concept décrit par la classe. Il commence par une majuscule. Quand le nom est composé, chaque mot commence par une majuscule et les espaces blancs sont éliminés.
En UML 2, les guillemets (comme dans l'exemple de « contrôleur » servent, à la fois, à indiquer les stéréotypes et les mots-clés du langage. Dans les versions précédentes d'UML, ils ne servent qu'à désigner les stéréotypes.

2.3. Encapsulation

Un principe de conception largement utilisé (même au-delà de l'approche objet) consiste à protéger le cœur d'un système des accès intempestifs venant de l'extérieur. C'est le principe du coffre-fort : seuls les détenteurs d'une clef peuvent l'ouvrir. Transposé à la modélisation objet, ce principe s'appelle l'encapsulation. Il permet de définir les droits d'accès aux propriétés d'un classeur. UML définit quatre niveaux d'encapsulation d'une propriété d'une classe.

Une propriété peut être visible partout. Dans ce cas, elle est dite « publique ». Si elle n'est visible qu'à l'intérieur d'une classe, elle est dite « privée ». En utilisant le principe de -l'héritage, les descendants d'une classe peuvent avoir un accès privilégié aux propriétés des classes parentes. Une classe parent qui souhaite autoriser l'accès à une de ses propriétés à ses seuls descendants doit définir cette propriété comme « protégée ». Lors de la modélisation d'applications complexes, les classes sont regroupées dans des paquetages dédiés à des domaines ou activités particulières. Le langage Java, par exemple, propose un paquetage dédié aux entrées/sorties (*java.io*), un paquetage contenant les utilitaires (*java.util*), etc. La visibilité par défaut d'une classe et de ses propriétés se limite au paquetage dans lequel elle est définie.

Notation

Les modificateurs d'accès ou de visibilité associés aux classes ou à leurs propriétés sont notés comme suit :

- **Le mot-clé *public* ou le caractère +**. Propriété ou classe visible partout.
- **Aucun caractère, ni mot-clé**. Propriété ou classe visible uniquement dans le paquetage où la classe est définie.
- **Le mot-clé *protected* ou le caractère #**. Propriété ou classe visible dans la classe et par tous ses descendants.
- **Le mot-clé *private* ou le caractère -**. Propriété ou classe visible uniquement dans la classe.

Par ailleurs, le langage UML 2 donne la possibilité d'utiliser n'importe quel langage de programmation pour la spécification de la visibilité des classeurs et de leurs propriétés. Il suffit pour cela de préciser le langage utilisé.

Le paquetage *Paquetage1* utilise le paquetage *Paquetage2*. La classe *Classe1* définit quatre attributs avec des visibilités différentes (figure 2.5). L'attribut privé *attribut1* n'est accessible que dans la classe *Classe1*. L'attribut *attribut2* est « public » dans le paquetage, accessible à partir des classes *Classe1*, *Classe2* et *Classe3*. L'attribut *attribut3* est accessible à partir des quatre classes alors que l'attribut *attribut4* n'est visible que dans les classes *Classe1* et *Classe2*.

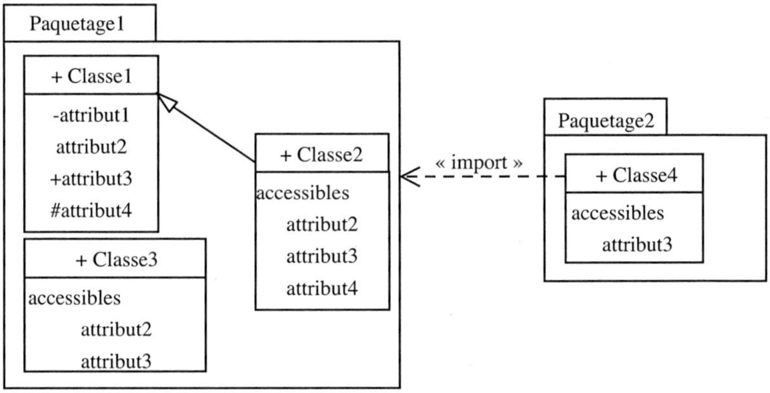

Figure 2.5
Visibilité des propriétés d'une classe.

2.4. Attributs de la classe

Les attributs définissent les informations qu'une classe ou un objet doivent connaître. Ils représentent les données encapsulées dans les objets de cette classe. Chacune de ces informations est définie par un nom, un type de données et une visibilité. Le nom de l'attribut doit être unique dans la classe.

En UML, les attributs correspondent à des instances de classes déjà prédéfinies. Pour des raisons de programmation, ce principe n'est pas toujours respecté par les langages de programmation objet, comme en témoigne l'existence de types de base (int, float...) dans les langages Java et C++.

Exemple

La classe Hôtel possède un nom et un propriétaire. Un hôtel contient entre une et deux cents chambres. Le propriétaire de l'hôtel n'est pas visible à partir des autres classes. Par ailleurs, l'hôtel respecte les textes de lois communs à tous les hôtels.

Pour pouvoir modéliser la classe *Hôtel*, vous avez besoin de connaître les classes *String*, *Chambre*, *Personne* et *TexteDeLoi*. Vous avez également besoin de savoir modéliser la multiplicité (entre une et deux cents chambres) et la possibilité d'associer une propriété à la classe, et non à l'instance de la classe (texte de loi).

Figure 2.6
Classe *Hôtel* mettant en évidence les modificateurs d'accès, la multiplicité et les attributs de classes.

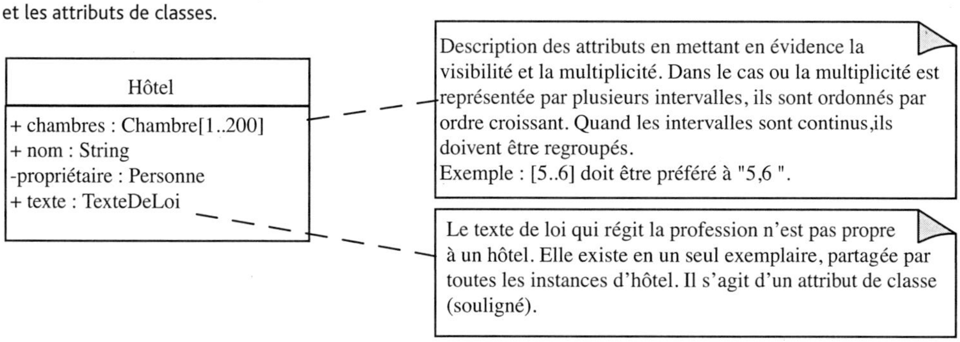

Notation

Un attribut peut être initialisé et sa visibilité est définie lors de sa déclaration. La syntaxe de la déclaration d'un attribut est la suivante :

```
<modificateur d'accès> [/]<NomAttribut> :
<NomClasse>['['multiplicité']'] [ = valeur(s) initiale(s)]
```

Les attributs de classes

Par défaut, les valeurs des attributs définis dans une classe diffèrent d'un objet à un autre. Parfois, il est nécessaire de définir un attribut qui garde une valeur unique et partagée par toutes les instances de la classe. C'est, par exemple, le cas de la valeur de la variable PI=3,14 définie dans la classe *Math* du langage Java. Quel que soit l'objet de cette classe, la valeur de PI reste la même. De plus, cette valeur est accessible même s'il n'existe aucun objet de la classe *Math*. On dit alors que PI est un attribut de la classe *Math*, et non un attribut de ses instances. Les instances ont accès à cet attribut, mais n'en possèdent pas une copie.

Graphiquement, un attribut de classe est souligné, comme le montre l'exemple de *TexteDeLoi* de la figure 2.6. En Java, comme en C++, par exemple, un attribut de classe s'accompagne du mot-clé *static*.

Les attributs dérivés

Les attributs dérivés, symbolisés par l'ajout d'un slash (/) devant leur nom, peuvent être calculés à partir d'autres attributs et des formules de calcul. Lors de la conception, un attribut dérivé peut être utilisé comme marqueur jusqu'à ce que vous puissiez déterminer les règles à lui appliquer.

Exemple

La plupart des calculs concernant la pension de retraite sont basés sur l'âge. L'âge est vu comme un attribut. Pourtant, lors de la modélisation de la classe Personne, c'est la date de naissance qui est déterminante, et non l'âge, car celui-ci change en fonction de la date du jour. De ce fait, on dit que l'attribut âge est un attribut dérivé : il est utilisé comme un vrai -attribut mais calculé par une méthode. Il est noté /age : Integer.

2.5. Méthodes et opérations

Le comportement d'un objet est modélisé par un ensemble de méthodes. Chaque méthode correspond à une implémentation bien précise d'un comportement.

En général, lors de la conception des classes, on commence par donner les en-têtes des méthodes sans préciser la manière de les implémenter. Cependant, avant toute instanciation d'une classe, il est nécessaire de donner une implémentation possible de ses méthodes. Évidemment, pour chaque en-tête, plusieurs implémentations sont possibles.

UML distingue la spécification d'une méthode, qui correspond à la définition de son en-tête, de son implémentation. La spécification est appelée « opération » et l'implémentation est appelée « méthode ». Vous pouvez donc associer plusieurs méthodes à une opération, comme le montre l'exemple suivant :

Exemple

Soit la factorielle de n (n!), une fonction définie de façon inductive pour tout entier positif n par : 0! = 1 et n! = n * (n – 1)!. On dit que : + fact (n : Integer) : Integer est une opération et que

```
+fact(n:Integer):Integer
{    if (n==0)  renvoyer (1) ;
     renvoyer (n * fact(n-1);
}
```

```
et
+fact(n:Integer):Integer
{     Integer resultat = 1 ;
      Pour (Integer i = n ; i>0 ; i--) résultat*=i ;
      renvoyer résultat ;
}
```

sont deux méthodes possibles implémentant l'opération `fact()`.

Dans une classe, une opération (même nom et mêmes types de paramètres) doit être unique. Quand le nom d'une opération apparaît plusieurs fois avec des paramètres différents, on dit que l'opération (et/ou la méthode) est surchargée. En revanche, il est impossible que deux opérations ne se distinguent que par la valeur retournée.

Spécification

La spécification d'une opération contient les types des paramètres et le type de la valeur de retour. UML 2 ne prévoit pas de type de la valeur de retour d'une opération. Mais l'utilité de ce paramètre nous conduit à garder la syntaxe d'UML 1.5.

La syntaxe de la déclaration est la suivante :

```
<modificateur d'accès><nomDeLaMéthode ([paramètres])> :
[<valeurRenvoyée>][{propriété}]
```

La syntaxe de la liste des paramètres est la suivante :

```
<NomClasse> nomVariable, <NomClasse> nomVariable, <NomClasse>
nomVariable,…
```

Les propriétés correspondent à des contraintes ou à des informations complémentaires, comme les exceptions, les pré-conditions, les post-conditions, ou encore l'indication qu'une classe est abstraite, etc.

UML 2 autorise également la définition des opérations dans n'importe quel langage à -condition que celui-ci soit précisé *a priori*. Vous pouvez, par exemple, utiliser la syntaxe du langage C++ ou du langage Java pour exprimer toutes les méthodes des classes.

2.6. Opérations de classe

Comme pour les attributs de classe, vous aurez peut-être besoin de définir une opération qui ne dépend pas des valeurs propres de chaque objet, mais qui porte sur les attributs de la classe ou uniquement sur les paramètres de l'opération. Dans ce cas, l'opération devient propriété de la classe, et non de ses instances. Elle n'a pas accès aux attributs des objets de la classe. Graphiquement, une méthode de classe est soulignée.

Exemple

L'exécution d'une application crée plusieurs objets de la classe Processus. Pour afficher le nombre d'objets de cette classe disponibles simultanément dans le système, vous pouvez ajouter un attribut de classe qui compte le nombre de processus (lors de la création et de la destruction des objets) et une méthode qui affiche ce nombre.

Figure 2.7
Opération de classe
et stéréotype d'opération.

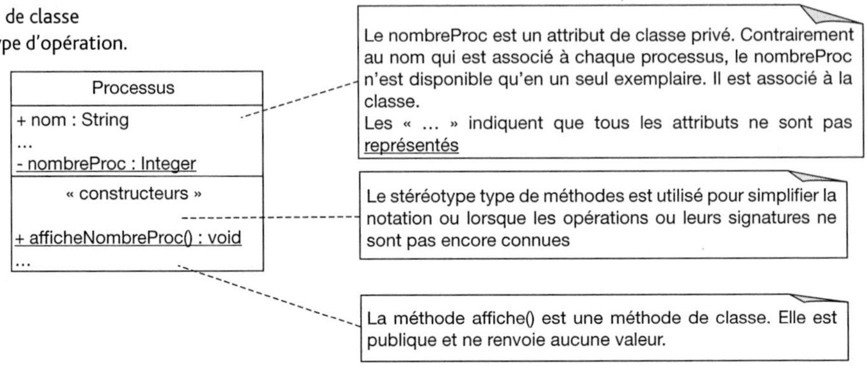

2.7. Compartiments complémentaires d'une classe

Le processus de modélisation se fait pas à pas. De ce fait, lors de la construction des classes, les caractéristiques ne sont pas toutes connues de façon précise. Pour prendre en compte cette construction incrémentale, vous ajoutez des informations complémentaires aux classes telles que les responsabilités, les contraintes générales, les exceptions, etc.

Pour ce faire, vous disposez de deux nouveaux compartiments dans la description graphique d'une classe, à savoir le compartiment des responsabilités et celui des exceptions. Si la modélisation concerne une application informatique à implémenter, ces deux compartiments disparaîtront quand vous arriverez à la phase de génération de code ; ils seront transformés en un ensemble d'attributs et de méthodes.

Exemple

La classe *ConnexionInformatique* doit respecter une charte définissant les modalités de connexion. Dans un premier temps, cette charte n'est ni une méthode, ni un attribut : il s'agit d'une responsabilité de la classe. Dans la description de cette classe, comme le montre la figure 2.8, il faut aussi gérer le cas où la connexion est impossible.

Figure 2.8
Compartiment de responsabilité
et d'exception.

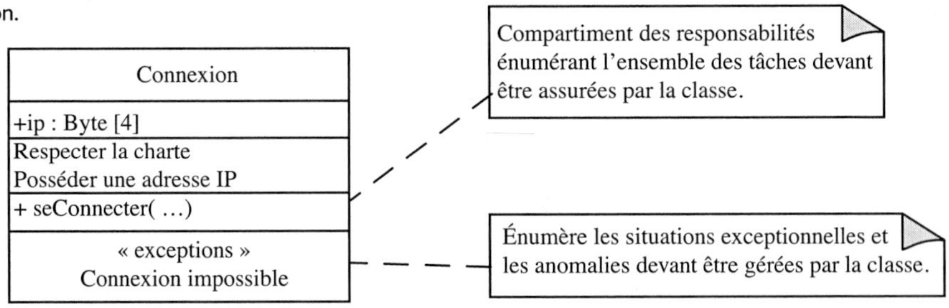

3. Interface

Le rôle d'une interface est de regrouper un ensemble d'opérations assurant un service cohérent offert par un classeur et une classe en particulier.

Le concept d'interface est essentiellement utilisé pour classer les opérations en catégories sans préciser la manière dont elles sont implémentées. La définition d'une interface ne spécifie pas – contrairement à celle d'une classe – une structure interne et ne précise pas les algorithmes permettant la réalisation de ses méthodes. Elle peut préciser les conditions et les effets de son invocation. Une interface n'a pas d'instances directes. Pour être utilisée, elle doit être réalisée par un classeur, qui est souvent une classe. Une interface peut être spécialisée et/ou généralisée par d'autres interfaces.

La réalisation d'une interface par une classe est représentée graphiquement par un trait discontinu qui se termine par une pointe triangulaire. Une manière simplifiée de représenter une interface consiste à placer un petit cercle, souvent appelé « lollipop » (sucette), rattaché à la classe qui réalise l'interface, comme le montre la figure 2.9.

Spécification

Une interface est définie comme une classe, avec les mêmes compartiments. Les principales différences sont la non-utilisation du mot-clé *abstract*, car l'interface et toutes ses méthodes sont, par définition, abstraites, et l'ajout du stéréotype *interface* avant le nom de l'interface.

Figure 2.9
Deux manières de représenter l'interface et le lien avec la classe qui la réalise. L'interface *NomInterface* est réalisée par la classe *NomClasse*.

Exemple

Selon des critères à définir a posteriori, les objets de la classe *Hôtel* et les objets de la classe Personne doivent être comparables. L'opération qui compose l'interface et permet la comparaison entre les instances des classes *Personne* et *Hôtel* doit être la même. Cependant, les critères de comparaison sont, évidemment, différents. La figure 2.10 modélise cette interface commune, réalisée par chacune des classes dérivées.

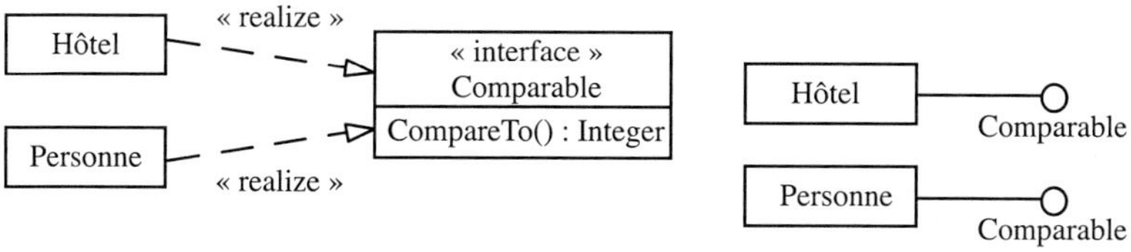

Figure 2.10
Les classes *Hôtel* et *Personne* réalisent l'interface *Comparable*.

Quand une classe dépend d'une interface (interface requise) pour réaliser ses opérations, elle est dite « classe cliente de l'interface ». Graphiquement, cela est représenté par une relation de dépendance entre la classe et l'interface. Une notation lollipop équivalente est aussi possible, comme le montre la figure 2.11.

Figure 2.11
La classe *NomClasse* dépend de l'interface *NomInterface.*

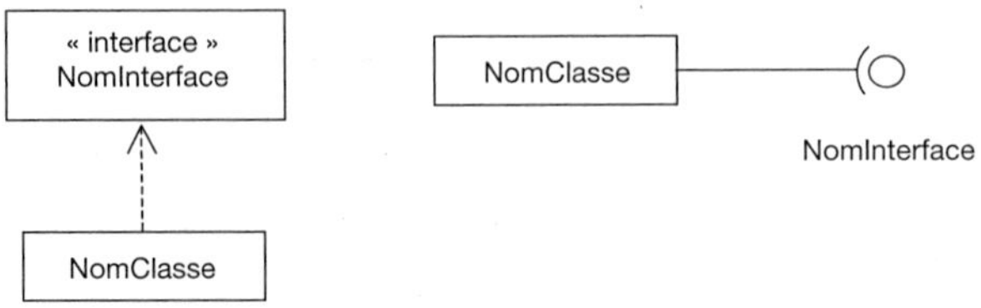

4. Relations entre classes

Les classes sont les éléments de base du diagramme de classes. Une application nécessite, évidemment, la modélisation de plusieurs classes. Après avoir trouvé les classes, il convient de les relier entre elles. Les relations entre classes expriment les liens sémantiques ou structurels. Les relations les plus utilisées sont l'association, l'agrégation, la composition, la dépendance et l'héritage. Dans la plupart des cas, ces relations sont binaires (elles relient deux classes uniquement).

Même si les relations sont décrites dans le diagramme de classes, elles expriment souvent les liens entre les objets. De ce fait, même les relations binaires entre classes peuvent faire intervenir plusieurs objets de chaque classe. La notion de multiplicité permet le contrôle du nombre d'objets intervenant dans chaque instance de la relation.

4.1. Multiplicité

Dans le métamodèle UML, la multiplicité est définie par un ensemble non vide d'entiers positifs à l'exclusion d'un ensemble ne contenant que zéro {0}. Elle apparaît à chaque extrémité d'une relation et indique le nombre d'objets de la classe apparaissant à cette extrémité pouvant s'associer à un seul et unique objet de la classe apparaissant à l'autre extrémité.

Exemple

Un objet de la classe Voiture est composé d'au moins trois roues et d'au plus dix roues. Pour ajouter cette information dans le diagramme de classes, on ajoutera le lien de composition entre les classes Voiture et Roue et on ajoutera la multiplicité `[3..10]` du côté de la classe Roue.

Figure 2.12
Exemple de multiplicité.

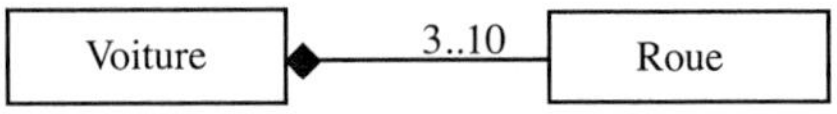

Cette relation entre deux classes indique qu'un objet de la classe *Voiture* doit être composé de trois à dix objets de la classe *Roue.*

Les principales multiplicités normalisées sont « plusieurs » (`*`), « exactement n » (`n`), « au minimum n » (`n..*`) et « entre n et m » (`n..m`). Il est aussi possible d'avoir un ensemble d'intervalles convexes: `n1..n2, n3..n4` ou `n1..n2, n5, n6..*`, etc.

4.2. Association

Une association représente une relation sémantique entre les objets d'une classe. Elle est représentée graphiquement par un trait plein entre les classes associées. Elle est complétée par un nom qui correspond souvent à un verbe à l'infinitif, avec une précision du sens de lecture en cas d'ambiguïté. Parfois, un stéréotype qui caractérise au mieux l'association remplace le nom. Chaque extrémité de l'association indique le rôle de la classe dans la relation et précise le nombre d'objets de la classe qui interviennent dans l'association. Quand l'information circule dans un sens uniquement, le sens de la navigation est indiqué à l'une des extrémités. UML 2 donne, aussi, la possibilité d'exprimer la non-navigabilité d'une extrémité par l'ajout d'une croix sur l'association, comme le montre la figure 2.15.

Figure 2.13
L'association et ses différents ornements.

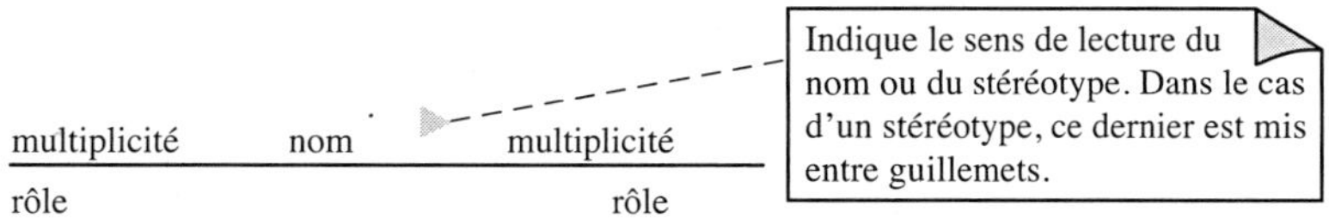

Exemple

Association

Une personne travaille pour une et une seule entreprise. L'entreprise emploie au moins une personne. L'entreprise est l'employeur des personnes qui travaillent pour elle et une personne a un statut d'employé dans l'entreprise.

Figure 2.14
Rôle, multiplicité et nom de l'association sans restriction de navigabilité.

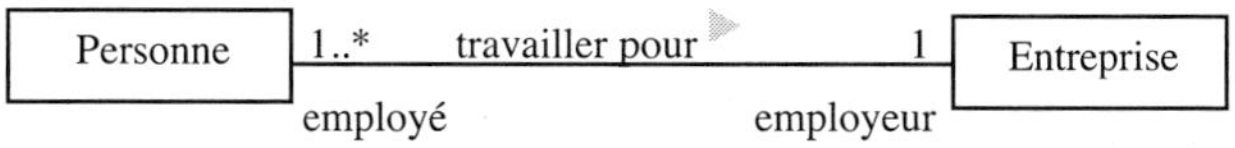

Exemple

Association avec navigabilité et contraintes

Un polygone est défini par un ensemble de points jouant le rôle de sommets. Les sommets du polygone ne sont accessibles que par la classe et par ses descendants. Par ailleurs, il est inutile et encombrant que les points aient un lien vers le polygone et, de manière générale, vers les figures auxquelles ils appartiennent.

Figure 2.15
Association orientée.

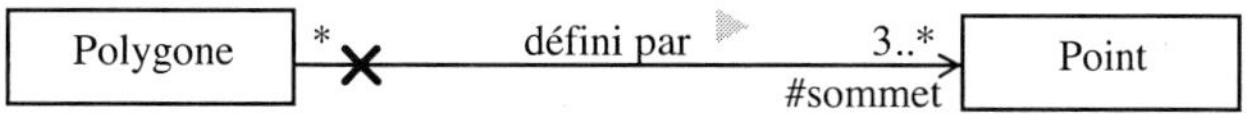

La navigation est possible uniquement du polygone vers les points.

Vous pouvez modéliser l'association entre les classes *Polygone* et *Point* et mettre en évidence la navigabilité de l'association en ajoutant un attribut sommet dans *Polygone* (figure 2.16). Cependant, la classe *Point* ne doit pas avoir d'attribut de type *Polygone*, ni de méthode qui renvoie les polygones définis par ce point.

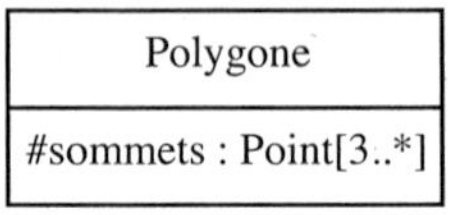

Figure 2.16
Exemple de modélisation de la navigation par des attributs.

L'association la plus utilisée est l'association binaire (reliant deux classeurs). Parfois, les deux extrémités de l'association pointent vers le même classeur. Dans ce cas, l'association est dite « réflexive ».

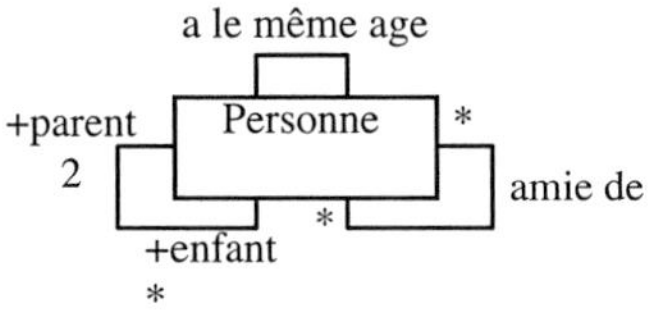

Figure 2.17
Exemples d'associations réflexives.

La première est asymétrique (parent de), la deuxième est symétrique et non transitive (amie de) et la dernière est à la fois symétrique et transitive. Il est conseillé d'ajouter les rôles des extrémités dans le cas des relations asymétriques.

L'association réflexive entre classes a pour principale fonction de structurer les objets d'une même classe. Quand l'association est asymétrique, elle permet de créer une hiérarchie entre les objets sinon elle partitionne les instances de la même classe. Quand l'association est à la fois symétrique et transitive, les objets sont regroupés en classes d'équivalence. Dans l'exemple de la figure 2.17, l'association réflexive « parent de » permet de créer un arbre (hiérarchie) généalogique entre les instances de la classe *Personne*. La relation symétrique et transitive « a le même âge » permet de regrouper les objets de la classe *Personne* en classes d'équivalence (toutes les personnes ayant le même âge appartiendront au même groupe).

Remarque

De nombreux concepts sont définis autour de la notion d'association. Nous avons sélectionné cinq concepts qui nous paraissent importants : l'association avec contraintes, l'association dérivée, la classe-association, la classe représentante (ou qualifiante) et l'association n-aire (n > 2).

4.3. Association avec contraintes

Une association entre classes indique que des propriétés sont échangées ou partagées par les classes reliées. L'ajout de contraintes à une association ou bien entre associations apporte plus d'informations car cela permet de mieux préciser la portée et le sens de l'association. Les contraintes sont mises entre accolades et peuvent être exprimées dans n'importe quel langage. Cependant, il est préférable d'utiliser le langage OCL (*Object Constraint Language*). Le premier exemple de la figure 2.18 montre une association entre un polygone et ses sommets en précisant que les sommets d'un polygone sont ordonnés, ce qui permet de réduire à 1 le nombre de figures pouvant être dessinées à partir de n sommets. Le deuxième exemple montre une contrainte entre deux associations : elle indique que le responsable du département fait nécessairement partie du personnel.

Figure 2.18
Exemples d'associations dont la portée est restreinte par les contraintes du langage OCL.

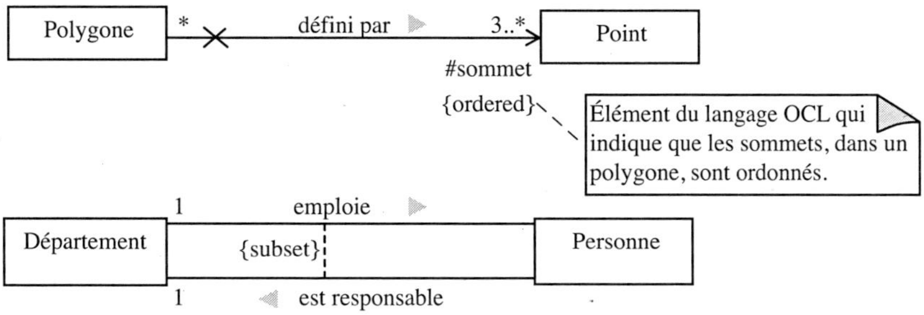

4.4. Association dérivée

Une association dérivée est conditionnée ou peut être déduite à partir d'une autre association. Souvent un ensemble de contraintes, exprimées en OCL, est ajouté à une association dérivée pour définir les conditions de dérivation. Graphiquement, une association dérivée est symbolisée par l'ajout d'un slash avant le nom de l'association. Dans l'exemple de la figure 2.19, l'association dérivée /emploi indique que la personne qui travaille pour une entreprise est la même que celle qui est associée à l'un de ses départements.

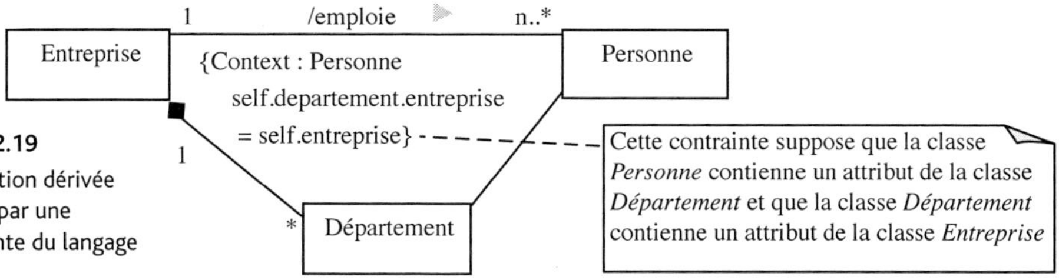

Figure 2.19
Association dérivée définie par une contrainte du langage OCL.

4.5. Classe-association

Une association peut être raffinée et avoir ses propres propriétés, qui ne sont disponibles dans aucune des classes qu'elle lie. Comme, dans le modèle objet, seules les classes peuvent avoir des propriétés, cette association devient alors une classe appelée « classe-association ». À partir du moment où elle est définie, elle est considérée comme toutes les autres classes du modèle.

Exemple

Les personnes qui travaillent dans une entreprise occupent un poste. Parmi les propriétés associées au poste figure le salaire. Par ailleurs, quand une personne occupe un poste dans une entreprise, elle peut être responsable de plusieurs personnes.

Figure 2.20
Une classe-association est caractérisée par l'ajout d'un trait discontinu entre la classe et l'association qu'elle représente.

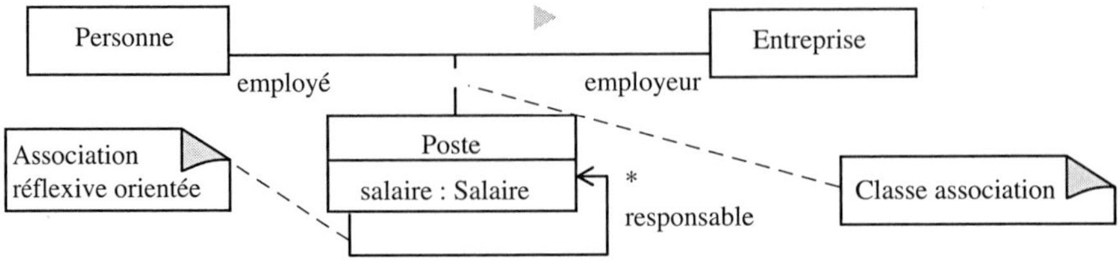

4.6. Association qualifiée

Parfois, l'association entre deux classes donne peu d'indications sur l'implication effective des classes dans la relation, ce qui rend la modélisation imprécise. Cette imprécision concerne, en particulier, la multiplicité d'une extrémité de l'association et/ou la portée de l'association par rapport aux classes associées.

La qualification d'une association permet, dans certains cas, de transformer une multiplicité indéterminée ou infinie en une multiplicité finie, comme le montre la figure 2.21.

Exemple

Changement de multiplicité avec un qualificateur

La classe ***Vector*** du langage Java permet de référencer un ensemble quelconque d'objets de la classe ***Object***. On suppose qu'un objet est référencé une seule fois. La figure 2.21 donne une modélisation de cette situation avec et sans qualificateur. Un objet de la classe ***Object*** est référencé par un indice de type Integer.

Figure 2.21
Intérêt de la qualification d'une classe pour préciser la multiplicité.

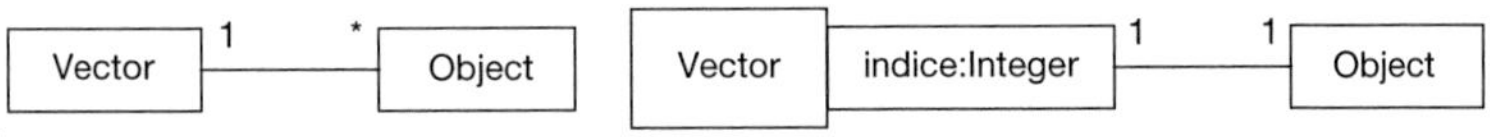

Exemple

Qualification d'une association pour limiter son impact sur les classes associées

L'objectif est de modéliser l'association entre une personne et une banque. L'unique lien entre les deux est le fait de posséder au plus deux comptes. La banque assure bien d'autres activités qui ne concernent pas le client. Pour mettre en évidence le fait que le lien entre la banque et une personne se limite à la possession de plusieurs comptes, on ajoute une classe ***Compte*** qui représente la classe ***Banque*** dans l'association avec la classe ***Personne***.

Figure 2.22
Une classe qualifiante est collée à la classe principale.

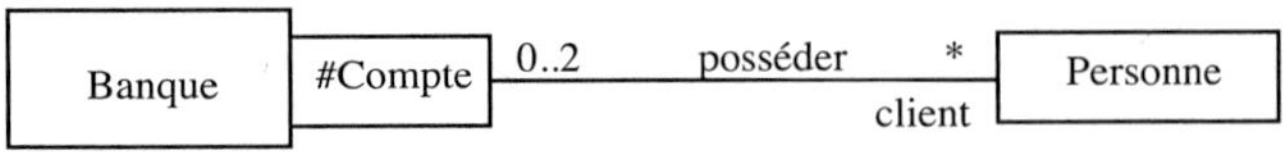

4.7. Association n-aire

Une association n-aire lie plus de deux classes. La gestion de ce type d'association est très délicate, notamment quand on ajoute la multiplicité (voir exercice 5). Pour cette raison, elles sont très peu utilisées. On leur préfère des associations binaires combinées avec des contraintes du langage OCL.

Notation

Les traits pleins qui viennent de toutes les classes associées convergent vers un losange central pouvant éventuellement accueillir une classe-association. La multiplicité apparaissant sur le lien de chaque classe s'applique sur une instance du losange. Une instance du losange par rapport à une classe est un ensemble contenant une seule et unique instance de chacune des classes, à l'exclusion de la classe-association et de la classe considérée.

Exemple

Chaque année, les étudiants s'inscrivent dans un seul groupe et suivent des modules. Pour un groupe d'étudiants donné (ne dépassant pas vingt-cinq individus), un module est assuré par un seul enseignant. Un module n'ouvre que si au moins quatre étudiants sont inscrits. Par ailleurs, la politique de l'école fait qu'un enseignant ne peut pas assurer plus de trois modules pour un étudiant donné et un étudiant suit entre cinq et dix modules.

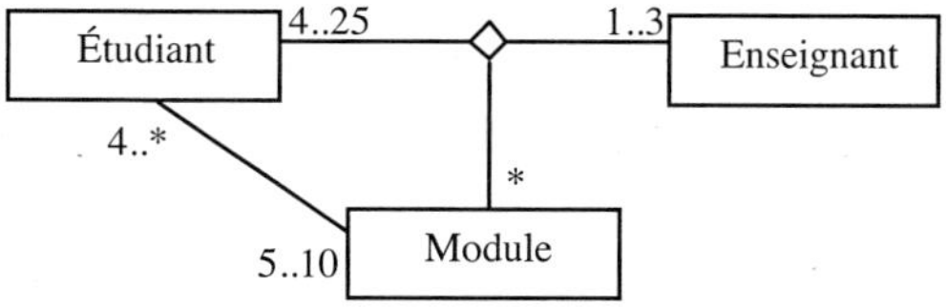

Figure 2.23
Relation entre trois classes (relation ternaire).

4.8. Relation d'agrégation

Une agrégation est une forme particulière d'association. Elle représente la relation d'inclusion structurelle ou comportementale d'un élément dans un ensemble. Contrairement à l'association, l'agrégation est une relation transitive.

Notation

Une agrégation se distingue d'une association par l'ajout d'un losange vide du côté de l'agrégat.

Exemple

Une école dispose d'au moins une salle de cours. Dans chaque salle, on trouve des chaises et un vidéo-projecteur fixé au plafond.

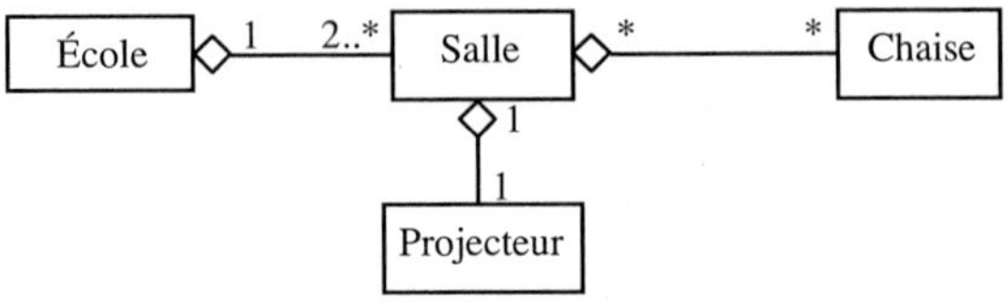

Figure 2.24
Relation d'agrégation.

L'agrégation permet également la délégation d'opération : une opération définie comme pouvant être réalisée par une classe est en réalité réalisée par ses parties. Par exemple, on réalisera l'opération de nettoyage d'une école en déléguant cette tâche à toutes ses salles. La durée de vie de l'agrégat est indépendante des éléments qui le constituent. La destruction d'une instance de la classe *Salle* n'implique pas la destruction des instances de la classe *String*. Par ailleurs, un composant peut apparaître dans plusieurs agrégats (pas de restriction sur la multiplicité du côté de l'agrégat). Une instance de la classe *Chaise* peut être partagée par plusieurs salles.

4.9. Relation de composition

La composition, appelée également « agrégation composite », est une agrégation particulière. Cela signifie que toute composition peut être remplacée par une agrégation, qui elle-même peut être remplacée par une association. La seule conséquence est la perte d'informations.

La relation de composition décrit une contenance structurelle entre instances. Ceci implique, en particulier, que l'élément composite est responsable de la création, de la copie et de la destruction de ses composants. Par ailleurs, la destruction ou la copie de l'objet composite implique respectivement la destruction ou la copie de ses composants. Une instance de la partie appartient toujours à au plus une instance de l'élément composite.

Notation

Une composition se distingue d'une association par l'ajout d'un losange plein du côté de l'agrégat. La multiplicité du côté de l'agrégat ne peut prendre que deux valeurs : 0 ou 1. Par défaut, la multiplicité vaut 1.

Comme tous les autres éléments du langage UML, la composition ne reflète pas forcément la réalité. Cependant, elle doit être fidèle à la situation modélisée, comme le montre ce qui suit.

Exemple

On peut compléter l'exemple précédent en indiquant qu'une salle est composée d'une seule porte et de plusieurs fenêtres. De plus, si le tableau est fixé, on considère que la relation de composition reflète mieux le lien qui le lie à la salle.

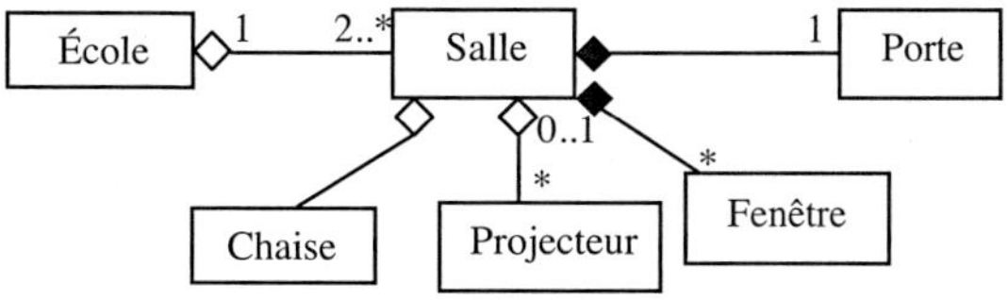

Figure 2.25
Exemple de relation de composition.

Remarque

La relation de composition étant structurelle, le langage UML autorise la représentation suivante :

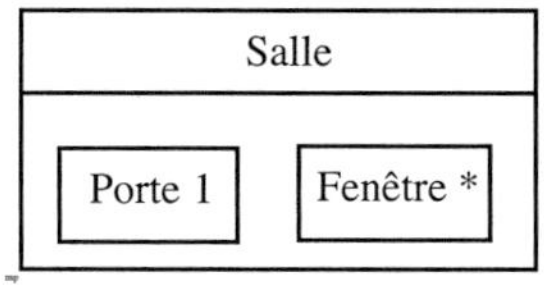

Figure 2.26
Représentation imbriquée de la composition. Une salle est composée d'une porte et de plusieurs fenêtres.

4.10. Relation de dépendance

Une dépendance est une relation unidirectionnelle exprimant une dépendance sémantique entre les éléments du modèle. Elle est représentée par un trait discontinu orienté. Elle indique que la modification de la cible implique le changement de la source. La dépendance est souvent stéréotypée pour mieux expliciter le lien sémantique entre les éléments du modèle. Les stéréotypes normalisés sont, entre autres, « friend » (on accorde une visibilité spéciale à la classe source dans la cible), « dérive » (la source est calculée à partir de la cible), « appel » (appel d'une opération par une autre), « instantiate » (une opération de la source crée une instance de la cible), « send » (une opération envoie un signal vers un élément cible), « trace » (la cible est une version précédente de la source), « refine », « copie » et « create ».

Exemple

Le déroulement des cours dépend des cours.

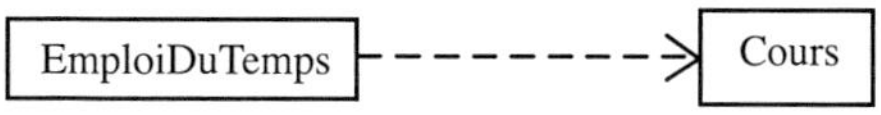

Figure 2.27
Relation de dépendance.

4.11. Relation d'héritage

Un des intérêts de la modélisation objet est la possibilité de manipuler des concepts abstraits. Cette notion est très importante car elle permet de simplifier la représentation. Elle est, par ailleurs, proche de la façon dont on modélise le monde : continuellement, sans même s'en rendre compte, on fait abstraction de certaines choses : par exemple, quand on parle d'un véhicule, c'est une vue de l'esprit ; dans la réalité, il s'agit de voitures, de camions, etc. Les camions se distinguent par des marques, des tailles différentes, etc. Ces différents niveaux d'abstraction permettent, entre autres, de simplifier le langage et de factoriser les propriétés.

Ce principe d'abstraction est assuré par le concept de l'héritage. Ce concept permet tout simplement de partitionner récursivement les objets en ensembles d'ensembles. Quand les partitions sont grossières, on les raffine (spécialisation) et quand elles sont très fines, on les généralise. Chaque partition est modélisée par une classe.

Ce processus de généralisation et de spécialisation est souvent guidé par le sens sémantique donné à chaque partition d'objets et à la granularité de la modélisation.

En UML, la relation d'héritage n'est pas propre aux classes. Elle s'applique à d'autres éléments du langage UML, comme les paquetages ou les cas d'utilisation.

Exemple

Les animaux sont des êtres vivants qui ont tous une durée de vie limitée. L'être humain est un animal dont la durée de vie ne dépasse pas cent cinquante ans.

Dans cet exemple, l'ensemble des objets considérés est celui de la classe *Animal*. Celle-ci est une spécialisation de la classe *EtreVivant* dont elle reprend la propriété *duréeDeVie*. Le partitionnement des objets de la classe *Animal* fait apparaître la partition représentée par la classe *EtreHumain*. L'information spécifique de cette classe est la durée de vie qui ne dépasse pas cent cinquante ans.

Figure 2.28
Exemple d'une relation d'héritage.

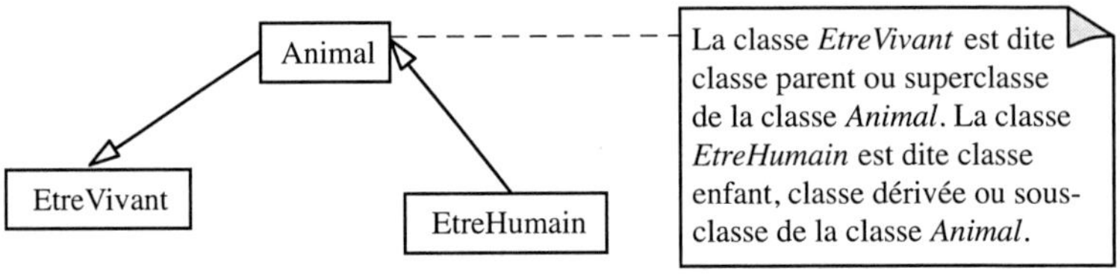

Comme le montre l'exemple, l'héritage simplifie la modélisation en utilisant les principes d'abstraction et de décomposition. L'abstraction consiste à définir une hiérarchie de sous-problèmes devant être traités en fonction de leur importance. La décomposition, quant à elle, consiste à définir un ensemble de sous-problèmes pouvant être traités séparément.

La spécialisation de classes consiste à réduire le domaine de définition des objets. Cela se fait principalement de deux manières : en ajoutant de nouveaux attributs, indépendants de ceux existants, ou en réduisant le domaine de définition des attributs existants.

Exemple

Un rectangle et un cercle sont des figures géométriques. Un carré est un rectangle dont la longueur et la largeur sont identiques.

Les classes décrivant cette situation sont ***FigureGéométrique***, ***Rectangle***, ***Carré***. La classe *Rectangle* spécialise ***FigureGéométrique*** en ajoutant des attributs et la classe ***Carré*** spécialise la classe ***Rectangle*** en réduisant le domaine de définition des attributs existants (largeur = longueur).

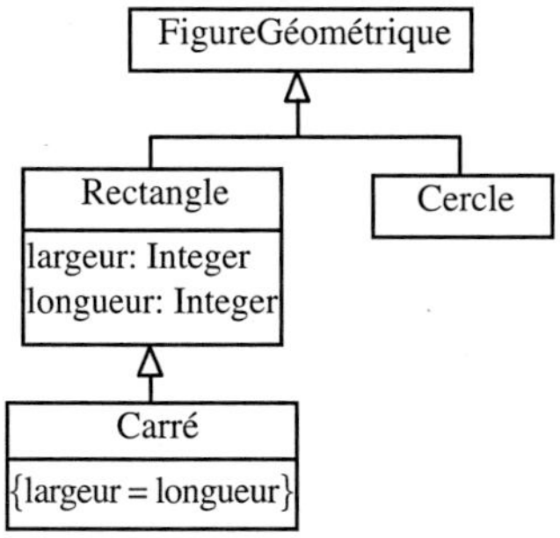

Figure 2.29
Exemple d'une relation d'héritage.

La liste suivante donne quelques propriétés de l'héritage :

- La classe enfant possède toutes les propriétés de ses classes parents. Mais elle n'a pas accès aux propriétés privées de celles-ci.
- Une classe enfant peut redéfinir (même signature) une ou plusieurs méthodes de la classe parent. Sauf indications contraires, un objet utilise les opérations les plus spécialisées dans la hiérarchie des classes. La surcharge d'opérations (même nom, mais signatures des opérations différentes) est possible dans toutes les classes.
- Toutes les associations de la classe parent s'appliquent, par défaut, aux classes dérivées.
- Une instance d'une classe peut être utilisée partout où une instance de sa classe parent est attendue (principe de la substitution). Par exemple, toute opération acceptant un objet d'une classe *Animal* doit accepter tout objet de la classe *Chat* (l'inverse n'est pas toujours vrai).
- Une classe peut avoir plusieurs classes parents. On parle alors d'héritage multiple. Le langage C++ est un des langages objet permettant son implémentation effective. Ce mécanisme est largement considéré comme une source d'erreurs, en raison de la complexité des relations entre attributs qu'il introduit.

Remarque

Lors de la redéfinition d'un attribut d'une classe dans une sous-classe, il est fortement conseillé de le faire uniquement en restreignant son domaine de définition. Deux cas sont possibles : soit garder le même type et réduire le champ des valeurs, soit redéfinir l'attribut comme objet d'une sous-classe de sa classe précédente. Dans le cas de la redéfinition de méthode, celle-ci est utilisée afin de restreindre les arguments (en fixant certains), en étendant la définition initiale de la méthode, en proposant d'autres alternatives d'implémentation (par exemple pour optimiser le temps de calcul).

Exemple

Héritage multiple

Un bateau est à la fois un véhicule à moteur et un véhicule marin. Si les classes ***VéhiculeAMoteur*** et ***VéhiculeMarin*** existent, il est souhaitable d'indiquer que le bateau hérite de l'une et de l'autre et de profiter ainsi de toutes les propriétés déjà définies. Cependant, la question se pose de savoir quelle est la propriété associée à l'objet lorsque celle-ci apparaît dans les deux parents directs. La solution la plus simple consiste à définir une priorité d'héritage.

Figure 2.30
Exemple d'héritage multiple.

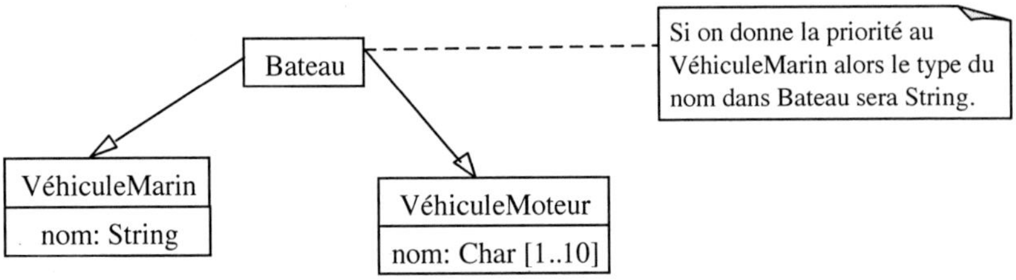

Remarque

Quand une classe (ou une opération) ne peut être redéfinie, il faut ajouter la propriété {leaf} à la définition de la classe ou de l'opération. L'exercice 5 présente certaines propriétés de la relation d'héritage.

5. Connecteurs, signaux et ports

Les connecteurs spécifient les liens de communication possibles entre les instances de classeur. Ces liens peuvent correspondre à des instances d'association ou à des communications *via* des passages de paramètres, des appels d'opération, etc. Une connexion peut être réalisée par un simple pointeur ou par un réseau de communication complexe.

Le port est une propriété d'un classeur lui permettant de préciser ses points d'interaction avec son environnement ou bien, parfois, avec ses propres parties. Les ports sont connectés *via* des connecteurs. Ils peuvent spécifier les services d'un classeur ou les services qu'il attend de son environnement. Deux principaux types de ports existent : le port protocole, qui décrit les connectiques interne et externe d'un classeur (souvent classe active), et le port comportemental, qui est directement associé à la machine d'états (automate) du classeur qui porte ce port.

Un signal modélise un message asynchrone échangé entre les instances. Il est caractérisé par un nom et un ensemble d'attributs qui correspondent aux données transportées par le signal.

Figure 2.31
Représentations graphiques d'un connecteur, d'un port et d'un signal.

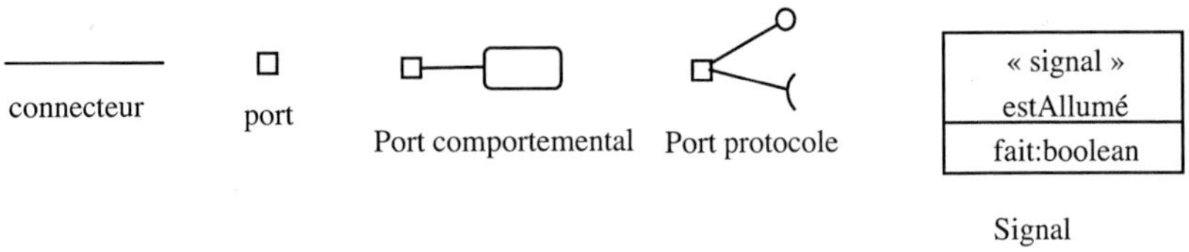

6. Diagramme d'objets

Bien souvent, la description statique d'un système est faite à travers le diagramme de classes. Cela permet de simplifier la modélisation en synthétisant les caractéristiques communes et en couvrant un grand nombre d'objets. Parfois, il est utile, voire nécessaire, d'ajouter un diagramme d'objets. Le diagramme d'objets permet, selon les situations, d'illustrer le modèle de classes (en montrant un exemple qui explique le modèle), de préciser certains aspects du système (en mettant en évidence des détails imperceptibles dans le diagramme de classes), d'exprimer une exception (en modélisant des cas particuliers, des connaissances non généralisables…) ou de prendre une image (*snapshot*) d'un système à un instant donné.

Le diagramme de classes modélise les règles et le diagramme d'objets modélise des faits. Souvent, le diagramme de classes sert de modèle pour instancier les classeurs afin d'obtenir le diagramme d'objets. Le diagramme de classes d'une entreprise montre qu'elle emploie au moins une personne et qu'une personne travaille dans au plus deux entreprises (figure 2.32(a)). En revanche, le diagramme d'objets modélise une entreprise particulière qui emploie trois personnes (figure 2.32(b)).

Figure 2.32 Diagramme de classes et exemple de diagramme d'objets associé.

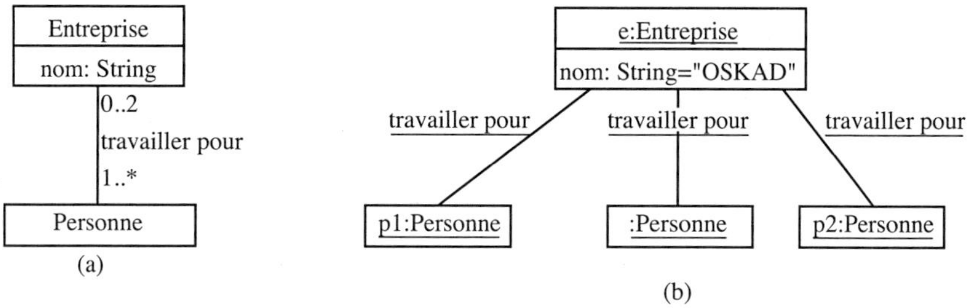

Les deux principaux classeurs instanciés dans le diagramme d'objets sont les classes et les relations.

6.1. Représentation des objets

Graphiquement, un objet se représente comme une classe, avec deux compartiments, celui du nom et celui des attributs. Le compartiment des opérations des classes n'est pas utile dans les objets puisque l'interprétation des opérations est la même pour tous les objets et que tous les objets d'une classe possèdent les mêmes opérations.

Contrairement au nom d'une classe, le nom d'un objet est souligné et son identifiant peut être ajouté devant le nom de la classe. Les attributs reçoivent des valeurs. Quand certaines valeurs d'attribut d'un objet ne sont pas renseignées, on dit que l'objet est partiellement défini (figure 2.33(a)).

Parmi les différentes formes d'objet, on trouve les instances nommées (figure 2.33(b)), les instances anonymes avec indication de paquetage (figure 2.33(c)), les instances multiples (figure 2.33(d)), les instances orphelines (figure 2.33(e)) et les instances stéréotypées (figure 2.33(g)). La figure 2.33(f) montre un objet sans valeur d'attribut, mais avec un état explicite. Cela est particulièrement utile lorsque plusieurs valeurs des attributs d'un objet correspondent à une seule interprétation sémantique. À la figure 2.33(f), l'état [grand] correspond à toutes les valeurs de l'attribut taille supérieure à un mètre quatre-vingts, par exemple.

Figure 2.33
Exemples d'instances d'objet.

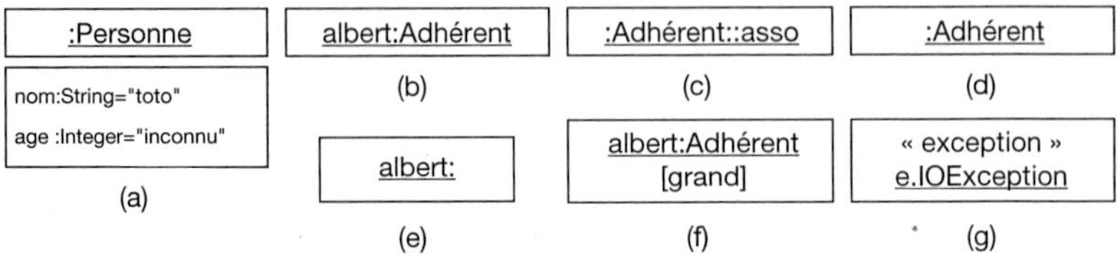

6.2. Instances de relation

Un diagramme de classes contient essentiellement des classes et des relations entre classes. Quand un diagramme d'objets est créé à partir d'un diagramme de classes, les classes sont instanciées et deviennent des objets, tandis que les relations deviennent des liens au moment de leurs instanciations. Graphiquement, un lien se représente comme une relation, mais le nom de la relation est souligné. L'exemple de la figure 2.34 indique que le portable acheté par Jean est composé d'un écran et est livré avec une alimentation.

Figure 2.34
Instances de relation montrant des instances d'association, de composition et d'agrégation.

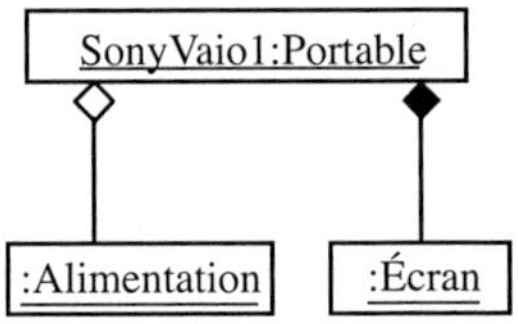

6.3. Relation de dépendance d'instanciation

La relation de dépendance d'instanciation décrit la relation entre un classeur et ses instances. Elle relie, en particulier, les associations aux liens et les classes aux objets, comme le montre la figure 2.35.

Figure 2.35
Dépendances d'instanciation entre les classeurs et leurs instances.

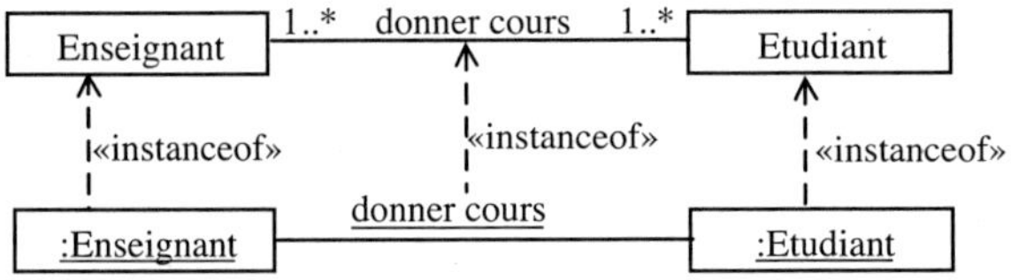

7. Contraintes

Les contraintes permettent de rendre compte des détails que n'expriment pas les éléments du langage UML afin de restreindre la portée du modèle. En UML, les contraintes sont vues comme un mécanisme d'extension. Elles sont exprimées par une expression mathématique, un langage de programmation, le langage naturel, etc. Cependant, un langage d'expression des contraintes est maintenant associé à UML et permet d'exprimer la plupart des contraintes : il s'agit du langage OCL. OCL permet d'exprimer principalement quatre types de contraintes : les invariants, les pré-conditions et les post-conditions à l'exécution d'opérations ainsi que les conditions de garde.

Dans le diagramme de classes, les contraintes les plus couramment utilisées permettent de spécifier les valeurs initiales d'un objet ou d'une extrémité d'une association, de spécifier les règles d'héritage ({complete}, {incomplete}, {overlaps}, {distinct}, ...), de spécifier une méthode, de restreindre la portée d'une association ({subset}, {xor},...), d'exprimer le mode d'évolution des objets ({frozen}, {addOnly}, ...), leur organisation ({ordered}, {frozen}, ...).

Dans le cadre d'UML 2, les spécifications du langage OCL figurent dans un document indépendant, décrivant en détail la syntaxe formelle et la façon d'utiliser ce langage.

Exemple

1. Un comité est composé d'au moins deux personnes. Le comité est présidé par un de ses membres.
2. Un polygone est composé d'une série d'au moins trois sommets ordonnés. Chaque sommet est un point.
3. Une voiture peut avoir entre trois et dix roues. Durant la vie d'une instance de la classe Voiture, le nombre de roues ne change jamais.

Figure 2.36
Exemple d'utilisation des contraintes pour affiner la modélisation.

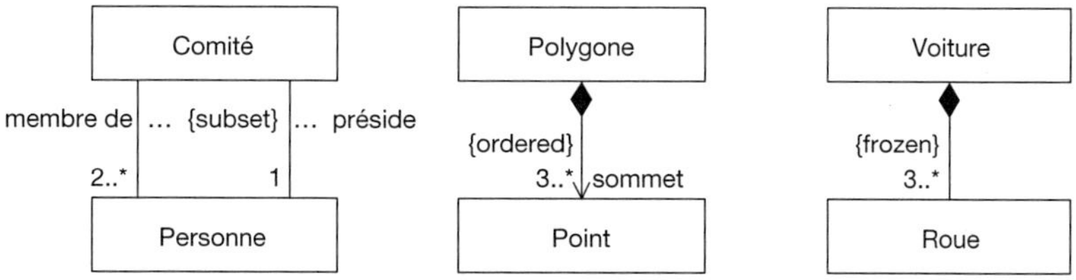

Une contrainte, dans le modèle de données, est associée au modèle sauf si elle est associée à un stéréotype. Dans ce dernier cas, la contrainte concerne le métamodèle, et non le modèle de données. Pour plus de détails, reportez-vous au document normatif dédié au langage OCL.

8. Construction d'un diagramme de classes

La construction du diagramme de classes, comme celle des autres diagrammes, dépend à la fois de l'objectif et de la finalité de la modélisation. Si on s'intéresse à la finalité de la modélisation, soulignent Steve Cook et John Daniels, il y a au moins trois points de vue qui guident la modélisation.

- Le point de vue spécification. Dans le domaine du logiciel, il met l'accent sur les interfaces des classes plutôt que sur leurs contenus.
- Le point de vue conceptuel. Il capture les concepts du domaine et les liens qui les lient. Il s'intéresse peu ou prou à la manière éventuelle d'implémenter ces concepts et relations et aux langages d'implémentation.
- Le point de vue implémentation. C'est le plus courant. L'objectif est de détailler le contenu et l'implémentation de chaque classe.

En fonction des objectifs fixés, vous obtiendrez des modèles éventuellement différents. Pour cette raison, il faut absolument situer le contexte de la modélisation avant de commencer la construction de tout diagramme.

Une démarche couramment utilisée pour bâtir un diagramme de classes consiste à trouver les classes, puis les associations entre elles, à trouver ensuite les attributs de chaque classe, et enfin à organiser et à simplifier le diagramme en utilisant notamment le principe de généralisation. Il faut réitérer ce processus afin d'améliorer la qualité du modèle.

Trouver les classes du domaine. La première étape consiste, avec l'aide d'un expert du domaine, à trouver une liste de classes candidates. La démarche est souvent empirique. Dans un premier temps, ne soyez pas trop restrictif. Les classes correspondent souvent à des concepts ou à des substantifs du domaine. Parfois, elles correspondent à des opérations : une transaction pour une banque est une classe, tout comme un appel téléphonique pour un opérateur de téléphonie. Néanmoins, une opération qui s'applique à un objet est rarement une classe : payer ou appeler ne sont pas des bons choix, même pour une banque ou un opérateur de téléphonie.

Après avoir établi une première liste, éliminez les classes redondantes (celles qui modélisent des concepts similaires), ainsi que les classes superflues (celles qui ne sont pas en rapport direct avec le domaine). Le nom des classes est important ; il ne doit pas être vague. Par exemple, *EmployéDansÉcurieDeCourseAutomobile* est trop vague. Préférez *Pilote* et *Mécanicien*. Il faut cependant faire attention aux classes qui portent un nom de rôle : *PremierPilote* et *DeuxièmePilote* ne sont pas des bons choix.

Le niveau de granularité d'une classe est important. Généralement, une classe contient plusieurs attributs. Si un substantif ne peut pas être décomposé en plusieurs entités, il s'agit bien souvent d'un attribut : un nom, par exemple, est considéré comme un attribut d'une classe *Personne*, qui a par ailleurs d'autres attributs (l'âge, le sexe...), tandis que l'auteur d'un livre ne peut pas se réduire à l'attribut d'une classe *Livre*, car l'auteur a un nom, une date de naissance, etc.

Les classes ne doivent pas modéliser des implémentations possibles d'éléments du domaine : une liste de clients n'est pas une bonne idée de classe car vous pouvez créer un ensemble de clients de plusieurs façons, et pas seulement sous forme de liste. D'ailleurs, un modèle contient rarement à la fois des classes et leurs conteneurs. Le modèle d'une banque, par exemple, ne doit pas réunir simultanément les classes *Clients* au pluriel et *Client* au singulier, à moins qu'il soit important de constituer un portefeuille de clients. Dans ce cas, il faut avoir recours à deux classes, *Client* et *PorteFeuilleDeClients* et les associer par une relation de « un vers plusieurs ».

Trouver les associations entre les classes. Les associations correspondent souvent à des -verbes mettant en relation plusieurs classes, comme « est composé de », ou « piloter », ou bien encore « travailler pour ». Les relations entre classes doivent être modélisées par des associations, et non par des attributs (« conducteur » pour une classe *Pilote* est un mauvais choix d'attribut mais « conduire » en tant qu'association entre les classes *Pilote* et *Voiture* est approprié).

Évitez les associations qui mettent en jeu plus de deux classes. Souvent, une association ternaire peut être transformée en une association binaire qualifiée. Par exemple, « un conducteur a besoin d'une assurance pour conduire une voiture » peut être ramené à « un conducteur a une voiture et l'assurance est un attribut de l'association binaire entre conducteur et voiture ».

Quand plusieurs classes sont associées, plusieurs chemins sont éventuellement possibles entre les classes. Le problème qui se pose souvent est le suivant : faut-il limiter les chemins, ou au contraire, multiplier les associations en généralisant les raccourcis ? Multiplier les associations facilite l'utilisation des classes lors de l'implémentation car il n'est pas nécessaire de parcourir de nombreuses associations pour accéder à une information. Cependant, multiplier n'importe comment les associations conduit à des chemins redondants, qui n'apportent aucune valeur ajoutée au diagramme de classes. De plus, multiplier les associations réduit la réutilisation de l'application, car deux classes associées peuvent difficilement être utilisées séparément. Dans la plupart des cas, évitez les chemins redondants durant la phase d'analyse. Il sera toujours temps, au moment de l'implémentation, d'ajouter des chemins si vraiment cela facilite la programmation.

Ne confondez pas une association avec un attribut car un attribut est propre à une classe tandis qu'une association met en jeu plusieurs classes. Dans certaines situations, cette règle intangible est violée de façon presque indiscernable. Considérez les deux classes *Avion* et *Camion* : devez-vous considérer « est plus lourd que » comme une association ? Non, car le plus simple est de placer un attribut « masse » dans chaque classe et d'utiliser une simple fonction de comparaison pour obtenir la réponse.

Trouver les attributs des classes. Les attributs correspondent généralement à des substantifs tels que « la masse d'une voiture » ou « le montant d'une transaction ». Les adjectifs tels que « rouge » ou des expressions telles que « 50 euros » représentent souvent des valeurs d'attribut. Un attribut ne doit pas être dérivé d'un autre attribut : l'âge d'une personne, par exemple, peut être déduit de sa date de naissance et de la date courante.

Vous pouvez ajouter des attributs à toutes les étapes du cycle de vie d'un projet (implémentation comprise). N'espérez pas trouver tous les attributs dès la construction du diagramme de classes.

Organiser et simplifier le diagramme en utilisant l'héritage. Un héritage dénote une relation de généralisation/spécialisation entre plusieurs classes. Vous pouvez construire un graphe d'héritage « vers le bas », en partant d'une classe du domaine et en la spécialisant en une ou plusieurs sous-classes, ou « vers le haut », en factorisant les propriétés de plusieurs classes pour former une classe plus générale.

Cependant, ne confondez pas énumération et héritage. Une énumération est un type de données qui a un ensemble fini de valeurs possibles (les couleurs d'une voiture par exemple). Un héritage représente une relation de généralisation entre classes ; cela implique qu'une des sous-classes au moins a un attribut, une méthode ou une association spécifique.

Tester les chemins d'accès aux classes. Suivez les associations pour vérifier les chemins d'accès aux informations contenues dans les classes. Manque-t-il des chemins ou des informations ? Si le monde à modéliser paraît simple, le modèle ne devrait pas être complexe. Veillez à n'omettre aucune association. Cependant, ne cherchez pas à relier systématiquement toutes les classes. Certaines peuvent très bien être isolées.

Itérer et affiner le modèle. Un modèle est rarement correct dès sa première construction. La modélisation objet est un processus, non pas linéaire, mais itératif. Plusieurs signes dénotent des classes manquantes : des asymétries dans les associations et les héritages, des attributs ou des opérations disparates dans une classe, des difficultés à généraliser, etc.

La démarche présentée dans cette section est une démarche indicative. Différents processus permettent la construction d'un diagramme de classes. Dans tous les cas, respectez les règles simples et efficaces suivantes :

- Éliminez les classes redondantes.

Exemple

Un avion est associé à un aéroport de départ et à un aéroport d'arrivée. Une première modélisation permet d'obtenir trois classes : *AéroportDépart*, *AéroportArrivée* et *Avion* (voir exercice 11). En réalité, tous les aéroports jouent le rôle d'aéroport de départ pour certains avions et d'aéroport d'arrivée pour d'autres. Il est donc insensé de garder deux classes *Aéroport*. On élimine la redondance en ne créant qu'une classe *Aéroport* et en modélisant les aéroports de départ et d'arrivée comme des rôles des associations qui lient l'avion à l'aéroport.

- Retardez l'ajout des classes faisant intervenir les choix de conception et de réalisation.

Exemple

L'application décrite dans l'exercice 1 indique que le système gère les salariés de l'entreprise. Il n'est pas souhaitable d'introduire une classe *FichierEmployés* car cela impose un choix de réalisation. Ce choix doit être retardé dans la mesure du possible.

- N'ajoutez pas les tableaux ou listes d'objets dans les classes. Souvent, cette information est explicitement visible dans les multiplicités associées aux relations entre les classes. Une bonne façon de représenter la présence d'un tableau d'instances d'une classe dans une autre est d'utiliser les relations d'agrégation ou de composition.
- Quand une classe dispose de beaucoup de responsabilités, trouvez un moyen de la simplifier (voir le principe d'abstraction et de décomposition).
- Lors de la modélisation et du choix des relations entre classes, distinguez bien les objets physiques de leur description (du modèle d'objets).
- Une propriété structurelle (attribut) peut être représentée par une association, une description textuelle dans un classeur ou une combinaison des deux.
- Évitez les opérations d'accès aux attributs (get et set) car celles-ci ajoutent beaucoup de bruits et sont souvent inutiles.

Pour des applications complexes, souvent plusieurs diagrammes de classes sont définis. Chaque diagramme met en évidence des parties particulières du modèle. Par exemple, un diagramme montre les classes appartenant à un paquetage, un autre montre les classes participant à la réalisation d'un cas d'utilisation, etc.

Conclusion

Dans ce chapitre, nous avons d'abord défini la notion de classe et d'objet. Un objet représente une entité concrète (par exemple un emplacement mémoire dans un ordinateur). La classe, quant à elle, adopte un niveau plus élevé d'abstraction car elle modélise, d'une façon concise, un ensemble d'objets. Cependant, souvent le diagramme d'objets est négligé lors de la modélisation. C'est pourtant lui qui permet de définir les liens concrets entre les entités avant que ceux-ci ne soient généralisés dans le diagramme des classes. Par exemple, l'association réflexive de la figure 2.17 ne permet pas de donner le nombre exact d'objets mis en jeu. Plusieurs conséquences peuvent en découler. Par exemple, il n'est pas possible de définir la quantité de mémoire à prévoir pour les instances de cette classe.

Malgré leur importance, le diagramme de classes et le diagramme d'objets ont plusieurs limites à la bonne compréhension d'un système. Notamment, ils ne montrent pas le cycle de vie des objets : nous ne savons pas, à la lecture de tels diagrammes, dans quel ordre les objets sont créés, utilisés puis détruits, pas plus qu'ils n'indiquent l'ordre dans lequel s'enchaînent les opérations. Néanmoins, le diagramme des classes est le plus utilisé pour la modélisation d'un système car il en montre la structure interne.

Avec le diagramme des cas d'utilisation, vu au chapitre 1, nous disposons, à présent, de deux façons de voir un système. En effet, le diagramme des classes donne une approche objet tandis que celui des cas d'utilisation montre un côté fonctionnel. Mais, rien n'indique que ces deux modèles soient cohérents entre eux : la structure interne donnée par le diagramme des classes supportera-t-elle les fonctionnalités prévues par les cas d'utilisation ? Ce passage du fonctionnel à l'objet est délicat. Une des solutions possibles pour garantir la cohérence des deux modèles est de faire un découpage en couches horizontales : la couche du bas décrit l'implantation du diagramme des classes et la couche du haut permet, via une interface (homme-machine et graphique par exemple), d'accéder aux fonctions de l'application. Le lien entre les deux couches est assuré par l'adjonction d'une couche supplémentaire (dite couche applicative). Une étude de cas, décrite à la fin de cet ouvrage, détaille comment décomposer un système en couches.

Problèmes et exercices

Les exercices suivants utilisent les principaux concepts des diagrammes de classes.

Exercice 1 : Propriétés d'une classe

Proposez une modélisation, en vue d'une implémentation informatique, de la situation suivante en mettant en évidence les différents compartiments et ornements des classes. Réalisez la modélisation étape par étape, en faisant apparaître, en fonction des connaissances disponibles, les changements du modèle.

1. Une personne est caractérisée par son nom, son prénom, son sexe et son âge. Les responsabilités de la classe sont entre autres le calcul de l'âge, le calcul du revenu et le paiement des charges. Les attributs de la classe sont privés ; le nom, le prénom ainsi que l'âge de la personne font partie de l'interface de la classe *Personne*.
2. Deux types de revenus sont envisagés, le salaire et toutes les sources de revenus autres que le salaire, qui sont tous deux représentés par des entiers. On calcule les charges en appliquant un coefficient fixe de 15 % sur les salaires et un coefficient de 20 % sur les autres revenus.
3 Un objet de la classe *Personne* peut être créé, en particulier, à partir du nom et de la date de naissance. Il est possible de changer le prénom d'une personne. Par ailleurs, le calcul des charges ne se fait pas de la même manière lorsque la personne décède.

Solution

1. La modélisation implique la création d'une classe *Personne*. Les attributs de la classe sont le nom, le prénom, le sexe et l'âge. Dans l'approche objet, tout est objet ou classe. Sauf exceptions, les types des attributs sont aussi des classes. Même si les types des attributs ne sont pas précisés, définissez le nom et le prénom comme une chaîne de caractères (classe *String*). Partez du principe que le sexe peut avoir deux valeurs ('M' ou 'F') et que la date de naissance peut être de type *Date* (classe *Date*). Cela impose évidemment l'existence des classes *String* et *Date*, sinon il faut les créer. Tous ces attributs sont privés. Il faut donc les faire précéder du modificateur d'accès *private* ou -. Les services offerts par cette classe sont le calcul de l'âge, la possibilité de voir le nom et le prénom d'une personne ainsi que le calcul des charges et du revenu. À cette étape, vous n'avez pas suffisamment d'infor-mations pour déduire les opérations permettant le calcul des charges et du revenu ; elles resteront donc dans le compartiment de responsabilités de la classe. Elles seront, par la suite, réalisées par l'ajout d'un ensemble d'opérations et/ou d'attributs.

Figure 2.37
Classe *Personne.*

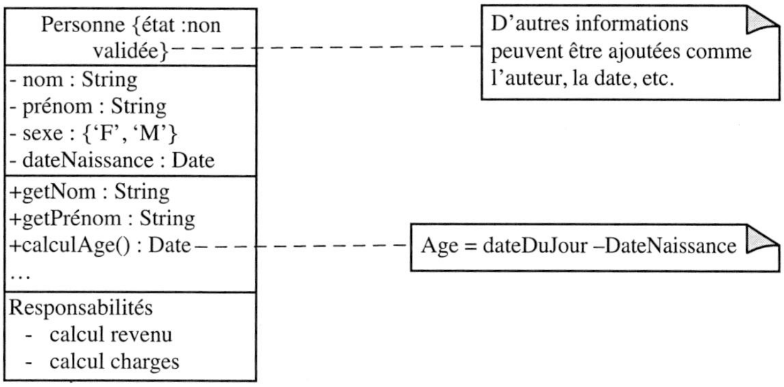

Remarque

Dans la solution proposée, la modélisation de l'âge est représentée par un attribut *dateNaissance* et une méthode *calculAge()*. Une autre solution possible est de représenter l'âge par un attribut et de laisser au programmeur le choix d'un modèle d'implémentation. Dans ce cas, ajoutez l'attribut dérivé */age* ; sa valeur sera alors calculée à partir d'une méthode.

2. Au vu de ces nouvelles informations, les responsabilités de la classe se transforment en propriétés de la manière suivante :

- Le calcul du revenu est représenté par les attributs *salaire* et *autreRevenu*, avec éventuellement deux méthodes permettant la mise à jour de leurs valeurs.
- Le calcul des charges est représenté par deux attributs de classe, *chargeSalaire* et *autreCharge*, et par une méthode de calcul des charges (puisque celle-ci est bien détaillée dans l'énoncé).

Le calcul des charges est invalidé en cas de décès de la personne. De ce fait, ajoutez un compartiment d'exceptions pour prévoir le traitement ultérieur de cette exception.

Figure 2.38
Ajout des opérations à la classe *Personne.*

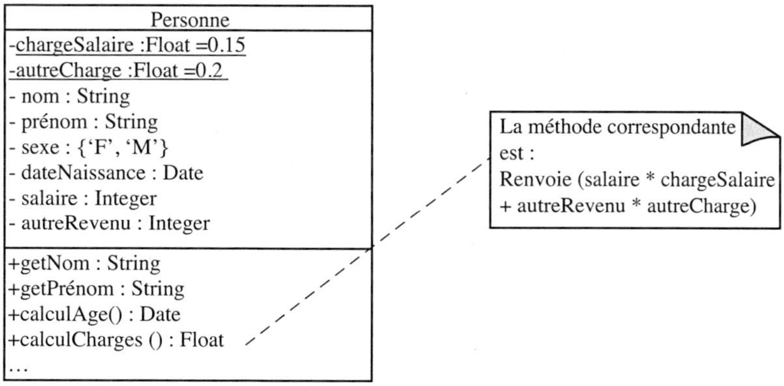

3. Pour créer un objet de la classe *Personne*, il faut par exemple disposer d'un nom et d'une date de naissance. Mais il est éventuellement possible de créer un objet personne en disposant d'autres informations. Au lieu d'ajouter le constructeur indiqué seul, ajoutez le stéréotype *constructor*, qui permet à la fois d'organiser des opérations en groupes et d'indiquer qu'il est possible d'ajouter d'autres constructeurs.

Les opérations assurant le changement des valeurs des attributs peuvent également être regroupées sous le stéréotype *update*.

L'énoncé indique que le calcul des charges ne s'applique plus si la personne est décédée. Il s'agit, dans ce cas, d'une exception qui doit être ajoutée dans le compartiment dédié afin qu'elle soit traitée lorsque les informations suffisantes seront disponibles.

Figure 2.39 Ajout du compartiment énumérant les exceptions

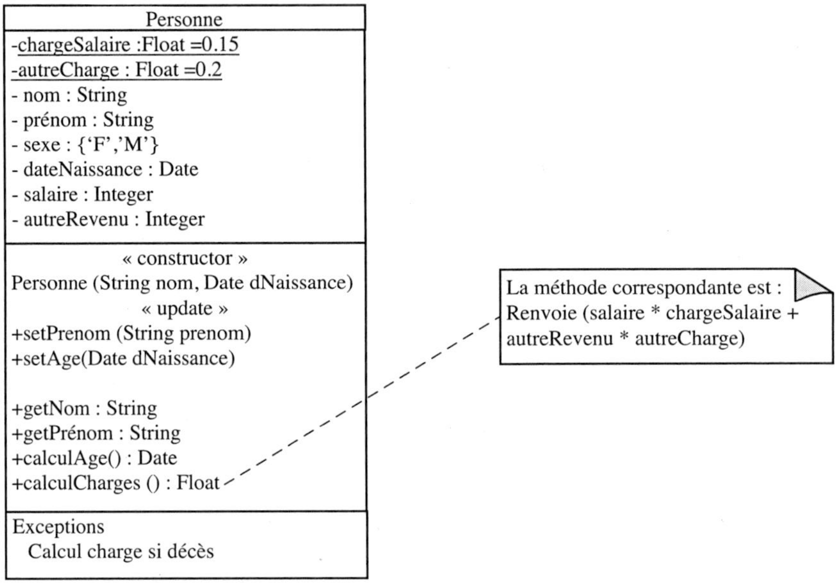

Exercice 2 : Classe stéréotypée

En trigonométrie, on a besoin de calculer le sinus, le cosinus, la tangente des angles et de disposer de la valeur du nombre PI. La classe *Angle* existe déjà. Proposez une structure qui regroupe ces fonctions.

Solution

Les propriétés de l'énoncé ne correspondent pas réellement à une classe. Mais pour des besoins d'implémentation, par exemple, on peut vouloir les regrouper ensemble. UML offre un moyen de regrouper les variables et les opérations globales sous forme d'une classe en utilisant le stéréotype *Utility*. Ces classes sont dites « utilitaires » car elles ne répondent pas directement à un besoin fonctionnel mais contribuent à sa réalisation.

Figure 2.40
Utilisation du stéréotype *Utility*.

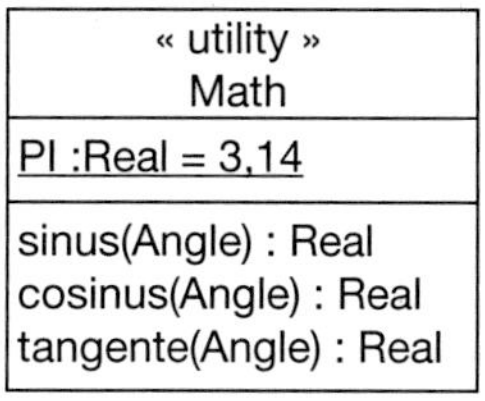

Exercice 3 : Nom d'une classe

La classe *Livre* est définie dans le paquetage *ressource* se trouvant lui-même dans le paquetage *bibliothèque*. Parmi les attributs de la classe *Livre* figurent le nom de type *String* se trouvant dans le paquetage *base* et l'emprunteur de type *Adhérent* se trouvant dans le paquetage *bibliothèque*. Donnez la représentation graphique de la classe *Livre*.

Solution

Quand une classe est définie dans un paquetage, celui-ci peut être précisé dans la déclaration du nom de la classe. Du point de vue implémentation, le paquetage correspond souvent au chemin d'accès à la classe.

Figure 2.41
Espace de nommage des classes.

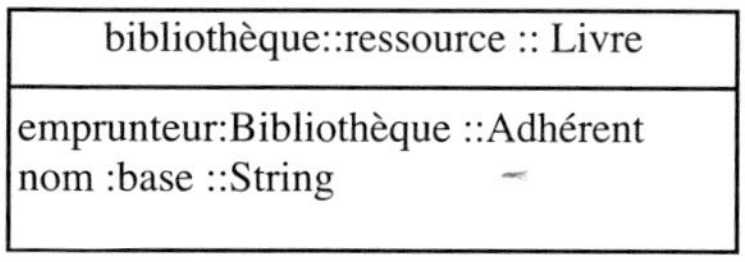

Exercice 4 : Définition d'un message asynchrone

Lors de l'envoi d'un e-mail, on souhaite lui associer un signal permettant de savoir que le message envoyé est approuvé par le destinataire. Utilisez le mécanisme de classe stéréotypée pour modéliser ce message.

Solution

Les messages échangés entre les instances de classe sont modélisés par des opérations. Les opérations sont, par définition, synchrones. UML 2 a prévu un mécanisme pour l'échange des données asynchrones. Il s'agit des signaux.

Un signal est un message asynchrone. Comme une opération, le signal possède un nom et des paramètres. Cependant, un signal peut se modéliser comme une opération, une classe ou une interface, en fonction de sa complexité et de sa nature. Quand il est modélisé comme une opération, il est précédé du mot-clé *signal*. Quand il est modélisé par une classe, le nom de la classe est précédé du stéréotype *signal*.

On suppose que le signal associé à l'e-mail a une valeur booléenne qui indique si le message est approuvé ou pas.

Figure 2.42
Modélisation d'un signal.

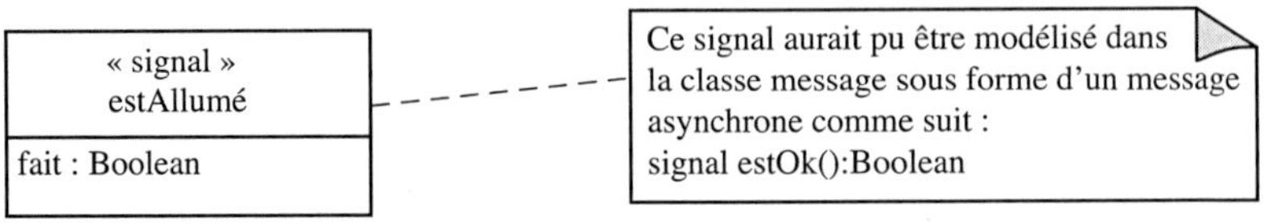

Exercice 5 : classe active

Votre téléphone mobile dispose d'un gestionnaire d'événements qui permet de suspendre l'activité du téléphone lorsque celui-ci n'est pas sollicité, d'afficher un message quand un rendez-vous est programmé. Proposez une modélisation UML de ce gestionnaire d'événements.

Solution

Le gestionnaire d'événements peut être modélisé par une classe. L'instance de cette classe crée elle-même des instances de la classe événements et contrôle certaines activités de votre téléphone. Il s'agit d'une classe particulière qualifiée d'« active » par UML.

Une classe active initie et contrôle le flux d'activités alors qu'une classe passive (par défaut) sauvegarde les données et offre les services aux autres. Graphiquement, une classe active est représentée comme une classe standard, avec une épaisseur de trait plus prononcée.

Le gestionnaire d'événements contient des événements. Il est capable de créer un événement, de le suspendre, de l'afficher ou de le détruire. Cela donne le modèle présenté à la figure 2.43.

Figure 2.43
Exemple de classe active.

Exercice 6 : Contrainte sur une classe

Les cartes de visite contiennent diverses informations. Leur caractéristique commune est que leurs propriétés sont immuables durant toute la vie de la carte. Proposez une modélisation UML de cet élément.

Solution

Vous pouvez geler une association en utilisant la contrainte standard {frozen}. Cette contrainte précise que la valeur de l'association est gelée durant toute la vie de l'association. Ce principe s'applique de la même manière pour les classes et les attributs. Dans le cas de la classe, cela signifie que les valeurs sont affectées lors de la création de l'objet et ne changent pas.

Dans le cas de la carte de visite, deux types de contraintes s'accumulent. En effet, la carte de visite est en lecture seule et, en principe, une fois imprimée, ses propriétés restent immuables durant toute la vie de la carte. Dans le cas général, les deux contraintes sont indépendantes.

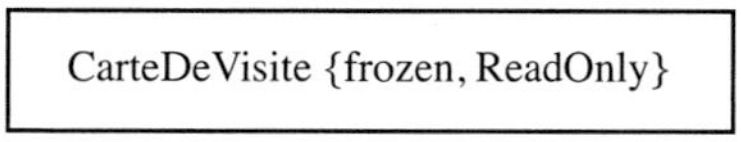

Figure 2.44
Ajout des contraintes dans la description d'une classe.

Exercice 7 : Classe paramétrable

La gestion d'une liste, indépendamment des objets qu'elle contient, utilise les opérations d'ajout, de suppression et de recherche. Proposez une modélisation UML de concept.

Solution

Certains langages de programmation à typage fort, comme le C++, utilisent des classes paramétrables (patrons). L'intérêt principal est de regrouper les comportements associés à la structure de la classe indépendamment des objets qu'elle contient. Il appartient, par la suite, au programmeur de préciser le type d'objet concerné pour que toutes les opérations soient applicables.

Modélisez la classe *Liste* comme une classe standard, en ajoutant à cette définition un ou plusieurs paramètres substituables *ClasseCible1…ClasseCiblen* qui représentent les classes des objets cibles. La figure 2.45 donne la représentation graphique de la classe paramétrable *Liste* et un exemple de classe cible utilisant cette classe paramétrable. Une fois que la classe *Livre* est définie, les opérations permettant d'insérer, d'enlever, de chercher un livre s'appliquent automatiquement.

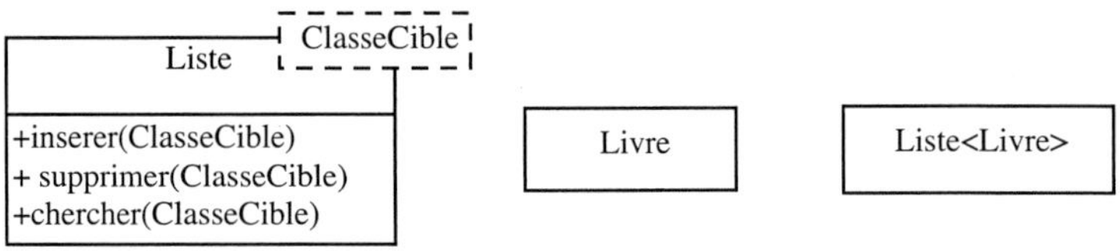

Figure 2.45
En utilisant la classe paramétrable *Liste* et la classe standard *Livre*, on définit une liste de livres utilisant les propriétés de la classe *Liste*. (1)

Exercice 8 : Relations simples

Donnez les diagrammes de classes correspondant aux situations suivantes :

1. Les personnes qui sont *associées* à l'université sont des étudiants *ou* des professeurs.
2. Un rectangle est caractérisé par quatre sommets. Un sommet est un point. On construit un rectangle à partir des coordonnées de quatre sommets. Il est possible de calculer sa surface et son périmètre et de le translater.
3. Un écrivain possède au moins une œuvre. Ses œuvres sont ordonnées selon l'année de publication. Si la première publication est faite avant l'âge de dix ans, l'écrivain est dit « précoce ».
4. Tous les jours, le facteur distribue le courrier aux habitants de sa zone d'affectation. Quand il s'agit de lettres, il les dépose dans les boîtes aux lettres. Quand il s'agit d'un colis, le destinataire du courrier doit signer un reçu. Proposez les classes candidates et déduisez-en le diagramme de classes.

Solution

1. Cet exercice met en évidence l'association multiple entre deux classes et la nécessité d'ajouter une contrainte (mécanisme d'extension d'UML) pour exprimer le fait que le rôle d'une personne à l'université est étudiant ou bien professeur. Seuls les noms des deux classes, des deux associations et la contrainte entre associations apparaissent dans la solution. En effet, vu les informations disponibles dans l'énoncé et l'objectif de la modélisation (mettre en évidence les relations entre classes), il est inutile d'ajouter d'autres informations.

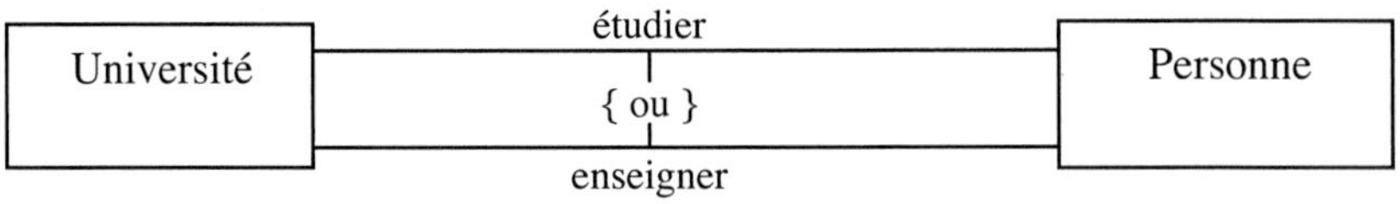

Figure 2.46
Contraintes entre associations.

2. Il s'agit de représenter à la fois les détails d'une classe et ses liens avec une autre classe. La classe principale à modéliser est la classe *Rectangle*. Elle est associée à la classe *Point* qui joue le rôle de « *côté* » dans l'association avec la classe *Rectangle*. En l'absence d'informations complémentaires permettant, en particulier, de savoir l'utilité de modéliser la classe *Point*, vous pouvez proposer deux solutions, l'une faisant apparaître uniquement la classe *Rectangle*, et l'autre, plus détaillée, faisant apparaître les classes *Rectangle* et *Point*.

   Cela dit, si seule la classe *Rectangle* est représentée, vous perdez l'information sur l'association du point vers le rectangle. Cela correspond à une modélisation d'une association unidirectionnelle de *Rectangle* vers *Point* alors que cette information n'est pas disponible directement dans l'énoncé. Ce choix peut être justifié par l'objectif de la modélisation et par le choix de l'implémentation (pour l'implémentation de l'association, un attribut point sera ajouté dans *Rectangle*).

Figure 2.47

La figure de gauche transforme l'association entre les classes *Rectangle* et *Point* en une relation de composition.

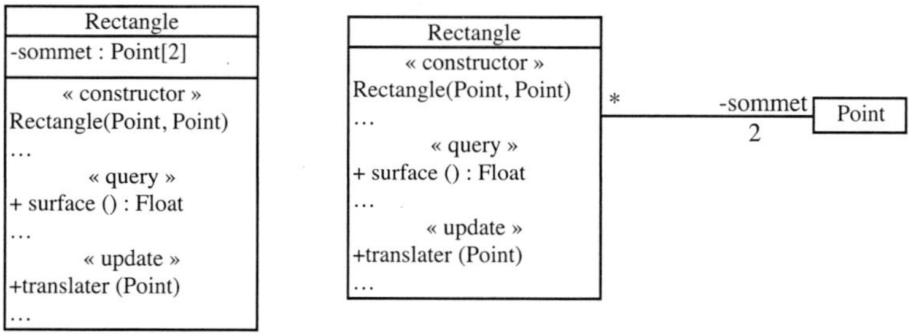

3. Les deux classes principales sont *Écrivain* et *Œuvre*. Une association bidirectionnelle nommée *posséder* relie les deux classes. Les œuvres sont ordonnées selon la date de publication. Ajoutez donc l'attribut *datePublication* de type *Date* dans *Œuvre* et la contrainte {ordered} du langage OCL. Celle-ci signifie que les œuvres sont ordonnées. Pour indiquer que l'écrivain est précoce, ajoutez un commentaire en langage naturel sous forme de note. Cette note peut préciser également le critère utilisé pour l'ordonnancement. Il est aussi nécessaire d'ajouter deux attributs dans la classe *Écrivain* : *dateDeNaissance* de type *Date* et */précoce* de type *Boolean*. L'attribut */précoce* est un attribut dérivé de l'association entre écrivain et œuvre. Par ailleurs, la multiplicité du côté de l'écrivain n'est pas précisée car celle-ci n'est pas indiquée dans l'énoncé.

Figure 2.48

Ajout de contraintes pour limiter la portée d'une association.

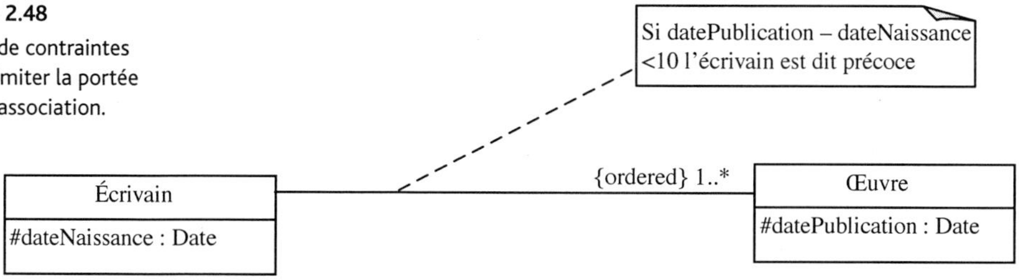

4. La lecture du texte permet de sélectionner les classes candidates suivantes : *Facteur*, *Courrier*, *Habitant*, *ZoneDAffectation*, *Lettre*, *BoîteAuxLettres*, *Colis*, *Destinataire*.

La rédaction d'une liste de classes candidates intervient en phase d'analyse préliminaire. L'objectif est de dégager les principaux concepts à partir de l'analyse fonctionnelle. Les phases d'analyse et de conception permettent de sélectionner les classes qui apparaîtront dans le diagramme de classes. Pour trouver les candidates, il faut recourir à un expert du domaine, consulter le cahier des charges du client et parfois tenir compte du langage d'implémentation qui sera utilisé pour la réalisation (notamment pour les classes utilitaires).

Si la modélisation concerne la mise en évidence du lien entre le facteur et les habitants ainsi que la zone d'affectation du facteur, vous pourrez proposer la solution qui suit :

- La classe *BoîteAuxLettres* n'est pas pertinente. Elle ne fera pas partie du diagramme de classes.
- Un colis et une lettre sont des courriers particuliers.
- Le destinataire est le rôle d'un habitant quand il reçoit un courrier. Il ne sera pas représenté par une classe.
- Un facteur dessert une zone d'affectation qui abrite plusieurs habitants.
- Le seul lien entre le facteur et l'habitant est la distribution du courrier (classe-association).

Figure 2.49
Modélisation d'une classe-association.

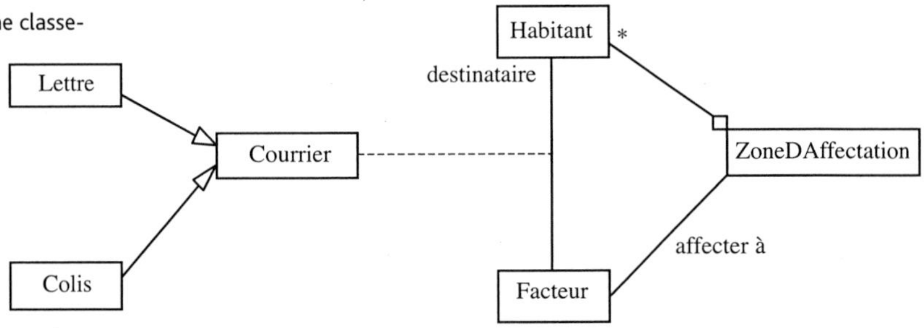

Exercice 9 : Réalisation d'une interface

Les étudiants peuvent être comparés par rapport à l'attribut moyenne générale et les livres sont comparables par rapport à leurs prix de vente. Pour des raisons d'homogénéité des interfaces présentées par les classes, tous les objets comparables utilisent la même opération *compareTo(Instance)*. Proposez le diagramme de classes mettant en évidence l'opération de comparaison.

Solution

Les classes qui interviennent dans cette application sont *Étudiant* et *Livre*. L'opération *compareTo(Instance)* compare tout type d'objet. Elle est donc abstraite. Si elle est commune à toutes les classes, vous devez la définir dans une interface que vous appellerez par exemple *Comparable*. Cette interface sera réalisée par les classes qui l'utilisent. Pour l'application considérée, vous obtenez le diagramme présenté à la figure 2.50.

Figure 2.50
Réalisation d'une interface.

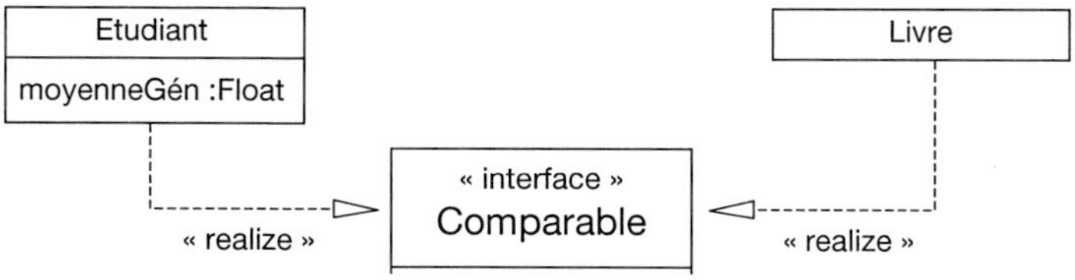

Exercice 10 : Utilisation d'une interface

L'université propose des cours de langue accessibles aux agents administratifs et aux enseignants. La procédure d'inscription est la même pour les deux catégories de personnes. Une personne inscrite peut également résilier son inscription. Modélisez les classes pour représenter cette situation. Simplifiez la modélisation en faisant apparaître uniquement les classes *Enseignant* et *AgentAdministratif*.

Solution

Les agents administratifs et les enseignants sont des personnes particulières. Ils partagent les opérations *inscrire()* et *résilier()*, qui font partie de la même interface : *Inscription*. Dans un premier temps, créez les classes *Personne*, *Enseignant*, *AgentAdministratif*, et l'interface *Inscription* qui contient deux opérations : *inscrire()* et *résilier()*. Faites volontairement abstraction de la classe *Cours* car l'objectif ici est de mettre en évidence les relations de dépendance et de réalisation.

La réalisation de l'interface *Inscription* est faite de la même manière par les deux classes dérivées de *Personne*. De ce fait, et pour éviter la redondance de la réalisation, il suffit qu'une seule des deux classes s'en charge (relation de réalisation) et que la deuxième utilise les méthodes obtenues (relation de dépendance stéréotypée par « use »), comme le montre la figure 2.51.

Figure 2.51
La classe *Enseignant* réalise l'interface *Inscription* et la classe *AgentAdministratif* utilise le résultat.

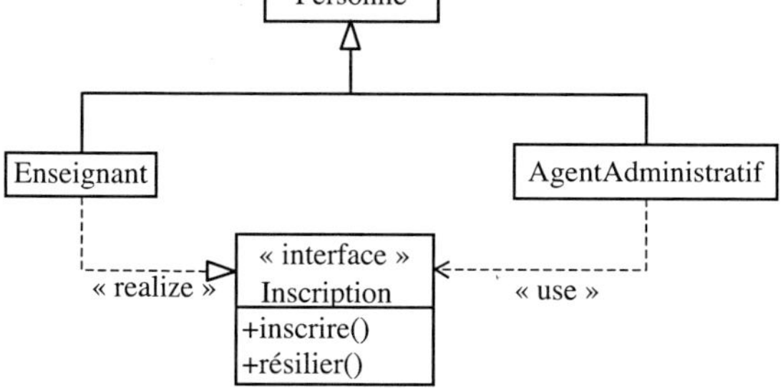

Pour mettre en évidence uniquement les deux classes *Enseignant* et *AgentAdministratif*, utilisez le lien simplifié de la figure 2.52, qui indique que la classe *Enseignant* implémente l'interface *Inscription* utilisée par la classe *AgentAdministratif*.

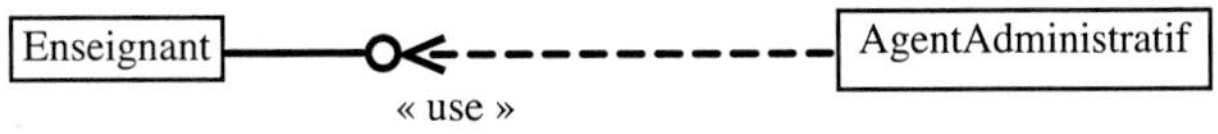

Figure 2.52
Utilisation d'une interface.

Exercice 11 : Relations

Une commande est liée à plusieurs produits. À chaque produit de la commande sont associées des dates.

1. Donnez une modélisation UML de l'association entre ces trois classes.

   Plus précisément, deux dates sont affectées à chaque produit d'une commande, une date et un produit sont associés à une seule commande et à une commande et une date donnée sont liés deux à dix produits.

2. Complétez la modélisation UML de l'application.

   Soit la base de données suivante : (commande, produit, date) = {(c1,p1,d1), (c1,p2,d2), (c2,p1,d2), (c2,p4,d4)}.

3. Vérifiez qu'elle respecte bien le diagramme UML de la question 1. Sinon, ajoutez-lui les tuples nécessaires pour la rendre conforme.

Solution

1. Trois classes peuvent être extraites de la description de l'application : Commande, Produit et Date. Les deux relations entre les classes définies dans l'énoncé sont les suivantes :

- Une relation binaire intervient entre *Produit* et *Commande*. La commande est composée de plusieurs produits. Mais, les durées de vie des objets ne sont pas liées. De ce fait, cette relation peut être modélisée par une agrégation. La commande est composée de plusieurs produits. En principe, il faut définir une multiplicité *.
- Une relation ternaire met en jeu les trois classes *Commande*, *Date* et *Produit*.

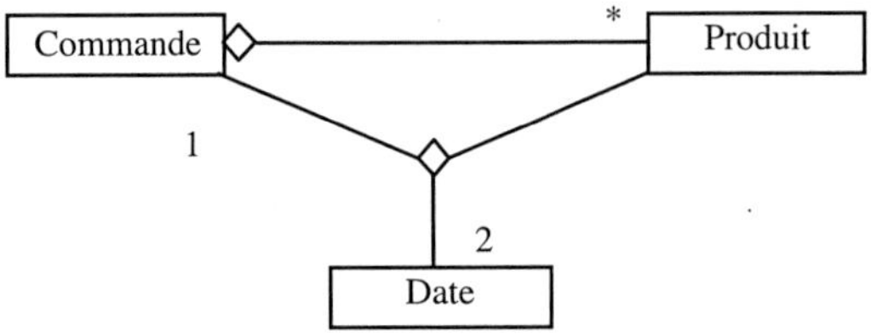

Figure 2.53
Relation ternaire.

2. Pour définir la multiplicité à mettre à côté d'une classe dans une relation n-aire, calculez le nombre d'objets de ladite classe consistant avec chaque ensemble de (n-1)

objets des autres classes. L'union de ces nombres calculés constitue la cardinalité de la relation. Pour cette application, calculez le nombre d'objets de la classe *Date* consistant avec chaque couple d'objets des classes *Commande* et *Produit*, le nombre d'objets de la classe *Commande* consistant avec chaque couple des classes *Produit* et *Date* et le nombre d'objets de la classe *Produit* consistant avec chaque couple d'objets des classes *Commande* et *Date*. Par exemple, l'énoncé indique qu'à chaque couple d'objets des classes *Commande* et *Produit* sont associées, exactement, deux dates (voir figure 2.54).

Par ailleurs, même si l'énoncé ne le dit pas explicitement, vous savez qu'une commande n'a de sens que si elle porte sur au moins un produit et qu'un produit peut apparaître dans plusieurs commandes. La multiplicité de l'agrégation est, de ce fait, restreinte.

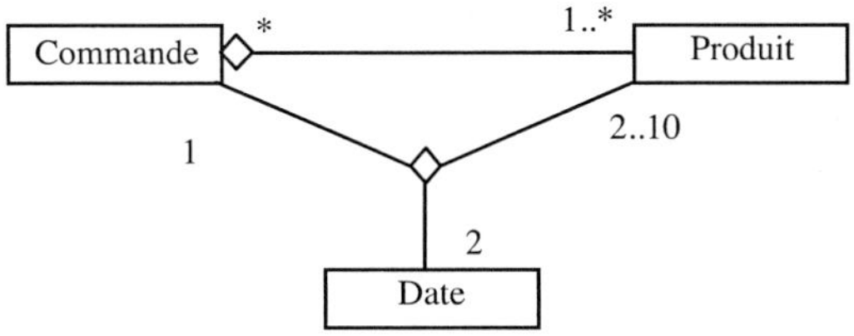

Figure 2.54
Multiplicités associées aux relations n-aires.

3. La contrainte de cardinalité est violée plusieurs fois par la base de données. Par exemple, il est indiqué qu'à chaque couple d'instances des classes *Commande* et *Produit* correspondent exactement deux instances de la classe *Date*. Les couples (c2, p1) et (c2, p4) ne vérifient pas cette contrainte.

Commande	Produit	Date
c1	p1	d1
c1	p1	d3
c1	p2	d2
c1	p2	d5
c2	p1	d2
c2	p1	d6
c2	p4	d4
c2	p4	d7
…	…	…

Exercice 12 : Héritage

1. Le chat et le chien sont des animaux. Les animaux possèdent tous un nom. Proposez une modélisation de cette situation en faisant apparaître que d'autres animaux que les chats et les chiens existent et qu'un animal ne peut pas être à la fois un chat et un chien.

2. Les animaux, en fonction de leur catégorie (chat, chien…), ont un cri spécifique. Si la catégorie de l'animal n'est pas connue, le cri ne peut être réalisé. Complétez la modélisation précédente pour inclure cette propriété.
3. Tous les animaux sont comparables par rapport à la puissance, en décibels, du cri dégagé. La valeur maximale est connue pour chaque catégorie d'animaux. De plus, pour des soucis d'homogénéité, toutes les comparaisons doivent respecter une interface commune. Complétez le modèle précédent avec ces nouvelles informations.

Solution

1. Vous avez besoin de trois classes : *Chat*, *Chien* et *Animal*. La classe *Animal* est plus générale (héritage) que les deux classes *Chien* et *Chat*. Une instance de la classe *Chat* (respectivement *Chien*) ne peut pas être instance de la classe *Chien* (respectivement *Chat*) : il s'agit d'un héritage exclusif (utilisation de la contrainte {disjoint} du langage OCL). Par ailleurs, d'autres animaux que les chats et les chiens existent. La contrainte {incomplete} du langage OCL permet d'exprimer cette contrainte.

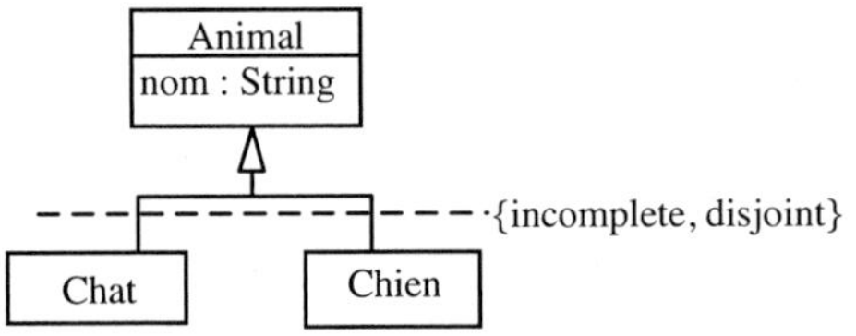

Figure 2.55
Héritage avec contraintes. L'héritage est incomplet et les héritiers sont tous disjoints.

2. L'opération *crier()* est partagée par tous les animaux. Elle doit donc apparaître au niveau de la classe *Animal*. Cependant, la méthode associée n'est connue qu'au niveau des descendants de cette classe. Cette méthode est donc abstraite. Les classes *Chat* et *Chien* doivent absolument redéfinir la méthode *crier()*.

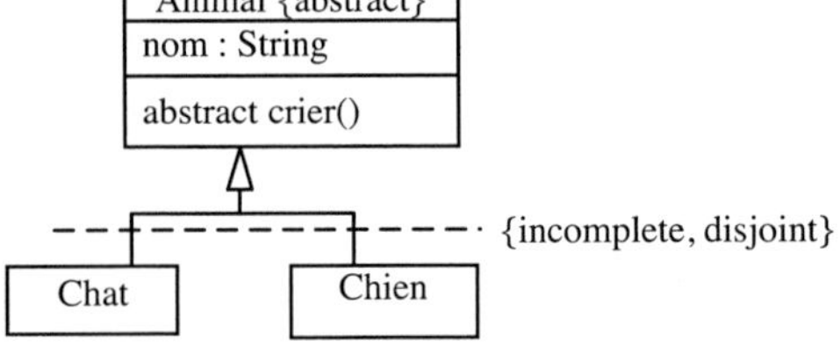

Figure 2.56
Ajout de la méthode abstraite partagée par tous les héritiers de la classe *Animal*.

3. La valeur en décibels de la puissance des cris est pareille pour chaque catégorie d'animaux. Utilisez donc une variable statique. Pour opérer les comparaisons, définissez une interface commune, par exemple *Comparable*, contenant les opérations nécessaires, en l'occurrence *Float compareTo(type)* qui est réalisée par chaque catégorie d'animaux comme le montre la figure 2.57.

Figure 2.57
Implémentation de l'interface *Comparable* par les classes dérivées de la classe *Animal.*

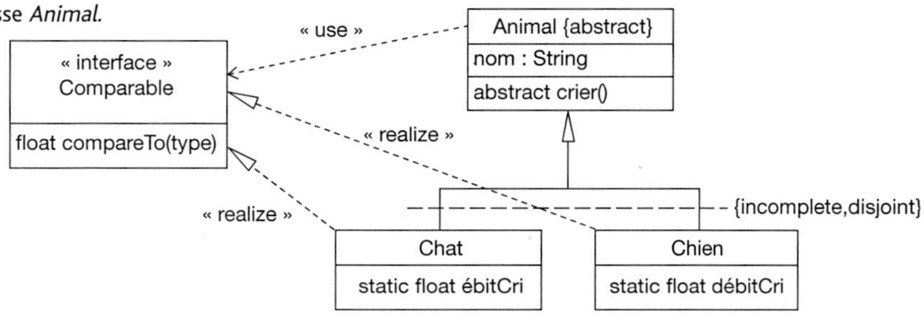

Exercice 13 : Héritage

Un étudiant et un enseignant sont des personnes particulières.

1. Proposez un modèle de classes correspondant.

   Un doctorant est un étudiant qui assure des enseignements. La modélisation sera suivie par une implémentation en Java ou en C++.

2. Complétez le modèle de classes précédent en exploitant au mieux les possibilités du langage cible.

   Un doctorant et un étudiant doivent s'inscrire au début de l'année et éventuellement modifier leur inscription. En fonction des deux modèles proposés.

3. Ajoutez cette fonctionnalité aux deux précédents modèles.

Solution

1. Les étudiants et les enseignants héritent de la classe *Personne*. D'autres personnes, qui ne sont ni des étudiants ni des enseignants, dérivent de la classe *Personne*. Ajoutez la contrainte{incomplete} du langage OCL pour expliciter cette situation.

Figure 2.58
Relation d'héritage.

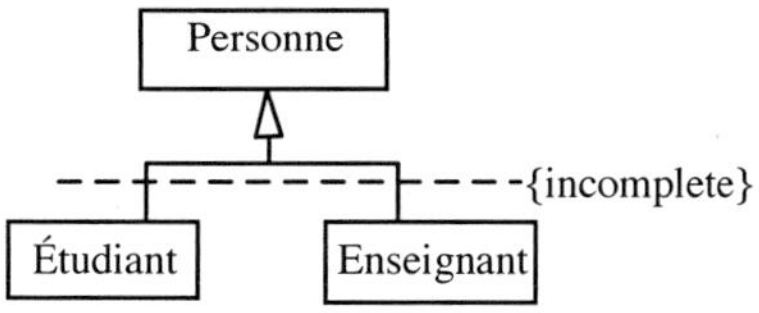

2. Un doctorant est à la fois un étudiant et un enseignant. Le doctorant hérite à la fois des propriétés des enseignants et de celles des étudiants. Il s'agit bien d'un héritage multiple. Cela nécessite, également, l'ajout de la contrainte {overlapping}, qui indique qu'un étudiant et un enseignant peuvent instancier le même objet (l'intersection entre les ensembles d'objets des classes *Enseignant* et *Étudiant* n'est pas vide). Ce modèle est correct pour une implémentation en C++, car ce langage autorise l'héritage multiple.

Figure 2.59
Solution en utilisant l'héritage multiple.

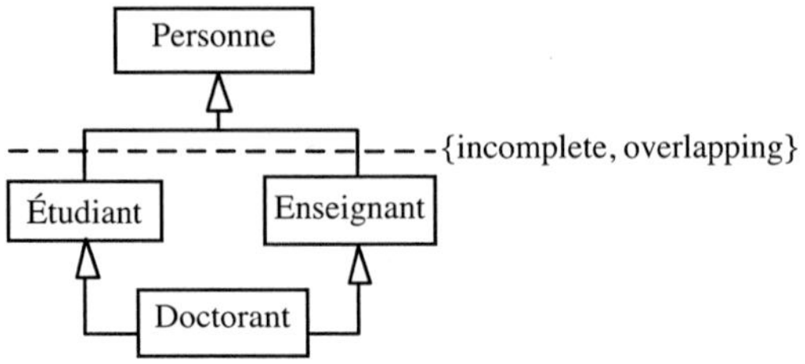

Java n'accepte que l'héritage simple. Cette contrainte implique une modélisation hiérarchique de l'héritage. En d'autres termes, une classe peut avoir au plus un seul parent. L'ajout de cette contrainte implique implicitement l'ajout de la contrainte {disjoint} entre les classes qui dérivent directement de toute classe du modèle. Vous pouvez modéliser cela en séparant les instances des doctorants de celles des étudiants et des enseignants. Vous obtenez le modèle présenté à la figure 2.60.

Figure 2.60
Solution en utilisant l'héritage simple

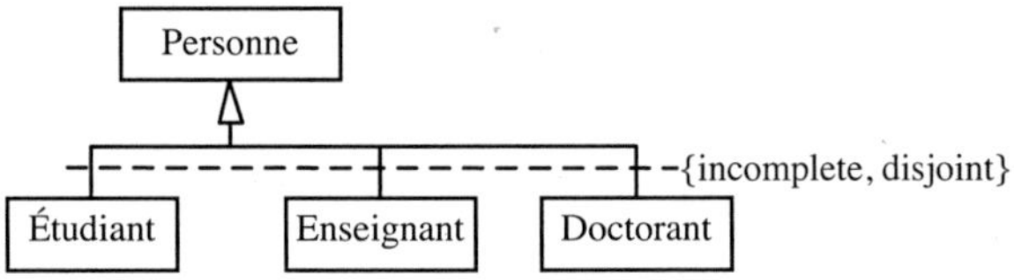

3. L'inscription nécessite au moins deux opérations.

   Dans le cas de l'héritage simple, la solution consiste à définir une interface *Inscription* contenant les deux opérations. Celles-ci peuvent être réalisées par la classe *Étudiant* et utilisées par la classe *Doctorant* (figure 2.61).

Figure 2.61
Solution dans le cas de l'héritage simple.

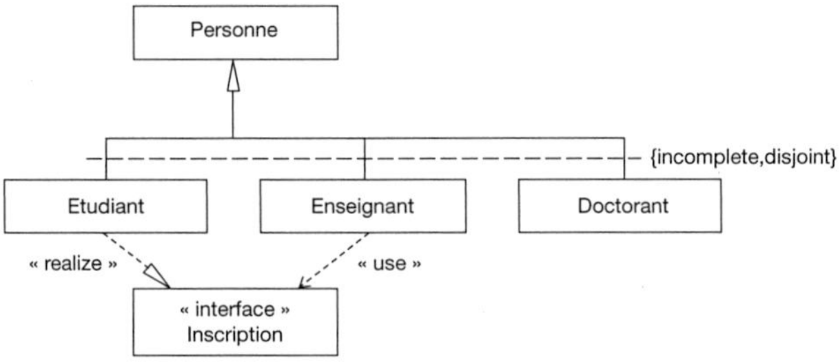

La solution proposée par la figure 2.61 est aussi valable dans le cas où le langage supporte l'héritage multiple. Cependant, dans ce dernier cas, deux autres solutions sont possibles comme le montre la figure 2.62.

Figure 2.62
Les deux solutions possibles dans le cas de l'héritage multiple.

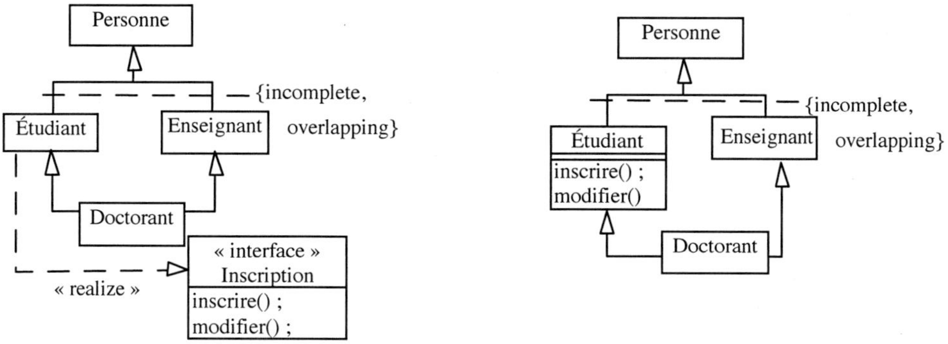

Exercice 14 : Diagramme d'objets

Un robot se déplace dans un environnement composé de zones, de murs et de portes. Proposez le diagramme d'objets décrivant la situation suivante : le robot Mars est en mouvement. Il est lié à une instance mondeCourant de la classe *Monde* décrivant les mondes possibles où peut évoluer le robot. Le robot peut manipuler des objets se trouvant dans le monde dans lequel il évolue.

À l'instant qui nous intéresse, le robot Mars est en mouvement et mondeCourant est lié aux zones z1 et z2. La zone z2 est composée de deux murs (m1 et m2) et d'une porte. La largeur de la porte est de un mètre.

Donnez le diagramme d'objets associé à cette situation.

Solution

Vous avez besoin des classes *Robot*, *Monde*, *Objet*, *Zone*, *Mur* et *Porte*. La classe *Robot* est active. Le diagramme d'objets présenté à la figure 2.63 correspond à un snapshot d'une situation particulière et varie selon la position du robot.

Figure 2.63
Diagramme d'objets.

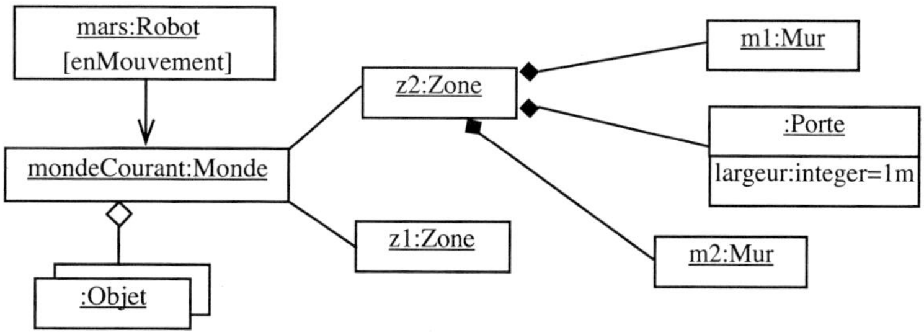

Exercice 15 : Patron de conception « objets composites »

Une figure géométrique est composée de figures simples ou composées. Une figure composée est constituée de plusieurs figures et une figure simple peut être un point, une ligne ou un cercle. Une figure peut être dessinée ou translatée.

1. Donnez la modélisation des classes de cette situation.
2. De manière plus générale, la notion d'objets composites se retrouve dans beaucoup d'applications. De ce fait, il est intéressant de proposer un patron de conception qui modélise les objets composites et de les instancier en fonction des objets considérés.

   Étendez la solution précédente afin de modéliser n'importe quel ensemble d'objets décrits par une hiérarchie d'agrégation d'objets ayant le même comportement.

Solution

1. Toutes les figures comportent les opérations *dessiner()* et *translater()*. Les méthodes associées ne sont pas connues, donc la classe *Figure* est abstraite. Une figure peut être spécialisée en figure simple ou en figure composée. Cette dernière peut être composée (relation d'agrégation) de plusieurs figures.

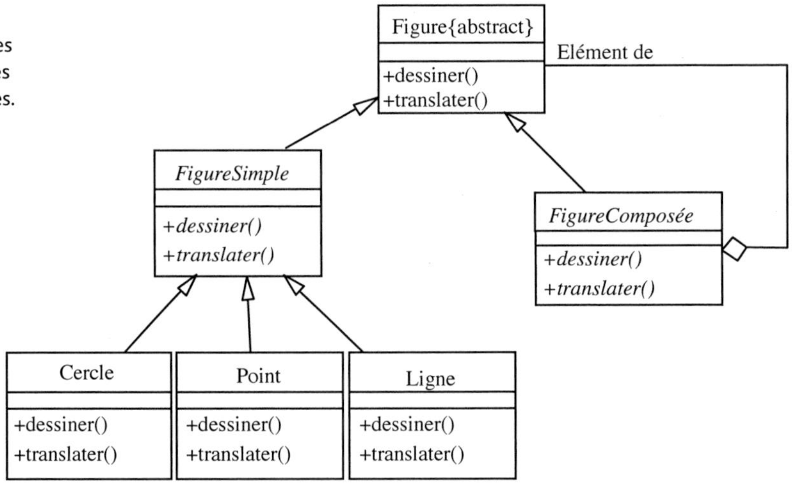

Figure 2.64
Diagramme de classes modélisant les figures simples et composées.

2. Le patron de conception d'objets composites permet de représenter des objets qui se décrivent par une hiérarchie d'agrégation d'objets dans laquelle tous les objets, jusqu'au plus haut niveau, présentent un même comportement (on peut leur appliquer un même ensemble de méthodes). Cette solution est proposée par Erich Gamma.

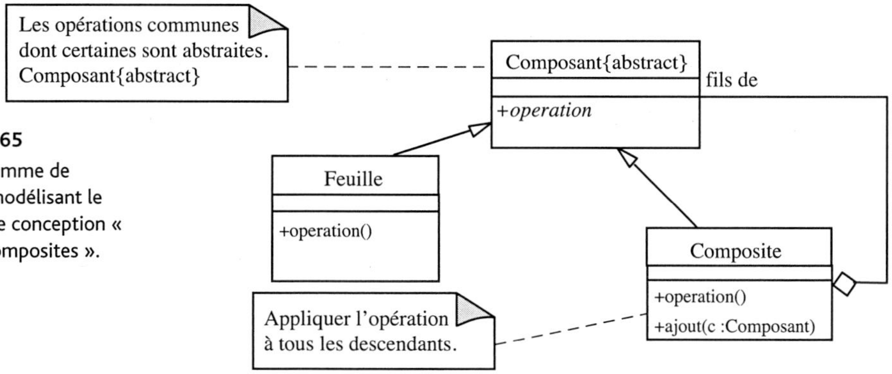

Figure 2.65
Le diagramme de classes modélisant le patron de conception « objets composites ».

Exercice 16 : Application hôtelière

Un hôtel est composé d'au moins deux chambres. Chaque chambre dispose d'une salle d'eau qui peut être une douche ou une salle de bain. L'hôtel héberge des personnes. Il peut employer du personnel et est dirigé par un des employés. L'hôtel a les caractéristiques suivantes : une adresse, le nombre de pièces, la catégorie. Une chambre est caractérisée par le nombre et le type de lits, le prix et le numéro. On peut calculer le chiffre d'affaires, le loyer en fonction des occupants.

1. Donnez le diagramme de classes.
2. Utilisez les contraintes pour affiner les relations.

Solution

La figure 2.66 propose une solution qui répond aux deux questions.

Figure 2.66
Diagramme de classes représentant l'application hôtelière.

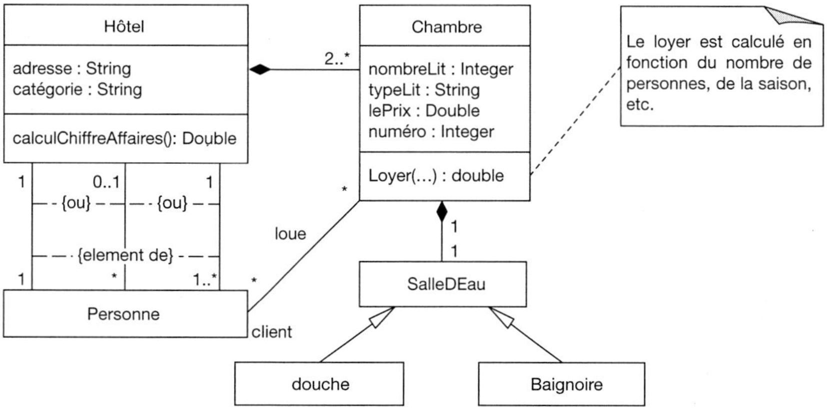

Exercice 17 : Application bancaire

Une banque compte plusieurs agences réparties sur le territoire français. Une banque est caractérisée par le nom de son directeur général, son capital social, son propre nom et de l'adresse de son siège social. Le directeur général est identifié par son nom, son prénom et son revenu.

Une agence a un numéro d'agence et une adresse. Chaque agence emploie plusieurs employés, qui se caractérisent par leurs nom, prénom et date d'embauche. Les employés peuvent demander leur mutation d'une agence à une autre, mais un employé ne peut travailler que dans une seule agence. Les employés d'une agence ne font que gérer des clients.

Un client ne peut avoir des comptes que dans une seule agence de la banque. Chaque nouveau client se voit systématiquement attribuer un employé de l'agence (conseiller). Les clients ont un nom, un prénom et une adresse.

Les comptes sont de nature différente selon qu'ils soient rémunérés ou non (comptes courants). Les comptes rémunérés ont un taux d'intérêt et rapportent des intérêts versés annuellement.

1. Donnez la description complète de toutes les classes (remplissez tous les compartiments). Précisez les types des attributs et les types de retour des opérations. Les attributs sont tous privés. Chaque attribut possède deux méthodes publiques (*getAttribut* renvoie la valeur d'un attribut et *setAttribut* affecte une nouvelle valeur à un attribut). Toutes les autres méthodes sont accessibles uniquement dans le package de la classe.
2. Analysez les classes trouvées en (1) et modélisez-les en factorisant (par généralisation ou autre) au mieux la description des propriétés.
3. Une relation particulière lie l'agence, le client, l'employé et le compte. De quelle relation s'agit-il ? Dessinez le modèle de cette relation.
4. Donnez le diagramme de classes en n'utilisant que leur nom et ajoutez tous les ornements possibles aux relations.

Solution

1. Les classes qui apparaissent dans cette application sont *Banque*, *Directeur*, *Agence*, *Employé*, *Client*, *CompteRémunéré*, *CompteNonRémunéré*.

Figure 2.67
Description détaillée des classes de l'application.

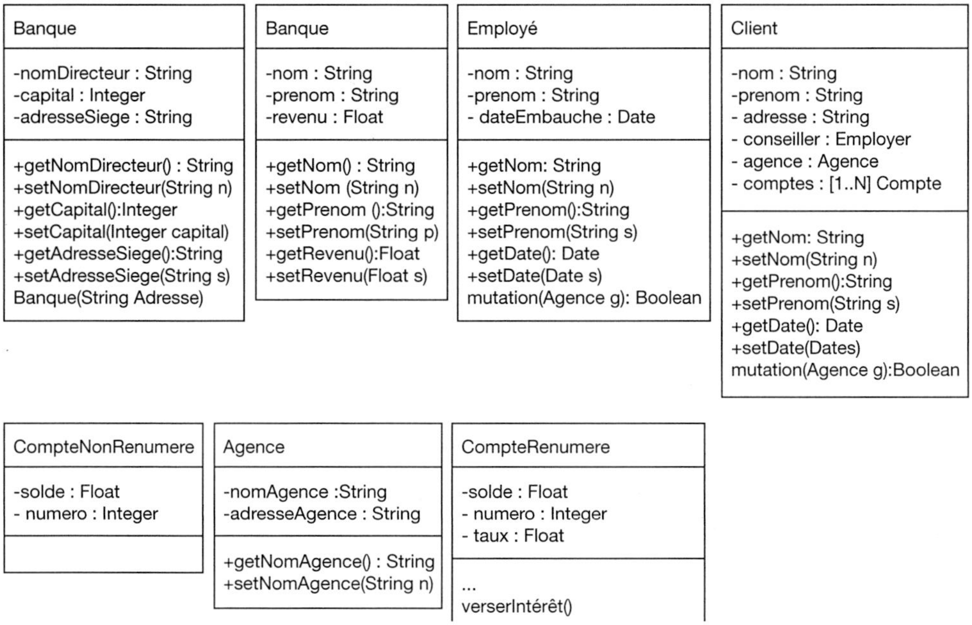

2.

Figure 2.68
Les liens de généralisation entre les classes de l'application.

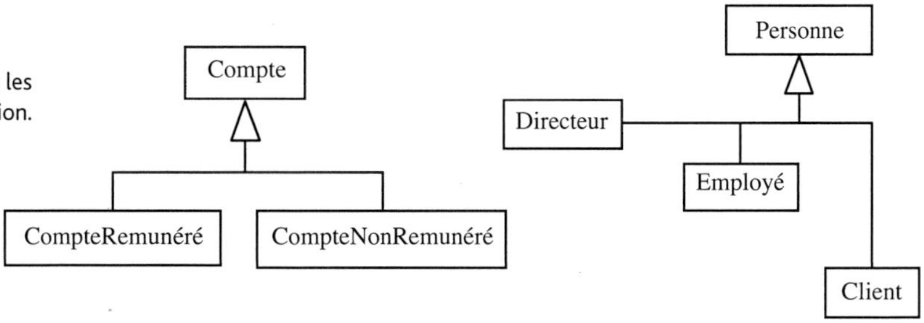

3.

Figure 2.69
Associations ternaires avec classe-association.

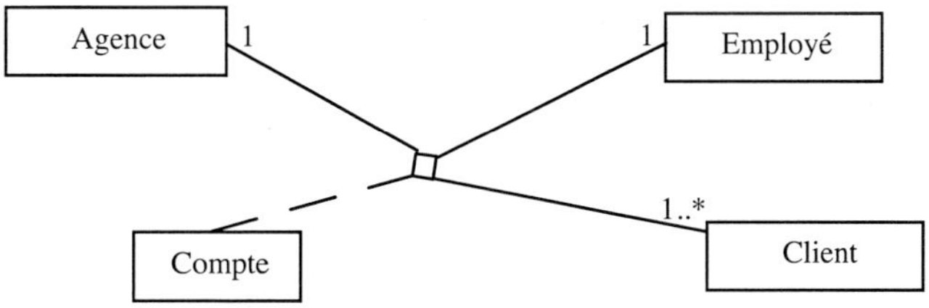

4.

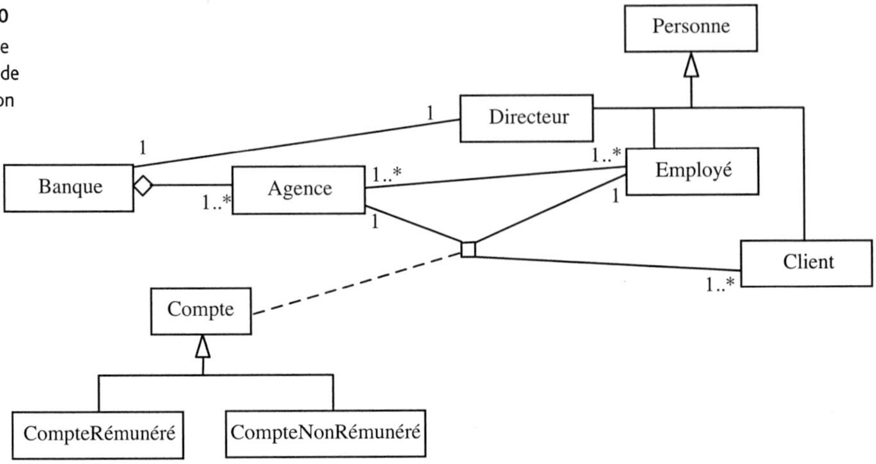

Figure 2.70 Diagramme de classes de l'application bancaire.

Exercice 18 : Réservation de billets d'avion

Un avion assure plusieurs vols et un vol est assuré par un seul avion. Un vol peut être un vol cargo ou un vol de passagers. Les avions utilisés pour ces deux types de vols ne sont pas les mêmes.

1. Donnez le diagramme de classes exprimant cette situation.
2. Ajoutez les contraintes du langage OCL pour exprimer le fait qu'un vol cargo soit assuré par un avion-cargo et qu'un vol de passagers soit assuré par un avion de passagers.

   Les vols sont proposés par des compagnies aériennes. Pour un meilleur remplissage des avions, un vol est partagé par plusieurs affréteurs. Un des affréteurs assure l'ouverture et la fermeture de chaque vol. Un vol est caractérisé par une date et un lieu de départ, une date et un lieu d'arrivée.
3. Donnez la modélisation des classes de cette situation.

   Quand un client fait une réservation auprès d'une compagnie aérienne pour un ou plusieurs passagers, il est informé du fait que le vol compte plusieurs escales. Une escale est caractérisée par des dates d'arrivée et de départ ainsi qu'un aéroport qui dessert plusieurs villes.
4. Proposez le diagramme de classes pour cette situation.
5. À partir de ces diagrammes partiels, proposez un diagramme de classes modélisant cette application.

Solution

1. Tous les avions assurent plusieurs vols. Il est donc utile de remonter l'association «assurer vol» au niveau des classes *Avion* et *Vol*. Cependant, si vous n'utilisez pas les contraintes et si la contrainte spécifiant qu'un avion-cargo (respectivement de passagers) assure exclusivement des vols cargos (respectivement de passagers) alors la seule solution consiste, non pas à remonter l'association entre *Avion* et *Vol*, mais à la préciser entre tous les types de vols et d'avions (figure 2.71).

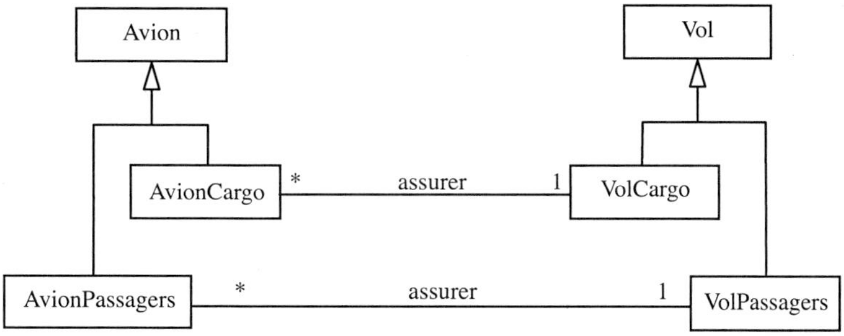

Figure 2.71
Diagramme de classes.

2. L'ajout des contraintes du langage OCL permet une meilleure généralisation à travers l'expression de cas particuliers et d'exceptions. Vous pouvez remonter l'association entre un avion et un vol au niveau des classes *Vol* et *Avion* et ajouter une contrainte qui restreint l'impact de l'association sur les instances des classes (figure 2.71).

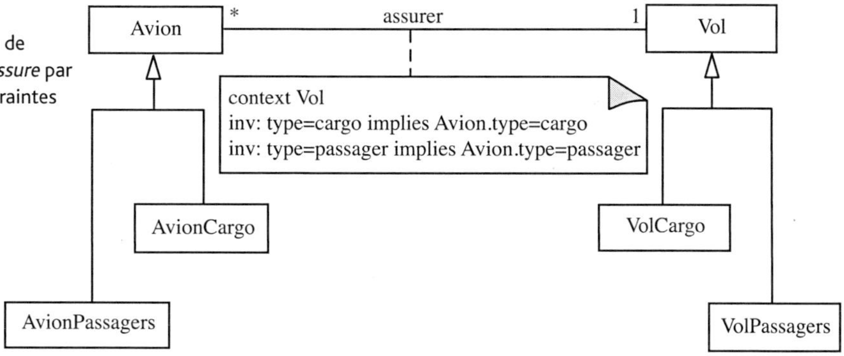

Figure 2.72
Généralisation de l'association *assure* par l'ajout de contraintes OCL.

3. Le rôle de la compagnie aérienne par rapport à un vol est celui d'affréteur. L'affréteur qui ouvre un vol est aussi celui qui le ferme. De plus, un vol ne peut être ouvert puis fermé qu'une seule fois. UML ne fournit pas un moyen d'exprimer cette double synchronisation. De ce fait, une note est ajoutée au diagramme pour exprimer cette contrainte. Les caractéristiques d'un vol (dates et lieux) ne sont pas détaillées et seront représentées par de simples attributs.

Figure 2.73
Modélisation détaillée de la classe *Vol.*

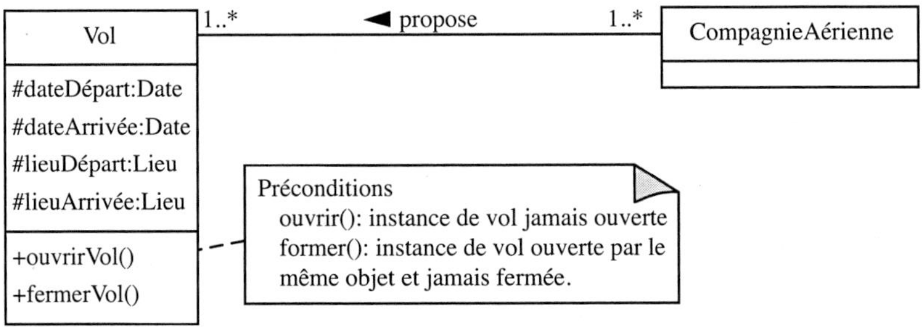

4. L'association qui lie le client et la compagnie aérienne concerne la réservation. La réservation naît de cette association et se compose de toutes les données la concernant. Il s'agit donc d'une classe-association. La réservation concerne un passager et un vol.

   Dans la modélisation précédente, les lieux de départ et d'arrivée ne sont pas détaillés (représentation sous forme d'attributs). Cette fois, le lieu est connu : il s'agit de l'aéroport. Les deux attributs modélisant le lieu se transforment en rôle dans les associations reliant le vol et l'aéroport.

   Une escale se caractérise par des dates et un aéroport. Elle est décrite par les attributs de la classe *Vol* mais pas par ses méthodes *(ouvrir(), fermer()...)*. Ce n'est donc pas un vol particulier. Un vol peut compter plusieurs escales ordonnées. Chaque escale est liée à un aéroport. L'escale naît d'une relation entre un vol et un aéroport, qui n'est ni un aéroport de départ, ni un aéroport d'arrivée. Les escales sont représentées par une classe-association entre un vol et un aéroport.

Figure 2.74
Modélisation des vols des compagnies aériennes.

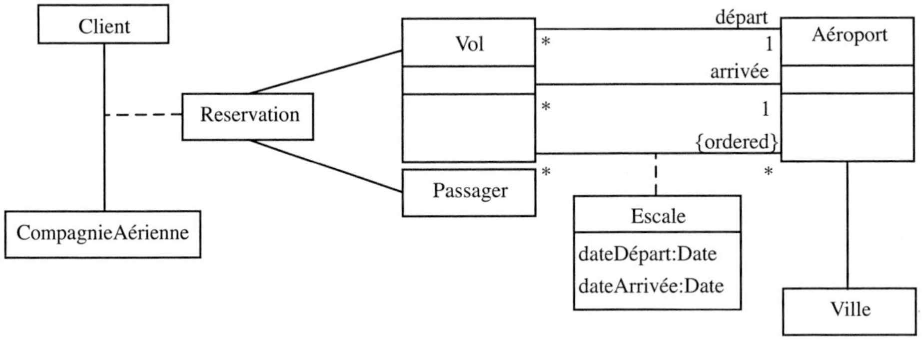

Exercice 19 : Patron « Bridge »

Une figure géométrique peut être un cercle ou un rectangle. On souhaite proposer aux clients un outil de dessin des figures géométriques qui s'adapte à l'environnement informatique. Les interfaces, la qualité des dessins dépendent de l'environnement.

1. Proposez une modélisation qui isole le dessin d'une figure géométrique et qui la spécialise en fonction de l'environnement.
2. Selon le même principe et d'une manière plus générale, on souhaite concevoir une structure qui permet à un client de voir une classe et ses opérations de haut niveau. Cette structure doit séparer complètement la définition abstraite des classes et leur implémentation.

   Proposez un schéma de modélisation.

Solution

1. Le client est associé aux figures géométriques. Son objectif est de les dessiner. La figure géométrique est composée d'un ensemble de propriétés, dont celles liées au dessin (trait, couleur, etc.). Ces propriétés dépendent de l'environnement (elles sont spécialisées). La figure géométrique peut être spécialisée, en particulier, en cercle ou en rectangle.

Figure 2.75
Modélisation générique d'une figure géométrique.

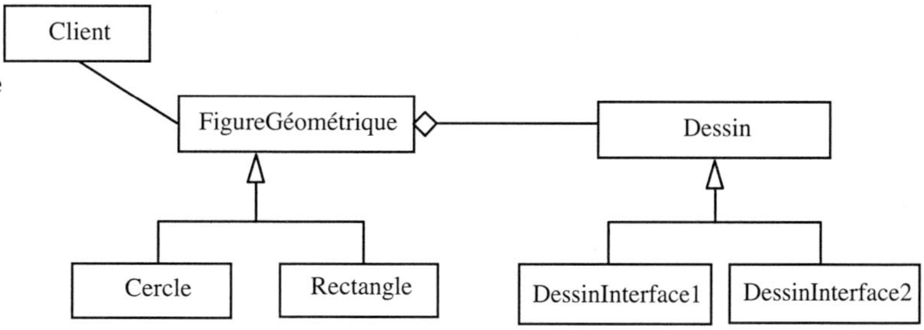

L'abstraction est visible par les clients, renvoie les demandes vers l'implémentation (*operation=Implementation.operation*) et fournit des fonctions de haut niveau. Les classes *RefinedAbstraction* implémentent les différentes abstractions, à la façon des classes *FigureGeometrique* qui implémentent différentes figures. *Implementation* est une interface entre plusieurs implémentations possibles. Elle offre des opérations de bas niveau. Les classes *Implementation1* et *Implementation2* permettent d'implémenter l'interface *Implementation* en proposant des méthodes concrètes.

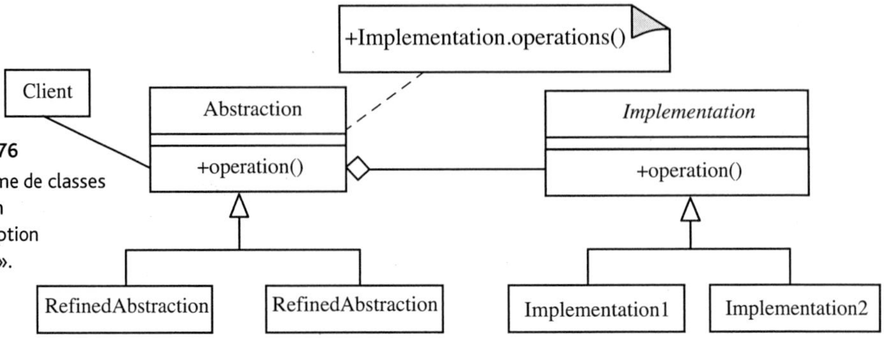

Figure 2.76
Diagramme de classes du patron de conception « Bridge ».

Exercice 20 : Patron « Adapteur »

Un éditeur de jeux possède un jeu permettant aux enfants de connaître les animaux. Les enfants peuvent, en particulier, apprendre la forme et le cri des animaux parmi lesquels le chat et la vache. Le chat est modélisé par la classe *LeChat* possédant au moins les deux méthodes *formeChat()* et *criChat()* et la vache est modélisée par la classe *LaVache* possédant les deux méthodes *criVache()* et *formeVache()*.

Comme le montrent les noms des méthodes, la première spécification de ce jeu est propre aux animaux modélisés. L'éditeur souhaite améliorer ce jeu en créant une interface commune à tous les animaux qui lui permette d'en ajouter de nouveaux, sans modifier l'interface avec le client, et d'utiliser le polymorphisme dans la gestion des animaux (manipuler des troupeaux…).

1. Proposez une modélisation des classes pour cette nouvelle version du jeu en faisant apparaître le client.
2. On souhaite réutiliser tout le code développé dans la version précédente. Proposez une modélisation permettant d'incorporer les anciennes méthodes pour éviter de les récrire.
3. Est-il possible de généraliser ce raisonnement pour les applications de même type ? Si c'est le cas, proposez le patron générique correspondant.

Solution

1. Chaque animal est modélisé par une classe : *Chat*, *Vache*, etc. Ces classes possèdent au moins les comportements suivants : *crier()* et *forme()*. Les méthodes implémentées dans les différentes classes d'animaux ont toutes les mêmes opérations (mêmes signatures de méthodes). Cela signifie que le client qui utilise un animal n'a pas besoin de savoir *a priori* de quel animal il s'agit exactement ; il doit pouvoir accéder à un ensemble d'opérations. En ce sens, il suffit de créer une classe générale appelée *Animal*, qui regroupe les opérations communes. Cela permet de traiter tous les animaux de la même manière, sans se soucier des différences d'implémentation, et d'ajouter ultérieurement de nouveaux animaux sans devoir modifier le client.

Figure 2.77
Généralisation des propriétés des animaux dans la classe *Animal*, seule interface avec le client.

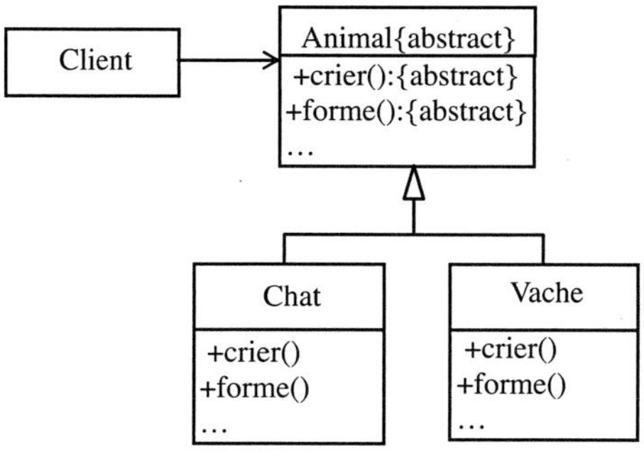

L'ajout d'une classe d'animaux quelconques doit se faire par dérivation de la classe *Animal*. Cette nouvelle classe doit absolument implémenter les méthodes abstraites de la classe *Animal*.

2. Pour pouvoir réutiliser les méthodes déjà développées et garder la propriété du polymorphisme, vous devez trouver un moyen d'adapter les noms des anciennes méthodes aux noms génériques choisis dans la nouvelle version du jeu. Par exemple, pour le cas de la classe *Chat*, il suffit de trouver un moyen d'appeler les méthodes *criChat()* et *formeChat()* de la classe *LeChat*. La solution simple qui permet de résoudre ce problème consiste à mettre la classe *LeChat* dans la classe *Chat*. La composition permet la délégation d'opérations. Ainsi, la classe *Chat* se contente tout simplement de déléguer les opérations qu'on lui demande à la classe *LeChat* et d'utiliser par là même le code déjà développé.

Figure 2.78
La classe *LeChat* existante et la nouvelle classe *Chat*.

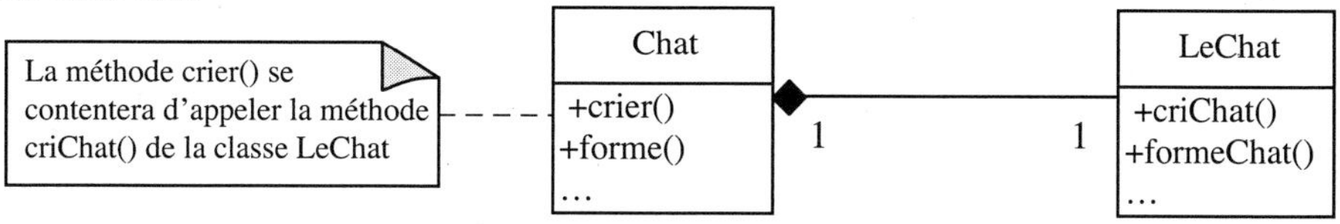

Ce processus d'encapsulation des classes de l'ancienne version est décrit à la figure 2.78.

Figure 2.79
Les classes *Chat* et *Vache* encapsulent respectivement les classes *LeChat* et *LaVache*.

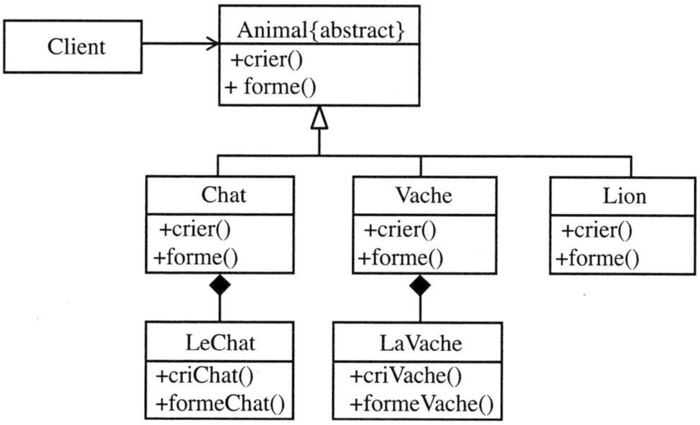

3. Ce mécanisme d'adaptation par encapsulation peut être utile dans le contexte d'utilisation du polymorphisme. Il permet aussi de ne plus se poser de questions sur l'intégration de classes existantes lors de la phase de conception : la solution présentée ici ne présente aucune contrainte et peut être utilisée facilement. Il s'agit d'une instance du patron « Adaptateur ».

   La solution générique du patron « Adaptateur » consiste donc à faire correspondre à une interface donnée un objet existant contenant des méthodes quelconques. En simplifiant la figure 2.79, vous obtenez la solution générique présentée à la figure 2.80.

Figure 2.80 Vue simplifiée du patron « Adaptateur .

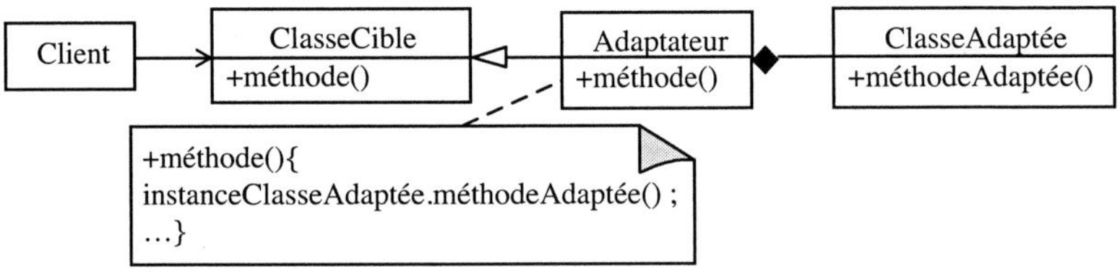

Exercice 21 : Organisation du langage UML

La spécification du langage UML 2 définit un type de données comme un classeur particulier dans le paquetage Noyau. Un type de données est composé de plusieurs propriétés et de plusieurs opérations ordonnées. Un type primitif, comme les entiers, et un type énuméré sont deux spécialisations d'un type de données. Un type énuméré est composé de littéraux ordonnés. Utilisez cette description et vos connaissances de la modélisation des types en UML pour proposer le modèle de classes des types de données.

Solution

Cette solution est extraite de la norme *UML 2.0 superstructure spécification* publiée par l'OMG.

Figure 2.81

Diagramme de classes d'un type de données dans le métamodèle UML.

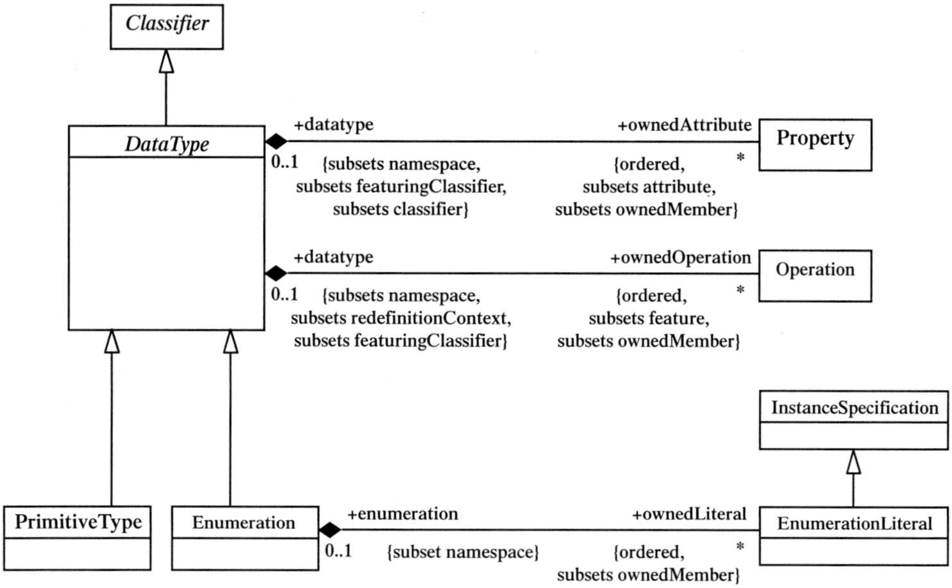

Chapitre 3

Diagramme d'interaction

Le diagramme de cas d'utilisation montre des acteurs qui interagissent avec les grandes fonctions d'un système. C'est une vision fonctionnelle et externe d'un système. Le diagramme de classes, quant à lui, décrit le cœur d'un système et montre des classes et la façon dont elles sont associées. C'est une vision statique et structurelle. Les diagrammes d'interaction permettent d'établir un pont entre ces deux approches : ils montrent comment des instances au cœur du système communiquent pour réaliser une certaine fonctionnalité. Les interactions sont nombreuses et variées. Il faut un langage riche pour les exprimer. UML propose plusieurs diagrammes : diagramme de séquence, diagramme de communication, diagramme de timing. Ils apportent un aspect dynamique à la modélisation du système.

1. Intérêt des interactions

Les diagrammes de cas d'utilisation montrent des interactions entre des acteurs et les grandes fonctions d'un système. Cependant, les interactions ne se limitent pas aux acteurs : par exemple, des objets au cœur d'un système, instances de classes, interagissent lorsqu'ils s'échangent des messages.

Exemple

Le diagramme de classes présenté à la figure 3.1 montre la structure interne d'un système de pilotage automatique composé des trois classes : *PiloteAutomatique*, *Voiture* et *Moteur*. Ce diagramme n'indique pas comment le pilotage est réalisé. Pour ajouter un aspect dynamique à la modélisation, il faut « descendre » au niveau des instances et montrer comment elles interagissent.

Des instances de ces classes peuvent figurer sur un diagramme d'interaction particulier, appelé « diagramme de communication » (figure 3.2). Dans cet exemple, les instances s'envoient les messages démarrer et allumer. Pratiquement, l'envoi des messages déclenche l'appel des méthodes démarrer et allumer, ce qui a pour effet de consulter ou de changer l'état de la voiture et du moteur respectivement.

Plus généralement, une interaction montre le comportement d'un classeur tel qu'un sous-système, un cas d'utilisation, une classe, un composant, etc.

Figure 3.1
Diagramme de classes d'un système de pilotage automatique.

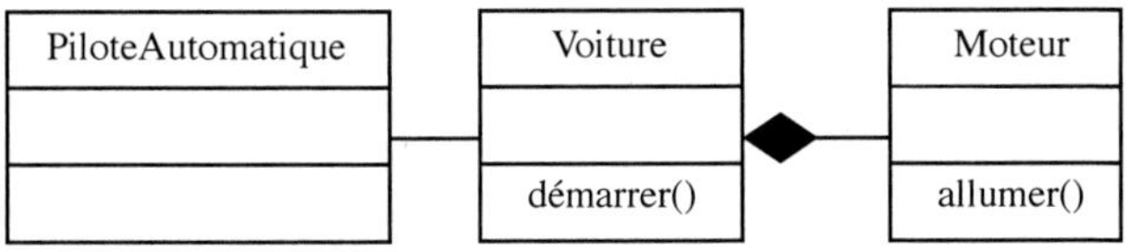

Figure 3.2
Diagramme de communication d'un système de pilotage automatique.

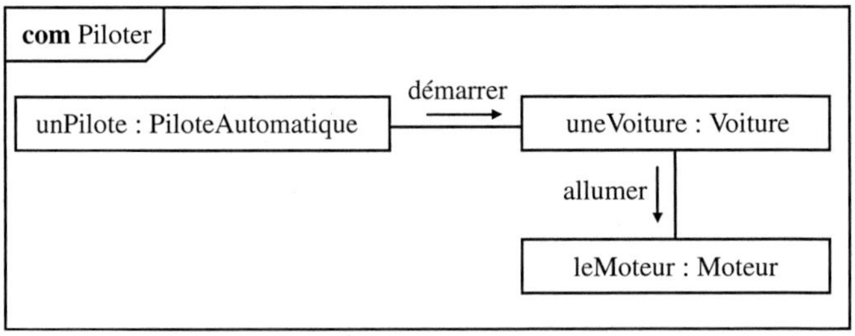

Définition

Une interaction décrit le comportement d'un classeur en se focalisant sur l'échange d'informations entre les éléments du classeur. Les participants à une interaction sont appelés « lignes de vie ».
Une ligne de vie représente un participant unique à une interaction.

Le terme « ligne de vie » est utilisé car, souvent, les interactions montrent des objets (instances de classes). Au cours d'une interaction, des objets peuvent être créés, utilisés, et parfois détruits. Ce cycle de vie des objets est matérialisé par une ligne (la ligne de vie) qui court dans les diagrammes d'interaction (figure 3.3).

UML propose principalement deux diagrammes pour illustrer une interaction : le diagramme de séquence et celui de communication. Une même interaction peut être représentée aussi bien par l'un que par l'autre.

Exemple

Le diagramme de séquence de la figure 3.3 et le diagramme de communication de la figure 3.2 représentent la même interaction.

Figure 3.3
Un diagramme de séquence à la place d'un diagramme de communication.

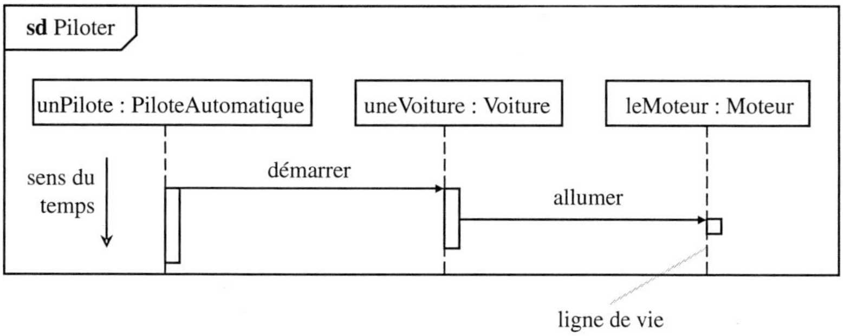

Diagrammes de séquence et de communication peuvent représenter la même interaction, mais le point de vue est différent. Un diagramme de séquence met l'accent sur le séquencement temporel des messages (le temps y figure implicitement et s'écoule de haut en bas) ; en revanche, le lien qui unit les lignes de vie, et qui est le vecteur du message, n'y figure pas (alors qu'il est présent sur un diagramme de communication).

Définition

Les diagrammes de communication et de séquence représentent des interactions entre des lignes de vie. Un diagramme de séquence montre des interactions sous un angle temporel, et plus particulièrement le séquencement temporel de messages échangés entre des lignes de vie, tandis qu'un diagramme de communication montre une représentation spatiale des lignes de vie.

Remarque

Aux diagrammes de séquence et de communication s'ajoute un troisième type de diagramme d'interaction : le diagramme de timing. Son usage est limité à la modélisation des systèmes qui s'exécutent sous de fortes contraintes de temps, comme les systèmes temps réel. Cependant, même dans ces situations extrêmes, les diagrammes de séquence conviennent bien souvent. C'est la raison pour laquelle les diagrammes de timing ne sont pas abordés dans cet ouvrage. Le lecteur intéressé trouvera dans le manuel de référence d'UML 2.0 [Rumbaugh 2004] des explications sur le sujet.

Notation

Un diagramme d'interaction se représente par un rectangle (figure 3.4) contenant, dans le coin supérieur gauche, un pentagone accompagné du mot-clé *sd* lorsqu'il s'agit d'un diagramme de séquence, et de *com* lorsqu'il s'agit d'un diagramme de communication. Le mot-clé est suivi du nom de l'interaction. La liste des lignes de vie qui figurent dans le diagramme peut suivre le nom de l'interaction. Des attributs peuvent être indiqués près du sommet du rectangle contenant le diagramme. La syntaxe de ces attributs est la même que celle des attributs d'une classe (voir chapitre 2).

Une ligne de vie se représente par un rectangle auquel est accrochée une ligne verticale pointillée. Le rectangle contient un identifiant dont la syntaxe est la suivante :

```
[<nomDeLaLigneDeVie> ['['sélecteur']']] : <NomDeClasseur> [décomposition]
```

où le sélecteur permet de choisir un objet parmi n (par exemple `objet[2]`).

Figure 3.4
Un diagramme de séquence d'un distributeur de billets.

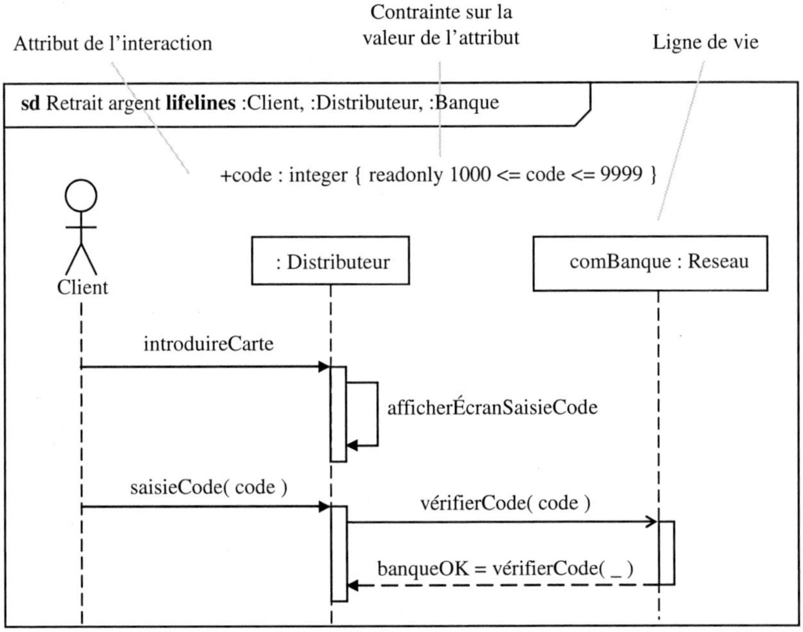

1.1. Utilisation des interactions

Les diagrammes d'interaction sont utilisés tout au long du cycle de vie d'un projet (depuis le recueil des besoins jusqu'à la phase de conception). Ils servent à décrire les cas d'utilisation dans les phases en amont, à modéliser la mise en œuvre d'une classe ou d'une opération d'une classe et, plus généralement, à ajouter un aspect dynamique à la modélisation d'un système.

Le diagramme de classes modélise avant tout le domaine dans lequel le système sera utilisé ; ce domaine, celui d'une banque par exemple, est relativement indépendant des applications bancaires qui viennent se greffer dessus ; l'implémentation d'un diagramme de classes n'est qu'une base de développement pour des applications ; ce qui caractérise une application, c'est la façon dont elle utilise le diagramme de classes, ou plus précisément, comment des instances des classes interagissent pour réaliser les fonctionnalités de l'application ; sans cet aspect dynamique, un système serait purement statique et n'offrirait aucune fonctionnalité.

L'approche objet du développement d'un système recommande une conception modulaire (de sorte que les parties du système soient réutilisables). Le langage de modélisation doit permettre la représentation de cette modularité. Il n'est pas souhaitable de faire figurer toutes les interactions sur un seul diagramme. Le modélisateur doit pouvoir focaliser son attention sur un sous-ensemble d'éléments du système et étudier leur façon d'interagir pour donner un comportement particulier au système. UML permet de décrire un comportement limité à un contexte précis de deux façons : dans le cadre d'un classeur structuré ou dans celui d'une collaboration.

Interactions dans les classeurs structurés

La structure imbriquée d'un classeur structuré limite les interactions possibles entre ses parties, chacune d'elles ne pouvant appartenir à un autre classeur structuré (voir l'annexe B pour de plus amples informations).

Exemple

Considérons une classe qui est décomposée pour montrer sa structure interne (figure 3.5) : une classe *Moteur* est composée des classes *Allumage* et *Bougie*. Un diagramme de séquence montre comment les bougies et l'allumage interagissent pour démarrer le moteur.

Figure 3.5
Un diagramme de séquence pour illustrer le comportement interne d'une classe.

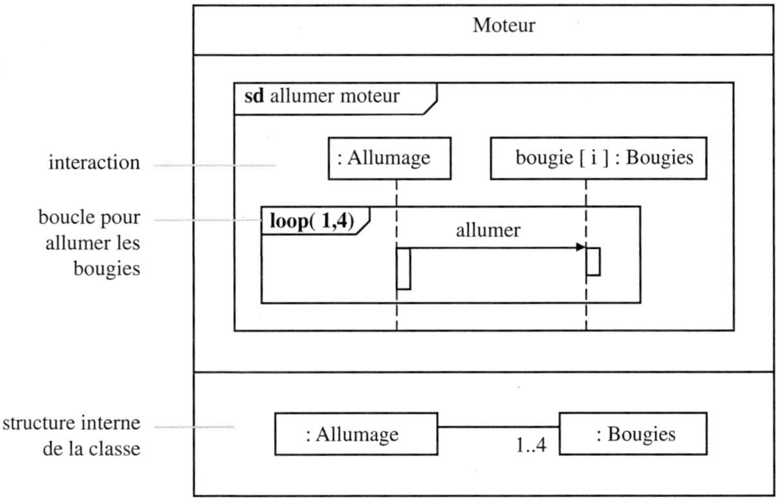

Les classeurs structurés sont surtout utilisés dans la phase de conception d'un système, quand on détermine la façon dont il va être réalisé. Le concepteur prend pour point de départ les classeurs mis en évidence au moment de l'analyse ; il décide de leur structure interne et illustre éventuellement leur comportement par des interactions. Les classeurs ainsi structurés sont repris par les développeurs qui implémentent une solution.

Interactions dans le cadre d'une collaboration

Les parties de la structure interne d'un classeur structuré sont créées dès que le classeur est instancié. Leur durée de vie est celle de l'instance du classeur. Parfois, des instances existent avant d'être utilisées. Elles peuvent être réunies temporairement, le temps de collaborer à la réalisation d'une certaine fonctionnalité d'un système. Une fois leur rôle joué, leur tâche s'achève et la réunion est dissoute. Certaines instances devenues obsolètes sont détruites, d'autres libérées jusqu'à leur prochaine utilisation. Ce type de réunion d'instances est une collaboration.

Définition

Une collaboration montre des instances qui collaborent dans un contexte donné pour mettre en œuvre une fonctionnalité d'un système.

Exemple

La figure 3.6 montre une collaboration entre instances pour réaliser une transaction immobilière.

Notation

Une collaboration se représente par une ellipse en trait pointillé comprenant deux compartiments. Le compartiment supérieur contient le nom de la collaboration ayant pour syntaxe :
`<nomDuRôle>[':' <NomDuType>][multiplicité]`
Le compartiment inférieur montre les participants à la collaboration.

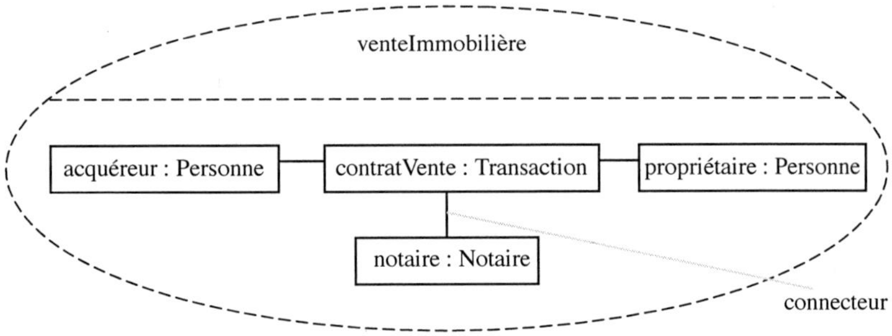

Figure 3.6
Diagramme de collaboration d'une transaction immobilière.

Comme dans les classeurs structurés, des connecteurs relient les instances d'une collaboration. Un connecteur représente souvent une association transitoire (établie le temps que dure la collaboration – concrètement, ce peut être l'argument d'une méthode, une variable locale, une association…).

Notation

Une collaboration peut aussi se représenter par une ellipse sans compartiment, portant le nom de la collaboration en son sein (figure 3.7). Les instances sont reliées à l'ellipse par des lignes qui portent le nom du rôle de chaque instance.

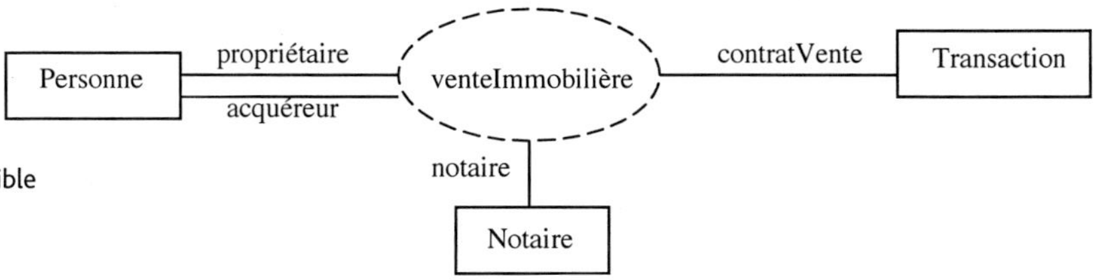

Figure 3.7
Représentation possible d'une collaboration.

Les interactions au sein d'une collaboration peuvent être représentées par un diagramme d'interaction comme le montre la figure 3.8.

Figure 3.8
Un diagramme de séquence pour illustrer une collaboration.

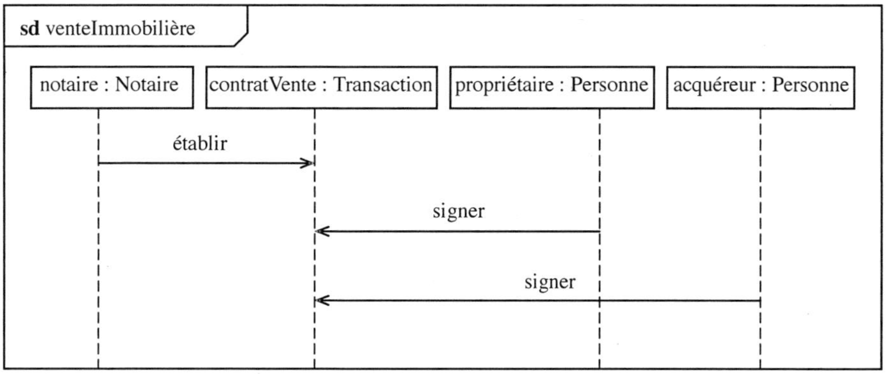

2. Diagramme de séquence en détail

Les principales informations contenues dans un diagramme de séquence sont les messages échangés entre les lignes de vie. Un message définit une communication particulière entre des lignes de vie. Plusieurs types de messages existent.

Les plus communs sont :

- l'envoi d'un signal ;
- l'invocation d'une opération ;
- la création ou la destruction d'une instance.

L'envoi d'un signal déclenche une réaction chez le récepteur, de façon asynchrone et sans réponse : l'émetteur du signal ne reste pas bloqué le temps que le signal parvienne au récepteur et il ne sait pas quand, ni même si le message sera traité par le destinataire. Un exemple typique de signal est une interruption (lorsque des données sont saisies au clavier d'un ordinateur par exemple, le processeur reçoit un signal électrique d'interruption lui donnant l'ordre de lire les données du clavier, mais la lecture ne bloque pas le clavier).

Plus encore que l'envoi d'un signal, l'invocation d'une opération est le type de message le plus utilisé en programmation objet. Si, par exemple, une classe C possède une opération op, l'invocation se fait par c.op(), où c est une instance de la classe C. L'invocation peut être synchrone (l'émetteur reste bloqué le temps que dure l'invocation de l'opération) ou asynchrone. Dans la pratique, la plupart des invocations sont synchrones. Une des techniques utilisées pour réaliser une invocation asynchrone consiste à créer un thread (un thread est un flot d'exécution parallèle) et à exécuter la méthode associée à l'opération dans ce thread.

Pour UML, l'envoi d'un signal ou l'invocation d'une opération sont deux sortes de messages qui se représentent de la même façon. Par contre, UML fait la différence entre un message synchrone et un message asynchrone.

Notation

Un message synchrone se représente par une flèche à l'extrémité pleine qui pointe sur le destinataire du message (figure 3.9). Ce message peut être suivi d'une réponse qui se représente par une flèche en pointillé.
Un message asynchrone se représente par une flèche à l'extrémité ouverte (figure 3.10).
La création d'un objet est matérialisée par une flèche qui pointe sur le sommet d'une ligne de vie (figure 3.11).
La destruction d'un objet est matérialisée par une croix qui marque la fin de la ligne de vie de l'objet (figure 3.12).

Figure 3.9 et 3.10

Représentation d'un message synchrone (3.9) et d'un message asynchrone (3.10).

Figure 3.11 et 3.12

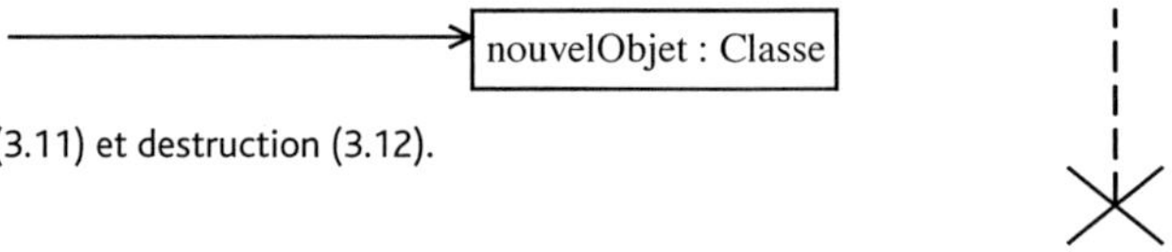

Représentation de la création (3.11) et destruction (3.12).

L'émetteur d'un message asynchrone n'étant pas bloqué le temps que le message parvienne au récepteur, une série de messages peut être envoyée avant qu'un seul ne soit reçu. De plus, les messages peuvent être reçus dans un ordre différent de l'ordre d'envoi.

Exemple

La figure 3.13 montre une communication sur un réseau d'ordinateurs (certains protocoles de communication tel UDP ne garantissent pas l'ordre d'arrivée des messages).

Figure 3.13
Messages asynchrones reçus dans un ordre différent de l'ordre d'envoi.

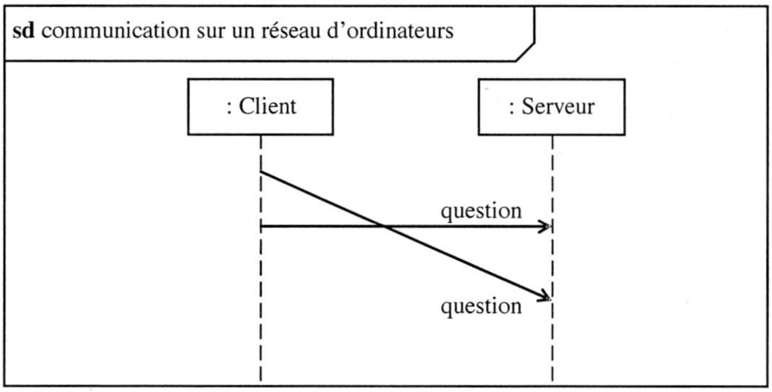

2.1. Message et événements

L'invocation d'une opération ou l'envoi d'un signal peut déclencher une réaction chez le récepteur. La réaction la plus courante est l'exécution d'une méthode (rappel : une méthode est l'implémentation d'une opération). Ce n'est cependant pas la seule réaction possible. Par exemple, un signal d'erreur (souvent appelé « exception ») peut être interprété comme une simple alerte qui ne déclenchera pas nécessairement l'exécution d'une méthode. Même dans le cas de l'invocation d'une opération, il n'est pas évident que l'invocation soit suivie de l'exécution d'une méthode : dans les middlewares à objets qui forment aujourd'hui l'ossature des systèmes d'informations des entreprises, des objets sont répartis sur un réseau d'ordinateurs ; l'invocation se fait donc à distance et des erreurs de transmission peuvent empêcher le message d'invocation d'arriver au récepteur.

UML permet de séparer clairement l'envoi du message de sa réception, ainsi que le début de l'exécution de la réaction de sa fin. Des événements sont utilisés pour marquer chaque étape. Ainsi, la transmission d'un message est contrôlée par l'occurrence de deux événements : un pour l'envoi et un pour la réception.

Exemple

La figure 3.14 montre un diagramme d'interaction où un message envoyé provoque l'exécution d'une méthode chez le récepteur.

Figure 3.14
Diagramme de séquence où figurent, pour explication, les occurrences d'événement.

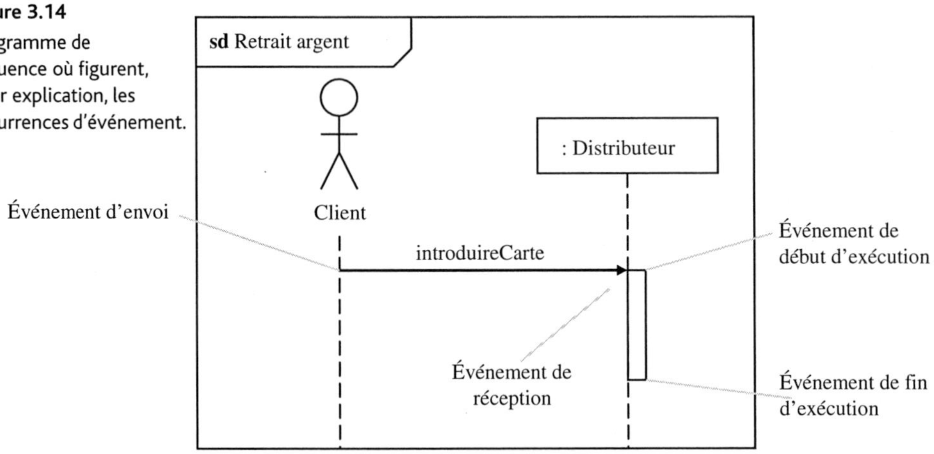

Notation

La spécification de l'exécution d'une réaction se fait par un rectangle blanc ou gris placé sur la ligne de vie (figure 3.14).
Autre notation : un rectangle portant un label.

Exemple

La figure 3.15 spécifie différemment l'exécution de la réaction décrite à la figure 3.14.

Figure 3.15
Autre spécification d'une exécution.

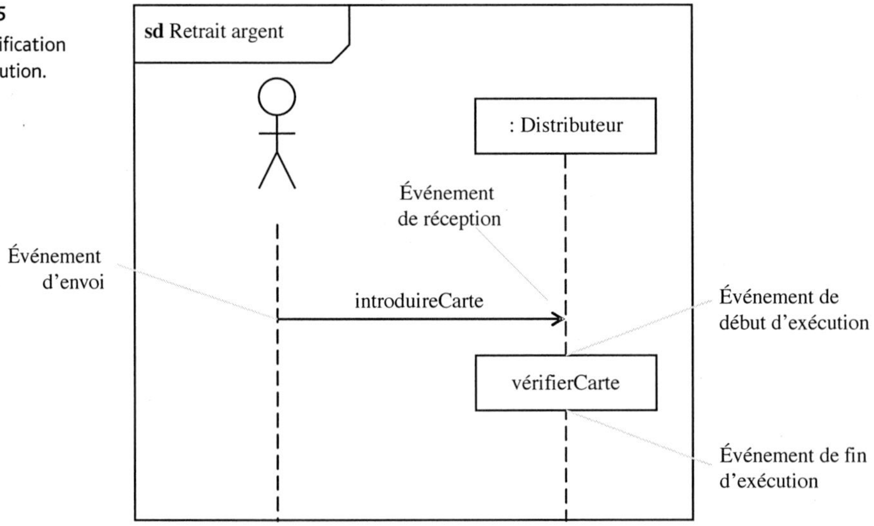

Grâce aux événements d'envoi et de réception, UML définit trois types de messages :

- Un message complet est tel que les événements d'envoi et de réception sont connus.
- Un message perdu est tel que l'événement d'envoi est connu, mais pas l'événement de réception.

- Un message trouvé est tel que l'événement de réception est connu, mais pas l'événement d'émission.

Ces différents messages se représentent de la façon suivante.

Notation

Un message complet se représente par une simple flèche dirigée de l'émetteur vers le récepteur. Un message perdu se représente par une flèche qui pointe sur une boule noire (figure 3.16). Une flèche qui part d'une boule noire symbolise un message trouvé (figure 3.17).

Figure 3.16
Représentation d'un message perdu.

Figure 3.17
Représentation d'un message trouvé.

2.2. Syntaxe des messages

UML permet de modéliser tout type de système. Mais bien souvent, les implémentations se font *via* des langages de programmation. Dans la plupart des cas, la réception d'un message est suivie de l'exécution d'une méthode d'une classe. Cette méthode peut recevoir des arguments et la syntaxe des messages permet de transmettre ces arguments.

Notation

La syntaxe des messages est :

```
<nomDuSignalOuDeOpération> ['(' [<argument>',' … ')']
```

où la syntaxe des arguments est la suivante :

```
[ <nomDeParamètre> '=' ] <valeur de l'argument>
```

Par défaut, les paramètres transmis ne peuvent pas être modifiés par le récepteur (les arguments sont « en entrée »). Pour indiquer que des paramètres peuvent être modifiés (argument « en sortie » ou « en entrée/sortie »), il faut écrire :

```
<nomDuParamètreEnSortie> [':' <valeur de l'argument> ]
```

Quand un message doit transmettre uniquement la valeur des arguments, le caractère peut être utilisé en lieu et place de n'importe quel argument pour signifier : valeur indéfinie. Le caractère * peut être utilisé en lieu et place du message complet. Il signifie que tout type de message est accepté.

Exemple

```
Appeler( «Capitaine Hadock», 54214110 )
afficher( x, y )
initialiser( x = 100 ) est un message dont l'argument en entrée reçoit
la valeur 100.
f( x :12 ) est un message avec un argument en entrée/sortie x qui
prend initialement la valeur 12.
appeler( «Castafiore», - )
```

Le récepteur du message peut aussi vouloir répondre et transmettre un résultat *via* un message de retour.

Notation

La syntaxe de réponse à un message est la suivante :

```
[<attribut> '='] message [':' <valeur de retour> ]
```

où `message` représente le message d'envoi.

Exemple

La figure 3.18 montre un message de réponse signalant que quarante-deux occurrences de la référence « Tintin » figurent dans une médiathèque.

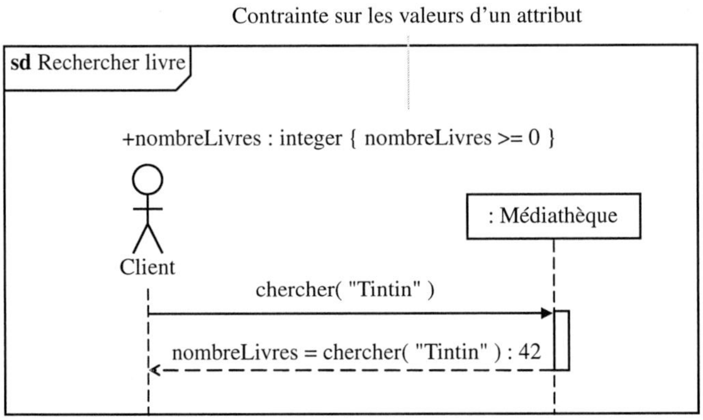

Figure 3.18
Exemple d'un message de réponse.

2.3. Contraintes sur les lignes de vie

La figure 3.18 contient un attribut, nombreLivres, auquel est accolée une contrainte qui limite les valeurs possibles du nombre de livres. Les lignes de vie d'une interaction peuvent aussi porter toutes sortes de contraintes. Si la ligne de vie est un objet par exemple, une contrainte sur la valeur d'un attribut peut être posée.

Exemple

La figure 3.19 montre que, pour démarrer le moteur d'un avion, il est impératif de vérifier le niveau d'essence ; après vérification l'attribut essence doit avoir une valeur supérieure à 0.

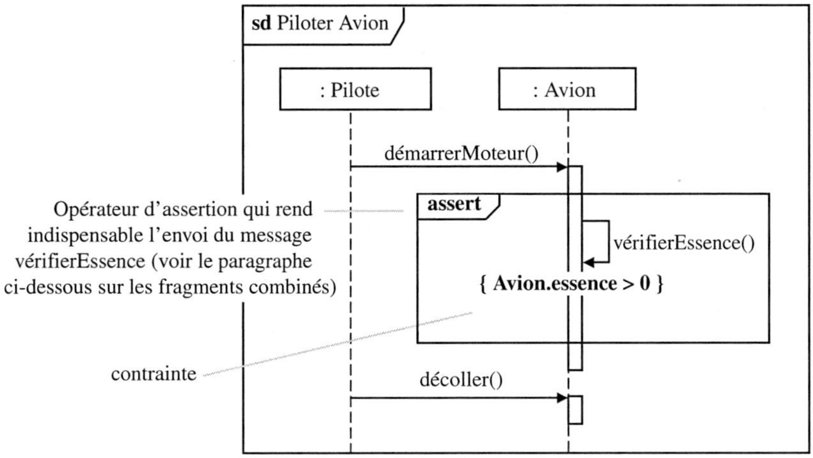

Figure 3.19
Exemple d'une contrainte sur une ligne de vie.

Notation

Une contrainte est indiquée sur une ligne de vie par un texte entre accolades.
Une contrainte peut aussi être contenue dans une note attachée à l'occurrence de l'événement sur lequel elle agit.

Une contrainte est évaluée au cours de l'exécution de l'interaction. Si la condition de la contrainte n'est pas vérifiée, les occurrences d'événement qui suivent cette contrainte sont considérées comme invalides, alors qu'une contrainte qui se vérifie rend valides les événements à suivre. Ainsi, à la figure 3.19, si la quantité d'essence est nulle, décoller devient un message invalide.

Remarque

Un diagramme d'interaction peut décrire des messages non valides, c'est-à-dire qui ne doivent absolument pas être envoyés : dans le cas de la modélisation d'une centrale nucléaire par exemple, il est très important de prévoir les séquences des messages invalides.

2.4. Fragments d'interaction combinés

Les langages de programmation sont limités par leur syntaxe. Certes, ils permettent d'écrire des tests et des boucles très simplement. Par contre, écrire un programme avec des flots d'instructions devant s'exécuter en parallèle n'est pas simple (il faut écrire des instructions pour créer, soit des tâches, soit des threads, puis utiliser d'autres instructions pour synchroniser les flots d'instructions…). UML, sans être un langage de programmation, propose une syntaxe qui se veut complète. Quand le modélisateur doit représenter une situation complexe, UML permet de décomposer une interaction en fragments suffisamment simples pour les faire tenir sur un schéma. La combinaison des fragments permet de reconstituer la complexité du système. Le terme générique en vigueur pour UML est « fragments combinés ».

Exemple

La figure 3.20 montre comment représenter, à l'aide d'UML, l'équivalent du test des langages de programmation.

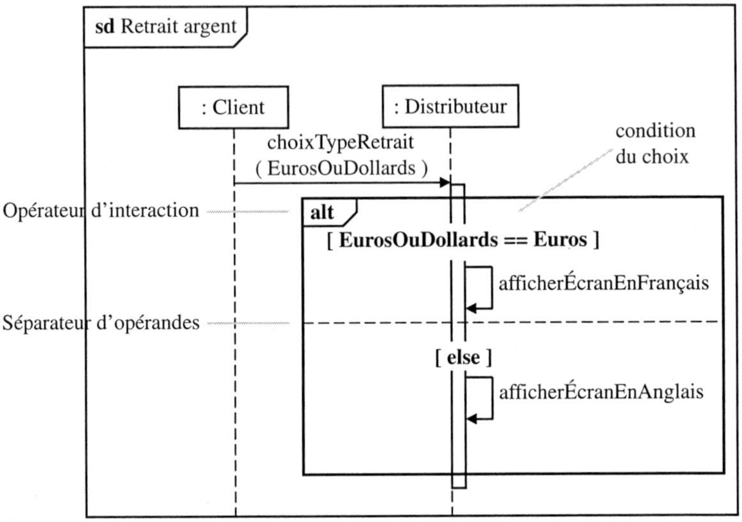

Figure 3.20
Représentation d'un choix dans un diagramme de séquence.

Notation

Un fragment combiné se représente de la même façon qu'une interaction : par un rectangle dont le coin supérieur gauche contient un pentagone. Dans le pentagone figure le type de la combinaison (appelé « opérateur d'interaction »).

À la figure 3.20, l'opérateur d'interaction *alt* indique que le fragment est un choix. Les deux options de choix sont appelées « opérandes de l'opérateur alt ».

Notation

Les opérandes d'un opérateur d'interaction sont séparés par une ligne pointillée. Les conditions de choix des opérandes sont données par des expressions booléennes entre crochets.
La liste suivante regroupe les opérateurs d'interaction par fonctions :

- les opérateurs de choix et de boucle : ***alternative***, ***option***, ***break*** et ***loop*** ;
- les opérateurs contrôlant l'envoi en parallèle de messages : ***parallel*** et ***critical region*** ;
- les opérateurs contrôlant l'envoi de messages : ***ignore***, ***consider***, ***assertion*** et ***negative*** ;
- les opérateurs fixant l'ordre d'envoi des messages : ***weak sequencing***, ***strict sequencing***.

Exemple

La figure 3.21 montre comment une boucle peut être représentée. L'exemple illustre la fermeture en boucle de toutes les portes d'un train.

Notation

La syntaxe d'une boucle est la suivante :

```
loop ['(' <minint> [',' <maxint> ] ')' ]
```

où la boucle est répétée au moins minint fois avant qu'une éventuelle condition booléenne ne soit testée (la condition est placée entre crochets sur la ligne de vie) ; tant que la condition est vraie, la boucle continue, au plus maxint fois (minint est un entier supérieur ou égal à 0, maxint est un entier supérieur ou égal à minit).
loop(valeur) est équivalent à loop(valeur, valeur).
loop est équivalent à loop(`0, *`), où * signifie « illimité ».

Figure 3.21
Diagramme de séquence montrant une boucle.

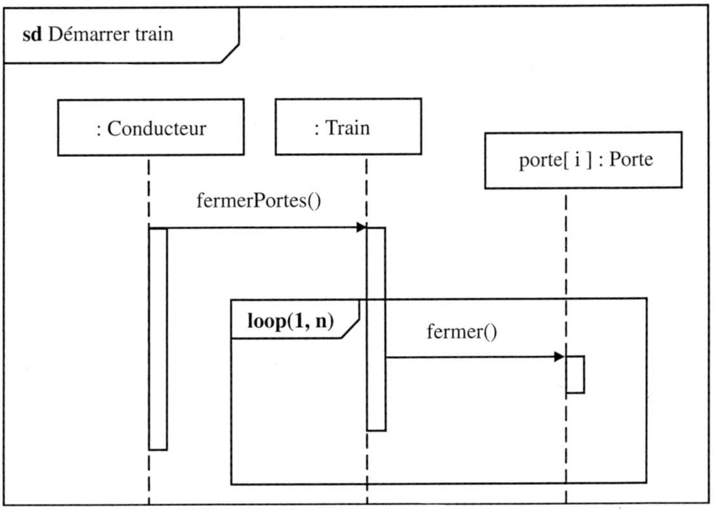

L'opérateur *par* permet d'envoyer des messages en parallèle. Ses opérandes se déroulent en parallèle. Plus précisément, les événements qui jalonnent un opérande (l'envoi du message, la réception du message…) forment une trace. Soumise à l'opérateur *par*, la trace d'un opérande est conservée (l'ordre des événements est le même), mais les différentes traces des différents opérandes s'entrelacent n'importe comment. En conséquence, la trace finale, obtenue par la fusion des traces des opérandes, peut varier d'un déroulement à l'autre. La figure 3.22 montre un exemple.

Les opérateurs *ignore* et *consider* permettent de focaliser l'attention du modélisateur sur une partie des messages qui peuvent être envoyés durant une interaction. Quand de nombreux messages sont possibles, certains sont importants, d'autres moins. Le modélisateur peut choisir de ne pas tenir compte de tous les messages. Pour un système en phase de test par exemple, de nombreux messages servent à tester exhaustivement le bon fonctionnement du système mais ne seront pas émis lors d'une utilisation particulière (quand le système sera en production). L'opérateur *ignore* définit l'ensemble des messages à ignorer, tandis que l'opérateur *consider* définit l'ensemble de ceux qu'il faut prendre en compte. À la figure 3.23, un opérateur *assert* s'applique au message fermer. Ce message doit impérativement être envoyé avant que le train puisse démarrer.

Figure 3.22
Utilisation de l'opérateur *par*.

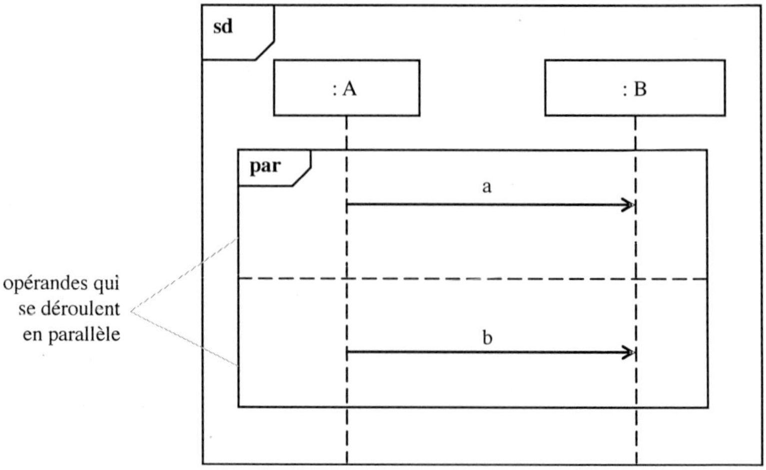

Exemple

La figure 3.23 est un exemple d'utilisation des opérateurs *assert*, *ignore* et *consider*.

Figure 3.23
Utilisation des opérateurs *ignore*, *consider* et *assert*.

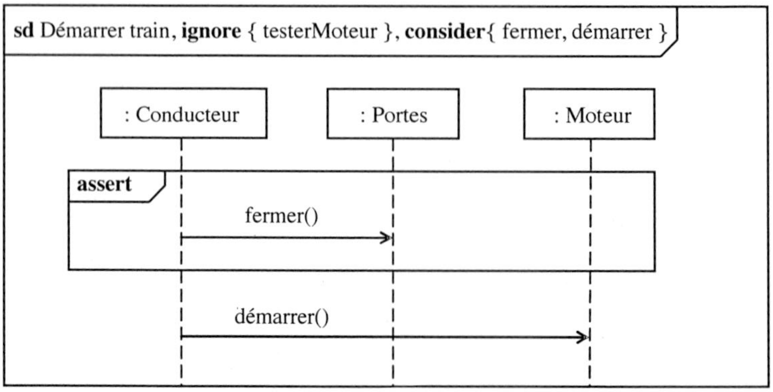

Notation

La syntaxe de l'opérateur *ignore* est :

```
ignore { listeDesNomsDesMessagesÀIgnorer }
```

La syntaxe de l'opérateur *consider* est :

```
consider { listeDesNomsDesMessagesÀConsidérer }
```

Dans les listes, les messages sont séparés par des virgules.

L'opérateur *strict sequencing* impose que ses opérandes se déroulent dans l'ordre strict de leur présentation, c'est-à-dire de haut en bas. L'ordre imposé ne s'applique qu'à ses opérandes, et d'éventuels fragments imbriqués peuvent avoir, en interne, un séquencement quelconque.

Exemple

La figure 3.24 illustre un scénario de décollage d'un avion qui utilise l'opérateur *strict sequencing*. Avant de faire décoller un avion, il faut contrôler sa ckeck-list. Le détail des interactions pour contrôler la check-list et pour faire décoller l'avion n'est pas donné. D'autres diagrammes référencés sous le label *ref* s'en chargent.

Figure 3.24
Déroulement des opérandes d'un opérateur dans un ordre strict.

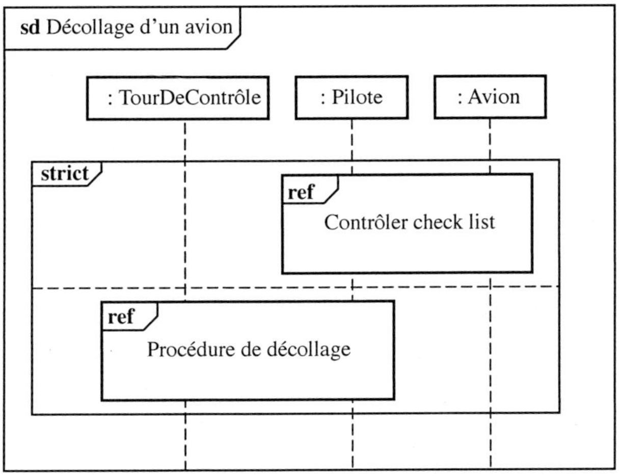

2.5. Décomposition d'une ligne de vie

Parfois, une interaction est trop complexe pour être décrite sur un seul diagramme. UML permet de décomposer à volonté une ligne de vie sur plusieurs diagrammes.

Exemple

L'exemple suivant modélise un contrôle d'accès pour entrer dans un bâtiment. La ligne de vie *SystèmeContrôleAccès* a un comportement complexe décrit sur un diagramme séparé : *SystèmeContrôleAccèsUtilisateur* (figure 3.26).

Notation

Une décomposition est référencée dans le rectangle en tête de ligne de vie, sous le label *ref* (figure 3.25).
À la figure 3.26, la ligne de vie *PointDAccès* est décomposée en deux lignes p1 et p2. Cette notation est une autre manière de décomposer une ligne de vie dans un diagramme d'interaction.

On remarque à la figure 3.26, la présence d'un message entrant `vérifier( code )` et d'un message sortant `message( «Entrez !» )` ; ces messages entrent et sortent du diagramme par un point appelé « porte ». Ces mêmes messages sont présents sur le diagramme de la figure 3.25.

Définition

Une porte est un point de connexion qui permet de relier un même message représenté par des flèches différentes dans plusieurs fragments d'interaction.

Figure 3.25
Décomposition d'une ligne de vie.

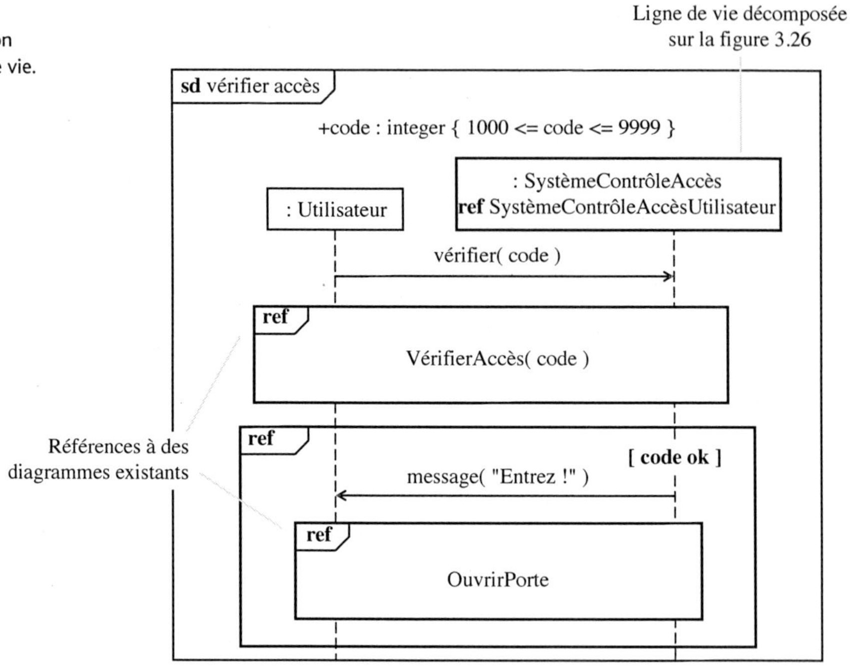

Figure 3.26
Ligne de vie décomposée.

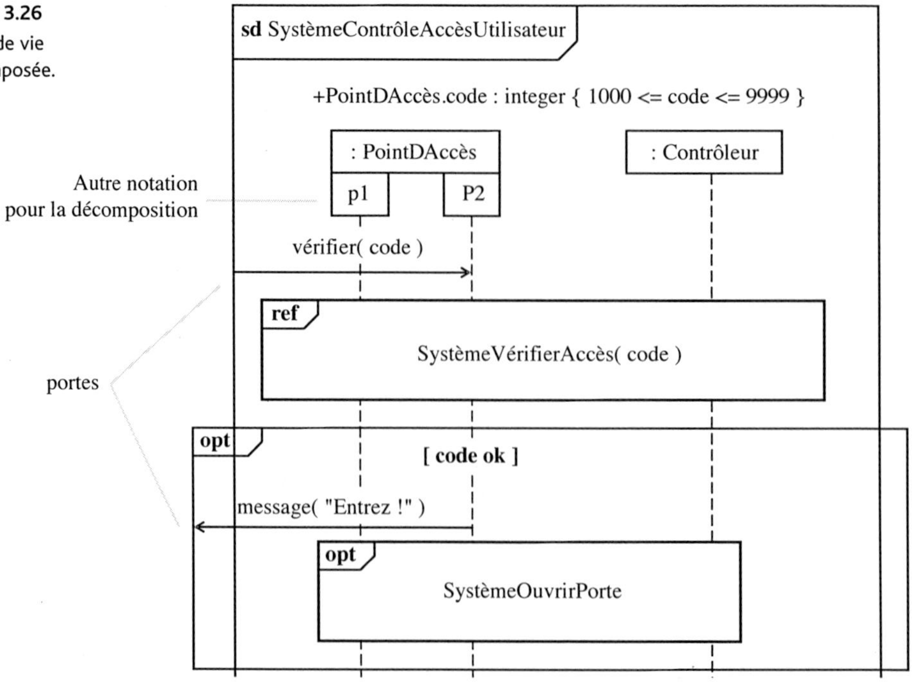

2.6. Les états invariants

Une ligne de vie peut aussi représenter un classeur ayant un comportement complexe. C'est le cas des instances de classes qui peuvent être dans plusieurs états (voir chapitre 4). Il est possible de placer un certain état d'une machine à états sur une ligne de vie.

Définition

Un état est dit « invariant » lorsqu'il reste constant sur une ligne de vie, c'est-à-dire lorsqu'il ne change pas quel que soit le contexte d'exécution de l'interaction.

Exemple

La figure 3.27 montre un état placé sur une ligne de vie. Au moment de l'exécution de l'interaction, l'état est testé conformément à la machine à états spécifiée.

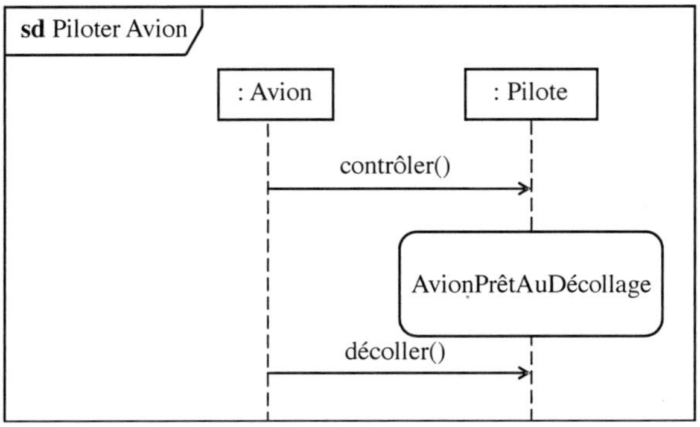

Figure 3.27
Ajouter le contrôle de l'état d'une ligne de vie dans une interaction.

3. Diagramme de communication en détail

Un diagramme de séquence montre un séquencement temporel des messages (le temps s'écoule de haut en bas). Par contre, l'organisation spatiale des participants à l'interaction n'apparaît pas. Un diagramme de communication est un autre moyen de décrire une interaction. Il rend compte des relations entre des lignes de vie qui communiquent. Il représente des interactions du point de vue spatial. Les diagrammes de communication servent le plus souvent à illustrer un cas d'utilisation ou à décrire une opération.

Exemple

Le diagramme de la figure 3.28 montre la mise en œuvre d'une opération (fermerPortes) qui permet de fermer toutes les portes d'un train.

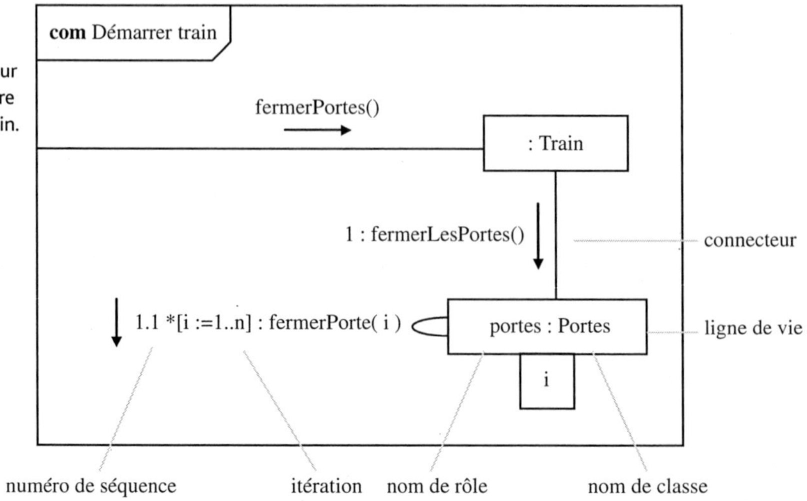

Figure 3.28
Un diagramme de communication pour illustrer la fermeture des portes d'un train.

Un diagramme de communication contient des lignes de vie, à l'instar des diagrammes de séquence : elles représentent toujours des participants uniques à une interaction, mais les pointillés qui matérialisaient leur durée de vie ont disparu.

Notation

Les lignes de vie sont représentées par des rectangles contenant une étiquette dont la syntaxe est :

```
<nomDuRôle> : <NomDuType>
```

Au moins un des deux noms doit être mentionné dans l'étiquette (si le nom du rôle est omis, le caractère : est obligatoire).

Le rôle permet de définir le contexte d'utilisation de l'interaction. Si la ligne de vie est un objet, celui-ci peut avoir au cours de sa vie plusieurs rôles : une instance d'une classe *Personne* peut jouer le rôle d'un étudiant dans un contexte donné, et devenir le conducteur d'une voiture à un autre moment.

Les diagrammes de communication sont proches des diagrammes de classes auxquels ils ajoutent un aspect dynamique en montrant des envois de messages. Cependant, les relations entre les lignes de vie sont appelées « connecteurs » alors qu'elles se nomment « associations » dans les diagrammes de classes. Un connecteur se représente de la même façon qu'une association mais la sémantique est plus large : les associations qui figurent dans un diagramme de classes représentent des relations indépendamment de tout contexte, tandis que, pour un système en état de marche, il est possible de connecter ses éléments de nombreuses façons : un objet par exemple, peut être transmis comme un paramètre à une procédure ou être une variable locale.

Les connecteurs peuvent montrer la multiplicité des lignes de vie qui participent à une interaction, comme le montre la figure 3.29.

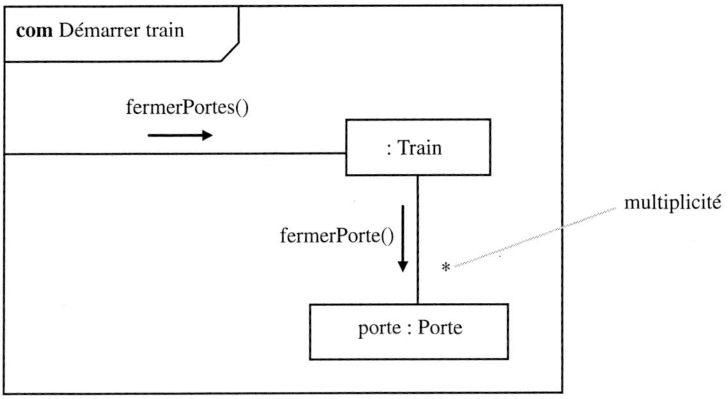

Figure 3.29
Représentation de la multiplicité dans un diagramme de communication.

3.1. Numéros de séquence des messages

Dans un diagramme de communication, les messages peuvent être ordonnés selon un numéro de séquence croissant. Quand plusieurs messages sont envoyés en cascade (par exemple quand une procédure appelle une sous-procédure), ils portent un numéro d'emboîtement qui précise leur niveau d'imbrication. À la figure 3.28, le message *fermer-LesPortes* porte le numéro 1 et déclenche le message *fermerPorte* qui porte le numéro 1.1.

3.2. Messages et flots d'exécution parallèles

Il est possible d'envoyer des messages simultanément dans des flots d'exécution qui se déroulent en parallèle (dans les applications multitâches ou multithreads, plusieurs flots d'instructions s'exécutent en parallèle et une même méthode peut être exécutée simultanément dans plusieurs flots). Les flots parallèles sont désignés par des lettres (a, b...).

Exemple

La figure 3.30 illustre le parcours d'un arbre binaire : le message *visiter* est envoyé aux deux fils (gauche et droit) d'un nœud père ; ce message est transmis à deux flots parallèles portant les lettres a et b.

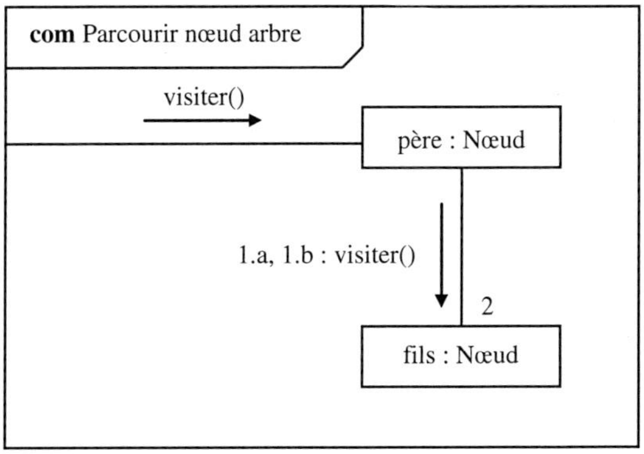

Figure 3.30
Envoi d'un message dans des flots d'exécution parallèles.

3.3. Opérateurs de choix et de boucle

Les diagrammes de séquence permettent de représenter divers opérateurs (choix, boucle…) dans des fragments combinés. Il n'est pas permis d'utiliser les fragments combinés dans un diagramme de communication. Malgré tout, des choix et des boucles peuvent y figurer selon une syntaxe particulière.

Notation

`* [ <clause d'itération> ]` représente une itération (figure 3.28). La clause d'itération peut être exprimée dans le format `i := 1...n`.

`[ <clause de condition> ]` représente un choix. La clause de condition est une condition booléenne.

3.4. Syntaxe des messages

Notation

La syntaxe complète des messages est (voir les exemples ci-après) :

`[ <numéro_séquence> ] [ <expression> ] : <message>`

où message a la même forme que dans les diagrammes de séquence, numéro_séquence représente le numéro de séquencement des messages tel qu'il a été défini précédemment et expression précise une itération ou un embranchement.

Exemple

`2 : affiche( x, y )` est un message simple.

`1.3.1 : trouve(«Hadock» )` est un appel emboîté.

`4 [x < 0] : inverse( x, couleur )` est un message conditionnel.

`3.1 *[i :=1..10] : recommencer()` représente une itération.

4. Réutilisation d'une interaction

Une bonne pratique de l'approche objet consiste à concevoir un système en modules qui pourront être extraits de leur contexte initial et réutilisés ailleurs. Un langage de modélisation doit permettre de prévoir la réutilisabilité. UML propose les diagrammes de composants pour décomposer un système en modules (voir l'annexe C). À un niveau de détails plus fin, il est possible de décrire complètement une interaction une fois, puis de la réutiliser à volonté, en y faisant simplement référence. Les diagrammes de séquence et les diagrammes de communication peuvent être référencés.

Exemple

La figure 3.31 montre le travail d'un contrôleur aérien. Un pilote vérifie la check-list de son avion (le diagramme correspondant appelé contrôlerCheckList n'est pas décrit en détail mais simplement référencé). La check-list est transmise en argument car elle est utilisée par l'interaction contrôlerCheckList. Cette interaction retourne un booléen qui est affecté à l'attribut ok de l'avion. Lorsque le contrôleur demande à contrôler l'avion, le booléen ok est testé. Si l'avion est prêt à partir, son plan de vol est validé ; dans le cas contraire, le plan de vol est invalidé. L'interaction contrôleAvion (dont le nom figure dans le pentagone en haut à gauche du diagramme) reçoit en argument une instance de CheckList. Cet argument est en entrée/sortie (inout) car il est utilisé dans le diagramme et pourra servir encore dans un autre diagramme qui référencera contrôleAvion. contrôleAvion retourne un résultat du type PlanDeVol. L'instance correspondante est la ligne de vie appelée planDeVol dans le diagramme.

Figure 3.31
Utilisation d'une interaction avec des arguments et une valeur de retour.

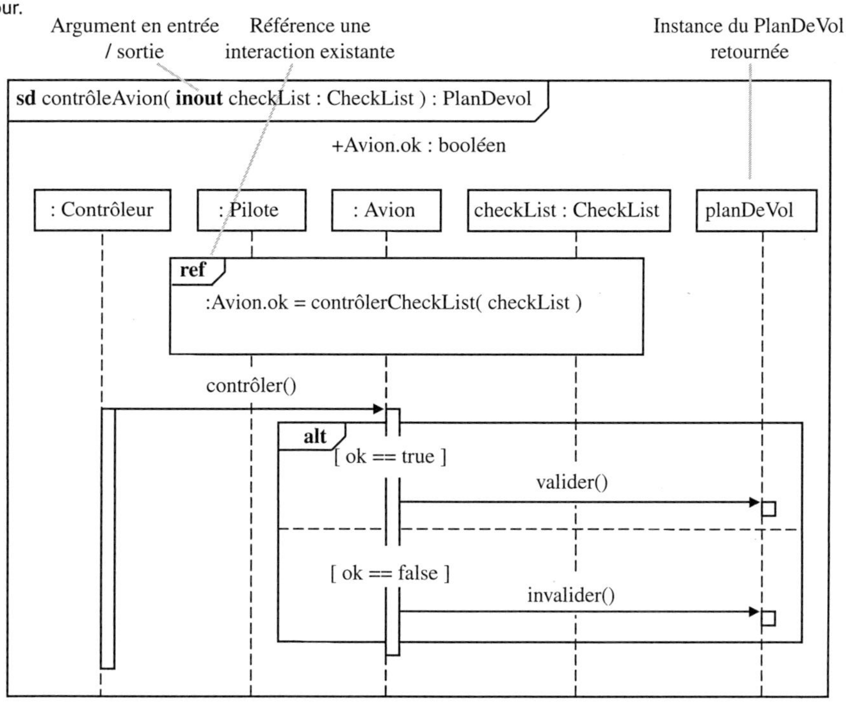

Notation

Réutiliser une interaction consiste à placer un fragment portant la référence ref là où l'interaction est utile. La syntaxe complète pour spécifier l'interaction à réutiliser est la suivante :

```
[ <nomAttributPourValeurRetour> '='] <nom de l'interaction>
['(' [<argument>]',' … ')' ] [':' <valeur de retour> ]
```

La valeur de retour est affectée à un attribut. Les arguments peuvent être en entrée (ils portent alors la marque in), en sortie (out), ou en entrée et en sortie (inout).

Conclusion

Les diagrammes de séquence et de communication montrent l'aspect dynamique d'un système. Ce ne sont pas les seuls : les diagrammes d'activité et les diagrammes d'états-transitions, présentés aux chapitres suivants, décrivent eux aussi un système sous cet angle. Cependant, les diagrammes de séquence et de communication sont mieux appropriés à la description des interactions entre les éléments d'un système.

Une interaction montre un comportement typique d'un système dans un contexte donné. Le contexte est délimité par un classeur structuré ou une collaboration. La vision du système donnée par les diagrammes d'interaction est donc partielle (car limitée à un contexte donné) mais cohérente (car elle montre comment un comportement d'un système est réalisé par des éléments qui le compose). Une interaction peut illustrer un cas d'utilisation, le fonctionnement d'un sous-système, la mise en œuvre d'une classe ou d'une opération. Les diagrammes d'interaction peuvent être affinés : les interactions découvertes lors des phases en amont du cycle de vie d'un projet peuvent être complétées par les modélisateurs. Chaque intervenant n'a pas les mêmes exigences et n'envisage pas les mêmes interactions de la même façon. Malgré ces exigences différentes, il est important d'assurer une continuité dans la modélisation. Les diagrammes d'interaction peuvent être complétés à mesure que la modélisation progresse et portés à un niveau de détails requis pour l'implémentation du système.

Diagrammes de séquence et de communication peuvent décrire une même interaction mais de façons différentes. Le modélisateur a le choix : les diagrammes de séquence montrent le séquencement temporel de messages, tandis que les diagrammes de communication décrivent la structure spatiale des participants à une interaction.

Arrivé à ce stade de la lecture du livre, et si vous avez parcouru les chapitres précédents dans l'ordre, vous savez à présent comment construire les trois modèles essentiels d'un système :

- le modèle fonctionnel et externe à l'aide du diagramme des cas d'utilisation ;
- le modèle structurel et interne grâce au diagramme des classes ;
- le modèle des interactions au sein du système avec les diagrammes de séquence et de communication.

À partir de là, vous pouvez passer directement au chapitre 6 pour voir sur une étude de cas comment tous ces modèles s'assemblent, ou continuer la lecture des chapitres suivants. Deux diagrammes supplémentaires y sont présentés :

- le diagramme d'états-transitions ;
- le diagramme d'activités.

Les diagrammes d'états-transitions sont utilisés avant tout pour décrire le cycle de vie des objets d'un système : tout objet est forcément créé à un moment donné, utilisé via les méthodes de la classe dont il est issu et, éventuellement, détruit s'il devient inutile. Les diagrammes d'activités sont des organigrammes. Ils montrent les flots de contrôle qui gèrent les activités d'un système. Ils permettent de modéliser tout processus séquentiel (un processus de fabrication industriel, le fonctionnement d'un système d'information, le corps d'une opération…).

Problèmes et exercices

Les diagrammes d'interaction reposent sur la transmission de messages. Avant d'utiliser les interactions, il est nécessaire de maîtriser la syntaxe des messages, qui est riche et complexe. Parmi les premiers exercices, certains sont consacrés à la syntaxe, d'autres aux différents types de messages (synchrone, asynchrone, perdu, trouvé...). Plusieurs exercices montrent l'équivalence entre les diagrammes de séquence et de communication. Une fois ces notions de base maîtrisées, vous pourrez réaliser les exercices suivants, qui mettent en pratique les diagrammes d'interaction. Bien souvent, ces diagrammes sont utilisés pour ajouter un aspect dynamique au modèle du diagramme de classes. Le lien entre diagramme de classes et diagramme d'interaction est illustré par des exercices, tout comme les autres utilisations des interactions (décrire un cas d'utilisation, une opération, le comportement d'un classeur structuré ou d'une collaboration). Tout au long des exemples, il est fait appel aux fragments d'interaction combinés, qui permettent d'enrichir les modèles.

Exercice 1 : Syntaxe des messages

1. Expliquez la syntaxe des messages suivants extraits d'un diagramme de séquence :

```
f
f( 0 )
f( x )
f( x = 0 )
f( y = x )
f( - )
f( x, y )
*
y = f
y = f( 0 )
y = f( x = 0 )
y = f( x ) : 0
```

2. Expliquez la syntaxe des messages suivants extraits d'un diagramme de communication :

```
f
y := f( x )
1 : f
1.1 : f
[x>0] : f
*[x>0] : f
*[i :=0..10] : f
1 *[i :=0..10] : f
1.a *[i :=0..10] : f
```

Solution

1. La plupart des messages portent `f` comme nom.

f est un message sans argument.

f(0) est un message qui reçoit en argument la valeur 0.

f(x) est un message qui reçoit la valeur de x en argument.

f(x = 0) est un message qui reçoit un argument x ayant pour valeur 0.

f(y = x) est un message ayant un argument y qui prend la valeur de x.

f(-) est un message avec un argument non défini.

f(x, y) est un message qui reçoit en arguments les valeurs de x et de y.

* est un message de type quelconque.

y = f est un message de réponse à un message f ; la valeur de retour est affectée à y.

y = f(0) est un message de réponse à un message f(0) ; la valeur de retour est affectée à y.

y = f(x = 0) est un message de réponse à un message f(x = 0) ; la valeur de retour est affectée à y.

y = f(x) : 0 est un message de réponse à un message f(x) ; la valeur de retour 0 est affectée à y.

2. La syntaxe des messages dans les diagrammes de communication est de la forme :

   [<numéroSéquence>] [<expression>] : <message>

   où message a la même syntaxe et la même signification que dans les diagrammes de séquence.

   f est un message sans argument.

   y := f(x) est un message qui est suivi de l'exécution chez le récepteur d'une réaction (par exemple, l'invocation d'une opération) ; le résultat de la réaction est affecté à y.

   1: f est un message sans argument qui porte le numéro de séquence 1.

   1.1: f est un message emboîté sans argument qui porte le numéro de séquence 1.1.

   [x>0] : f est un message sans argument qui n'est émis que si la condition x > 0 est vraie.

   *[x>0] : f est un message sans argument qui est émis tant que la condition x > 0 est vraie.

   *[i :=0..10] : f est un message sans argument qui est émis onze fois (pour i allant de 0 à 10).

   1 *[i :=0..10] : f est un message sans argument, portant le numéro de séquence 1, qui est émis onze fois (pour i allant de 0 à 10).

   1.a *[i :=0..10] : f est un message sans argument, portant le numéro de séquence 1, qui est émis onze fois (pour i allant de 0 à 10) dans un flot d'exécution parallèle identifié par le caractère a.

Exercice 2 : Ajout d'un aspect dynamique à un diagramme de classes et traduction d'un diagramme de séquence en diagramme de communication

Le diagramme de classes présenté à la figure 3.32 modélise un robot qui dispose d'un bras articulé se terminant par une pince. Le fonctionnement du robot est le suivant : le robot déplie son bras, attrape la pièce avec sa pince, replie son bras puis relâche la pièce.

Figure 3.32
Diagramme de classes d'un robot.

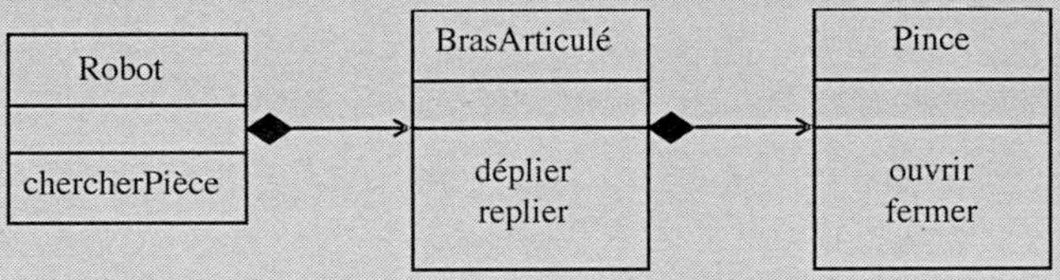

1. Représentez à l'aide d'un diagramme de séquence l'échange des messages entre les objets robot, brasArticulé et pince.
2. Transformez le diagramme de séquence en un diagramme de communication.
3. Écrivez en pseudo-code les classes *Robot*, *BrasArticulé* et *Pince*.

Solution

1. Le diagramme de séquence est présenté à la figure 3.33. Le message *chercherPièce* parvient au robot *via* une porte. L'émetteur du message est supposé apparaître dans un diagramme non représenté ici. *chercherPièce* entraîne l'envoi des messages *déplier* et *replier* au bras articulé. Conformément à ce qui est stipulé dans le rectangle spécifiant l'exécution de la méthode déplier (respectivement replier), le message *fermer* (respectivement *ouvrir*) est envoyé à la pince.

Figure 3.33
Diagramme de séquence du robot.

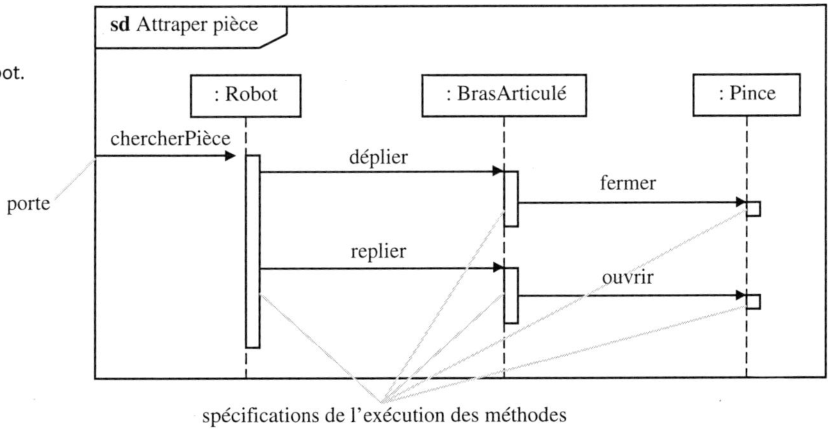

2. Le diagramme de communication (figure 3.34) se déduit aisément du diagramme de séquence précédent (figure 3.33). Il faut cependant veiller à numéroter correctement les messages pour indiquer leur ordre d'envoi : le premier message, *chercherPièce*, porte le numéro 1 ; le message suivant, *déplier*, est emboîté dans le message *chercher-Pièce* et porte en conséquence le numéro 1.1 ; le message *fermer* (numéro 1.1.1) est emboîté dans le message *déplier*. Le même raisonnement a permis de numéroter les messages *replier* et *ouvrir*.

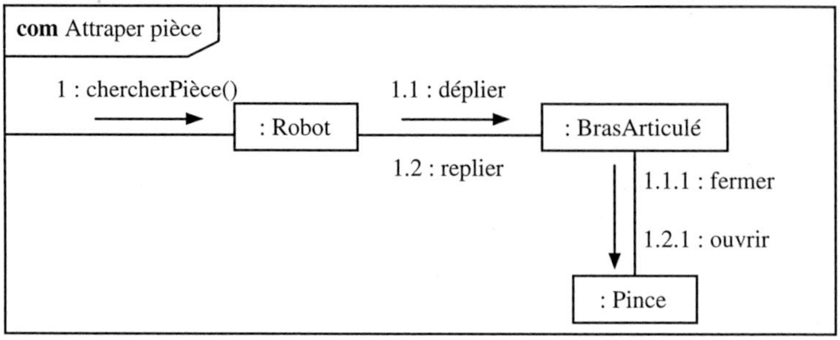

Figure 3.34
Diagramme de communication équivalent au diagramme de séquence de la figure 3.33.

3. Le pseudo-code montre que l'objet *brasArticulé* est inclus dans la partie des attributs de la classe *Robot*. C'est la façon la plus courante d'implémenter une relation de composition : le robot est composé d'un bras articulé. Il en est de même des classes *BrasArticulé* et *Pince*.

```
class Robot{
   privée :
          BrasArticulé brasArticulé ;        /* objet brasArticulé (instance
                                                de la classe BrasArticulé) */
   publique :
          void chercherPièce(){
                 brasArticulé.déplier() ;    /* appel de la méthode déplier
                                                de l'objet brasArticulé */
                 brasArticulé.replier() ;    /* appel de la méthode replier
                                                de l'objet brasArticulé */
          }
}

class BrasArticulé {
   privée :
          Pince pince ;                      /* objet pince (instance de
                                                la classe Pince) */
   publique :
          void déplier (){
                 …                           /* instructions pour déplier
                                                le bras */
                 pince.fermer() ;            /* fermeture de la pince pour
                                                attraper la pièce */
          }
          void replier (){
                 …                           /* instructions pour replier
                                                le bras */
```

```
                    pince.ouvrir() ;            /* ouverture de la pince pour
                                                   relâcher la pièce */
          }
}

class Pince {
   privée :
          ...
   publique :
          void fermer (){
                    ...                         /* instructions pour fermer
                                                   la pince */
          }
          void ouvrir (){
                    ...                  /* instructions pour ouvrir la pince */
          }
}
Début programme principal
          Robot robot ;                  /* création d'un objet robot
                                            (instance de la classe Robot) */
          robot.chercherPièce() ;        /* appel de la méthode chercherPièce
                                            de la classe Robot */
Fin programme principal
```

Remarque

Les associations sont souvent implémentées comme des attributs. Il ne faut cependant pas confondre les deux (voir chapitre 2). Malheureusement, de nombreux langages de programmation ne permettent pas de faire la distinction.
L'annexe E donne des indications pour implémenter un modèle objet avec le langage de programmation Java.

Exercice 3 : Messages synchrones vs messages asynchrones

Complétez les messages des figures 3.35 à 3.39 en choisissant le type de message approprié (synchrone ou asynchrone).

1. Envoi d'un message pour calculer la valeur de la constante pi avec 3 décimales.

Figure 3.35
Calcul de Pi avec 3 décimales.

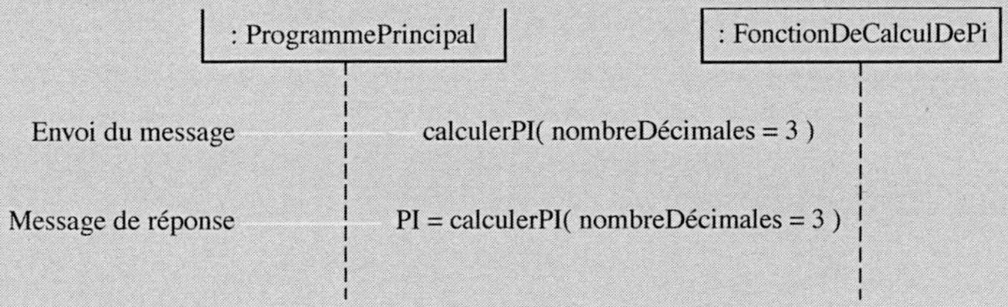

2. Envoi d'un message pour calculer la valeur de pi avec 3 000 décimales.

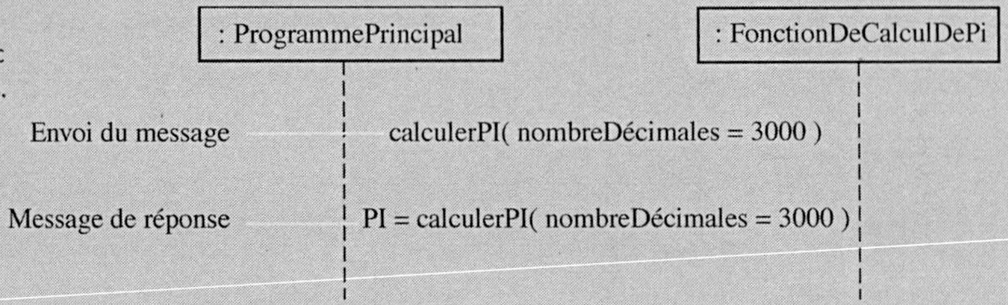

Figure 3.36
Calcul de pi avec 3 000 décimales.

3. Transmission d'un courrier électronique.

Figure 3.37
Transmission d'un courrier électronique.

4. Transmission d'un courrier électronique *via* un serveur de messagerie qui réceptionne les messages et les conserve le temps que le destinataire les récupère.

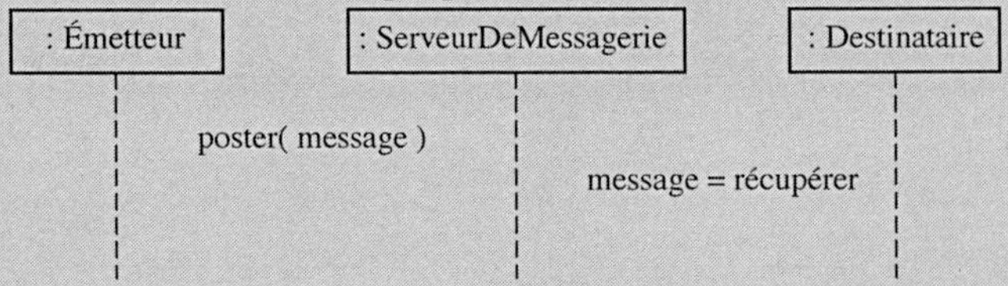

Figure 3.38
Transmission d'un courrier électronique *via* un serveur de messagerie.

5. Transmission d'un courrier électronique à deux destinataires.

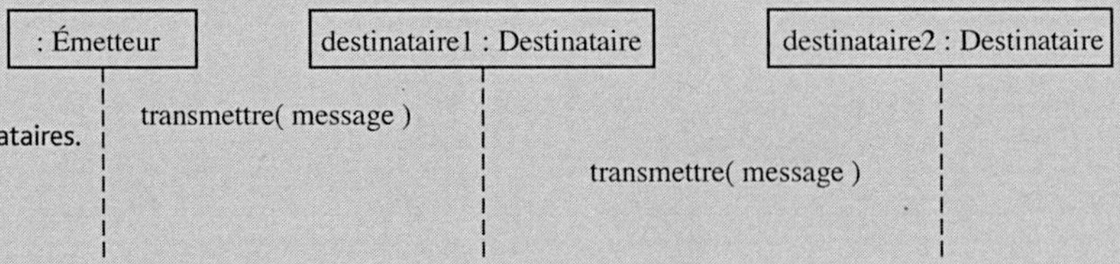

Figure 3.39
Transmission d'un courrier à deux destinataires.

Solution

1. On considère que le programme principal est actif tout le temps. Le calcul de pi avec 3 décimales ne doit pas prendre beaucoup de temps. Le programme principal peut donc être bloqué par un appel synchrone de la méthode *calculerPI* le temps d'effectuer le calcul (figure 3.40).

Figure 3.40
Calcul de Pi avec 3 décimales utilisant un message synchrone.

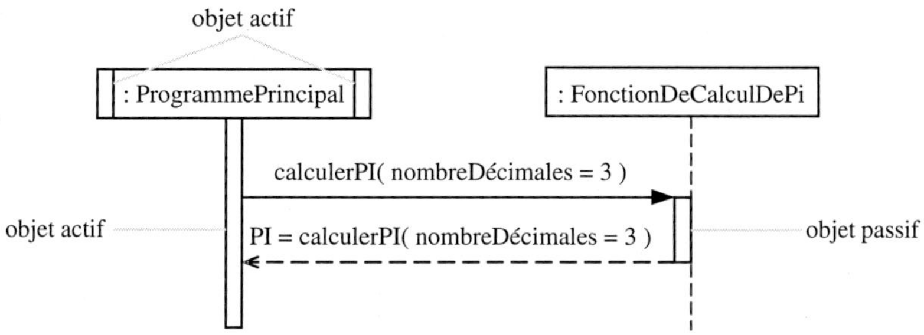

Remarque

La tête de la ligne de vie ProgrammePrincipal contient deux traits verticaux qui indiquent que l'objet est actif. Le double trait qui court tout au long de la ligne de vie indique aussi un objet actif. Ces deux notations présentes simultanément sont redondantes. Dans un diagramme de séquence, les deux traits verticaux dans la tête de la ligne de vie sont superflus, tandis que dans un diagramme de communication, comme aucun pointillé n'indique la durée de vie d'un objet, ces deux traits sont indispensables (figure 3.48).
Un objet actif possède son propre thread de contrôle, c'est-à-dire qu'on peut lui appliquer des méthodes dans un flot d'exécution indépendant des autres flots d'exécution existants. Un objet passif, au contraire, a besoin qu'on lui « donne » un flot de contrôle pour lui appliquer une méthode.

2. Calculer Pi avec 3 000 décimales peut prendre du temps. Dans ce cas, il vaut mieux utiliser un message asynchrone pour ne pas bloquer le programme principal le temps d'effectuer le calcul (figure 3.41).

Figure 3.41
Calcul de Pi avec 3 000 décimales utilisant un message asynchrone.

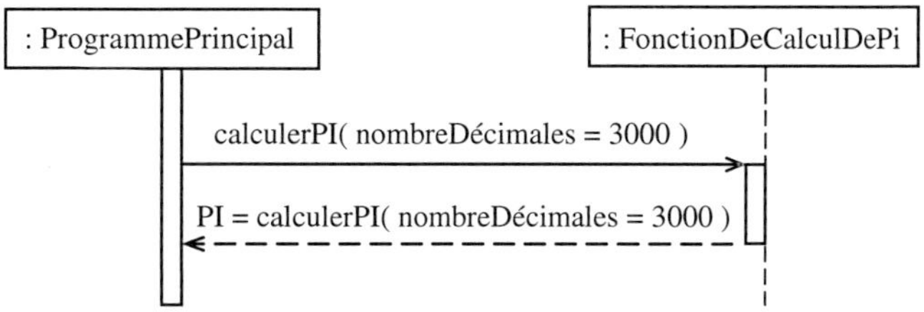

3. La réception d'un courrier électronique peut se faire n'importe quand après l'émission. Il ne faut donc pas bloquer l'émetteur et utiliser un message asynchrone (figure 3.42).

Figure 3.42
Transmission asynchrone d'un courrier électronique.

4. L'émetteur et le destinataire sont des objets actifs qui sont bloqués le temps d'envoyer ou de récupérer un courrier (figure 3.43).

Figure 3.43
Transmission synchrone d'un courrier électronique *via* un serveur de messagerie.

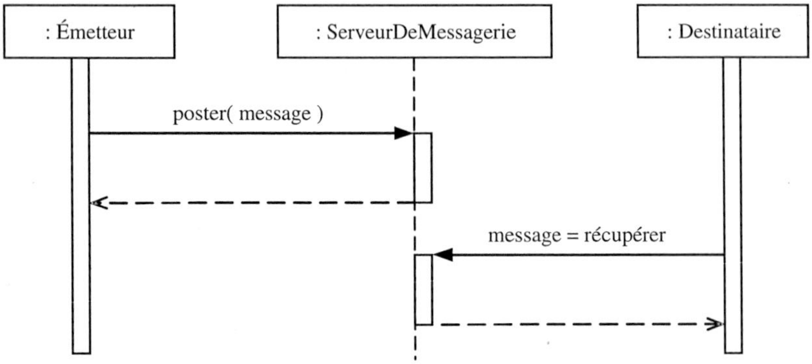

5. Les transmissions sont asynchrones et les messages peuvent être reçus dans un ordre différent de l'ordre d'envoi (figure 3.44).

Figure 3.44
Transmission d'un courrier à deux destinataires *via* des messages asynchrones.

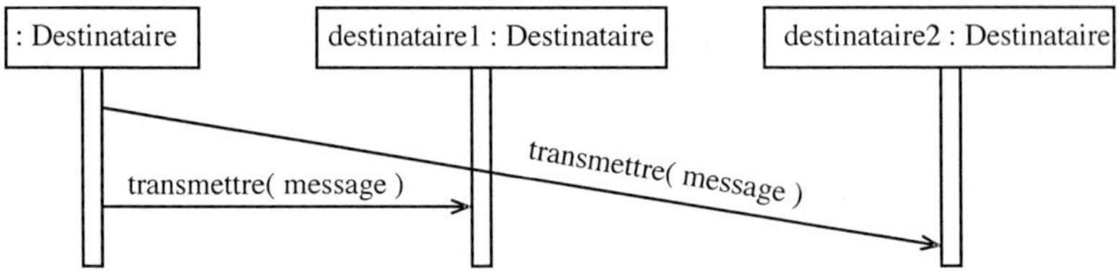

Remarque

La durée de transmission d'un message peut être indiquée en ajoutant des contraintes sur un diagramme, comme le montre la figure 3.45.

Figure 3.45
Contraintes de durée exprimées sur un diagramme.

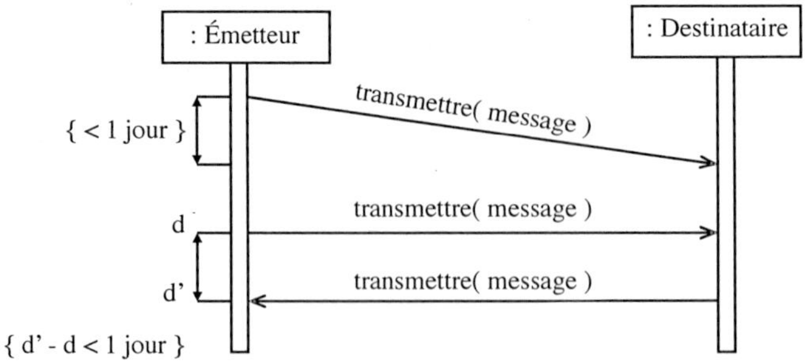

Exercice 4 : Messages perdus, trouvés ou envoyés dans des flots d'exécution parallèles

Complétez les messages des figures 3.46 et 3.47 en choisissant le type de message approprié (perdu, trouvé ou s'exécutant dans des flots d'exécution parallèles).

1. Demande d'exécution de deux programmes par un système d'exploitation.

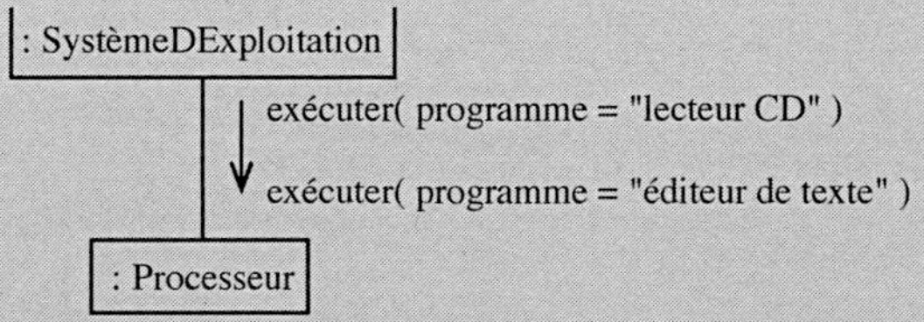

Figure 3.46 Demande d'exécution de programmes.

2. Transmission d'un virus à un ordinateur.

Figure 3.47 Transmission d'un virus à un ordinateur.

Solution

1. Si le système d'exploitation est considéré comme multitâche, l'exécution des deux programmes se fait simultanément, dans deux flots d'exécution parallèles notés a et b.

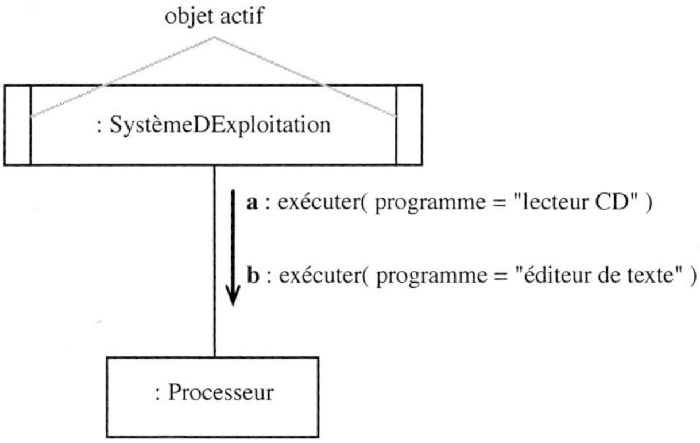

Figure 3.48 Envoi simultané de deux messages.

2. La plupart du temps, un ordinateur contaminé ne connaît pas la source du virus et l'auteur du virus ne souhaite pas être connu, d'où l'utilisation de messages perdu et trouvé.

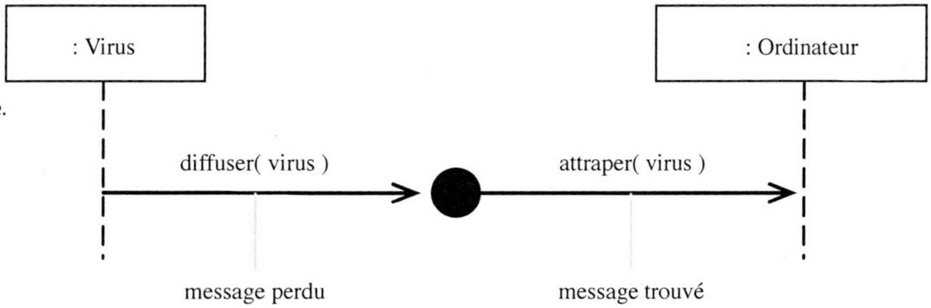

Figure 3.49 Utilisation de messages perdu et trouvé.

Exercice 5 : Fragments d'interaction combinés pour décrire une méthode complexe

Le programme suivant, écrit en pseudo-code, permet de calculer le factoriel d'un nombre n :

```
int factoriel( int n ){
          if( n == 0 ) return 1;
          return n * factoriel( n-1) ;
}
```

où n 0 et `factoriel( 0 )` = 1.

Représentez le programme précédent sur un diagramme de séquence.

Solution

La solution (figure 3.50) utilise l'opérateur alternative pour réaliser le test sur la valeur de n. Notez aussi la superposition d'une deuxième ligne de vie sur la première pour matérialiser l'appel récursif de l'opération factorielle. Le nom de la ligne de vie, X, est fictif.

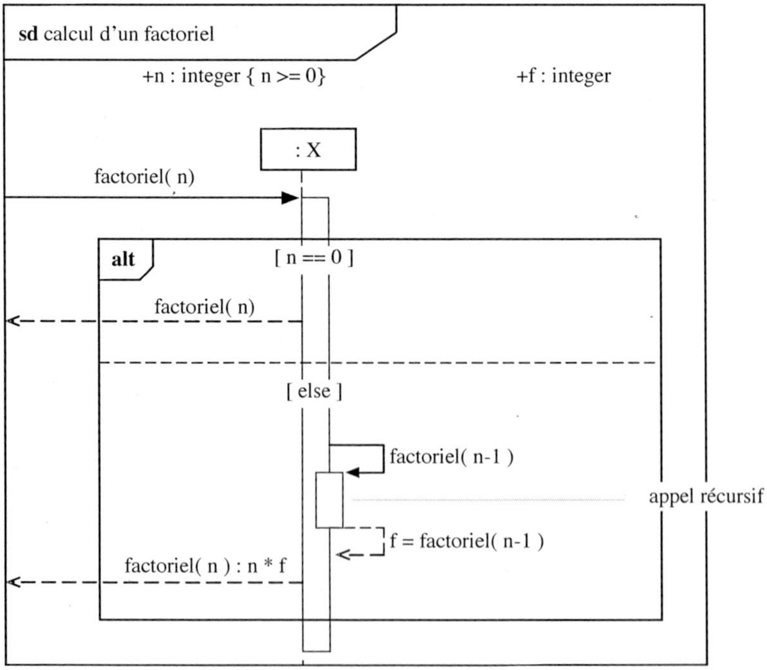

Figure 3.50 Représentation du calcul de la fonction factorielle sur un diagramme de séquence.

Exercice 6 : Opérateurs d'interaction

Dessinez un diagramme de séquence qui présente trois objets : un robot + deux capteurs (une caméra et un détecteur de chocs). Le diagramme doit contenir un fragment d'interaction qui montre que les capteurs fonctionnent en même temps (ils peuvent envoyer à tout moment des messages au robot).

Solution

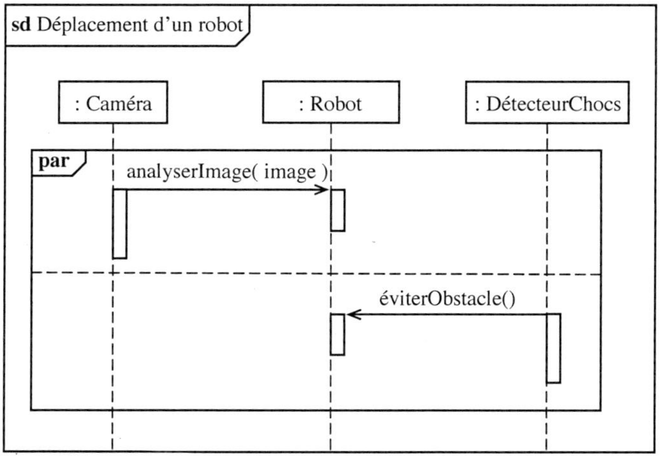

Figure 3.51 Utilisation de l'opérateur par pour un problème de robotique.

Remarque

Avec l'opérateur *par*, la séquence des événements d'un opérande peut être interrompue par d'autres occurrences d'événement venant d'autres opérandes. À certains moments, les interruptions sont malvenues. Si l'on ajoute au robot un pilote et un moteur (figure 3.52), le pilote a un rôle prépondérant et doit pouvoir à tout moment demander l'arrêt d'urgence du robot. La demande d'arrêt doit être impérativement suivie de l'arrêt du moteur du robot. L'opérateur *critical* est utilisé pour définir une section critique, c'est-à-dire une région d'une interaction où les traitements sont atomiques (réalisés en un bloc insécable).
Parfois, l'entrelacement des événements provenant de plusieurs opérandes n'est pas souhaitable pour tous les participants (les lignes de vie) à une interaction. L'opérateur *seq* empêche l'entrelacement des occurrences d'événement sur une même ligne de vie partagée par plusieurs opérandes (c'est l'ordre des opérandes qui fixe le séquencement). L'entrelacement n'est possible que sur des lignes de vie différentes non soumises à l'opérateur *seq*.

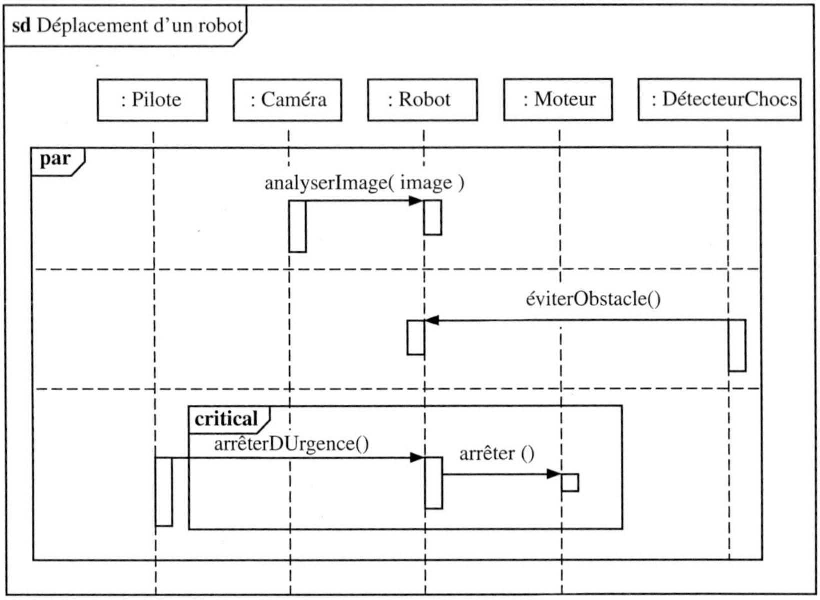

Figure 3.52
Une région où les opérations sont atomiques.

Exercice 7 : Diagrammes de séquence pour illustrer des cas d'utilisation

Le diagramme de cas d'utilisation présenté à la figure 3.53 modélise la gestion simplifiée d'une bibliothèque.

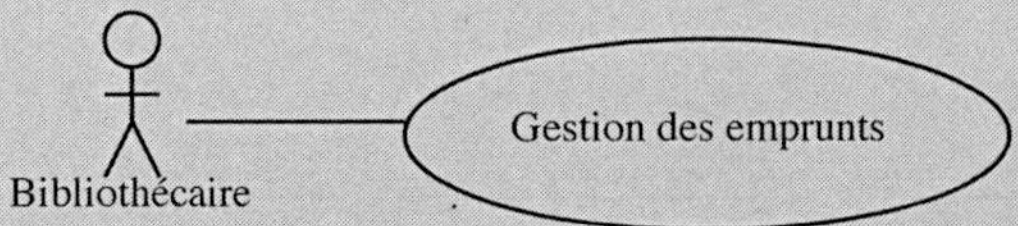

Figure 3.53
Diagramme de cas d'utilisation d'une bibliothèque.

Le fonctionnement de la bibliothèque est le suivant : une bibliothèque propose à ses adhérents des œuvres littéraires ; les œuvres peuvent être présentes en plusieurs exemplaires ; un adhérent peut emprunter jusqu'à trois livres.

1. Écrivez à l'aide d'un diagramme de séquence un scénario nominal d'emprunt.
2. Écrivez à l'aide de diagrammes de séquence des scénarios d'emprunt alternatifs et d'exceptions.

Solution

1. Pour décrire un scénario d'utilisation d'un cas, il faut considérer le système comme une boîte noire et ne pas chercher à montrer des objets au cœur du système. Rappel : un cas d'utilisation est une grande fonction du système vue par un acteur ; il ne faut

donc pas faire figurer la structure interne d'un système (c'est le rôle du diagramme de classes). À la figure 3.54, le système est représenté par une seule ligne de vie appelée Bibliothèque.

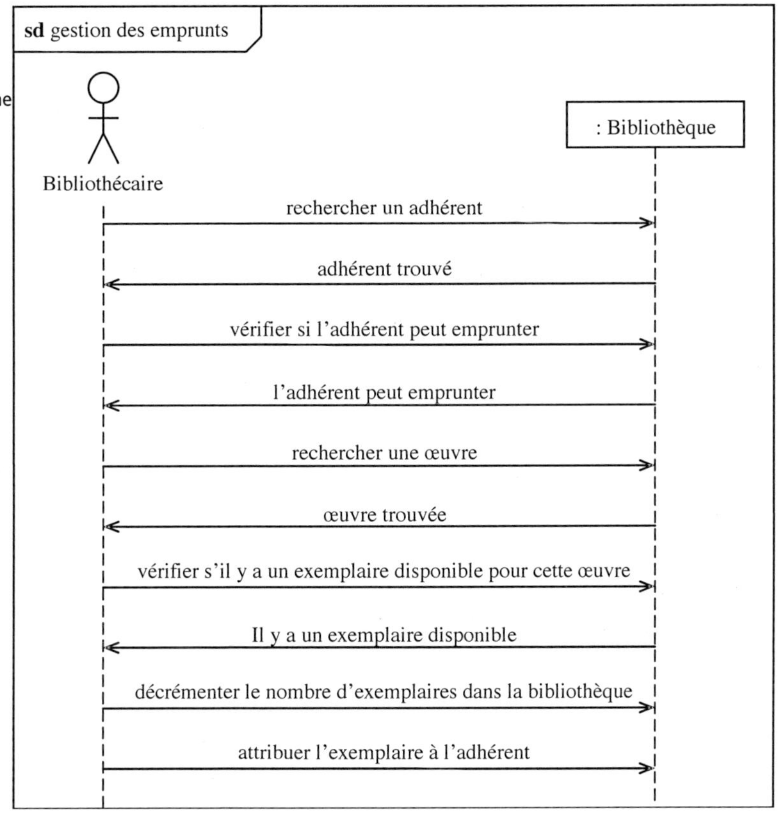

Figure 3.54
Description d'un scénario nominal à l'aide d'un diagramme de séquence.

Remarque

Quand un diagramme de séquence décrit un cas d'utilisation, le formalisme strict d'UML (la syntaxe des messages par exemple) est plus libre.
La description d'un scénario par un diagramme de séquence n'empêche pas de décrire le cas sous forme textuelle (voir chapitre 1), ce qui permet de faire figurer des renseignements supplémentaires (pré- et post-conditions, contraintes...).

2. Le diagramme de la figure 3.55 complète le diagramme précédent (figure 3.54) en incluant la vérification de contraintes. Si une contrainte n'est pas vérifiée, les événements qui suivent cette contrainte sont invalides. De plus, la séquence doit impérativement se terminer par les deux messages « décrémenter le nombre d'exemplaires dans la bibliothèque » et « attribuer l'exemplaire à l'adhérent » à cause de l'utilisation de l'opérateur *assert*.

Figure 3.55
Utilisation de contraintes et de l'opérateur *assert* dans un diagramme de séquence.

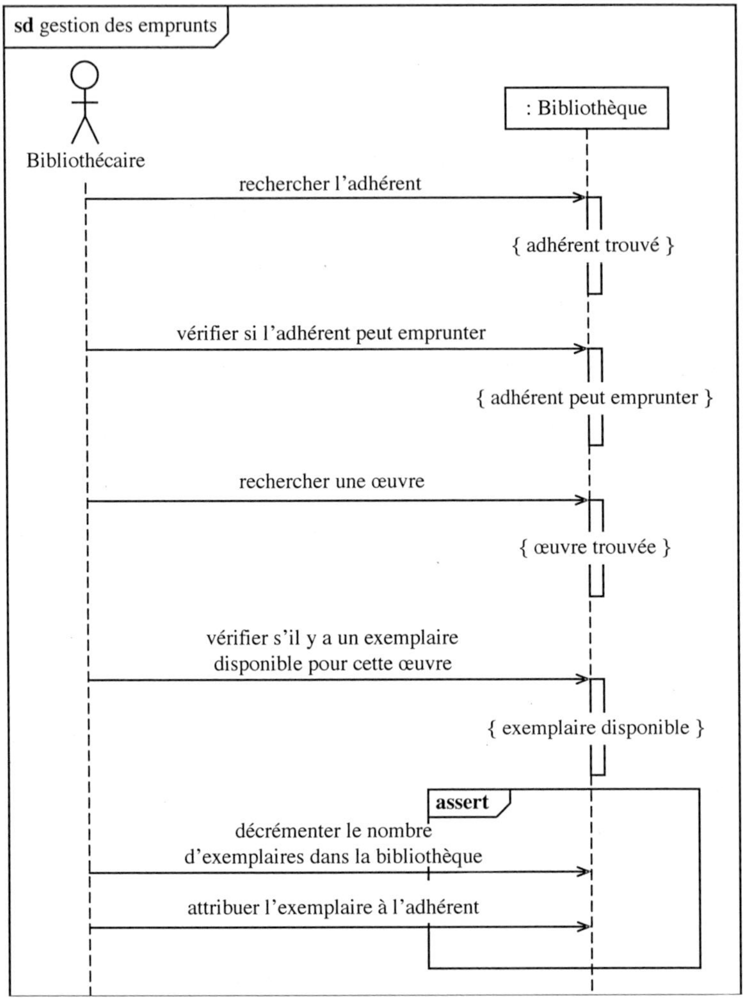

Le formalisme des diagrammes de séquence est très riche. Souvent, il est possible de représenter des scénarios de plusieurs façons. Au lieu d'utiliser des opérateurs d'assertion, il est possible de recourir à des opérateurs d'alternative.

La figure 3.56 présente une troisième solution qui utilise un opérateur d'option (l'opérateur d'option *opt* est identique à un opérateur d'alternative, mais avec un choix unique).

Figure 3.56
Utilisation des opérateurs *opt* et *neg*.

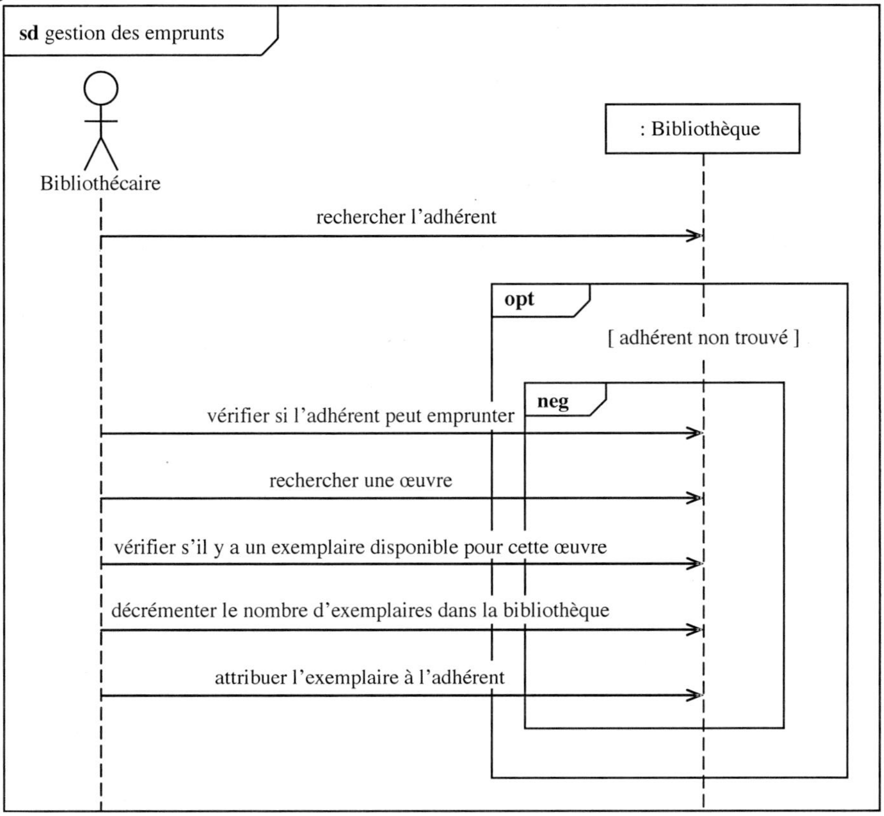

La figure 3.56 utilise l'opérateur *negative* pour indiquer que les messages sur lesquels il s'applique sont invalides.

Exercice 8 : Fragments d'interaction combinés

Construisez un diagramme de séquence ayant trois lignes de vie : *Conducteur, Train* et *Passager*.
Comment interdire aux passagers d'ouvrir les portes quand le train a démarré ?

Solution

La solution utilise l'opérateur *negative* pour interdire l'ouverture des portes (figure 3.57).

Figure 3.57
Utilisation de l'opérateur *negative* pour interdire l'ouverture des portes d'un train.

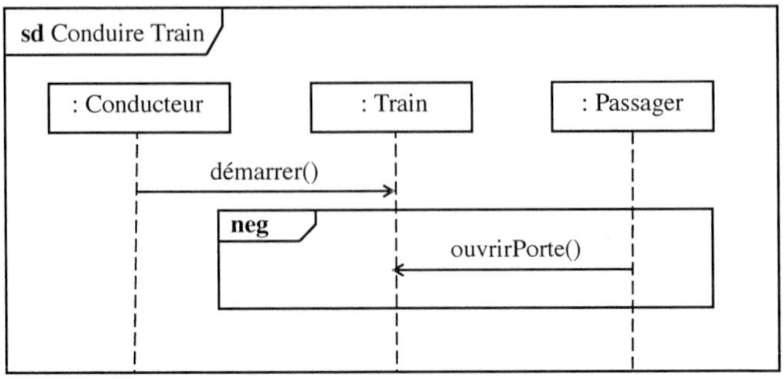

Exercice 9 : Diagrammes de séquence pour illustrer des collaborations

L'exercice 7 montre comment utiliser des diagrammes de séquence pour décrire des cas d'utilisation. L'exercice 9 prolonge l'exemple de la bibliothèque en partant de l'hypothèse qu'un diagramme de classes a été construit (figure 3.58). Le but à présent est de montrer comment des objets au cœur du système interagissent pour réaliser les fonctions des cas d'utilisation.

Le diagramme de classes présenté à la figure 3.58 modélise la structure interne de la bibliothèque. Un adhérent peut emprunter un exemplaire d'une œuvre donnée. L'emprunt se fait de la façon suivante : l'opération *emprunter* de la classe *Œuvre* est invoquée pour un adhérent donné en argument ; s'il reste des exemplaires dans la bibliothèque, l'un des exemplaires associés à l'œuvre est extrait *via* la méthode *extraireExemplaire*, une instance de la classe *Prêt* est créée, puis l'exemplaire extrait de la bibliothèque est attribué à l'adhérent grâce à l'invocation de l'opération *attribuer*.

Figure 3.58
Diagramme de classes d'une médiathèque.

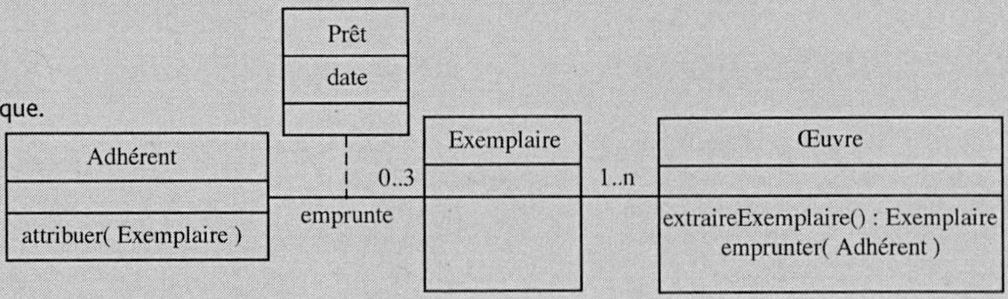

1. Parmi les classes du diagramme précédent (figure 3.58), donnez la liste de celles qui permettent de réaliser le comportement entouré par un cercle dans le diagramme de séquence présenté à la figure 3.59.

Figure 3.59
Diagramme de séquence de l'emprunt d'un livre.

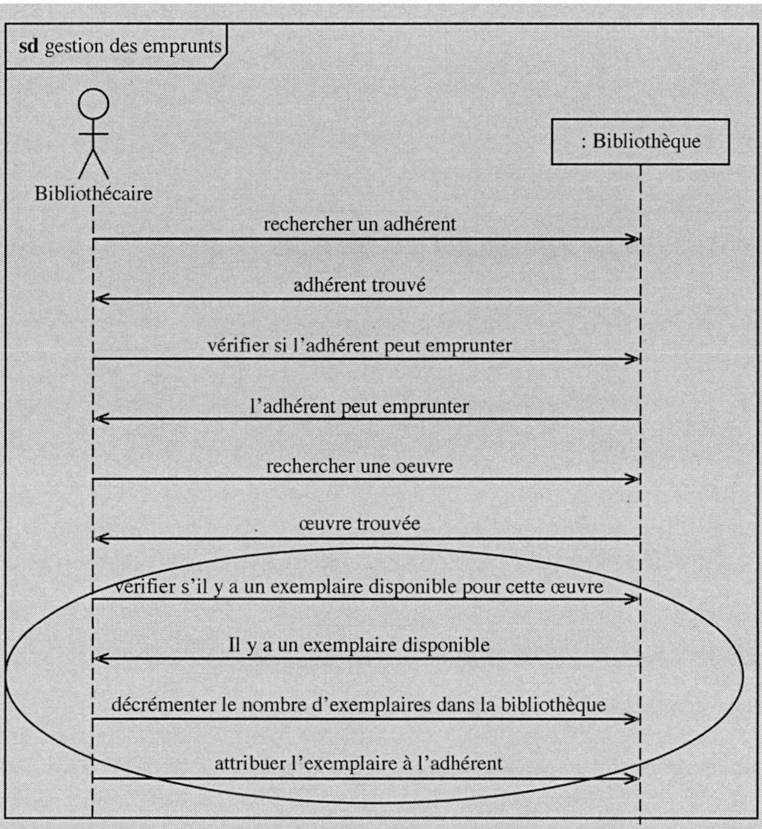

2. Dessinez une collaboration montrant des instances des classes trouvées à la question 1.
3. Représentez les interactions au sein de la collaboration à l'aide d'un diagramme de séquence.

Solution

1. Les classes impliquées sont *Exemplaire*, *Œuvre*, *Adhérent* et *Prêt*.

   La classe *Prêt* n'est pas mentionnée dans le diagramme de séquence, et pourtant elle est incluse dans la liste. C'est une classe d'association présente dans le diagramme de classes. Une instance de la classe *Prêt* doit être créée au moment de l'emprunt.

2. Des instances des classes *Exemplaire*, *Œuvre*, *Adhérent* et *Prêt* sont réunies dans une collaboration (figure 3.60). Rappel : les liens entre les instances sont des connecteurs qui représentent des associations transitoires établies le temps que dure la collaboration. Parmi les connecteurs, on retrouve les associations du diagramme de classes. En plus, un nouveau lien apparaît entre les instances d'*Adhérent* et d'*Œuvre* afin de matérialiser la transmission d'un adhérent comme argument de l'opération *emprunter* de la classe *Œuvre*.

Figure 3.60
Diagramme de collaboration pour l'emprunt d'un exemplaire.

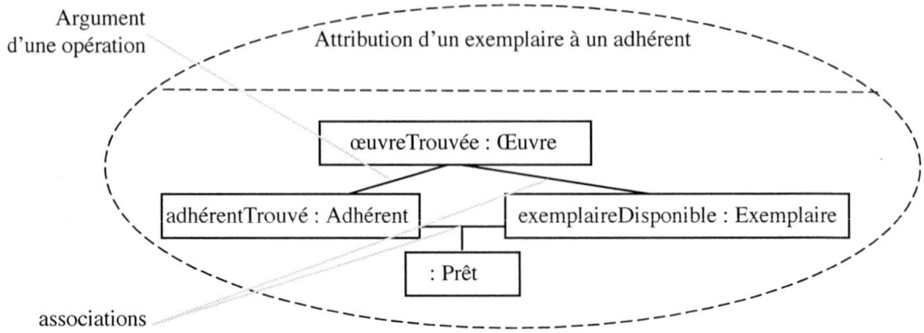

3. Le diagramme de séquence est présenté à la figure 3.61. L'interaction est décomposée en fragments combinés qui utilisent l'opérateur *alternative* : le choix porte sur la présence ou non d'un exemplaire disponible dans la médiathèque. Notez la création d'une instance de la classe *Prêt* matérialisée par un message qui pointe sur la tête de la ligne de vie.

Figure 3.61
Diagramme de séquence pour l'emprunt d'un exemplaire.

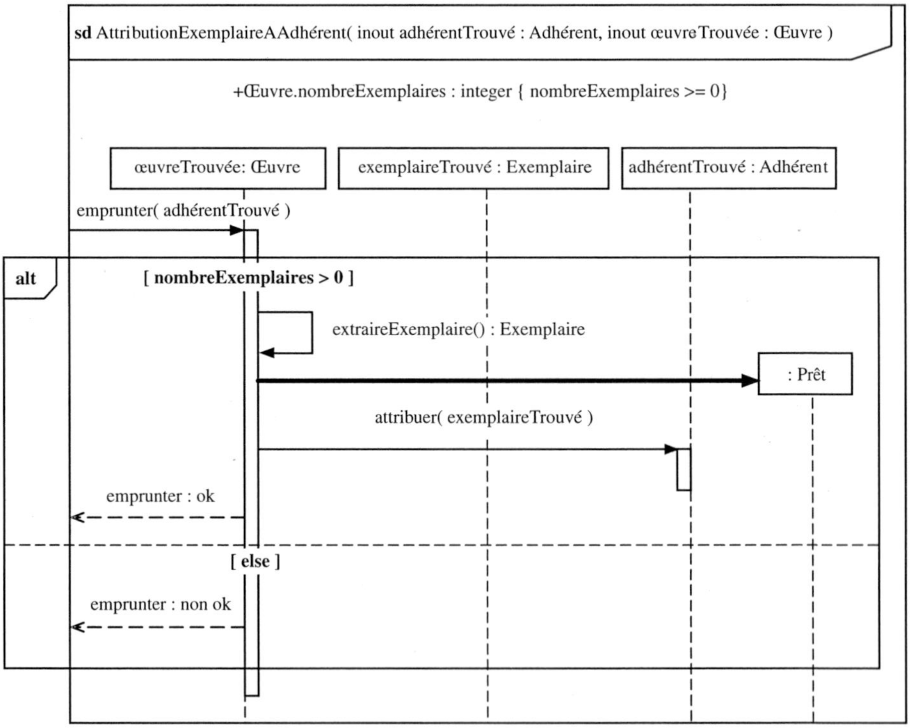

Remarque

Le formalisme des diagrammes de séquence est très proche de celui des langages de programmation (on peut représenter aisément des tests, des boucles...). Les diagrammes de séquence sont principalement utilisés durant la phase d'analyse. Cette étape ne doit pas être confondue avec les phases de conception et d'implémentation. Durant l'analyse, les interactions servent souvent à valider un diagramme de classes (en montrant comment des instances de classes interagissent). Veillez à ne pas faire à ce moment-là des choix de conception ou d'implémentation (voir chapitre 6).
La création d'une instance dans un diagramme de communication peut être matérialisée par une contrainte, comme le montre la figure 3.62.
Les contraintes {détruit} et {transitoire} peuvent être placées sur des liens ou sur des objets pour indiquer leur destruction ou bien qu'ils sont temporaires.

Figure 3.62
Représentation de la création d'un objet et d'un lien dans un diagramme de communication.

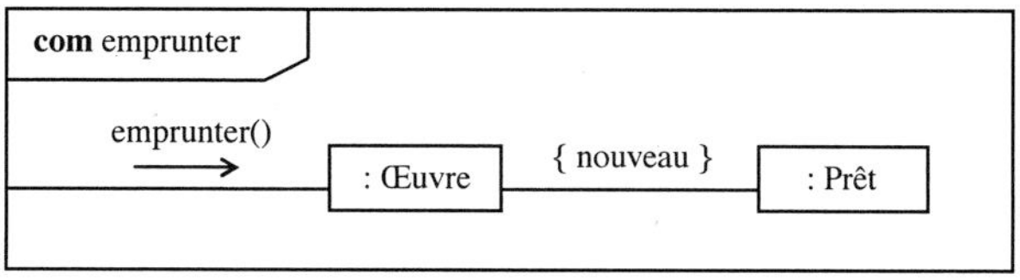

Exercice 10 : Réutilisation d'une interaction

Le diagramme de séquence de l'exercice 9 (figure 3.61) représente la fin du scénario nominal de l'emprunt (partie entourée par un cercle dans le diagramme de la figure 3.59). Supprimez la partie encerclée du scénario nominal et indiquez comment vous pouvez réutiliser le diagramme de séquence de la figure 3.61 à la place.

Solution

Figure 3.63
Diagramme de séquence qui référence une interaction.

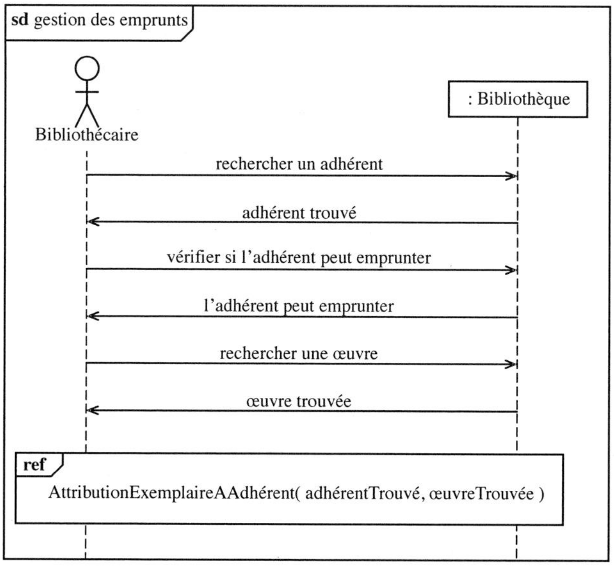

Exercice 11 : Diagrammes de séquence pour illustrer les interactions dans un classeur structuré

Au moment de la conception d'un système, le concepteur part du résultat de l'analyse (qui a défini ce que doit faire le système), et cherche comment réaliser ce système. Il procède par décompositions successives des classes pour définir les structures de données sous-jacentes. Le but de cet exercice est d'utiliser les classeurs structurés d'UML pour décomposer une classe, puis d'illustrer les interactions entre les éléments d'un classeur structuré par un diagramme de séquence.

Une file est une structure de données dans laquelle les données sont ajoutées à la fin et extraites à partir du début. La file est modélisée par une classe possédant les opérations *ajouter* et *extraire* (figure 3.64).

Figure 3.64
Une classe représentant une file.

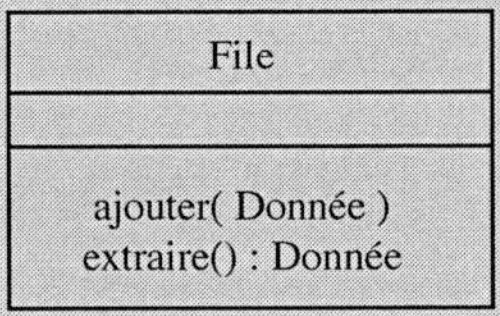

Un classeur structuré peut être utilisé pour montrer la structure interne de la file (figure 3.65). Le concepteur choisit d'implémenter la file en recourant à un tableau (une file est un tableau dans lequel on a restreint les accès aux deux extrémités). Afin de décrire le comportement du tableau lors de l'extraction d'un élément, le concepteur décide d'utiliser une interaction appelée *Extraire de la file.*

Figure 3.65
La file vue comme un classeur structuré.

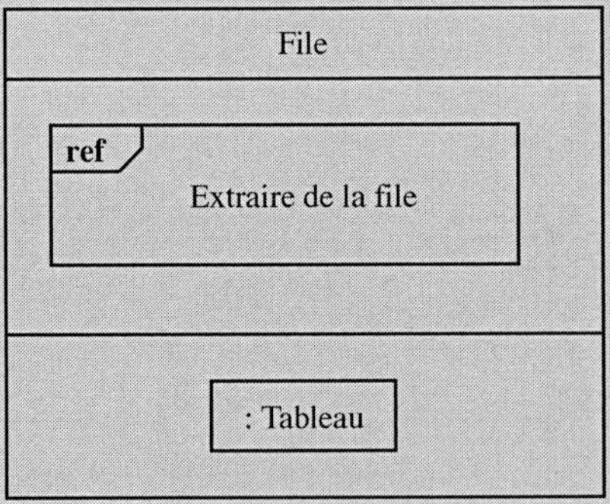

Représentez l'interaction *Extraire de la file* à l'aide d'un diagramme de séquence. *Indication* : la façon la plus simple d'extraire le premier élément d'un tableau est de mémoriser la valeur de celui-ci avant de décaler les éléments suivants, comme le montre la figure 3.66.

Figure 3.66
Extraire le premier élément d'un tableau.

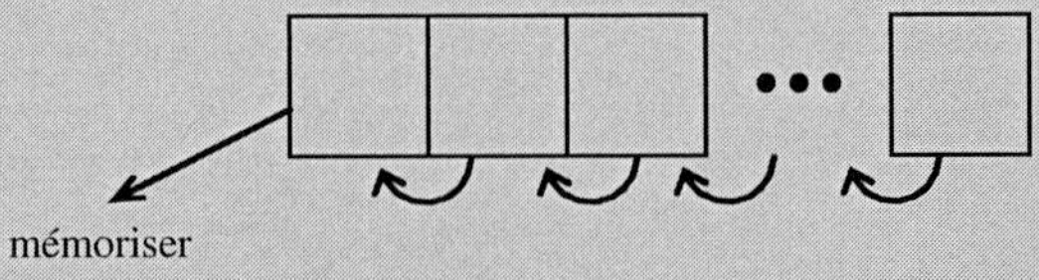

Solution

La solution est présentée à la figure 3.67, où une boucle est utilisée pour réaliser le décalage. Les opérations *add* et *get* permettent d'ajouter et d'extraire un élément du tableau.

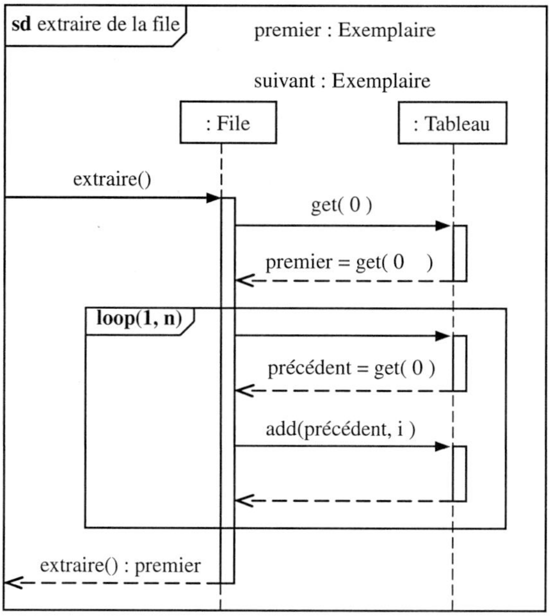

Figure 3.67
Un diagramme de séquence pour illustrer l'extraction du premier élément d'une file.

Chapitre 4

Diagramme d'états-transitions

Les diagrammes d'états-transitions (ou *statecharts*) d'UML décrivent le comportement interne d'un objet à l'aide d'un automate à états finis. Ils présentent les séquences possibles d'états et d'actions qu'une instance de classe peut traiter au cours de son cycle de vie en réaction à des événements discrets (de type signaux, invocations de méthode). Ils spécifient habituellement le comportement d'une instance de classeur (classe ou composant), mais parfois aussi le comportement interne d'autres éléments tels que les cas d'utilisation, les sous-systèmes, les méthodes. Ils sont bien adaptés à la description d'objets ayant un comportement d'automate. Cependant, la vision globale du système est moins apparente sur ces diagrammes, car ils ne s'intéressent qu'à un seul élément du système indépendamment de son environnement. Les diagrammes d'interactions (voir chapitre 3) permettent de lier les parties du système entre elles.

1. Modélisation à l'aide d'automates

1.1. État

Un diagramme d'états-transitions est un graphe qui représente un automate à états finis, c'est-à-dire une machine dont le comportement des sorties ne dépend pas seulement de l'état de ses entrées, mais aussi d'un historique des sollicitations passées : cet historique est caractérisé par un état.

Ainsi, l'effet d'une action sur un objet dépend de son état interne, qui peut varier au cours du temps. Par exemple, considérez une lampe munie de deux boutons-poussoirs : une pression sur *On* allume la lampe et une pression sur *Off* l'éteint. Une pression sur On ne produit pas d'effet si la lampe est déjà allumée ; la réaction d'une instance de *Lampe* à cet événement dépend de son état interne.

Exemple

La lampe

Cet exemple simple présente la notion d'état et l'effet des invocations en fonction de l'état courant.

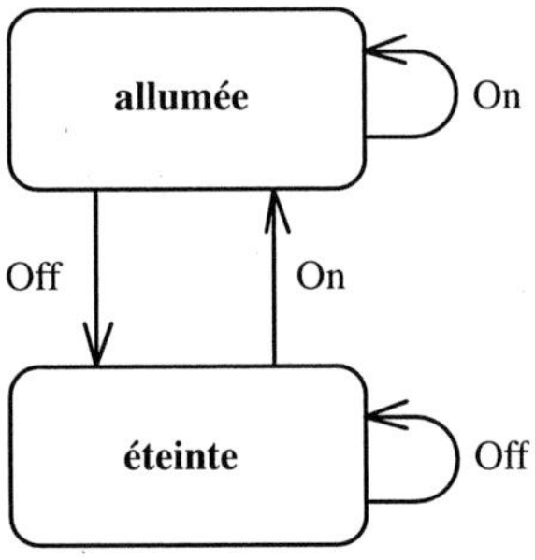

Figure 4.1
Un diagramme d'états-transitions simple.

Les états sont représentés par des rectangles aux coins arrondis, tandis que les transitions sont représentées par des arcs orientés liant les états entre eux. Certains états, dits « composites », peuvent contenir des sous-diagrammes. UML offre également un certain nombre de constructions à la sémantique particulière, telles que l'historique, qui permet de retrouver un état précédent, les points de choix, qui permettent d'exprimer des alternatives, ou encore un moyen d'exprimer des mécanismes concurrents.

Exemple

Fenêtre d'application

Le diagramme de la figure 4.2 présente le comportement simplifié d'une fenêtre d'application, qui répond aux stimuli de trois boutons placés dans l'angle. Une fenêtre peut être dans trois états : réduite, normale, agrandie. Lorsqu'elle est réduite, elle est représentée par une icône dans la barre des tâches. À l'état normal, elle peut être déplacée et redimensionnée. Lorsqu'elle est agrandie, elle occupe toute la surface disponible de l'écran et ne peut être déplacée ou redimensionnée. Les arcs portent une étiquette indiquant le nom de l'événement qui déclenche la transition associée. L'état initial (***Init 1*** et ***Init 2*** ici), noté par un cercle plein, désigne le point d'entrée du diagramme ou du sous-diagramme. Une nouvelle instance de fenêtre sera initialisée à l'état ***créée***, dans le sous-état ***ouverte*** et dans le sous-état ***normale***. Le pseudo-état historique, désigné par un H dans un cercle, permet de retrouver la fenêtre son état précédent (***normale*** ou ***agrandie***) quand on quitte l'état ***réduite***. L'état final, désigné par un point dans un cercle correspond à la fin de vie de l'instance et à sa destruction.

Figure 4.2
Le comportement d'une fenêtre d'application.

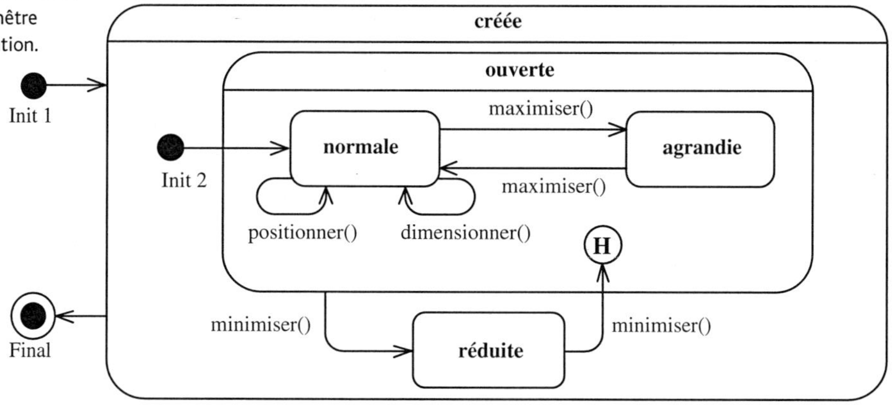

1.2. Événement

La vue proposée par les diagrammes d'états-transitions met en évidence les réactions d'une partie du système à des événements discrets. Un état représente une période dans la vie d'un objet dans laquelle ce dernier attend un événement ou accomplit une activité. Quand un événement est reçu, une transition peut être déclenchée qui va faire basculer l'objet dans un nouvel état.

Les transitions d'un diagramme d'états-transitions sont donc déclenchées par des événements, appelés « déclencheurs » ou *triggers*. La notion d'événement est assez large en UML :

- Un appel de méthode sur l'objet courant génère un événement de type *call*.
- Le passage de faux à vrai de la valeur de vérité d'une condition booléenne génère implicitement un événement de type *change*.
- La réception d'un signal asynchrone, explicitement émis par un autre objet, génère un événement de type *signal*.

- L'écoulement d'une durée déterminée après un événement donné génère un événement de type *after*. Par défaut, le temps commence à s'écouler dès l'entrée dans l'état courant.
- La fin d'une activité de type *do/*, interne à un état génère implicitement un événement appelé *completion event*. Cela peut déclencher le tir des transitions dites « automatiques », qui ne portent pas de déclencheur explicite.

Notation et spécification

Un événement de type *call* ou *signal* est déclaré ainsi :

```
nom-événement '(' liste-paramètres ')'
```

où chaque paramètre a la forme :

```
nom-paramètre ':' type-paramètre
```

Les événements de type *call* sont donc des méthodes déclarées au niveau du diagramme de classes. Les signaux sont déclarés par la définition d'une classe portant le stéréotype *signal*, ne fournissant pas d'opérations, et dont les attributs sont interprétés comme des arguments.

Un événement de type change est introduit de la façon suivante :

```
when '(' condition-booléenne ')'
```

Il prend la forme d'un test continu et se déclenche potentiellement à chaque changement de valeurs des variables intervenant dans la condition.

Un événement temporel de type *after* est spécifié par :

```
after '(' paramètre ')'
```

où le paramètre s'évalue comme une durée, *a priori* écoulée depuis l'entrée dans l'état courant. Par exemple : *after(10 secondes)* ou *after(10 secondes après l'entrée dans l'état A)*. Vous pouvez aussi spécifier un déclencheur lié à une date précise par une clause *when()*, par exemple *when(date=1 janvier 2000)*.

Les déclarations d'événement ont une portée de niveau paquetage et peuvent être utilisées dans tout diagramme d'états-transitions des classes du paquetage. Leur portée n'est en aucun cas limitée à une classe.

Particularités des événements de type signal

Un signal est un message émis de façon asynchrone, c'est-à-dire que l'appelant peut poursuivre son exécution sans attendre la bonne réception du signal. Ce type de communication a un sens uniquement lorsque plusieurs processus ou objets actifs sont en concurrence, en particulier lorsque l'instance cible est munie d'un flot de contrôle indépendant de celui de l'appelant. L'utilisation de signaux à la place de méthodes peut accroître les possibilités de concurrence et permet de modéliser certains types de communications matérielles (interruptions matérielles, entrées/sorties) ou en mode déconnecté (le protocole UDP sur IP par exemple). L'émission et la réception d'un signal constituent donc deux événements distincts.

Exemple

Déclaration de signaux

À la figure 4.3, trois signaux sont déclarés comme des classes du paquetage et peuvent être liés entre eux par des relations d'héritage. Si le signal A dérive du signal B, il déclenche par transitivité toutes les activités liées à B en plus des siennes propres. Les attributs de classe sont interprétés comme les arguments de l'événement de type signal.

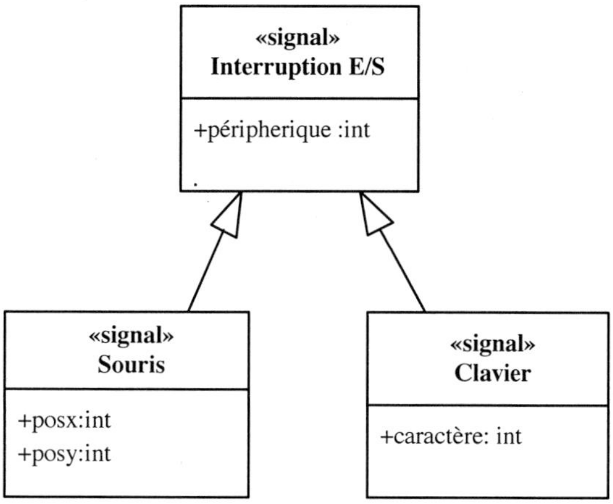

Figure 4.3
Déclarations de signaux et héritage.

1.3. Transition simple

Une transition entre deux états simples E1 et E2 est représentée par un arc qui les lie l'un à l'autre. Elle indique qu'une instance dans l'état E1 peut entrer dans l'état E2 et exécuter certaines activités, si un événement déclencheur se produit et que les conditions de garde sont vérifiées. On parle de *tir* d'une transition quand elle est déclenchée.

Notation

Une transition d'un diagramme d'états-transitions est représentée par un arc plein, liant un état dit « source » à un état « cible ». Elle est dotée d'une étiquette contenant une expression de la forme :

```
nom-événement '(' liste-param-événement ')' '[' garde ']' '/' activité
```

où les paramètres éventuels de l'événement sont séparés par des virgules, la garde (par défaut vraie) désigne une condition qui doit être remplie pour pouvoir déclencher la transition, et l'activité exprimée dans une syntaxe laissée libre désigne des instructions à effectuer au moment du tir.
Le déclencheur de la transition est un événement de type *call*, *signal*, *change* ou *after*, ou n'est pas spécifié pour les transitions automatiques (voir la section « Événement »). L'événement peut porter des paramètres, visibles dans les activités associées à la transition ainsi que dans l'activité *exit* de l'état source et l'activité *entry* de l'état cible. Les événements entrants sont traités séquentiellement. Si aucune transition n'est déclenchée par l'événement, il est détruit. Si une transition est déclenchée, sa garde est évaluée ; celle-ci est exprimée en fonction des variables d'instance et éventuellement de tests d'état des instances d'objet accessibles (par exemple, `obj1 in État1` ou `obj1 not in État1`) ; si elle est fausse, l'événement est détruit. Si plusieurs transitions sont simultanément franchissables, l'une d'entre elles est choisie de façon arbitraire.

1.4. Point de décision

Il est possible de représenter des alternatives pour le franchissement d'une transition. On utilise pour cela des pseudo-états particuliers : les points de jonction (représentés par un petit cercle plein) et les points de choix (représentés par un losange).

Les points de jonction sont un artefact graphique qui permet de partager des segments de transition. Plusieurs transitions peuvent viser et/ou quitter un point de jonction. Tous les chemins à travers le point de jonction sont potentiellement valides. On peut donc représenter un comportement équivalent en créant une transition pour chaque paire de segments avant et après le point de jonction. L'intérêt est de permettre une notation plus compacte et de rendre plus visibles les chemins alternatifs.

Exemple

Équivalences de représentation

Les deux représentations des figures 4.4 et 4.5 sont équivalentes.

L'utilisation des points de jonction rend les diagrammes plus lisibles.

Figure 4.4
Utilisation de points de jonction.

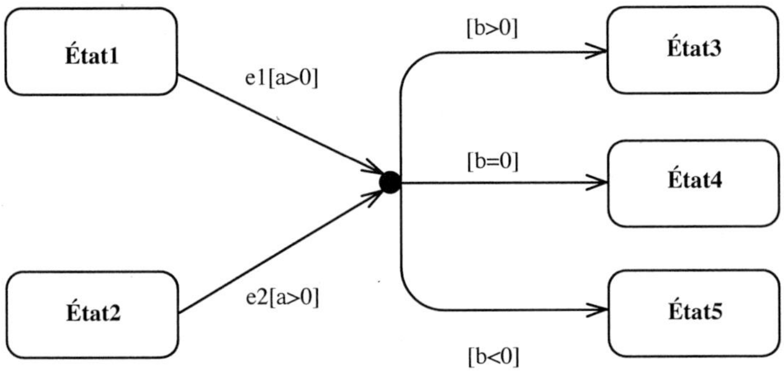

Figure 4.5
Equivalence avec des transitions gardées.

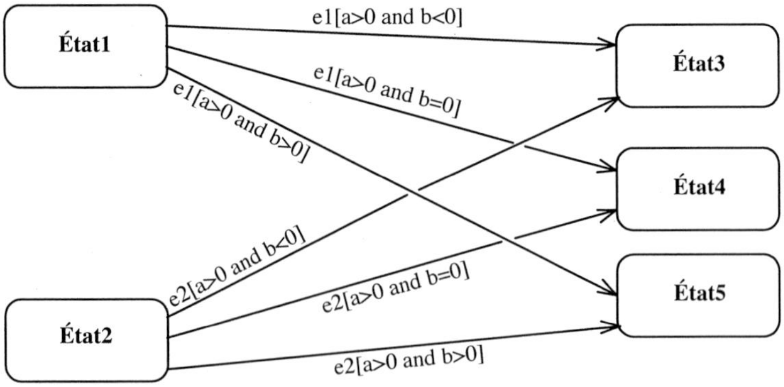

Cette équivalence avec une représentation par plusieurs transitions implique que, pour que l'on puisse emprunter un chemin, toutes les gardes le long de ce chemin doivent s'évaluer *à vrai dès* le franchissement du premier segment. Les points de jonction ne constituent donc qu'un sucre syntaxique, sans sémantique particulière.

On dispose également du point de choix dit « dynamique », représenté par un losange. Au contraire d'un point de jonction, les gardes après ce point de choix sont évaluées *au moment où il est atteint*. Cela permet en particulier de baser le choix sur des résultats obtenus en franchissant le segment avant le point de choix. Si, quand le point de choix est atteint, aucun segment en aval n'est franchissable, le modèle est mal formé. Au contraire, si plusieurs segments sont franchissables, on suit la règle habituelle : quand plusieurs transitions sont simultanément franchissables, l'une d'entre elles est choisie aléatoirement.

Exemple

Point de choix dynamique

Un formulaire en ligne est rempli par un utilisateur. Quand il valide son formulaire en appuyant sur le bouton go, une vérification de la cohérence des données fournies est réalisée par validerEntrée(). Si les informations paraissent correctes, on lui demande de confirmer, sinon on affiche les erreurs détectées et il doit remplir de nouveau le formulaire. Notez que la validation se fait sur le segment avant le point de choix. Ce fonctionnement ne peut être décrit par un simple point de jonction.

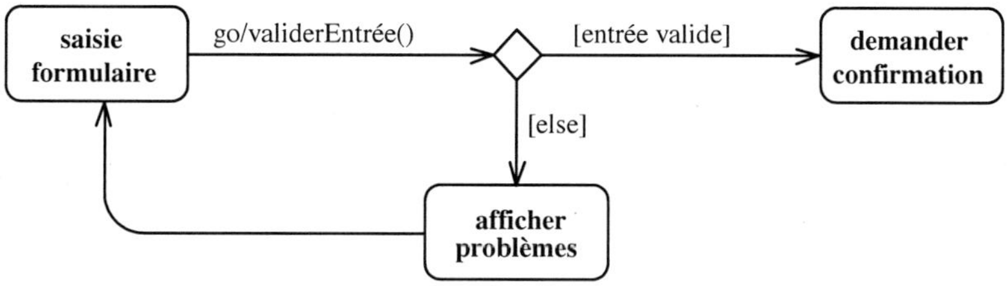

Figure 4.6
Utilisation d'un point de jonction.

Il est possible d'utiliser une garde particulière sur un des segments après un point de choix ou de jonction en introduisant une clause *[else]*. Ce segment n'est franchissable que si les gardes des autres segments sont toutes fausses. L'utilisation d'une clause *[else]* est recommandée après un point de choix car elle garantit un modèle bien formé.

Si l'on utilise un point de jonction pour représenter le branchement d'une clause conditionnelle, il est conseillé d'utiliser également un point de jonction pour faire apparaître la fin du branchement et être homogène.

Exemple

Point de jonction représentant des alternatives

Le point de jonction est bien adapté à la représentation de clauses conditionnelles de type ***if/ endif***.

Figure 4.7
Deux points de jonction pour représenter des alternatives.

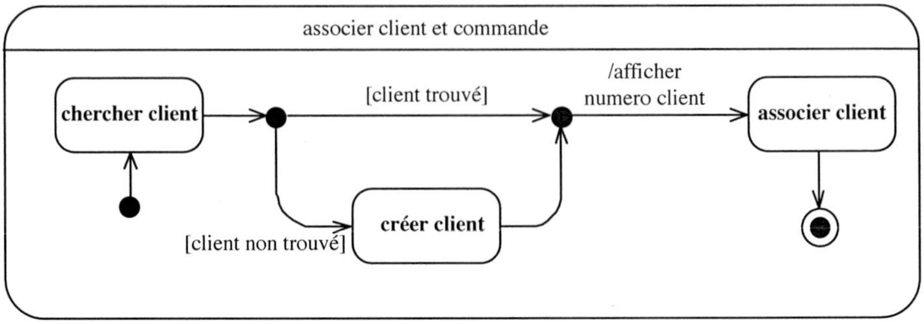

2. Hiérarchie dans les machines à états

2.1. État et transition interne

Un état est une période dans la vie d'un objet où il vérifie une condition donnée, exécute une certaine activité, ou plus généralement attend un événement. Conceptuellement, un objet reste donc dans un état durant une certaine durée, au contraire des transitions qui sont vues comme des événements ponctuels (sauf dans le cas particulier où la transition déclenche elle-même un traitement).

Un état peut être décomposé en deux compartiments séparés par une barre horizontale. Le premier compartiment contient le nom de l'état, le second contient les *transitions internes* de l'état, ou activités associées à cet état. Vous pouvez omettre la barre de séparation en l'absence de transitions internes. Une transition interne ne modifie pas l'état courant, mais suit globalement les règles d'une transition simple entre deux états. Trois déclencheurs particuliers sont introduits permettant le tir de transitions internes : *entry/*, *do/*, et *exit/*.

Exemple

Représentation d'un état simple

Figure 4.8
La saisie d'un mot de passe.

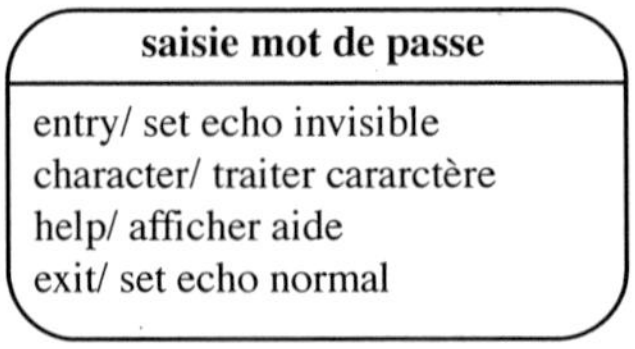

Notation

La syntaxe de la définition d'une transition interne est la suivante :

```
Nom-événement '('liste-paramètres')' '['garde']' '/' activité-à-
réaliser
```

Le nom de l'événement peut être celui d'une méthode de l'objet auquel appartient l'état, d'un événement déclaré comme tel au niveau paquetage, ou un des mots-clés réservés suivants :

- *entry* définit une activité à effectuer à chaque fois que l'on rentre dans cet état.
- *exit* définit une activité à effectuer quand on quitte cet état.
- *do* définit une activité continue qui est réalisée tant que l'on se trouve dans cet état, ou jusqu'à ce que le calcul associé soit terminé. On pourra dans ce dernier cas gérer l'événement correspondant à la fin de cette activité (*completion event*).
- *include* permet d'invoquer un sous-diagramme d'états-transitions.

La liste des paramètres (optionnelle) correspond aux arguments de l'événement déclencheur de l'activité. La condition d'activation, ou garde, est une condition booléenne qui permet d'autoriser ou non le déclenchement de l'activité. La façon de spécifier l'activité à réaliser est laissée libre. En général, on utilise le langage naturel pour décrire l'activité à entreprendre, ou du pseudo-code mentionnant les arguments de l'événement déclencheur. On peut également utiliser une référence vers un autre diagramme (activité ou collaboration) pour décrire ce traitement.

Une transition interne se distingue d'une transition représentée par un arc qui boucle sur l'état, car lors de l'activation d'une transition interne, les activités *entry* et *exit* ne sont pas appelées (on ne quitte pas l'état courant). Implicitement, tout diagramme d'états-transitions est contenu dans un état externe qui n'est usuellement pas représenté. Cela apporte une plus grande homogénéité dans la description : tout diagramme est implicitement un sous-diagramme.

2.2. État composite

Un état composite, par opposition à un état dit « simple », est graphiquement décomposé en deux ou plusieurs sous-états. Tout état ou sous-état peut ainsi être décomposé en sous-états enchaînés sans limite *a priori* de profondeur. Un état composite est représenté par les deux compartiments de nom et d'actions internes habituelles, et par un compartiment contenant le sous-diagramme.

Exemple

Combiné téléphonique

Cet exemple présente les étapes de l'action ***composer numéro***. À l'entrée dans l'état composite (par exemple suite à une action ***décrocher***), une tonalité sonore annonce que le téléphone est prêt pour la composition du numéro. Les chiffres sont saisis un par un suite à l'appel de l'opération ***chiffrer***. La transition automatique de ***numéroter*** vers l'état final est franchie dès que sa garde devient vraie.

Figure 4.9
Composition d'un numéro et transitions automatiques.

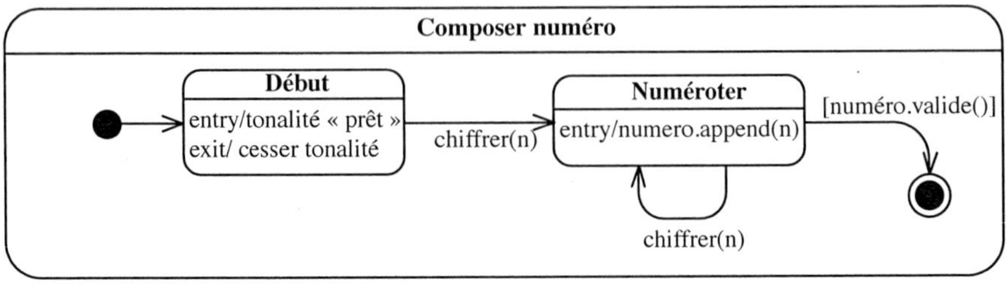

Un nouvel objet est créé dans l'état initial le plus externe du diagramme et franchit la transition par défaut qui en part. Un objet qui atteint l'état final le plus externe est détruit. Ces transitions peuvent être accompagnées d'une étiquette qui indique un événement correspondant au constructeur ou destructeur d'instance, et éventuellement associées à une activité.

Une transition qui atteint l'état final d'un sous-diagramme correspond à la fin de l'action associée à l'état l'encapsulant. La fin d'une activité interne d'un état peut être associée au déclenchement d'un changement d'état, représenté par une transition sans étiquette qui quitte l'état externe courant. On parle alors de transition automatique, déclenchée par un événement implicite de terminaison (*completion event*). Un *completion event* est également déclenché par la fin d'une activité interne de type *do/*.

L'utilisation d'états composites permet de développer une spécification par raffinements. Il est parfois souhaitable de ne pas représenter les sous-états à chaque utilisation de l'état englobant. Vous pouvez noter graphiquement le fait qu'un état est composite et que sa définition est donnée sur un autre diagramme.

Exemple

Notation abrégée des états composites

Figure 4.10
Représentation compacte d'un état composite.

2.3. Transition et état composite

Les transitions peuvent avoir pour cible la frontière d'un état composite et sont alors équivalentes à une transition ayant pour cible l'état initial de l'état composite. De même, une transition ayant pour source la frontière d'un état composite est équivalente à une transition qui s'applique à tout sous-état de l'état composite source. Cette relation est transitive : la transition est franchissable depuis tout état imbriqué, quelle que soit sa profondeur. Si la transition ayant pour source la frontière d'un état composite ne porte pas de déclencheur explicite (en d'autres termes, si elle est déclenchée par un *completion event*), elle est franchissable quand l'état final de l'état composite est atteint.

Par exemple, la transition *minimiser* de la fenêtre d'application est franchissable depuis les états *normale* et *agrandie* (voir figure 4.2).

Les transitions peuvent également toucher des états de différents niveaux d'imbrication, en traversant les frontières des états.

Dans tous les cas, avant l'entrée dans un état (respectivement la sortie), les activités *entry/* (respectivement *exit/*) sont réalisées. En cas de transition menant vers un état imbriqué, les activités *entry/* de l'état englobant sont réalisées avant celles de l'état imbriqué. En cas de transition depuis la frontière de l'état englobant, les activités *exit/* du sous-état actif sont réalisées, puis celles de l'état englobant le sont à leur tour.

Exemple

Ordre d'appel

Depuis l'état ***État11***, la réception de l'événement event1 provoque la séquence d'activités ***QuitterE11, QuitterE1, action1, EntrerE2, EntrerE21, initialiser, EntrerE22,*** et place le système dans l'état ***État22***.

Figure 4.11
Ordre des actions dans un cas complexe.

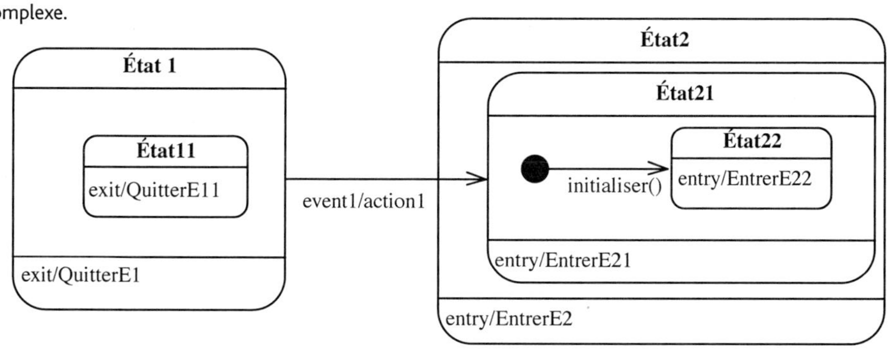

2.4. Historique et état composite

Chaque région ou sous-diagramme d'états-transitions peut avoir un pseudo-état historique, noté par un cercle contenant un H. Une transition ayant pour cible le pseudo-état historique est équivalente à une transition qui a pour cible le dernier état visité dans la région contenant le H.

Dans l'exemple de la fenêtre présenté précédemment à la figure 4.2, le pseudo-état historique permet de retrouver l'état précédent (*normale* ou *agrandie*) quand on sort de l'état *réduite*.

Il est possible de définir un dernier état visité par défaut à l'aide d'une transition ayant pour source le pseudo-état H. Cet état par défaut sera utilisé si la région n'a pas encore été visitée.

Il est également possible de définir un pseudo-état *historique profond*, noté par un cercle contenant H*. Cet historique profond permet d'atteindre le dernier état visité dans la région, quel que soit son niveau d'imbrication, alors que le pseudo-état H limite l'accès aux états de son niveau d'imbrication dans la région. Toute région peut avoir à la fois un historique profond et un historique de surface.

Exemple

Historique

L'utilisation d'un historique profond permet de retrouver, après une interruption, le sous-état précédent. À la figure 4.12, l'utilisation d'un historique de surface H, au lieu de H*, permettrait de retrouver l'état ***Traitement1*** ou ***Traitement2*** dans leur sous-état initial, mais pas les sous-états imbriqués ***E11***, ***E12***, ***E21***, ***E22***, qui étaient occupés avant l'interruption.

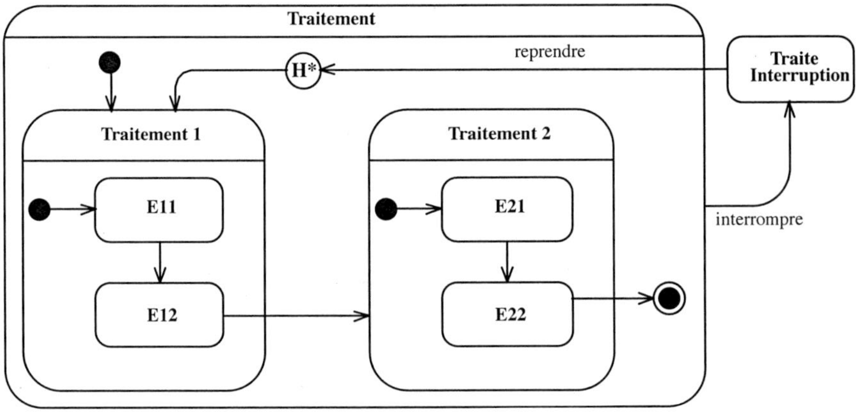

Figure 4.12 Historique et historique profond.

2.5. Interface des états composites

Pour cacher la complexité, il est possible de masquer, sur un diagramme, les sous-états d'un état composite et de les définir dans un autre diagramme. Pour exprimer la connexion des diagrammes entre eux, vous pouvez utiliser des *points de connexion*. Les points d'entrée et de sortie sont respectivement représentés par un cercle vide et un cercle barré à la frontière de l'état.

Pour utiliser le comportement « par défaut » d'une machine à état, c'est-à-dire entrer par l'état initial par défaut et considérer les traitements finis quand l'état final est atteint, il est inutile de se servir de ces points de connexion. Recourez plus simplement à des transitions ayant pour cible la frontière de l'état englobant.

Employez plutôt des points de connexion lorsqu'il est possible d'entrer ou de sortir de la machine à états de plusieurs façons, par exemple pour représenter des transitions traversant la frontière de l'état englobant et visant directement un autre sous-état que l'état initial (comme l'état historique par exemple), ou ayant pour source un sous-état et visant un état externe.

Un point de connexion n'est qu'une référence à un état défini ailleurs. L'état qu'il désigne est signalé par l'unique transition quittant le pseudo-état. Cette transition peut éventuellement porter une étiquette indiquant une action (qui sera exécutée avant l'activité *entry* de l'état cible), mais pas de garde ni de déclencheur explicite : c'est le prolongement de la transition qui vise le point de connexion.

Plusieurs transitions peuvent cibler un même point de connexion. Cela peut rendre les diagrammes plus lisibles.

Exemple

Points de connexion

Cet exemple montre l'utilisation des points de connexion. L'état ***distribuer boisson*** a deux entrées et trois sorties. L'entrée par défaut vérifie d'abord que le crédit de l'utilisateur est suffisant pour la boisson sélectionnée, et peut provoquer une sortie sur erreur par le point de connexion ***crédit insuffisant***. Un deuxième point d'entrée est fourni pour l'opérateur de maintenance qui peut déclencher la préparation d'une boisson sans insérer d'argent. La préparation de la boisson peut elle-même être soumise à des erreurs. Dans le cas nominal, la boisson est préparée et la sortie de l'état ***distribuer boisson*** se fait par l'état final.

Figure 4.13
Points de connexion pour la composition de diagrammes.

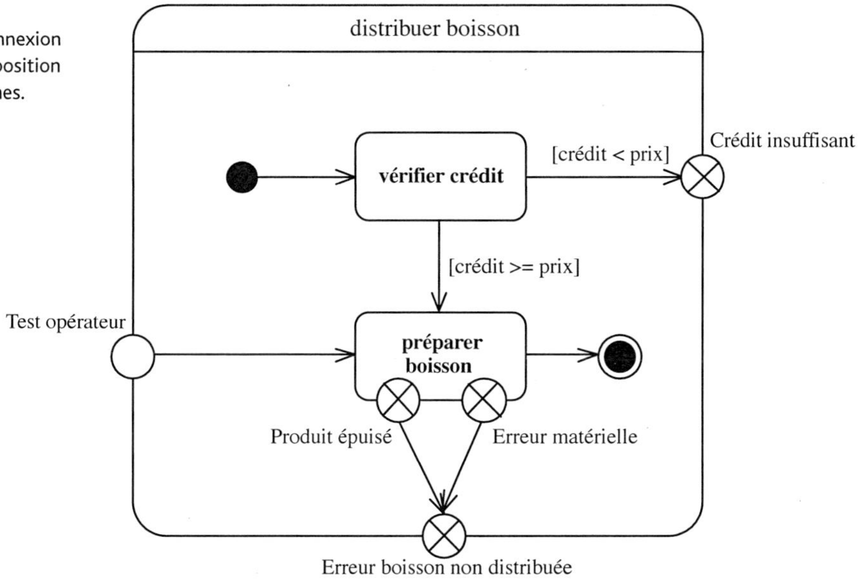

Les points de connexion sont plus qu'une facilité de notation : ils permettent de découpler la modélisation du comportement interne d'un état et la modélisation d'un comportement plus global. Ils offrent une façon de représenter l'interface (au sens objet) d'une machine à états, en masquant l'implémentation du comportement. Cela permet un développement par raffinements (ou en *bottom-up*), en deux étapes indépendantes du processus de conception, ce qui est essentiel pour traiter des modèles de grande taille.

3. Contrat de comportement

UML 2 introduit la notion de contrat de comportement (ou protocole d'utilisation d'un classeur), représenté à l'aide d'un diagramme de protocole (une version simplifiée des diagrammes d'états-transitions reconnaissable au mot-clé *{protocol}*).

Un contrat de comportement définit les séquences d'actions légales sur un classeur, ainsi qu'un certain nombre de pré- et post-conditions qui doivent être validées. Il est relativement abstrait et n'exprime pas la nature des traitements réalisés, mais indique simplement leur enchaînement logique. Ainsi, les états d'un diagramme de protocole n'ont pas de clauses déclenchant des activités (entry/, exit/, do/), et les transitions n'ont pas d'activités à déclencher.

Notation

La syntaxe de l'étiquette d'une transition liant un état source ***E1*** à un état destination ***E2*** sur un diagramme de protocole est la suivante :

```
'['pré-condition']' Déclencheur '/' '['post-condition']'
```

Une telle transition a le sens suivant : si le classeur est dans l'état protocolaire *E1* et si la pré-condition est vraie, la réception de l'événement déclencheur doit provoquer le passage dans l'état *E2*, et à l'issue du franchissement, la post-condition doit être vraie.

Les protocoles servent à expliquer la façon correcte de se servir d'une classe ou d'un composant, sans spécifier les traitements qui réalisent l'action. Plusieurs implémentations différentes d'une classe peuvent respecter un protocole donné.

Exemple

Protocole d'une classe Fichier

Ce diagramme décrit la façon de se servir d'une instance de classe descripteur de fichier. Avant de pouvoir l'utiliser vraiment (lecture, écriture, positionnement du curseur dans le fichier), il faut l'associer à un fichier à l'aide de la méthode ***open***. Avant de détruire l'instance, l'utilisateur doit appeler la méthode ***close***, pour éviter d'éventuels problèmes d'entrée/sortie. Sur cet exemple, il n'y a pas de gardes.

Figure 4.14
Diagramme de protocole d'une classe fichier.

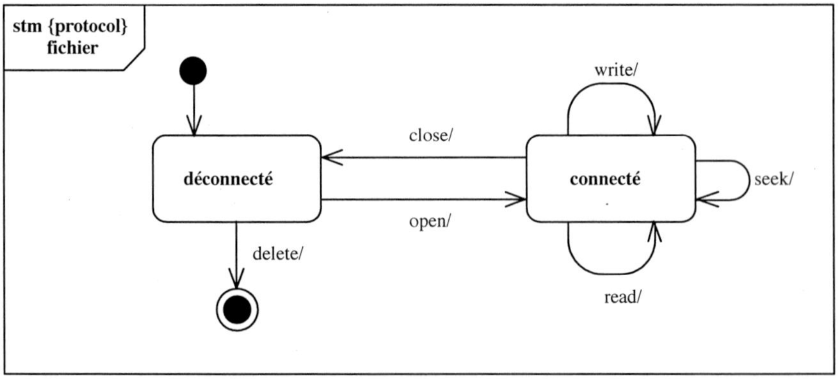

4. Gestion de la concurrence

Les diagrammes d'états-transitions permettent de décrire efficacement les mécanismes concurrents. Un état composite doté de sous-états peut avoir un comportement concurrent, à travers l'utilisation de *régions concurrentes*. Celles-ci permettent de représenter des zones où l'action est réalisée par des flots d'exécution parallèles.

Chaque *région* d'un état peut avoir un état initial et final. Une transition qui atteint la bordure d'un état composite est équivalente à une transition qui atteint l'état initial du sous-diagramme ou les états initiaux de toutes ses régions concurrentes si elles existent. Les transitions ayant pour origine un état initial interne ne sont pas étiquetées et correspondent à toute transition atteignant la frontière de l'état externe.

Quand un état présente des régions concurrentes, elles doivent toutes atteindre leur état final pour que l'action soit considérée comme terminée (génération d'un *completion event*).

Exemple

État concurrent

Cet exemple montre un état concurrent, au sein d'un distributeur de type machine à café. Quand la boisson a été sélectionnée et le montant validé par rapport au crédit, deux séquences d'actions sont déclenchées en parallèle : la préparation de la boisson et le rendu de la monnaie.

Figure 4.15 Régions concurrentes au sein d'un état.

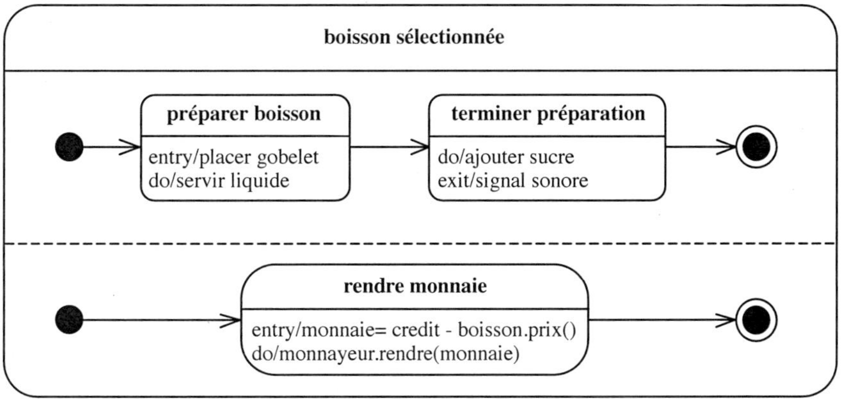

Il est également possible de représenter ce type de comportement au moyen de transitions concurrentes dites « complexes ». Ces transitions sont représentées par une barre verticale épaisse et courte, éventuellement associée à un nom. Un ou plusieurs arcs peuvent avoir pour origine ou destination la transition. La sémantique associée est celle d'un *fork/join*.

Exemple

Transition concurrente

L'état concurrent du distributeur de boisson peut être spécifié de façon équivalente à l'aide de deux transitions concurrentes. La transition nommée ici ***fork*** correspond à la création de deux tâches concurrentes créées dans les états ***préparer boisson*** et ***rendre monnaie***. La transition nommée ***join*** correspond à une barrière de synchronisation par rendez-vous. Pour pouvoir continuer leur exécution, toutes les tâches concurrentes doivent préalablement être prêtes à franchir la transition de rendez-vous.

Figure 4.16
Transition complexe pour l'expression de la concurrence.

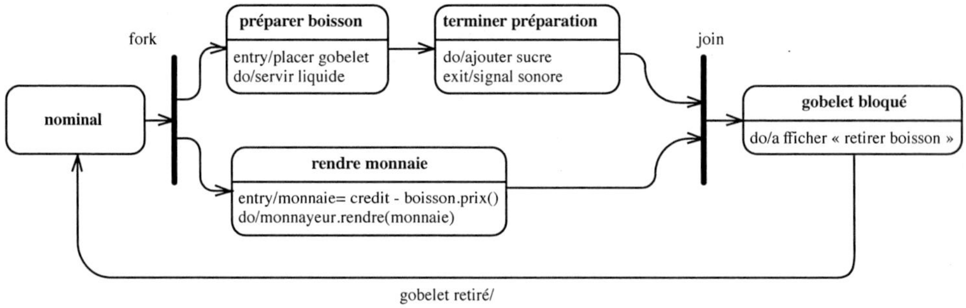

Une transition ayant pour destination un état cible muni de régions concurrentes est équivalente à une transition complexe de type *fork* ayant pour cibles les états initiaux de chaque région concurrente. Une transition ayant pour origine un état source muni de régions concurrentes est équivalente à une transition complexe de type *join* ayant pour sources les états finaux de chaque région concurrente.

Conclusion

Les diagrammes d'états-transitions permettent de représenter le comportement interne d'un objet, *a fortiori* actif, sous une forme qui met en avant le modèle événementiel ou *réactif* des traitements. Ils sont bien adaptés au génie logiciel orienté objet, en raison des mécanismes qu'ils proposent (événement de type *call, signal, after*), qui permettent de faire le lien avec les autres diagrammes de la norme. La grande flexibilité apportée par la possibilité de définir des transitions internes (*entry, do, exit)* et par les mécanismes de hiérarchisation des diagrammes permet de représenter de façon concise et formelle l'ensemble des comportements d'une instance modélisée.

De ce point de vue, les diagrammes d'états-transitions sont les seuls de la norme à offrir une vision complète et non ambiguë de l'ensemble des comportements (les diagrammes d'interactions n'offrant que la vue d'un scénario, sans vraiment préciser comment les différents scénarios ébauchés peuvent interagir entre eux). D'un autre côté, en raison de leur grand niveau de détails et de leur lourdeur relative, ils sont surtout adaptés à la phase de réalisation. En outre, ils conviennent peu à la modélisation de systèmes composés de plusieurs sous-systèmes car ils n'offrent pas de vision globale.

Les diagrammes de protocole donnent une vision de haut niveau du comportement d'un composant en spécifiant ses *responsabilités*, sans entrer dans les détails de son implémentation. Ils sont relativement proches de la notion d'interface d'un composant, tout en ajoutant une information supplémentaire par rapport à la seule description des signatures des opérations qu'il porte, à savoir des contraintes sur l'ordre d'appel des opérations déclarées.

Outre leur intérêt lors de la modélisation, certains outils sont capables de générer automatiquement un programme à partir d'une description sous forme de diagrammes états-transitions. Ainsi, chaque objet d'un système passe sous le contrôle d'un automate. Ce dernier connaît l'état de l'objet à tout instant, et en agissant comme un filtre, n'autorise les changements d'états que s'il reçoit une demande de transition valide. Le code produit est alors très robuste car l'objet ne peut pas être corrompu. De plus, le mode de contrôle du logiciel devient alors événementiel.

Avec les diagrammes présentés dans la partie précédente du livre (diagramme des cas d'utilisation, diagramme de classes et d'objets, diagramme de séquence et de communication, diagramme d'états-transitions), un système peut être presque entièrement modélisé. La modélisation n'est cependant pas assez avancée pour implanter le système. Les développeurs par exemple ont besoin de décrire les algorithmes utilisés pour définir les méthodes des classes, sans pour autant avoir recours à un langage de programmation. Par ailleurs, certains modèles sont trop approximatifs. Considérez par exemple un système dont le comportement est complexe. Dans ce cas, les diagrammes de séquence peuvent ne pas suffire à détailler les cas d'utilisation. Une partie de ces lacunes peuvent être comblées grâce aux diagrammes d'activités qui sont étudiés au chapitre suivant.

Problèmes et exercices

Les exercices suivants utilisent les principaux concepts des diagrammes d'états-transitions.

Exercice 1 : Diagramme d'états-transitions d'un individu du point de vue de l'INSEE

Représentez par un diagramme d'états-transitions les états que peut prendre un individu du point de vue de l'INSEE : *vivant, décédé, mineur, majeur, célibataire, marié, veuf* et *divorcé.*

Solution

Supposez que seul un individu majeur peut se marier. Utilisez des états composites pour cumuler les états : un individu peut être simultanément vivant, majeur, et divorcé par exemple.

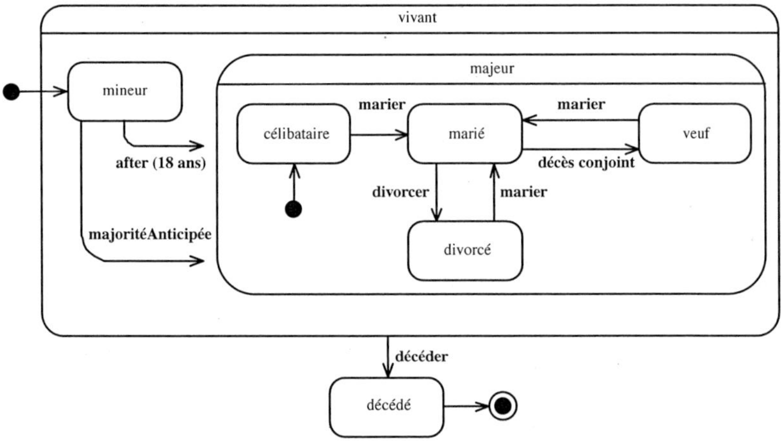

Figure 4.17
Un individu du point de vue de l'INSEE.

La machine à états englobante est implicite ici. L'utilisation d'un événement de type *after* permet de déclencher le passage à l'état *majeur.* Seules les transitions légales sont représentées : une personne ne peut se *marier* si elle est déjà *mariée.*

La transition *décéder* est franchissable quel que soit le sous-état de *vivant* dans lequel se trouve un individu.

Exercice 2 : Diagramme d'états-transitions d'une porte

Une porte munie d'une serrure offre les opérations *ouvrir, fermer, verrouiller, déverrouiller* et *franchir.* La serrure peut être fermée à simple ou à double tour.

1. Commencez par modéliser les états et transitions de la serrure. Mettez en avant les états où la serrure est verrouillée par rapport aux états où elle ne l'est pas.
2. Exprimez à travers un diagramme de protocole la façon *normale* de se servir d'une porte à verrou.
3. Modélisez les états et transitions d'une porte sans serrure. Ajoutez ensuite des annotations exprimant des contraintes pour lier ce diagramme à l'utilisation de la serrure.

Solution

1. La serrure répond aux événements *verrouiller* et *déverrouiller.* Vous pouvez dans un premier temps vous contenter de modéliser les trois états *déverrouillée, simple tour* et *double tour.* Utilisez un état composite pour distinguer les états où la serrure est verrouillée. Sur le schéma de la figure 4.18, nous avons employé la notation *frame* (cadre), avec l'indication *stm* (*State Machine*), pour spécifier le type et le nom du diagramme.

Figure 4.18
Les états d'une serrure de porte.

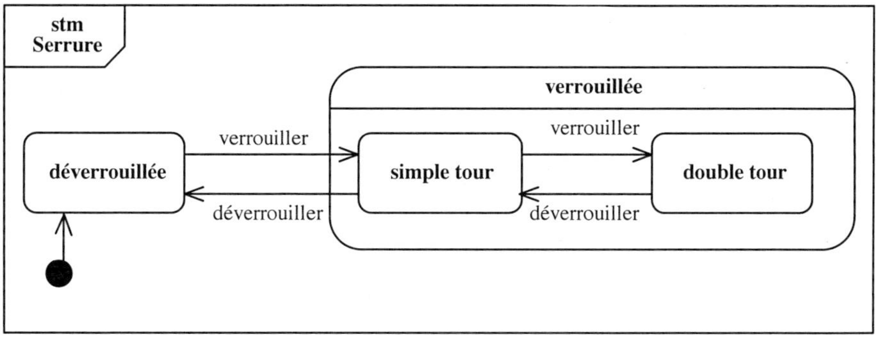

2. Un diagramme de protocole exprime la façon correcte de se servir d'un composant. Ici vous devez spécifier qu'on ne verrouille la porte que quand elle est fermée. Une première version présentée à la figure 4.19 fait apparaître quatre états.

Figure 4.19
Le protocole d'utilisation d'une porte.

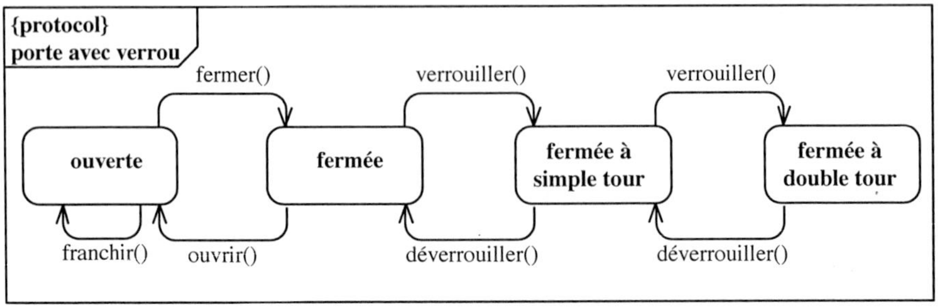

Cependant pour améliorer la cohérence avec le diagramme présenté à la figure 4.18, vous pouvez utiliser un état composite, dans lequel les états précédemment identifiés de la serrure sont présents.

Figure 4.20
Une autre modélisation du protocole d'utilisation d'une porte.

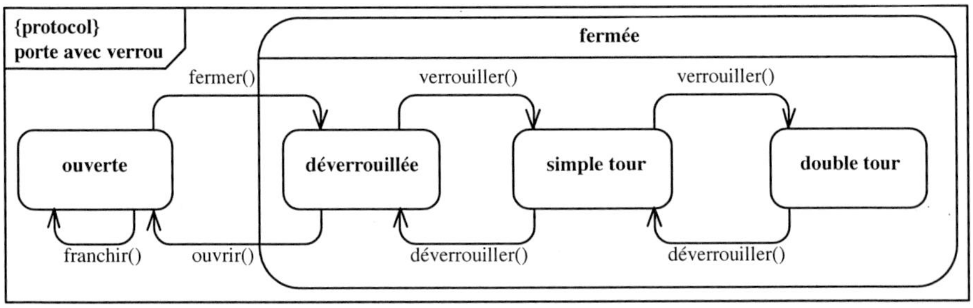

Ces deux modélisations sont très similaires, mais la deuxième découple mieux les états de la serrure et ceux de la porte elle-même.

3. La porte n'a que de deux états (*ouverte* ou *fermée*) et réagit aux événements *ouvrir*, *fermer* et *franchir*. Vous pouvez d'abord modéliser les états *ouverte* et *fermée* et les transitions associées. Ajoutez ensuite les gardes qui contraignent les transitions par rapport aux états de la serrure. La référence à l'état de l'objet serrure suppose une variable de contexte accessible depuis l'objet englobant ce diagramme, c'est-à-dire la porte.

Figure 4.21
Les états d'une porte.

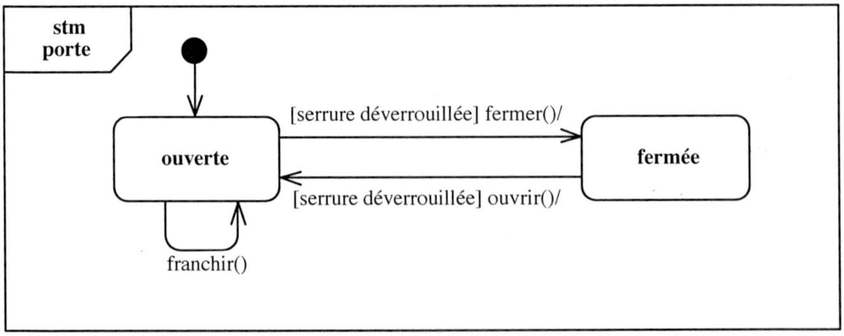

Cette modélisation exploite la définition composite des états de la serrure : il ne s'agit pas de savoir si la serrure est fermée à simple ou double tour, mais simplement si elle est verrouillée ou non.

Remarque

Cette modélisation découple mieux les objets porte et serrure qu'une modélisation qui mélangerait leurs machines à états. Vous seriez alors obligé de faire figurer des états comme *ouverte et verrouillée à simple tour, ouverte et verrouillée à double tour, fermée et verrouillée...*, ce qui augmenterait la complexité du diagramme inutilement et forcerait à copier-coller des parties de diagramme.
L'utilisation de gardes est mieux adaptée ici que l'utilisation d'une barre de synchronisation qui forcerait à mélanger les diagrammes de la serrure et de la porte. Avec le modèle obtenu, vous pourrez aisément réutiliser des parties pour modéliser une porte avec un digicode par exemple.
Enfin, notez que la porte telle qu'elle est définie par le diagramme de la figure 4.21 admet des scénarios absents du diagramme de protocole : il est également possible de la verrouiller quand elle est ouverte (ce qui empêche de la fermer correctement). Le diagramme de protocole donne donc des informations non redondantes par rapport aux diagrammes d'états-transitions : il décrit la *bonne* façon de se servir d'une porte.

Exercice 3 : Diagramme d'états-transitions d'une montre chronomètre

Cet exercice réunit trois exercices relativement indépendants, correspondant aux différentes fonctionnalités proposées. L'architecture logicielle proposée s'appuie sur le design pattern *Observer*.

Remarque

Le *design pattern* (ou patron de solution) *Observer* [Gamma 95] offre une solution propre aux problèmes de mise à jour des données de classes liées entre elles. Un des problèmes du partitionnement d'une application en classes est le maintien de la cohérence des parties de l'application. Pour favoriser la réutilisabilité, il n'est pas souhaitable de coupler fortement les classes stockant les données (classes de type sujet) et celles qui les affichent ou plus généralement les utilisent (classes de type observateur). Pourtant, il faut assurer qu'une mise à jour des données des classes de type sujet sera correctement répercutée sur les classes de type observateur.
Le design pattern *Observer* décrit une solution à ce problème. Un sujet peut avoir un nombre indéterminé d'observateurs et tous les observateurs sont notifiés du changement quand le sujet subit une mise à jour. En réponse, les observateurs interrogent le sujet pour connaître son nouvel état et mettre ainsi à jour leur propre état.
Une architecture de ce type est parfois qualifiée de *publish/subscribe* (publication/abonnement) : le sujet publie des notifications, les observateurs s'y abonnent s'ils le souhaitent. Le point important est que le sujet ignore quels sont ses observateurs, ce qui donne un modèle bien découplé.

Figure 4.22
Design pattern *Observer*.

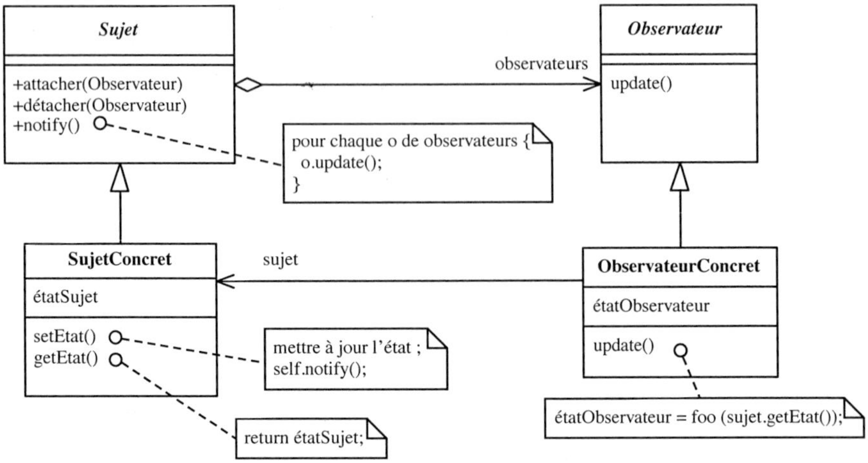

Une montre digitale propose une fonction horloge et une fonction chronomètre. Elle est munie de quatre boutons :

• Le bouton *light*, quand il est pressé, allume une lumière pendant une durée de deux secondes.

• Le bouton *mode* active successivement trois modes principaux de la montre : l'affichage de l'heure courante, le mode chronomètre et le mode réglage (pour mettre à jour l'heure courante).

• Le bouton *start-stop* lance et arrête le chronomètre en mode chronomètre. Il active successivement les fonctions de réglage de l'heure, des minutes ou des secondes en mode réglage.

• Le bouton *set* incrémente les heures, minutes et secondes en mode réglage et remet à zéro le chronomètre.

Vous allez décomposer l'étude du fonctionnement de cette montre en plusieurs étapes.

On vous donne la classe *Timer* qui sait gérer les dates/heures et est munie de toutes les opérations de mise à jour utiles. Sa méthode *start()* lance l'écoulement du temps et *stop()* l'arrête.

1. Élaborez un diagramme de classes qui permet de réaliser le lien entre l'afficheur à cristaux liquides de la montre et les instances de *Timer* gérant respectivement le chronomètre et l'heure courante.
2. Modélisez dans un premier temps le comportement lié à l'utilisation du bouton *mode* de la montre. Ajoutez le comportement lié à l'utilisation de la lumière (bouton *light*).
3. En mode chronomètre, le bouton *start-stop* lance ou arrête le chronomètre. Le bouton *set* remet le chronomètre à zéro s'il est arrêté. Modélisez ces comportements.

Ajoutez la possibilité de retrouver l'état précédent en changeant de mode : il est possible de lancer le chronomètre, puis de basculer en mode affichage de l'heure et de revenir au mode chronomètre : le chronomètre continue de tourner pendant cette opération. (Vous pourrez utiliser un pseudo-état historique.)

4. En mode réglage, le bouton *start-stop* active successivement les fonctions de réglage de l'heure, des minutes ou des secondes. Le bouton *set* incrémente l'heure courante d'une heure en mode réglage de l'heure, d'une minute en mode réglage des minutes, ou remet les secondes à zéro en mode réglage des secondes. L'afficheur fait clignoter le champ sélectionné. Modélisez ces comportements.

Solution

1. La montre dispose de deux instances de *Timer,* et d'un afficheur, accessibles depuis son contexte. On utilise une instance du design pattern *Observer* pour assurer la cohérence continue entre l'affichage et l'état interne de la montre.

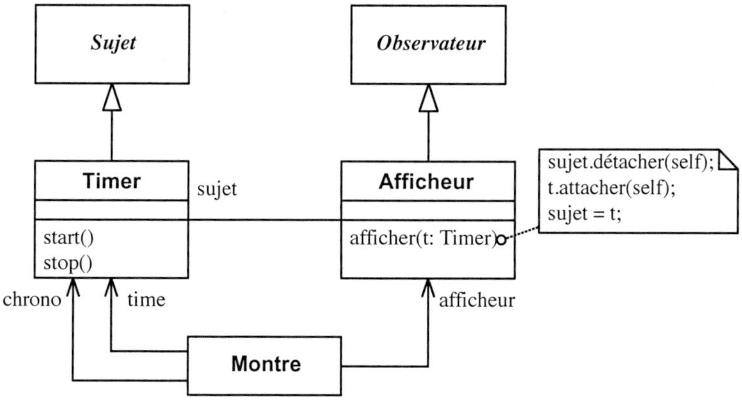

Figure 4.23
Diagramme de classes simplifié d'une montre.

2. L'alternance entre les trois modes principaux se représente facilement à l'aide de trois états. Le comportement lié à l'éclairage est indépendant du mode principal sélectionné. Utilisez donc des régions concurrentes pour exprimer cette indépendance.

Figure 4.24
Les principaux modes d'affichage et la lumière.

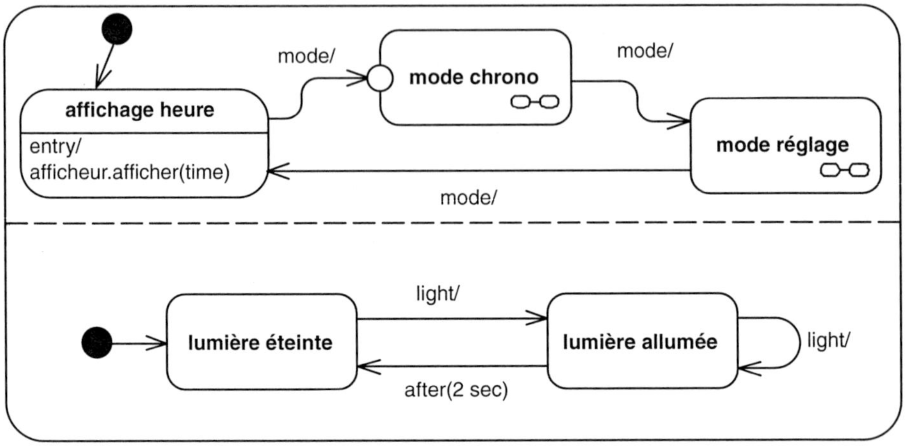

Le mode affichage de l'heure est relativement simple : quand on entre dans cet état, on lie l'afficheur à l'heure courante ; les boutons set et start-stop sont alors sans effet.

Les modes chronomètre et réglage sont plus complexes et par là même détaillés séparément. Notez graphiquement que ce sont des états composites, sans plus de précision. On introduit le point d'entrée de l'état *mode chrono* par souci de cohérence avec la solution proposée à la question 3. À ce stade de la modélisation, vous pourriez vous contenter de toucher la frontière de l'état.

La gestion de la lumière donne lieu à deux états, isolés dans une région concurrente. *after(2sec)* se mesure par défaut dès l'entrée dans l'état *lumière allumée*. Une nouvelle pression sur le bouton light quand la lumière est déjà active a donc pour effet de remettre ce compteur à zéro, puisque la transition associée fait quitter et entrer de nouveau dans l'état *lumière allumée*.

3. Le mode chronomètre s'appuie sur l'instance de Timer *chrono*. Chaque fois que l'on entre en mode chronomètre, l'afficheur est lié à l'instance de Timer *chrono*.

   Le chronomètre est initialisé à zéro la *première fois que l'on entre dans cet état*. Ce fonctionnement est modélisé par la transition partant de l'état historique, qui est la transition par défaut (portant l'action *chrono.set(0)*) utilisée uniquement la première fois que l'on pénètre dans cette région. Celle-ci a ensuite deux sous-états, selon que le chronomètre est lancé ou arrêté. Si on la quitte et qu'on la retrouve ensuite, le dernier état visité est atteint, ce qui représente bien le mécanisme de reprise décrit dans l'énoncé.

   L'événement noté *s-s* correspond à la pression sur le bouton *start-stop*. Le point d'entrée de cet état composite mène directement à l'état historique. L'absence de pseudo-état initial est compensée par la présence d'un état historique qui permet d'entrer dans la région. Un pseudo-état final est également inutile puisque les transitions quittant cette région touchent la frontière de l'état et sont donc franchissables depuis les deux états *stoppé* et *lancé*.

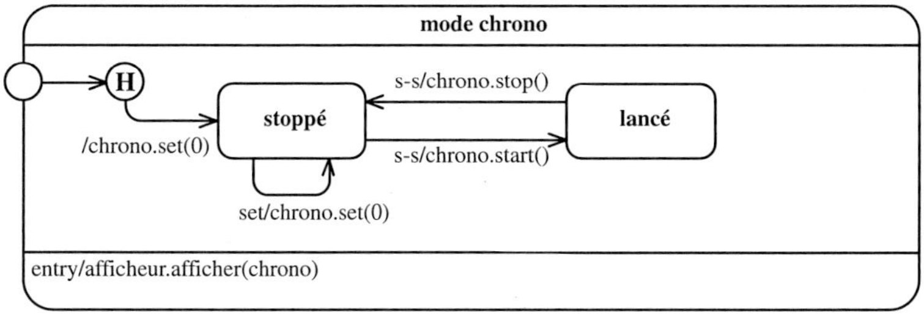

Figure 4.25
Le mode chronomètre.

4. Le mode réglage a trois sous-états représentant le réglage de l'heure, des minutes et des secondes. À l'entrée dans cette région, l'afficheur est lié au Timer *time* représentant l'heure courante.

   Les actions *do/* sont continues et durent tant que l'on reste dans l'état, mais sont interrompues par une transition qui le quitte. Les méthodes *increment* et *reset* incrémentent ou remettent à zéro le champ mentionné.

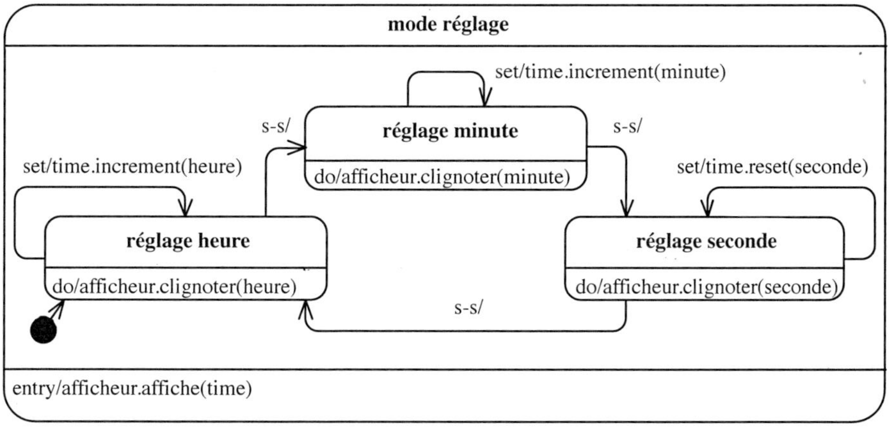

Figure 4.26
Le mode réglage.

Exercice 4 : Modélisation de la socket TCP

Cet exercice récapitulatif aborde la modélisation d'une socket de communication en mode connecté utilisant le protocole TCP (*Transfer Control Protocol*). Les états utilisés dans cette modélisation sont ceux affichés par la commande standard *netstat* et spécifiés dans la norme IEEE. Cet exercice correspond donc à la modélisation d'un protocole réel. Ne soyez pas dérouté par la complexité apparente du sujet : le passage des diagrammes de séquence proposés aux diagrammes d'états-transitions est relativement direct.

Les sockets sont des points extrêmes de communication bidirectionnels : c'est une interface standardisée, implémentée sur quasiment toutes les plates-formes de façon homogène, pour permettre la portabilité d'applications interagissant à travers un réseau.

Le modèle offert pour l'utilisation de sockets TCP est de type client-serveur :

• Le serveur offre un service aux clients, sur un numéro de port bien connu (80 pour HTTP par exemple). Il ouvre pour cela une socket qu'il place dans l'état *LISTEN* (écoute) et attend les requêtes de client.

• Le client est l'utilisateur du service. Il ouvre une socket et demande la connexion au serveur, en fournissant l'adresse du service souhaité (par exemple : nom.de.serveur.fr:80).

Si, à l'adresse spécifiée, un serveur est bien en attente, une connexion entre le client et le serveur est établie.

Le diagramme de séquence de la figure 4.27 représente les étapes de cette ouverture de connexion. Les rectangles arrondis sur la ligne de vie donnent l'état de l'instance de socket concernée. Les messages provenant de la bordure du cadre représentent les messages provenant de l'application. Les messages (ou *trames*) SYN sont un des types de messages de contrôle du protocole TCP. Les trames ACK correspondent à des acquittements. Chaque trame TCP porte un numéro de séquence, qui permet de gérer les pertes de trames et les acquittements. Toute trame peut porter, en plus de sa valeur propre, un acquittement encapsulé dans le même objet (*piggy-back*), pour des questions d'efficacité.

Figure 4.27
Ouverture de connexion TCP.

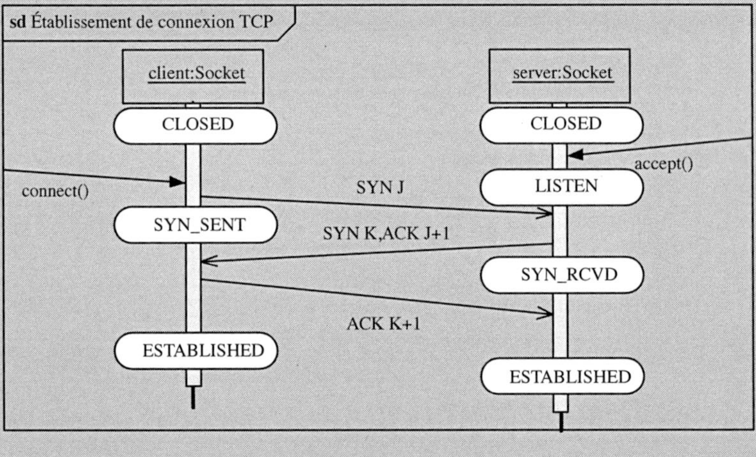

Une fois la connexion établie, le protocole devient symétrique : les deux participants peuvent lire et envoyer des messages. Vous ne modéliserez pas cette partie du protocole relativement complexe, qui assure la transmission sans pertes, duplications ou déséquencement des messages, et la gestion transparente des congestions du réseau.

La fin de connexion est initiée par l'un des participants, quand son application appelle la méthode *close()*. Pour que la connexion se termine proprement, un certain nombre de trames sont encore échangées, comme le montre le schéma présenté à la figure 4.28.

Figure 4.28
Fermeture de connexion TCP.

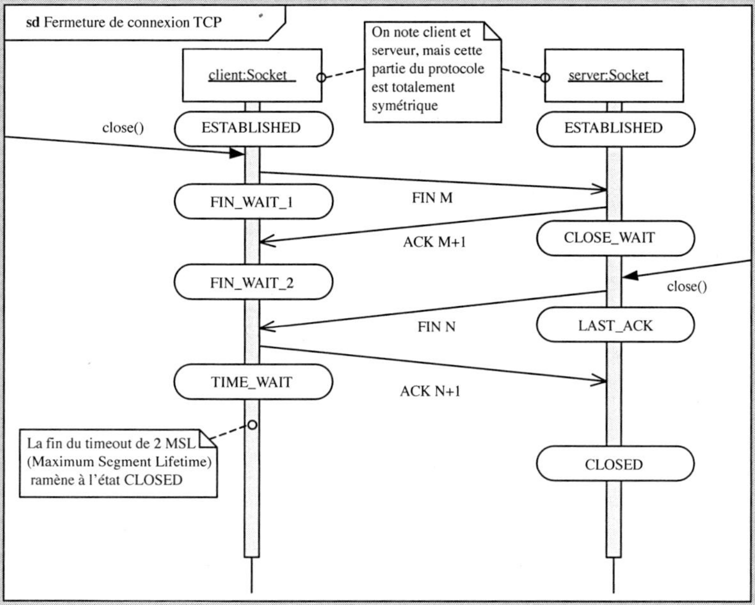

On dit de l'extrémité notée client sur ce schéma qu'elle fait une fermeture active, car elle initie la fin de connexion. Au contraire, l'extrémité serveur subit une fermeture passive, à l'initiative de l'autre participant. À l'état *CLOSE_WAIT*, les lectures de l'application sur la socket vont rendre le caractère de fin de fichier *EOF*, et l'on attend de l'application qu'elle appelle la méthode *close()* pour une fermeture propre de la connexion.

L'ensemble du protocole prévoit des problèmes matériels tels qu'une interruption du réseau ou un crash d'un des participants : à chaque envoi d'une trame, on initialise une horloge, qui déclenche la réémission de la trame si elle n'est pas acquittée à temps (on suppose que la trame s'est perdue sur le réseau) ou la fin de la connexion si la trame a déjà été émise trois fois (on suppose un crash réseau ou de l'autre participant).

1. En vous basant sur les diagrammes de séquence fournis, élaborez un diagramme d'états-transitions représentant les états d'une socket TCP. Vous distinguerez les états correspondant à l'état initial (*CLOSED*), à l'attente d'une connexion côté serveur, à l'attente d'établissement de la connexion côté client, à la connexion établie (*ESTABLISHED*), et à la fermeture active et passive de la connexion. Certains de ces états peuvent être affinés en sous-états.
2. Une fermeture simultanée de la connexion se produit lorsque les deux participants demandent en même temps cette fermeture (par appel de close()). Leurs trames de *FIN* se croisent et sont réceptionnées alors que la socket est à l'état *FIN_WAIT_1* où l'on attend habituellement un simple acquittement. Ce cas est décrit par le diagramme de séquence présenté à la figure 4.29.

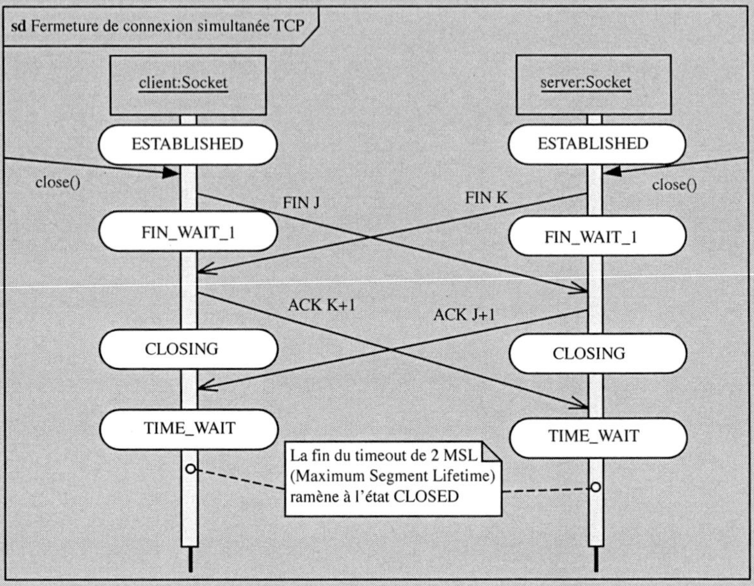

Figure 4.29 Fermeture simultanée de connexion TCP.

Modifiez le diagramme de la réponse à la question 1 pour permettre ce nouveau cas de figure.

Solution

1. Cet exercice modélisant un système réel est plus complet que les précédents. La solution proposée ici est une version simplifiée du protocole, inspirée du chapitre 18 de l'ouvrage « TCP/IP illustré, volume 1 » de Stevens (1993, Addison Wesley).

   Il faut décomposer le problème en étapes. Dans ce but, élaborez dans un premier temps un diagramme où n'apparaissent que les messages provenant de l'application et les états proposés par l'énoncé (voir figure 4.30).

Figure 4.30
États d'une socket TCP du point de vue d'une application.

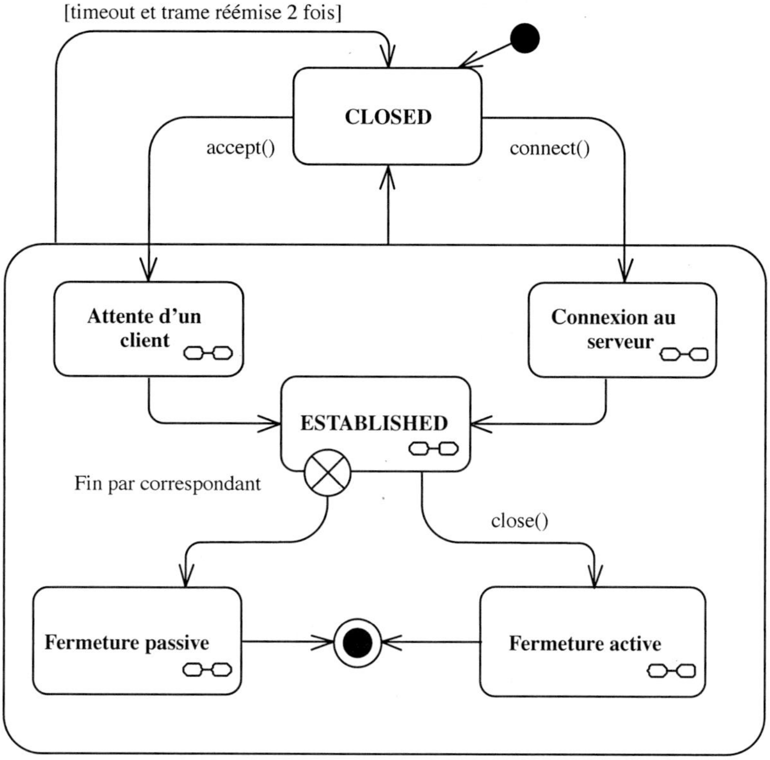

Ce premier diagramme donne une bonne vue d'ensemble du comportement de la socket. Sont mentionnés les informations et comportements principaux du protocole : une socket est initialement à l'état *CLOSED* et peut être sollicitée par un accept() (du côté serveur) ou un connect() (du côté client). La connexion est alors établie (état *ESTABLISHED*). La connexion peut se terminer soit de façon active, avec un appel de close(), soit de façon passive, si c'est l'autre participant qui met fin à la connexion.

La solution proposée utilise un point de sortie alternatif pour représenter ce dernier cas, au lieu de porter la trame *FIN/ACK* directement sur une transition de la bordure de l'état *ESTABLISHED* à l'état *Fermeture passive*. Ce parti pris assure une certaine cohérence et permet de cacher sur ce diagramme toutes les trames de contrôle. Cela donne une vision de plus haut niveau du comportement.

La fin nominale de la connexion correspond à l'état final, atteint par une transition automatique depuis un des états de fermeture. La transition sans étiquette qui ramène à l'état *CLOSED* est alors franchie.

Le mécanisme de timeout ramène à l'état *CLOSED* et est franchissable depuis tout état où la connexion est engagée.

Vient ensuite la description détaillée des états recensés (figures 4.31 à 4.35), ce qui est relativement direct étant donné les diagrammes de séquence proposés. Sont omis sur ces diagrammes les numéros de séquence des messages.

Figure 4.31
Côté serveur,
attente d'un client.

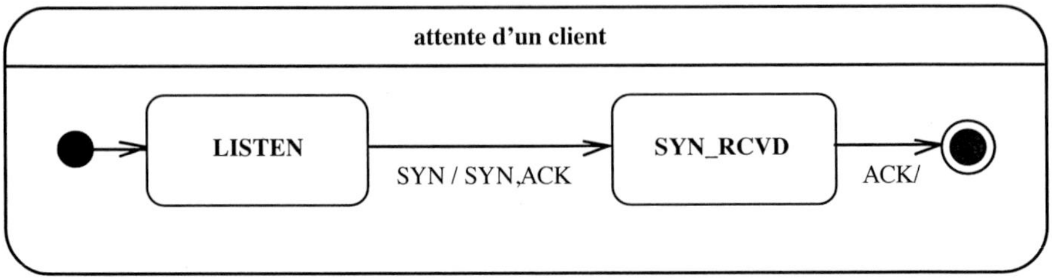

Figure 4.32
Côté client,
étapes de la
connexion.

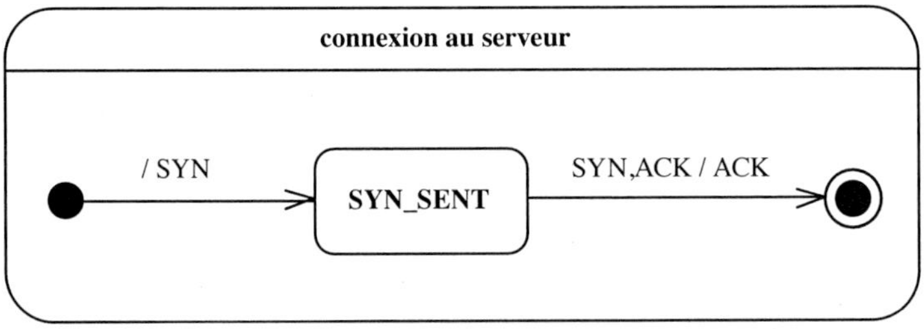

Figure 4.33
Symétrique,
phase connectée
d'échanges
de données.

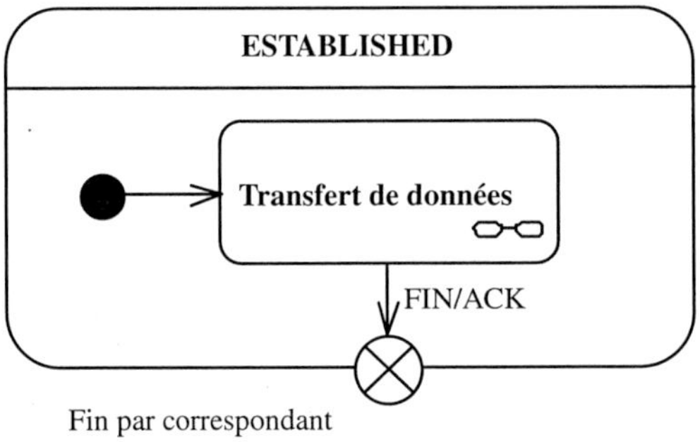

Figure 4.34
Fermeture active, à l'initiative
de l'application.

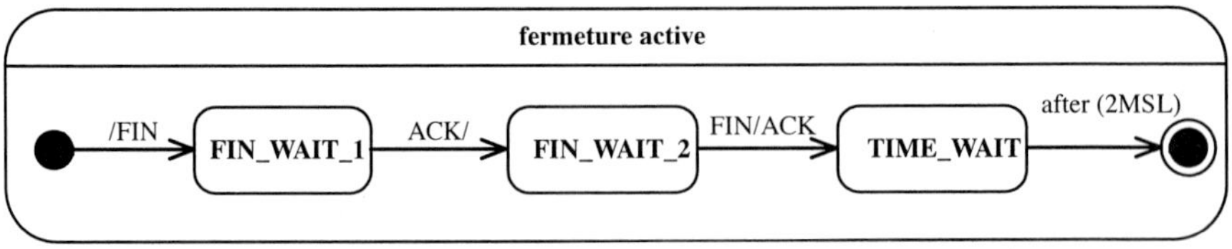

Figure 4.35
Fermeture passive, suite à une demande de l'autre participant.

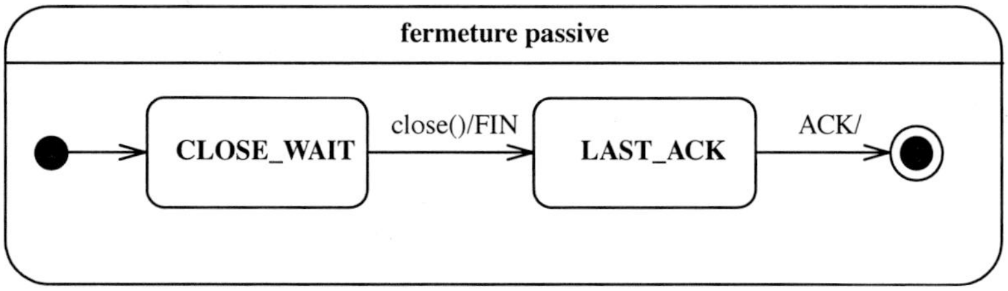

2. L'ajout de ce nouveau scénario se traduit par l'introduction d'une nouvelle transition depuis l'état *FIN_WAIT_1*. Le schéma d'ensemble décrivant les états n'est pas transformé : seul le comportement interne de l'état composite *fermeture active* est modifié (figure 4.36).

Figure 4.36
Introduction de la fermeture simultanée ou double fermeture active.

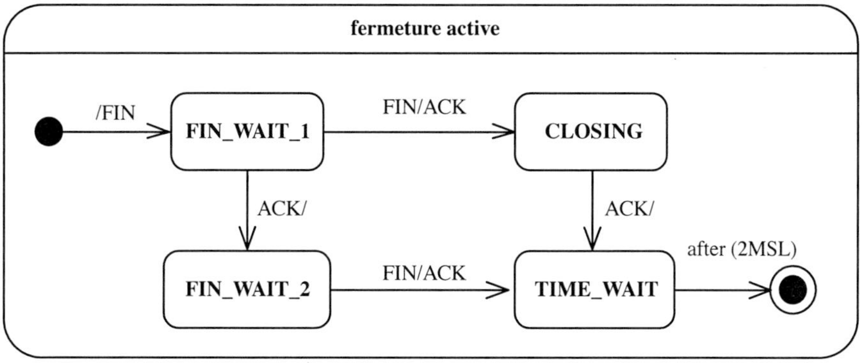

La bonne modularité de la description précédemment élaborée permet de limiter le nombre et la portée des modifications nécessaires pour prendre en compte ce nouveau scénario.

Chapitre 5

Diagramme d'activités

Les diagrammes d'activités permettent de spécifier des traitements *a priori* séquentiels. Ils offrent un pouvoir d'expression très proche des langages de programmation objet : spécification des actions de base (déclaration de variables, affectation...), structures de contrôle (conditionnelles, boucles), ainsi que les instructions particulières à la programmation orientée objet (appels d'opérations, exceptions...). Ils sont donc bien adaptés à la spécification détaillée des traitements en phase de réalisation. On peut aussi les utiliser de façon plus informelle pour décrire des enchaînements d'actions de haut niveau, en particulier pour la description détaillée des cas d'utilisation.

1. Action

Les modèles servent d'abord à expliquer le fonctionnement d'un système, en fournissant une vision abstraite de ses comportements. Cependant, UML 2 a vocation à aller au-delà d'une simple description informelle, en fournissant la possibilité de décrire un système à un niveau de détails qui permette son *exécution*. Cela s'inscrit dans le cadre du MDA (*Model Driven Architecture*), mis au point par l'OMG, qui propose de centrer le développement des systèmes au niveau de leur modèle.

À terme, l'objectif est de fournir un langage de spécification qui permette de se détacher des langages de programmation classiques : les développeurs de demain pourront utiliser UML pour développer leur système sans jamais descendre jusqu'au niveau de langages de programmation tels que Java, C++.

Pour cela, UML doit être doté de mécanismes offrant la précision d'un langage de programmation au niveau de la description de l'effet des actions. Comme UML se veut universel, aucune syntaxe concrète n'est proposée dans la norme pour décrire les actions : c'est à la charge des outils d'en définir une ou d'utiliser la syntaxe d'un langage de programmation existant. Cependant, UML propose une définition des instructions de base qui constituent le langage orienté objet : c'est la description des actions UML.

Sans aller dans les détails de la définition, nous présentons ici les grandes catégories d'actions que propose la norme, et donnons des exemples concrets d'instructions offrant en C++ ou Java la même sémantique.

1.1. Gestion des appels de procédure

Ces actions de communication gèrent le passage et le retour de paramètres et les mécanismes d'appels d'opérations synchrones et asynchrones.

Appel synchrone

Les actions de type *call* correspondent à des appels de procédure ou de méthode.

Dans les deux cas, il est possible de spécifier des arguments et d'obtenir des valeurs en retour. Ce type d'appel est bloquant : l'appelant attend la réponse de l'appelé avant de continuer son exécution.

Call operation correspond à l'appel d'une opération sur un classeur. *Call behavior* correspond à l'invocation d'un comportement spécifié à l'aide d'un diagramme UML, par exemple un diagramme d'activités ou d'interactions. Cela offre la possibilité, dans les diagrammes d'activités, de directement référer à d'autres types de diagrammes. Vous pouvez donc utiliser un diagramme de séquence par exemple (imbriqué dans un diagramme d'activités) pour illustrer le comportement d'une activité, et réciproquement.

Les actions *accept call* et *reply* peuvent être utilisées du côté récepteur pour décomposer la réception de l'appel. *Reply* correspond précisément au *return* des langages de programmation.

Exemple

L'invocation d'une méthode, ou d'une procédure plus complexe (un autre programme par exemple), correspond à une instance de call.

Pour décrire un traitement récursif, il faut utiliser une action ***call behavior*** pour réinvoquer le comportement en cours de description.

Appel asynchrone

Les appels asynchrones de type *send* correspondent à des envois de messages asynchrones : l'appelant poursuit son exécution sans attendre que l'entité cible ait bien reçu le message.

Ce type d'appel est bien adapté à la modélisation de systèmes matériels (communications sur un bus, interruptions d'entrée/sortie avec *send signal*) ou de protocoles de communication particuliers (UDP dans le domaine Internet, ou MPI dans le contexte multiprocesseur avec *send object*).

Le *broadcast signal* permet d'émettre vers plusieurs destinataires à la fois, une possibilité rarement offerte par les langages de programmation.

L'action symétrique côté récepteur est *accept event*, qui permet la réception d'un signal.

Exemple

La sémantique d'un appel dans les langages objet (C++, Java) est toujours synchrone (c'est-à-dire de type appel de procédure). Cependant, certains mécanismes de communication peuvent être vus comme des appels asynchrones.

En Java par exemple, la méthode ***notify()*** de la classe ***Object*** permet de signaler à un autre thread Java l'occurrence d'un événement. Cet appel n'est pas bloquant : l'exécution se poursuit sans attendre la bonne réception de l'appel. L'autre thread n'en est informé qu'après un délai, quand la machine virtuelle l'élit pour s'exécuter.

Événements particuliers

L'action *raise exception* permet de lever une exception au cours d'un traitement.

Une exception est un élément important de l'approche orientée objet ; elle permet de traiter des cas particuliers. Le comportement complet associé à la gestion des exceptions est décrit à la section 4.2 de ce chapitre.

Exemple

Le mot-clé standard throw (en Java et en C++) correspond précisément à la sémantique d'une action raise exception.

Un time event est un événement temporel déclenché après l'écoulement d'une certaine durée (spécifiée librement). On distingue graphiquement les actions associées à une communication : send signal, accept event et accept time event. Cela permet de mieux mettre en valeur les échanges entre les diagrammes de la spécification.

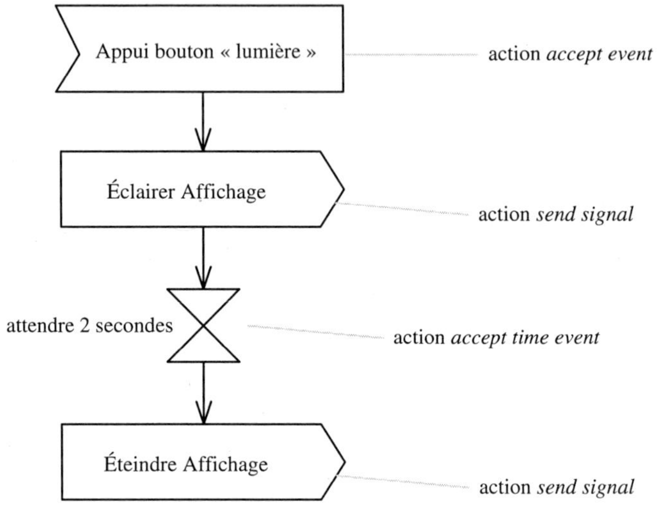

Figure 5.1
Les actions de communication.

1.2. Manipulation des variables

Les variables en UML sont toujours considérées comme des instances d'une classe : les actions proposées sur les variables correspondent donc à des accès sur un objet. On retrouve ici toutes les opérations usuelles des langages de programmation.

Accès et mise à jour

Les variables UML sont en principe des objets. Cependant, nous incluons aussi les types de base (*int*, *float*, *boolean*, *string*), qui ne sont pas à proprement parler des objets parmi les types de variables. Cela suppose que l'outillage permettra de les gérer par des profils ou des bibliothèques. Par exemple, l'opération *i++* doit se résoudre comme un appel de la méthode ++ sur l'objet *i* de la classe *Int*.

UML propose en outre des variables dites « multivaluées », qui correspondent à des collections, triées ou non. Leur introduction permet de faire mieux abstraction de l'implémentation : elles peuvent représenter une liste, un tableau, une table associative, etc. de façon homogène. En Java, l'interface *Collection* correspond bien à la notion de variable multivaluée.

La lecture d'une variable par *read variable* permet d'accéder à son contenu. L'action *clear variable* permet de réinitialiser une variable. Si elle est multivaluée, *clear* la vide de ses valeurs. Pour les variables monovaluées, *clear* n'a pas d'équivalent direct en programmation objet, si ce n'est l'affectation d'un objet construit par défaut à la variable.

Les actions d'écriture permettent non seulement d'affecter une valeur à une variable, mais également d'ajouter ou de supprimer des valeurs à une variable multivaluée (type collection d'objets). En conséquence, les actions d'écriture se déclinent en *add variable value* et *remove variable value*.

Enfin, une action *value specification* correspond à la définition d'une constante ou d'un littéral (la valeur 3, le caractère 'a', la chaîne «hello»).

Manipulations des objets

Pour la manipulation des objets, UML offre les actions de base associées à la programmation objet.

Create object et *destroy object* permettent la création et la destruction d'instances d'objets. Il est ainsi possible de créer et de détruire des variables locales, ainsi que des variables de portée plus grande (attribut statique de classe, par exemple).

Une fois l'objet construit, l'accès à ses champs se fait à l'aide d'actions *read structural feature*, qui permettent d'accéder à ses attributs comme à ses opérations. Elles correspondent à la notation pointée (*monObjet.attribut1.laMéthode()*) des langages de programmation.

Toute action qui se déroule dans un contexte d'instance (non statique) peut accéder à l'instance courante par *read self* (*self* correspond à l'identité de l'objet courant, noté *this* en Java et en C++, par exemple).

Enfin, des actions permettent de modifier le type d'un objet (*reclassify object*) ou de tester l'appartenance d'un objet à un type donné (*is classified*).

En général, il n'est possible de reclassifier un objet qu'en respectant l'arbre d'héritage : typer une instance de classe dérivée en instance de classe de base est une opération toujours légale. La réciproque est fausse.

Exemple

Ces mécanismes de typage sont fréquemment utilisés dans l'implémentation d'opérateurs de comparaison définis au niveau d'une classe de base.

```
public boolean equals (Object o) {
      if (! (o instanceof MaClasse) ) {
           return false;
       } else {
           MaClasse a = (MaClasse) o;
           return this.attrib1.equals(a.attrib1);
       }
}

#include <typeinfo>
bool operator== (const ClasseBase & o) const {
     if ( typeid(o) != typeid(MaClasse) ) {
         return false;
     } else {
           MaClasse  * pa = (MaClasse *) &o;
           return this->attrib1 == pa->attrib1;
     }
}
```

Gestion des pointeurs et références

UML intègre la notion de pointeur, sous le nom « link ». Les actions associées permettent de manipuler directement une référence à un objet (ou pointeur). On déclare, en général, un objet de type référence avec *create link object* et on lui affecte ensuite des valeurs avec *create link*. *destroy link* correspond à un *clear* et ne détruit pas l'objet *link* mais bien le lien vers l'objet qu'il référence. L'accès à la valeur référencée par le lien est assuré par une action *read link*.

L'arithmétique des pointeurs n'est pas totalement prise en charge, mais l'action *test identity* permet de comparer des références. Cette action teste l'identité (égalité physique en mémoire) de deux objets. Cela revient à comparer les adresses des objets.

Exemple

En Java, tout objet est manipulé par référence ; il n'existe pas de façon particulière de lire la valeur associée à la référence : les deux notions sont confondues.

En C++, un pointeur est explicitement manipulable. Une instance d'objet ou une référence sur objet se manipulent de la même façon. L'opérateur étoile (*) de déréférencement correspond à la notion de ***read link*** d'UML.

Modification du modèle de classes

La modification du modèle de classes (ajout d'attributs ou d'opérations) est assurée par des actions de type *add* ou *remove structural feature*. Ces actions ont peu d'intérêt dans le cadre d'une utilisation usuelle de langage objet. L'objectif est de modifier en cours d'exécution la structure d'une classe.

Exemple

Smalltalk et Python sont deux exemples de langages objet qui permettent ce niveau de réflectivité en cours d'exécution.

En Java, ce type d'opération n'est pris en charge qu'au niveau bytecode, pas directement au niveau des fonctionnalités standard du langage. Certaines bibliothèques spécialisées offrent cependant une interface de haut niveau pour réaliser ces opérations. Elles sont utilisées dans des approches réflexives, comme le tissage d'aspect (***Aspect Oriented Programming***).

Le modèle de compilation statique de C++ ne permet pas ce type d'opération, après la déclaration d'une classe.

1.3. Action opaque

Une action opaque n'a pas de sémantique ou de contrainte particulière, et n'a donc pas un sens défini par UML. C'est donc aux outils de savoir interpréter ce type d'action, qui dépasse le cadre d'UML, limité aux actions précitées dans cette section.

Les actions opaques permettent l'intégration de librairies ou routines de traitements existants. Elles peuvent également correspondre à des traitements qui n'ont simplement pas été modélisés.

Parmi les actions opaques figurent également les opérations sur les types machine de base : arithmétique entière et flottante, masques et vecteur de bits, etc. Bien que communes à la majorité des langages de programmation, elles ne sont pas standardisées en UML.

1.4. UML 2 et les actions

UML définit des actions qui couvrent les instructions élémentaires d'un langage de programmation, mais ne propose pas de mécanismes pour exprimer des boucles, des conditionnelles, des blocs d'actions consécutives. Il s'agit là d'une évolution importante d'UML 2 par rapport aux versions précédentes d'UML 1.x, qui intégraient ces mécanismes dans les actions.

En UML 2, la description de la structuration des actions est laissée aux activités. Ainsi, le modèle est plus clair et mieux découplé. Les activités englobent les actions et offrent des mécanismes pour exprimer clairement le cheminement du flot de contrôle.

On peut cependant regretter l'absence d'opérations explicitement définies sur les types de base habituels (opérations arithmétiques, par exemple). On peut espérer qu'un profil UML standardisé verra bientôt le jour pour prendre en charge ces types.

2. Activité

2.1. Modélisation des traitements

Les actions élémentaires sont décrites séparément en UML. Les traitements complets sont décrits par des activités, qui offrent une manière concise et sans ambiguïté de présenter *graphiquement* un traitement séquentiel, avec tout l'arsenal proposé par un langage de programmation orienté objet (actions de base, boucles et conditionnelles, appels de méthode, gestion des exceptions…).

Les activités donnent donc une description complète des traitements associés à des *comportements* au sens *interaction* d'UML. On les utilise couramment pour étiqueter les autres diagrammes (traitements associés aux messages des diagrammes de séquence, transitions des diagrammes d'états-transitions) ou pour décrire l'implémentation d'une opération d'un classeur.

Les diagrammes d'activités sont relativement proches des diagrammes d'états-transitions dans leur présentation, mais leur interprétation est sensiblement différente. En particulier, ils offrent un support pour l'expression de mécanismes concurrents, mais ce n'est pas là leur fonction première.

2.2. Une vision transversale, découplée de la vision structurelle classes/composants

La vision des diagrammes d'états-transitions est en effet orientée vers des systèmes réactifs, les transitions étant déclenchées par la réception de sollicitations, sans que la source de l'événement soit spécifiée. Cela est bien adapté aux systèmes concurrents, où chaque composant a son propre flot de contrôle, par exemple les systèmes basés sur des objets actifs ou les systèmes matériels. Leur avantage est de spécifier sans ambiguïté l'effet de toute action sur le composant, sans *a priori* sur le comportement de l'environnement.

Mais ils ne donnent pas une vision satisfaisante d'un traitement faisant intervenir plusieurs composants ou classes, et doivent être complétés par des scénarios d'interaction, usuellement décrits à l'aide de diagrammes de séquence. Au contraire, les diagrammes d'activités permettent une description centrée sur le traitement, en s'affranchissant (partiellement) de la structuration de l'application en classeurs.

2.3. Programmation structurée

Un flot de contrôle est associé à chaque processus ou thread d'une application : il représente le curseur d'exécution (*program counter*) qui exécute les instructions d'un programme. À un instant donné, il exécute une certaine instruction ; le choix de l'instruction suivante à exécuter est déterminé par les structures de contrôle du langage (*if/else*, *for*, *while*, *switch/case*...). Les activités capturent de façon graphique ce comportement *a priori* séquentiel de l'exécution.

En mettant l'accent sur le traitement, la vision des diagrammes d'activités se rapproche des langages de programmation procéduraux type C ou Pascal. Une activité se comporte par bien des points de vue comme une procédure, possédant des arguments en entrée et des valeurs de sortie et pouvant causer des effets de bord sur les variables accessibles depuis leur contexte. Il est possible, dans un premier temps, de raisonner purement sur les traitements et, lors d'une phase de conception détaillée, d'affecter les différentes activités recensées à des classeurs du système.

3. Flot de contrôle

3.1. Activité et transition

La vision des diagrammes d'activités est centrée sur les flots de contrôle. On y trouve deux éléments fondamentaux :

- Les activités, représentées par un rectangle aux coins arrondis, décrivent un traitement. Le flot de contrôle reste dans l'activité jusqu'à ce que les traitements soient terminés. On peut définir des variables locales à une activité et manipuler les variables accessibles depuis le contexte de l'activité (classe contenante en particulier). Les activités peuvent être imbriquées hiérarchiquement : on parle alors d'activités composites.
- Les transitions, représentées par des flèches pleines qui connectent les activités entre elles, sont déclenchées dès que l'activité source est terminée et déterminent la prochaine activité à déclencher. Contrairement aux activités, les transitions sont franchies de manière atomique, en principe sans durée perceptible.

Exemple

La commande

Cet exemple fait apparaître un certain nombre de possibilités des diagrammes d'activités. On y trouve la description d'un traitement Passer Commande. Les trois cadres, appelés « lignes d'eau », permettent de situer les actions par rapport aux entités du système : on identifie trois intervenants dans ce traitement, à savoir le client, le service comptable et le service livraison.

Les cercles noirs pleins désignent un état initial, utilisé pour débuter le traitement. Les cercles contenant un point noir désignent des états finaux, où le traitement est considéré comme terminé.

L'action se déroule comme suit : le client commence par passer une commande, ce qui donne lieu à l'élaboration d'un devis par le service comptable. L'élaboration du devis est elle-même décomposée en deux sous-activités : vérifier la disponibilité des produits commandés et calculer le prix de la commande.

Pour mieux faire apparaître la transmission du devis au client, on fait figurer un nœud d'objets. Cela représente un flux de données échangées entre le service comptable et le client. Devis est le nom d'une classe du système : les flots de données sont typés. Le client peut ensuite décider de modifier sa commande (retour dans l'activité initiale Passer commande), de l'annuler (passage dans l'état final, signifiant la fin de ce traitement), ou de valider le devis.

S'il valide, deux actions peuvent être engagées en parallèle : la préparation de la commande par le service livraison et le traitement de la facturation et du paiement. Le service comptable crée une facture qu'il envoie au client (l'objet facture transmis est alors dans l'état émise). Celui-ci effectue le paiement et renvoie la facture (qui se trouve à présent dans l'état réglée).

Quand la commande est prête et le paiement du client confirmé (synchronisation par rendez-vous de ces deux activités), la commande est livrée au client et le traitement s'achève

Notation

Une activité UML est représentée par un rectangle aux coins arrondis (figure 5.3) et contient la description textuelle des *actions* de base qu'elle réalise, ou simplement son nom si le niveau de spécification n'est pas encore assez précis pour détailler les actions. Aucune syntaxe spécifique n'est proposée dans la norme pour l'expression de ces actions : on utilise le plus souvent une syntaxe proche d'un langage de programmation ou, à défaut, du pseudocode. Les activités sont liées par des transitions représentées par des arcs orientés pouvant porter des gardes, qui représentent le cheminement du flot de contrôle de l'application. Certaines actions sont distinguées par un graphisme particulier (figure 5.1).

Figure 5.2
La commande.

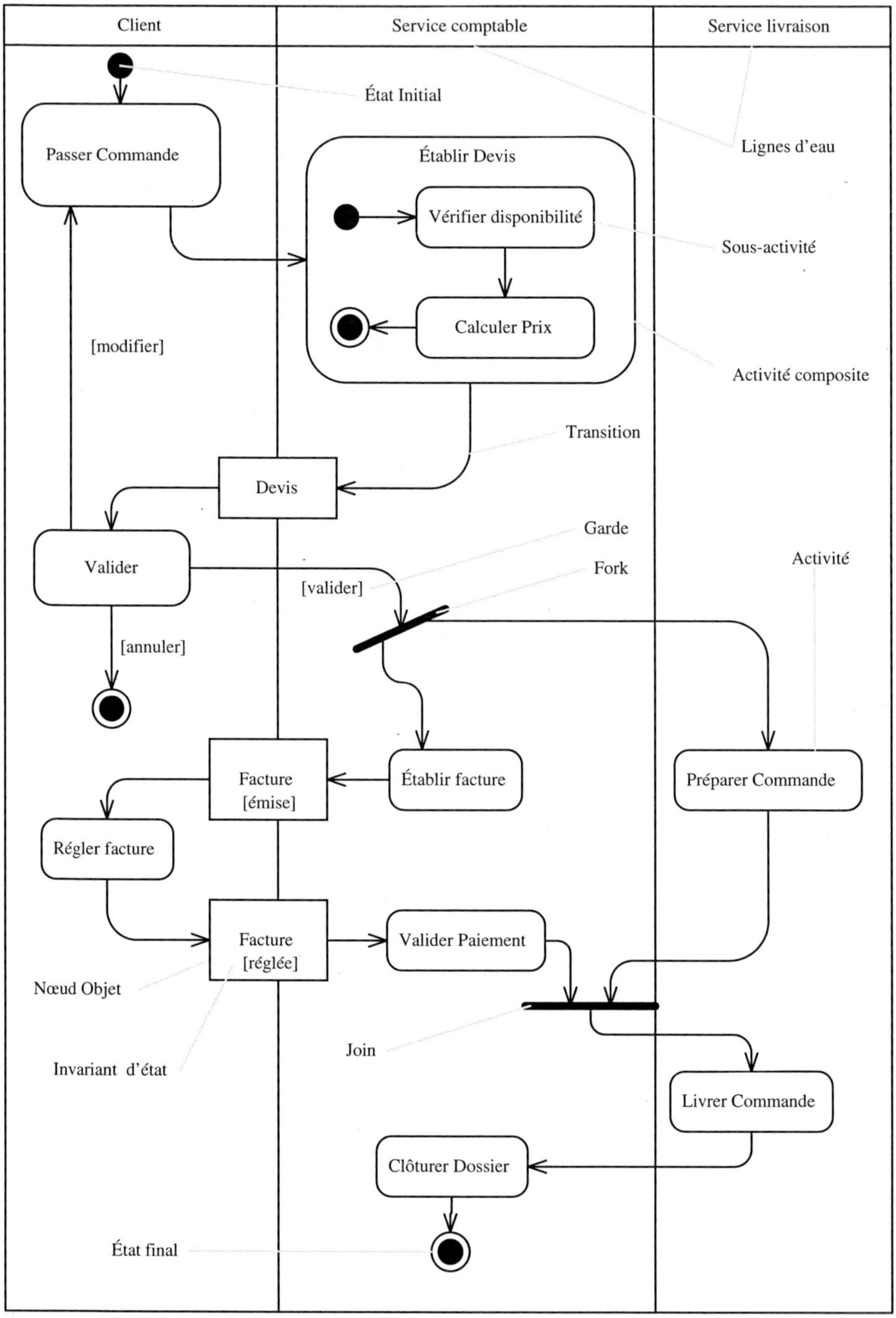

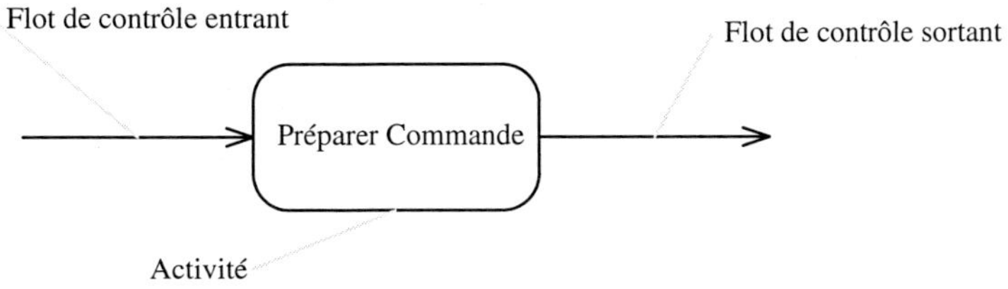

Figure 5.3 Notation des activités.

3.2. Structures de contrôle

Structure de contrôle conditionnelle

La façon la plus naturelle d'exprimer les conditions est d'utiliser des transitions munies d'une garde : de telles transitions ne peuvent être empruntées que si la garde s'évalue à vrai. Une garde est un test pouvant faire intervenir les variables accessibles depuis le contexte de l'activité. En principe, une garde n'a pas d'effets de bord, car elle peut être évaluée plusieurs fois.

On peut ajouter une garde à toute transition d'un diagramme d'activités. Elle est notée entre crochets. Si plusieurs transitions sont simultanément franchissables, le choix de la transition empruntée est indéterministe ; en général, il est donc préférable de s'assurer qu'une seule transition à la fois est franchissable. On peut utiliser une clause *[else]* dans une garde, qui est validée si et seulement si toutes les autres gardes des transitions ayant la même source sont fausses.

Les gardes peuvent porter sur des transitions ayant pour source une activité. Cependant, si l'on veut mieux mettre en valeur le branchement conditionnel, on peut utiliser un point de jonction, représenté par un losange. Les points de jonction expriment un aiguillage du flot de contrôle : ils peuvent avoir plusieurs transitions en entrée comme en sortie. Ils ont la sémantique d'un *if/endif* ou d'un *switch/case* des langages de programmation. Ce sont des états dits « de contrôle » (comme les états initiaux ou finaux), dans lesquels le flot de contrôle ne s'attarde pas : le franchissement d'une transition entre une activité et la suivante est globalement atomique, même si l'on traverse des points de jonction.

Exemple

Le distributeur de billets

Cet exemple illustre différentes représentations des alternatives. Après la vérification préliminaire, deux activités sont potentiellement déclenchées : la restitution de la carte si la vérification échoue ou l'activité ***taper PIN (Personal Identification Number)*** sinon. Après le contrôle du code PIN, on trouve trois alternatives, connectées à un point de décision ; une seule d'entre elles sera utilisée. Enfin, la note portant le mot-clé « ***decisionInput*** » indique que les gardes sur les transitions après le point de choix comparent la variable ***autorisation accordée*** à ***oui*** ou ***non***.

Cet exemple est modélisé à un niveau relativement élevé d'abstraction, les actions étant exprimées en langage naturel. Il décrit de façon concise un comportement relativement complexe. Ce niveau de description conceptuelle est bien adapté à la spécification détaillée des cas d'utilisation, car il résume de façon synthétique plusieurs scénarios..

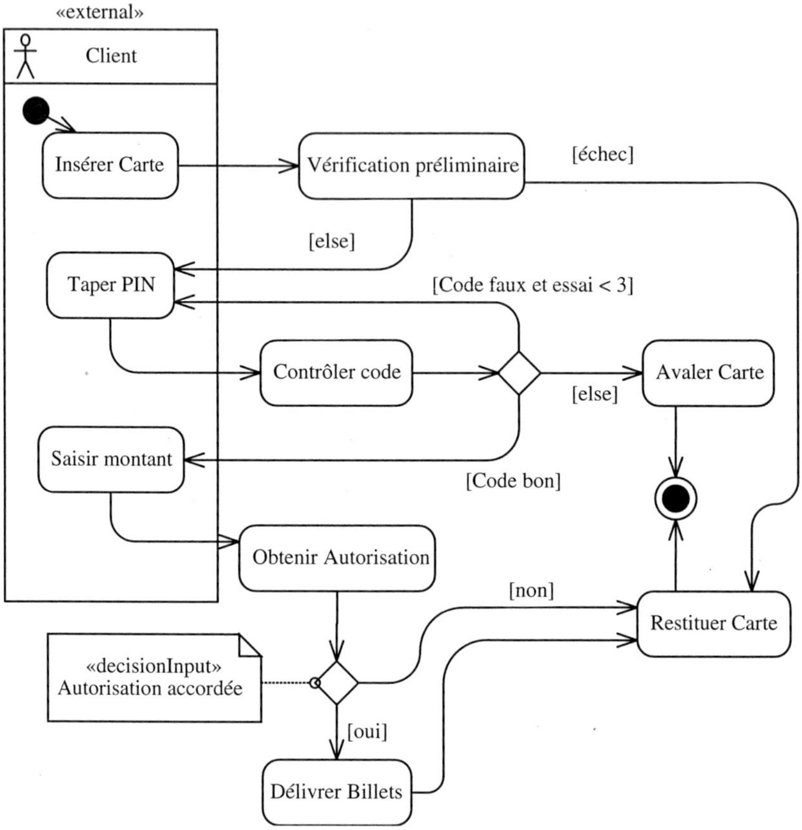

Figure 5.4
Le distributeur automatique de banque.

Les points de décision peuvent aussi modéliser la fin d'une alternative. On les appelle alors « points de débranchement ».

Exemple

Compter les mots, les lignes, les caractères

L'exemple de la figure 5.5 illustre la possibilité de représenter le flot de contrôle d'un programme à l'aide d'un diagramme d'activités. L'activité appelée ***wc*** réalise le comportement de l'outil Unix ***wc*** (***word count***). On utilise ici la notation ***frame*** (qui sert aussi dans les diagrammes de séquence) pour la représenter, et le stéréotype ***activity***.

On déclare les variables locales de l'activité, `nc`, `nw`, `nl`, qui servent à compter respectivement le nombre de caractères, de mots et de lignes de l'entrée. On utilise une variable `c` de type `char` pour stocker le dernier caractère lu de l'entrée (par la fonction `getchar()`). L'état courant de la lecture (dans mot ou hors mot) est représenté par une variable booléenne `inWord`. On suppose ici que `print`, `getchar`, `isWhitespace`, l'opération d'incrément ***++*** sont fournies (sous la forme d'actions opaques).

Comme on le voit sur cet exemple, les diagrammes d'activités d'un niveau de spécification détaillée permettent d'atteindre le pouvoir d'expression de langages de programmation classiques.

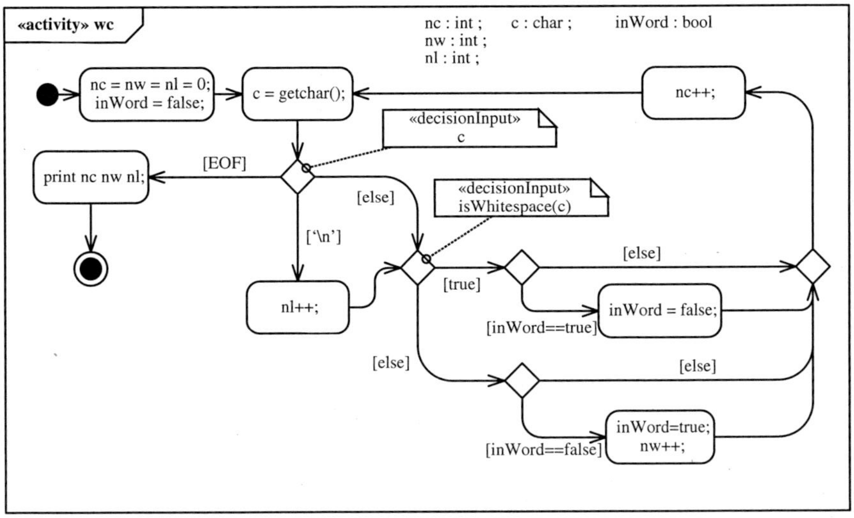

Figure 5.5 Compter les lignes, les mots et les caractères.

Activité structurée

La norme prévoit également des activités dites « structurées », qui utilisent les structures de contrôle usuelles (conditionnelles et boucle) à travers une syntaxe qui dépend de l'outil. La syntaxe précise de ces annotations, comme celle des actions de base, n'est donc pas définie dans la norme : on utilise du pseudo-code ou la syntaxe d'un langage de programmation.

Exemple

Avec une syntaxe C++, on décrit une activité contenant une boucle (le calcul du prix total d'une facture) et une activité contenant une conditionnelle (une implémentation possible de isWhitespace() de l'exemple précédent). Les arguments et valeurs de retour sont décrits à l'aide de pins, présentés en détail à la section 3.4.

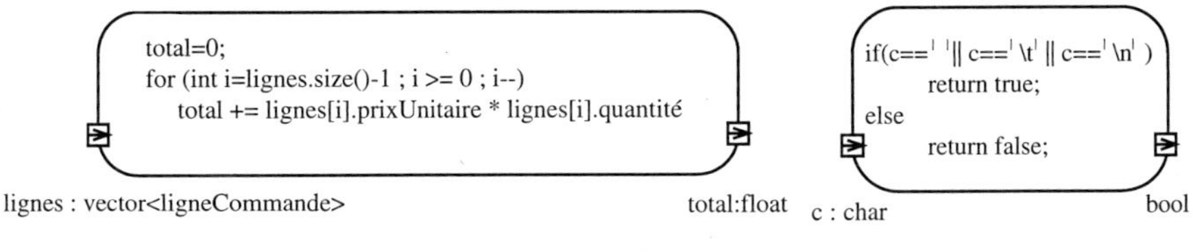

Figure 5.6 Activité structurée.

Ce type d'activité est fourni par commodité, mais son utilisation rend peu visible le cheminement du flot de contrôle.

3.3. Activité et classeur

Les activités peuvent être utilisées pour des descriptions de différents niveaux de détails, de la plus élémentaire (description conceptuelle d'un comportement par exemple) à la plus fouillée, faisant alors intervenir des actions UML pour être à la hauteur de ce que permet un langage de programmation.

Une de leurs utilisations principales est de décrire l'effet d'opérations de classeur. Les activités peuvent, dans un premier temps, ne pas avoir un contexte bien défini. C'est le cas dans l'exemple du distributeur de banque : le système complet du DAB n'étant pas encore décomposé en sous-éléments, seules les activités afférentes au client ont été placées sur une ligne d'eau. Une description plus détaillée nécessiterait sans doute de décomposer plus finement les actions, en vue de représenter plus explicitement les appels d'opération sur les composants du système (lecteur de cartes, serveur d'authentification, imprimante pour le ticket...). Sur le diagramme de la figure 5.4, le mot-clé *extern*, sis au-dessus de la partition du client, indique que ce dernier n'est pas un élément du système en cours de conception.

Les lignes d'eau (ou partitions) permettent d'attribuer les activités à des éléments particuliers du modèle. Une partition peut elle-même être décomposée en sous-partitions. La liste suivante réunit les types standard d'une étiquette de partition :

- Classeur. Les activités de la partition sont sous la responsabilité du classeur indiqué : le contexte de l'activité est donc celui du classeur concerné. L'appel effectif de l'activité dans un scénario de comportement doit se faire sur une instance du classeur.
- Instance. En plus des contraintes imposées par la notion de classeur, l'appel effectif doit se faire sur l'instance citée.
- Attribut et valeur. Ce cas est assez différent des précédents. On a toujours au moins deux niveaux de partition : la partition englobante donne le nom de l'attribut concerné, et ses sous-partitions spécifient une valeur de l'attribut.

Exemple

Utilisation de partitions

Il est possible d'affiner le modèle de la commande présenté précédemment en spécifiant plus finement le type des lignes d'eau. Il s'agit d'indiquer, d'une part, que les activités du service comptable sont rattachées à une instance qui a, pour l'attribut ***libelléService*** de type ***Service***, la valeur ***Service Comptable*** et, d'autre part, que le client ne fait pas partie intégrante du système étudié.

Figure 5.7
Lignes d'eau.

«external»	«attribute» libelléService : Service	
Client	Service comptable	Service livraison

Les activités peuvent appartenir à plusieurs partitions, si ces dernières fournissent une information qui n'est pas conflictuelle (par exemple, une activité donnée ne peut appartenir qu'à un unique classeur). On peut même cumuler graphiquement des partitions en les plaçant horizontalement *et* verticalement.

Exemple

Partitions multidimensionnelles

La version simplifiée de la commande présentée à la figure 5.8 exprime que la réception des commandes se fait au siège social à Paris, que la validation du paiement est réalisée par le service comptable de Roubaix, et que les commandes sont préparées et livrées par un service livraison situé également à Roubaix. L'utilisation de partitions multidimensionnelles ne facilite pas la lisibilité des diagrammes.

Figure 5.8
Partitions multidimensionnelles.

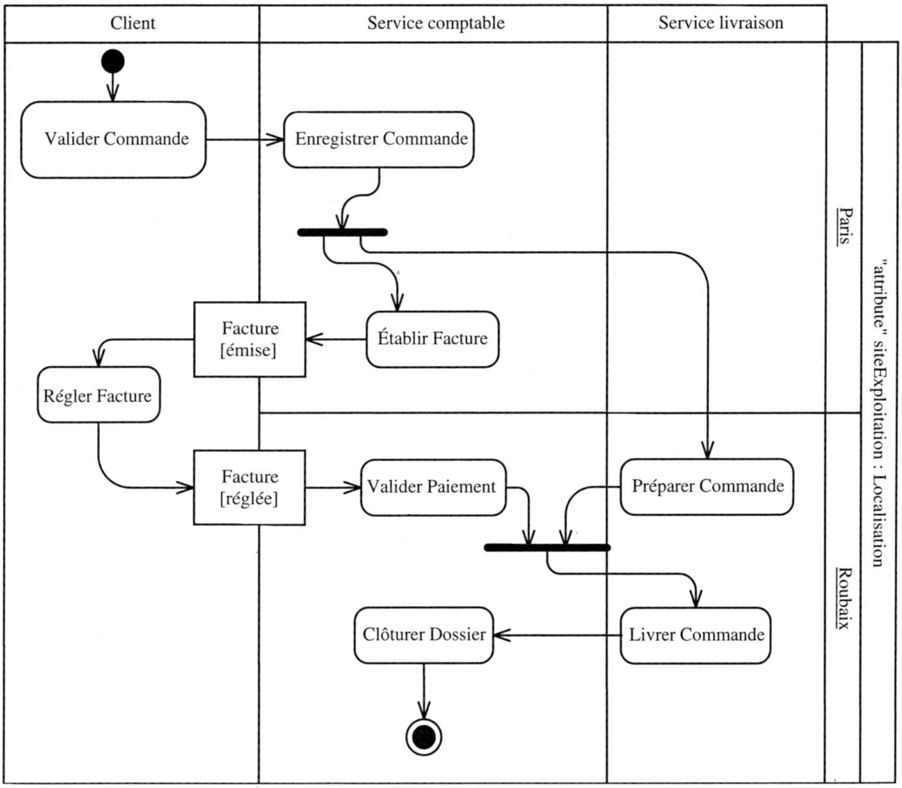

Il est possible de spécifier la partition à laquelle appartient une activité directement dans l'étiquette de l'activité, entre parenthèses. Si une activité est ainsi étiquetée, cette information prévaut sur l'appartenance éventuelle à une partition graphiquement représentée.

Exemple

Partition explicite

Cette notation est moins encombrante graphiquement, mais met moins bien en valeur l'appartenance de groupes d'activités à un même conteneur.

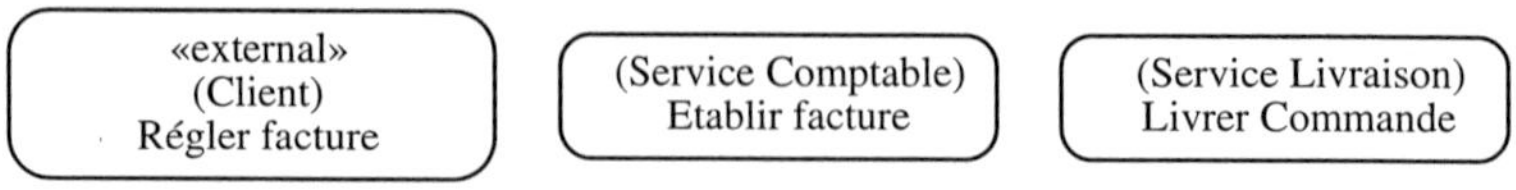

Figure 5.9
Partition explicite.

3.4. Argument et valeur retournée

Si les diagrammes d'activités présentés jusqu'ici montrent bien le comportement du flot de contrôle, le flot de données n'apparaît pas clairement. Or, c'est un élément essentiel des traitements : si une activité est bien adaptée à la description d'une opération d'un classeur, il faut un moyen de spécifier les arguments et valeurs de retour de l'opération. C'est le rôle des *pins*, des *nœuds* et des *flots d'objets* associés.

Pin

Pour spécifier les valeurs passées en argument à une activité et les valeurs de retour, on utilise des pins. Un pin représente un point de connexion pour une action : l'action ne peut débuter que si l'on affecte une valeur à chacun de ses pins d'entrée ; quand elle se termine, une valeur doit être affectée à chacun de ses pins de sortie.

La sémantique associée est celle des langages de programmation usuels : les valeurs sont passées *par copie*, une modification des valeurs d'entrée au cours du traitement de l'action n'est visible qu'à l'intérieur de l'activité.

Un pin est représenté par un petit carré attaché à la bordure d'une activité. Il est typé et éventuellement nommé. Il peut contenir des flèches indiquant sa direction (entrée ou sortie) si cela n'est pas déterminé par le contexte d'utilisation de l'activité.

Exemple

Utilisation de pins

Soit l'activité représentant l'opération produit entre deux entiers ***a*** et ***b***. On utilise un pin pour représenter chaque argument, et un pin de sortie pour représenter la valeur retournée.

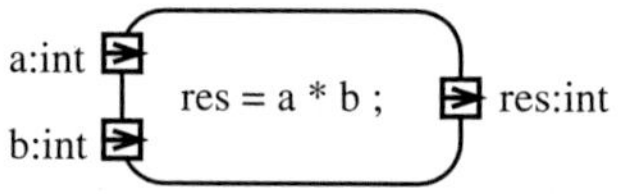

Figure 5.10
Représentation de pins.

Les valeurs associées aux pins peuvent être utilisées comme les variables du contexte dans les traitements associés à l'activité. Introduisez un pin par argument du traitement. Vous pouvez ainsi de définir des traitements paramétrés, ce qui manquait cruellement aux versions précédentes d'UML.

Les pins servent également à représenter des mécanismes d'exceptions. Un triangle signale un pin d'exception.

Exemple

Représentation des pins d'exceptions

La méthode ***elementAt*** de la classe ***Vector*** de la librairie standard Java renvoie l'élément du vecteur situé à l'indice donné en argument, mais peut échouer si cet indice est négatif ou audelà de la taille courante du vecteur. On émet alors une exception.

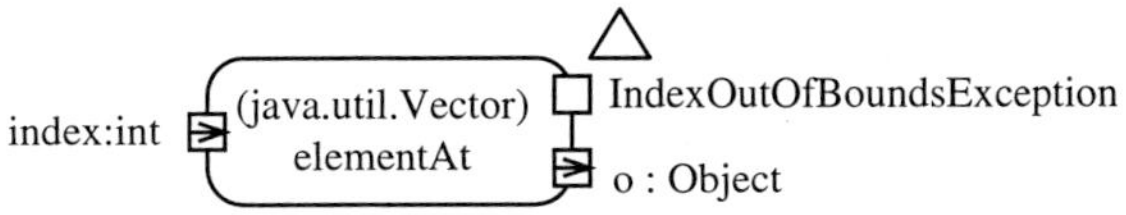

Figure 5.11
Pin d'exception.

Vous avez donc les moyens de représenter graphiquement une opération d'un classeur, avec sa signature complète : arguments, type de retour et exceptions potentiellement levées. Vous avez en outre la possibilité de définir une activité comme appartenant à une classe. En conclusion, les mécanismes essentiels de la programmation orientée objet sont présents dans les diagrammes d'activités.

Nœud et flot d'objets

Un flot d'objets permet de passer des données d'une activité à une autre. De fait, un arc qui a pour origine et destination un pin correspond à un flot d'objets. Le type du pin récepteur doit être parent (au sens héritage) du type du pin émetteur ; le flot d'objets est luimême typé.

Il est possible de mieux mettre en valeur les données par l'utilisation d'un nœud d'objets détaché d'une activité particulière. Un nœud d'objets, représenté par un rectangle, est un conteneur typé qui permet le transit des données. Il sert également de stockage : il peut contenir plusieurs instances d'objet, à la manière d'un tampon (*buffer*).

Un nœud d'objets (ou un pin) peut imposer des contraintes, que doivent vérifier les objets qu'il contient. Elles sont exprimées sous la forme d'invariants d'état, notés entre crochets.

Implicitement, tout arc ayant pour source ou destination un nœud d'objets est un flot d'objets plutôt qu'un flot de contrôle. Un flot d'objets peut porter une étiquette mentionnant deux annotations particulières :

- *transformation* indique une interprétation particulière de la donnée transmise par le flot.
- *selection* indique l'ordre dans lequel les objets sont choisis dans le nœud pour le quitter. Une annotation de sélection peut également figurer sur un nœud d'objets : l'ordre spécifié est alors commun à tout arc ayant pour source ce nœud.

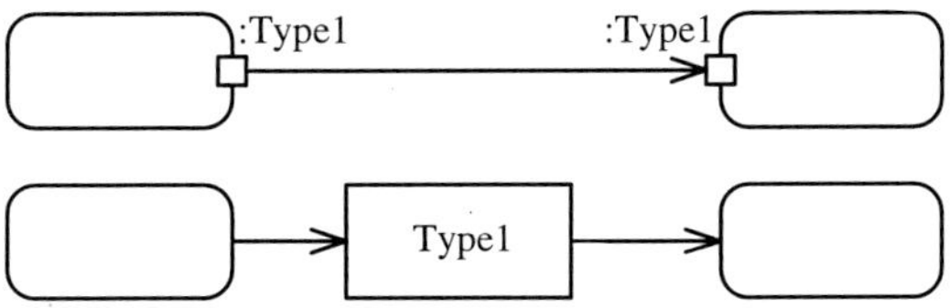

Figure 5.12
Deux notations pour un flot de données.

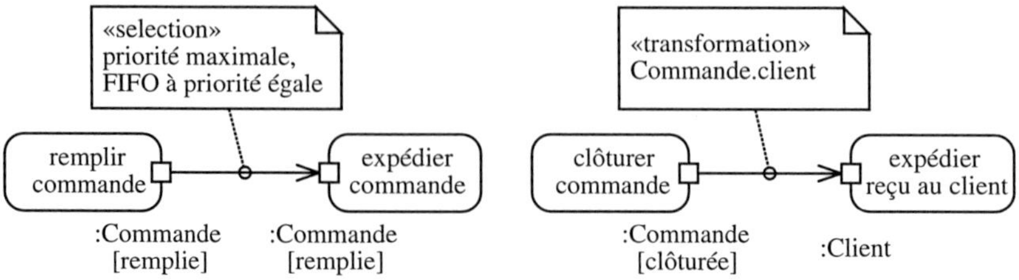

Figure 5.13 Annotations des flots de données et invariants d'état.

Enfin, certains flots d'objets correspondent mieux à la notion de flot continu de données : ils portent l'étiquette *{stream}* ou ont pour cible un pin de type *{stream}* (représenté par un carré noir plein). Le comportement usuel d'une activité consiste à « consommer » un objet sur chaque pin d'entrée, à s'exécuter et à fournir une valeur sur chaque pin de sortie. Une activité peut cependant « consommer » (respectivement émettre) plusieurs données sur ses pins d'entrée (respectivement de sortie) qui sont du type *stream*.

Exemple

Filtres Unix

La plupart des commandes standard Unix sont conçues comme des filtres, qui lisent sur leur entrée standard ***stdin*** et écrivent sur leur sortie standard ***stdout***. Le signalement des erreurs passe par un troisième flux : ***stderr***. Il est possible de chaîner les commandes, ce qui permet de construire facilement des commandes plus puissantes.

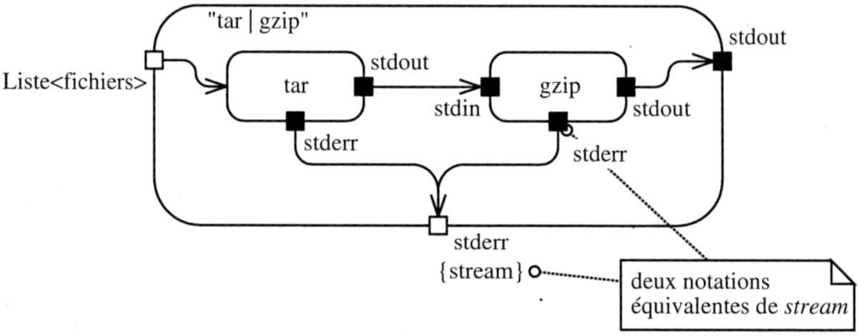

Figure 5.14 Le chaînage des commandes tar et gzip permet de créer des archives compressées.

4. Mécanismes avancés

Les constructions présentées à la section 3 sont suffisantes pour la majorité des usages. Ce jeu d'éléments de base constitue le cœur du formalisme des diagrammes d'activités. Il est recommandé de bien comprendre ces mécanismes avant d'aborder cette section, qui présente des concepts plus complexes proposés par les diagrammes d'activités.

4.1. Concurrence

La vocation première des diagrammes d'activités est de décrire des traitements *a priori* séquentiels : on ne débute l'activité après une transition que lorsque celle qui la précède est terminée.

Cependant, il est possible de décrire des mécanismes concurrents à l'aide de diagrammes d'activités. Cela ne signifie pas nécessairement que l'implémentation est concurrente, mais plutôt que les actions décrites ne sont pas liées par une dépendance causale : l'ordre d'exécution n'a pas d'incidence sur le comportement global.

Dans l'exemple de la commande présenté à la section 3.1, l'activité *préparer commande* peut être réalisée avant ou après l'activité *établir facture*, ou même simultanément.

La gestion de la concurrence ajoute deux nouveaux éléments graphiques aux diagrammes d'activités :

- Les barres de synchronisation. Elles sont représentées par une barre noire épaisse et courte. Plusieurs transitions peuvent avoir pour source ou pour cible une barre de synchronisation. Lorsque la barre de synchronisation a plusieurs transitions en sortie, on parle de transition de type *fork*, qui correspond à une duplication du flot de contrôle en plusieurs flots indépendants ; quand la barre de synchronisation est atteinte, un jeton de contrôle est produit sur chaque arc de sortie. Quand la barre de synchronisation a plusieurs transitions en entrée, on parle de transition de type *join*, qui correspond à un rendez-vous entre des flots de contrôle ; la transition ne peut être franchie que si un jeton de contrôle est présent sur chacune de ses entrées. Pour plus de commodité, il est possible de fusionner des barres de synchronisation de type *join* et *fork*, et donc d'avoir sur une même barre plusieurs transitions entrantes et sortantes. Dans tous les cas, le franchissement des transitions se fait de manière atomique, la barre de synchronisation ne stocke pas les jetons : ils restent dans les activités en amont jusqu'à ce que la transition puisse être franchie.
- Les nœuds de contrôle de type *flow final*. Ils sont représentés par un cercle contenant une croix et correspondent à la fin de vie d'un jeton de contrôle. Un jeton de contrôle qui atteint un tel nœud est détruit. Les autres flots de contrôle ne sont pas affectés. Au contraire, si un flot de contrôle atteint un nœud de contrôle final, tous les autres flots de contrôle de l'activité sont interrompus et détruits.

Exemple

Fabrication d'un produit manufacturé

Cet exemple montre une barre de synchronisation de type ***fork*** et des nœuds de contrôle ***flow final***. Il représente une procédure de fabrication d'un produit manufacturé. Les pièces nécessaires à l'assemblage sont produites séquentiellement par l'activité ***Fournir pièce***. Dès qu'une pièce est prête, elle peut être montée.

Le franchissement de la barre de synchronisation produit deux jetons de contrôle : l'un réalise l'activité ***Monter pièce***, l'autre s'occupe de fournir la pièce suivante si toutes les pièces n'ont pas encore été fournies. Quand il ne reste plus de pièce à fournir, le flot se termine. L'activité ***Monter pièce*** peut avoir des durées variables ; chaque fois qu'elle se termine, on teste si le montage est terminé ou non. Une fois la dernière pièce montée, le produit est emballé et l'activité englobante se termine.

Si ce diagramme ***suggère*** l'existence de concurrence, ce n'est là qu'une possibilité d'implémentation : un seul opérateur physique peut réaliser l'ensemble des activités (de façon séquentielle) sans dévier de la sémantique du modèle.

Figure 5.15
Mécanismes exprimant la concurrence.

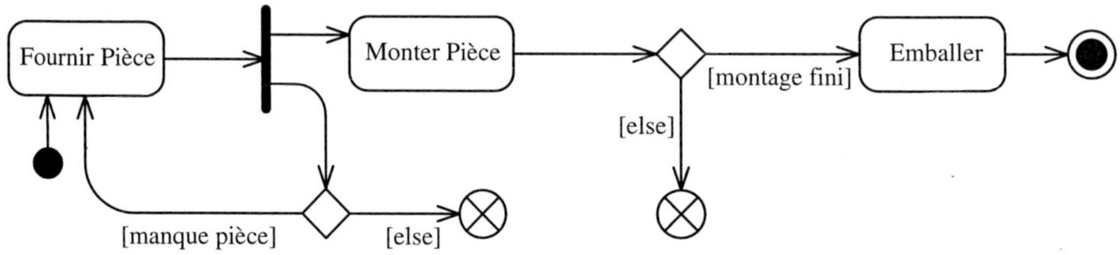

Les barres de synchronisation permettent donc d'exprimer que des actions peuvent débuter en parallèle, alors que les transitions ordinaires des diagrammes d'activités imposent une exécution séquentielle. Les transitions de type *join* imposent, au contraire, d'attendre la fin d'un ensemble d'activités avant de poursuivre l'exécution.

4.2. Exceptions

Les exceptions sont un concept important en programmation orientée objet : elles permettent d'interrompre un traitement quand une situation qui dévie du traitement normal se produit et assurent une gestion plus propre des erreurs qui peuvent se produire au cours d'un traitement.

Un exemple typique est la gestion de la division par zéro dans une opération arithmétique : si l'on déclare une opération *float diviser (float dividende, float diviseur)*, comment signaler à l'appelant qu'une erreur de débordement se produit quand le diviseur vaut zéro ? On ne peut utiliser une valeur de retour particulière que l'appelant pourrait tester car toutes les valeurs de retour sont potentiellement valides. La solution préconisée est donc de recourir à une exception, qui ne correspond pas à une valeur de retour de la signature normale de l'opération. L'appelant a alors le choix, quand il appelle l'opération diviser, de traiter l'exception ou de la laisser remonter à son propre appelant. Une exception qui n'est traitée à aucun niveau correspond à une faute du programme. Dans la plupart des langages orientés objet, elle induit la fin du processus ; en UML, le comportement n'est pas spécifié, mais le modèle est alors considéré comme incomplet ou mal formé.

Définition : gestion des exceptions

Toute activité peut avoir un ou plusieurs pins d'exception (noté par un triangle). La levée de l'exception se représente par une transition qui vise le pin d'exception, ou par une annotation textuelle, dans le cas d'activités structurées, dont la forme dépend de l'outil utilisé (mot-clé throw par exemple).
Lorsqu'une exception est levée, l'exécution de l'activité en cours est interrompue sans générer de valeurs de sortie. À la place, un jeton de données représentant l'exception est généré. Le mécanisme d'exécution recherche alors un *gestionnaire d'exception* susceptible de traiter ce type d'exception ou une de ses classes parentes. On dit d'un gestionnaire d'exception (ou clause *catch* des langages de programmation) qu'il protège une activité.

On examine d'abord l'activité qui a donné lieu à la levée de l'exception. Si un gestionnaire d'exception existe, il est invoqué avec pour argument ladite exception. Il doit avoir les mêmes pins de sortie, en nombre et en type, que le bloc qu'il protège. Un gestionnaire d'exception se représente par une activité ordinaire, munie d'un pin d'entrée du type de l'exception qu'il gère, et liée au bloc (activité) qu'il protège par un arc en zigzag.
Quand l'exécution du gestionnaire se termine, l'exécution se poursuit comme si l'activité protégée s'était terminée normalement, avec les valeurs de sortie du gestionnaire en lieu et place de celles du bloc protégé. Il est inutile de faire figurer des transitions depuis l'activité représentant le gestionnaire d'exception.
Si l'activité qui a levé l'exception n'est pas protégée, l'exception interrompt l'activité englobante et un gestionnaire d'exception est recherché à ce niveau. Ce mécanisme de propagation se poursuit jusqu'à ce qu'un gestionnaire adapté soit trouvé (ou que l'on quitte l'application).

Exemple

Traitement des exceptions dans le calcul du produit d'une matrice par un vecteur

Cet exemple montre un mécanisme de gestion d'exceptions. L'activité protégée calcule un produit d'une matrice par un vecteur en deux étapes : on inverse d'abord la matrice argument ***m***, puis on réalise le produit par le vecteur argument ***v***.

L'inversion de matrice est susceptible de lever une exception si l'opération est impossible (discriminant nul par exemple). L'inversion et le produit sont susceptibles de provoquer un débordement de capacité de flottants. On protège l'ensemble du bloc par deux gestionnaires d'exception distincts : selon l'exception levée, on fournit une constante (de type vecteur) différente.

Dans tous les cas, l'action ***afficher vecteur*** est réalisée à la fin du traitement.

Figure 5.16
Gestionnaire d'exception.

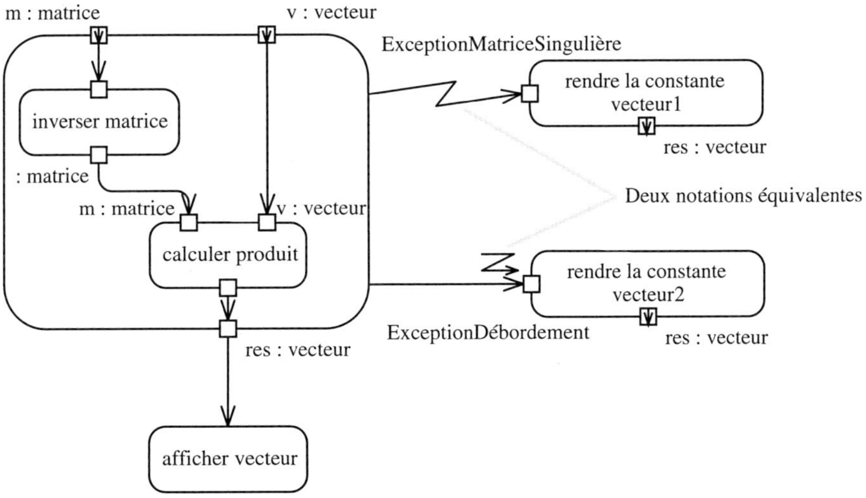

Les exceptions sont des classeurs à part entière et peuvent, à ce titre, porter des informations sous la forme d'attributs, et des opérations. Vous pouvez également décrire des arbres d'héritage d'exceptions. Cela permet de spécifier des messages détaillés associés aux erreurs et des données supplémentaires décrivant lesdites erreurs. Un gestionnaire d'exception spécifie le type d'exception qu'il est capable de traiter : toute exception dérivant de ce type est également traitée par un tel gestionnaire.

Exemple

Spécification des exceptions Java

Cet extrait de la spécification des exceptions Java illustre le fonctionnement des arbres d'héritage d'exceptions. Toutes les exceptions en Java dérivent de la classe ***Exception*** du paquetage java.lang ou de l'interface ***Throwable*** du même paquetage. L'interface ***Throwable*** définit des opérations permettant de déterminer l'origine de l'exception, telles que ***printStackTrace***, qui affiche les numéros de ligne du source qui ont abouti à la levée de l'exception. La classe ***Exception*** est munie d'un message s, qui décrit précisément l'exception levée.

Les exceptions correspondant à des problèmes d'entrée/sortie dérivent de la classe ***IOException***. Parmi ces erreurs, la classe ***InterruptedIOException*** porte un attribut qui indique l'état du transfert de données au moment de la levée de l'exception. Un gestionnaire d'exception qui accepte en entrée la classe générale ***Exception*** est aussi capable de gérer des ***IOException***, des ***EOFException***, etc.

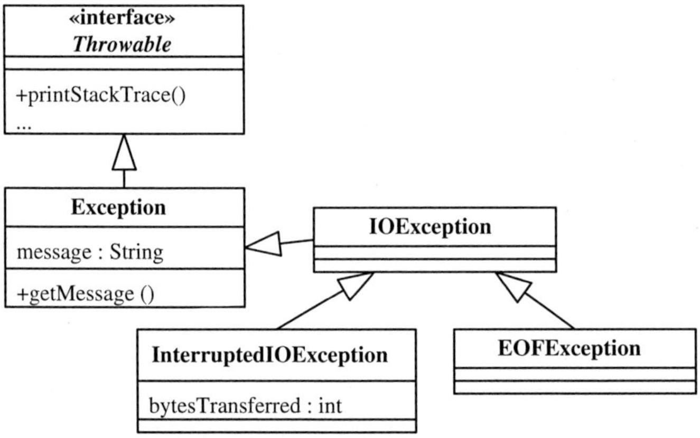

Figure 5.17
Héritage et exceptions.

Région interruptible et interruption

Le mécanisme de gestion d'exceptions permet de les représenter telles qu'on les trouve dans les langages de programmation objet. UML propose un deuxième mécanisme analogue, mais moins précis, de gestion des interruptions : les régions interruptibles. Il est mieux adapté aux phases de modélisation conceptuelle ou de modélisation métier, qui demandent une moins grande précision. Le but est de représenter graphiquement un enchaînement nominal et une alternative qui interrompt le cours du traitement.

Une région interruptible est représentée par un cadre arrondi en pointillés. Si l'événement d'interruption se produit, toutes les activités en cours dans la région interruptible sont stoppées et le flot de contrôle suit la flèche en zigzag qui quitte la région. Aucune contrainte sur la suite du traitement n'est imposée : *a priori*, l'activité ainsi interrompue n'est pas reprise. Cette sémantique est différente de celle des gestionnaires d'exception et correspond mieux aux interruptions dans les activités métier.

Exemple

Dans cet exemple, l'activité débute à la réception d'une commande d'un client. Toute la suite de l'activité gérer commande est interruptible : le client est libre d'annuler sa commande à tout moment. S'il passe l'ordre d'annuler, le dossier est effacé. Une fois que le paiement est effectif et que la commande est prête, il devient impossible de l'annuler : la transaction est dûment enregistrée et le dossier clôturé.

Après réception d'un ordre d'annulation, et durant l'activité ***annuler dossier***, l'activité ***traiter paiement*** peut continuer à s'exécuter. Cependant, elle est, elle aussi, interrompue quand le flot de traitement a fini d'annuler le dossier et que l'état final est atteint (cela termine tous les flots de l'activité).

Figure 5.18

Région interruptible.

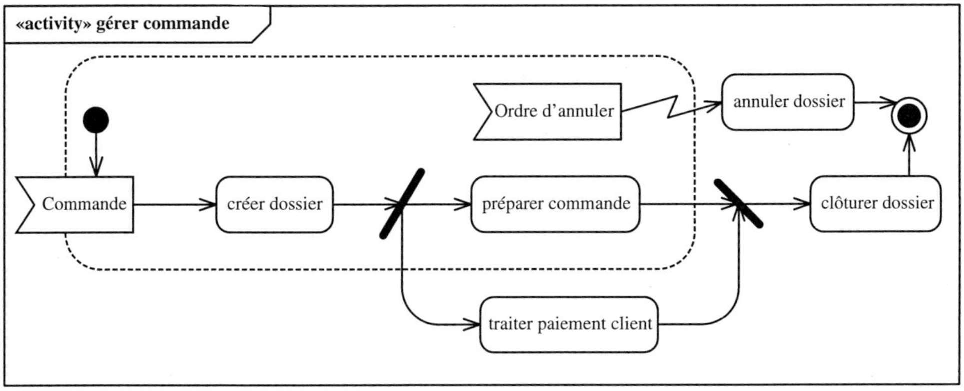

4.3. Séquence et itération

Une *zone d'expansion*, graphiquement représentée par un cadre en pointillés, exprime une action répétée sur chaque élément d'une collection. Une collection peut être implémentée par un tableau ou une liste par exemple. Le type des objets contenus dans la collection doit être connu. La collection est passée à la zone d'expansion à travers un *pin d'expansion*, graphiquement représenté par un rectangle divisé en compartiments, censé évoquer la notion de liste d'éléments.

L'activité à l'intérieur de la région d'expansion est exécutée une fois pour chaque item de la collection, à la manière d'un *foreach* des langages Python, Perl ou Fortran. Cette activité interne doit prendre en entrée un objet respectant le type de la collection : vu de l'extérieur de la région, le pin d'expansion est de type *Collection<Objet>*, mais vu de l'intérieur, il est de type *Objet*. À chaque exécution de l'activité interne, sa valeur de retour est insérée dans la collection de sortie à la même position (indice) que son entrée. L'activité interne peut également se terminer sans rendre de valeur, ce qui correspond à un mode filtre : la collection résultante compte alors moins de valeurs que l'entrée.

Une zone d'expansion peut être de l'un des trois types suivants, signalé par un mot-clé placé dans l'angle de la région d'expansion :

- *parallel*. Les exécutions de l'activité interne sur les éléments de la collection sont indépendantes et peuvent être réalisées dans n'importe quel ordre ou même simultanément. Une implémentation sur une architecture parallèle peut donc efficacement réaliser ce traitement.
- *iterative*. Les occurrences d'exécution de l'activité interne doivent s'enchaîner séquentiellement, en suivant l'ordre de la collection d'entrée. Si cette dernière n'a pas d'ordre de parcours bien défini (table de hachage par exemple), un ordre quelconque est choisi de façon indéterministe.
- *stream*. Les éléments de la collection sont passés sous la forme d'un flux de données à l'activité interne, qui doit être adaptée aux traitements de flux. Cela permet de contrôler plus finement le parallélisme des exécutions.

Exemple

Passer un texte en majuscules

Cette activité permet de passer un texte en majuscules. Quel que soit l'ordre des traitements, le résultat est correct. Elle porte donc le mot-clé ***parallel***.

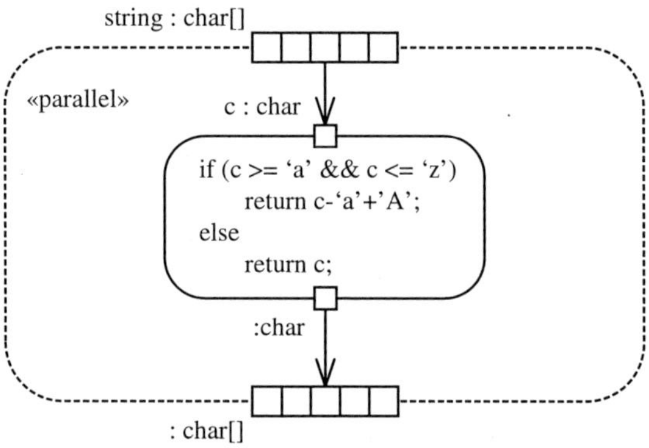

Figure 5.19
Zone d'expansion.

UML 2 a introduit le mécanisme des zones d'expansion pour permettre une meilleure expression du parallélisme des actions.

Conclusion

La vue offerte par les diagrammes d'activités est centrée sur les traitements. Elle permet de modéliser efficacement le cheminement de flots de contrôle et de flots de données. Les apports importants d'UML 2 au niveau de ces diagrammes assurent l'expression précise du comportement : la génération de code est un objectif central dans ces diagrammes.

En fournissant une vision abstraite des traitements, la modélisation des activités ne fixe cependant pas complètement les choix d'implémentation. L'expression de mécanismes concurrents, par exemple, n'impose pas leur réalisation sur une architecture parallèle.

De même, la manipulation de variables multivaluées et de collections permet un bon niveau d'abstraction.

Les diagrammes d'activités sont particulièrement utiles dans la phase de conception pour la description détaillée des cas d'utilisation. On utilise alors une syntaxe libre, qui décrit des actions conceptuelles de haut niveau. Ils sont également utiles dans la phase de réalisation pour la description précise des traitements, avec un niveau de détails qui se rapproche d'une spécification pleinement exécutable. On utilise alors une syntaxe inspirée d'un langage de programmation pour décrire les actions et l'on peut préciser finement la gestion des exceptions ou le passage des paramètres.

La description graphique des traitements permet de mieux cerner le cheminement des alternatives. Les mécanismes d'imbrication et d'appels (*call*) permettent de préserver une certaine concision. Cependant, évitez les diagrammes d'activités quand le traitement est très linéaire : une description textuelle de l'enchaînement est alors suffisante dans la plupart des cas.

Arrivé à ce stade du livre, sept diagrammes ont été présentés : le diagramme des cas d'utilisation, celui des classes et des objets, le diagramme de séquence et de communication, le diagramme d'états-transitions et, enfin, le diagramme d'activités. Ils permettent de modéliser quasiment tout système. Deux autres diagrammes ont volontairement été relégués dans les annexes : le diagramme de composants et celui de déploiement. Ils sont, en effet, suffisamment simples pour ne pas faire l'objet d'un chapitre entier. Le chapitre suivant, quant à lui, présente comment tous ces diagrammes s'assemblent et se complètent pour donner une vision globale et cohérente d'un système. La partie pratique de ce chapitre est constituée d'une étude de cas.

Problèmes et exercices

Les exercices suivants couvrent les principaux concepts des diagrammes d'activités.

Exercice 1 : Programmation en activités

1. Les chaînes de caractères du langage C sont codées comme un tableau de caractères non nuls, terminé par un caractère `'\0'`. Par exemple, la chaîne `s=»hello!»` est codée comme suit :

   ```
   s[0] s[1] s[2] s[3] s[4] s[5] s[6]

   'h'  'e'  'l'  'l'  'o'  '!'  '\0'
   ```

   Décrivez une activité implémentant la fonction `strlen`, qui prend en entrée un tableau de caractères et rend un entier correspondant à la taille de la chaîne. Exemple: `strlen(«hello!»)=6`.
2. Proposez le diagramme d'activités qui compte les mots, les lignes et les caractères de son entrée.

   La fonction `getchar()` lit le prochain caractère disponible sur l'entrée. S'il s'agit du caractère spécial `EOF`, le programme affiche ses résultats et se termine.

   L'opération `bool isWhitespace(c:char)` répond vrai si le caractère passé en argument est considéré comme un espace.

Solution

1. Le traitement est relativement simple : on itère sur le tableau de caractères de l'entrée ; quand la valeur du caractère est '`\0`', on rend l'index courant. Une implémentation efficace en C manipulerait plutôt deux pointeurs sur caractère que l'indice `len`, mais cela suppose l'existence d'opérations arithmétiques sur les pointeurs, absentes en UML.

Figure 5.20
Calcul de la longueur d'une chaîne de caractères.

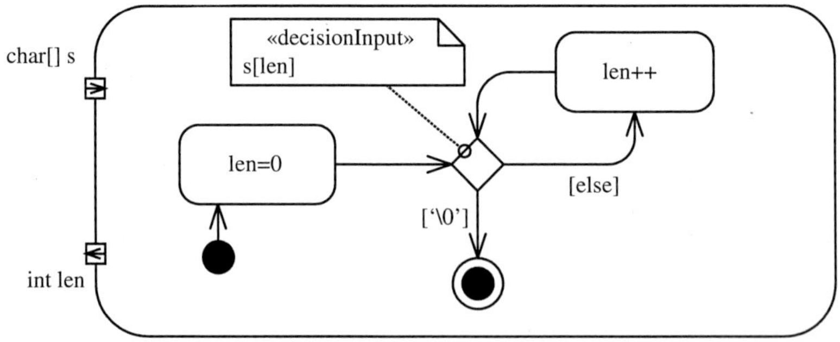

2. Une solution est proposée à la figure 5.5.

Exercice 2 : Vente en ligne

Un site de vente en ligne propose des produits, placés dans un panier virtuel tandis que l'utilisateur navigue. Pour valider ses achats, il clique sur le bouton Sortir du magasin. On lui propose alors de se connecter à un compte existant, ou d'en créer un s'il n'en a pas encore.

Pour créer un nouveau compte, l'utilisateur doit fournir une adresse de messagerie, qui sert également de login, son nom et son adresse, éventuellement une adresse de livraison, et ses coordonnées bancaires. On prévoit le cas où l'adresse de messagerie est déjà associée à un compte. Si la validation de ces informations réussit, on crée un nouveau compte et l'on propose à l'utilisateur de s'y connecter.

On passe ensuite à la confirmation des achats.

Modélisez cette procédure à l'aide d'un diagramme d'activités.

Solution

L'énoncé est suffisamment vague pour donner lieu à de nombreuses interprétations. Cela est typique d'une spécification textuelle des besoins, telle qu'on en trouve dans un cahier des charges. La solution proposée ici fixe donc un certain nombre de choix d'organisation de la procédure.

On se concentre sur la partie concernant l'authentification de l'utilisateur, et la création d'un compte le cas échéant.

Figure 5.21
Une interface web pour l'authentification.

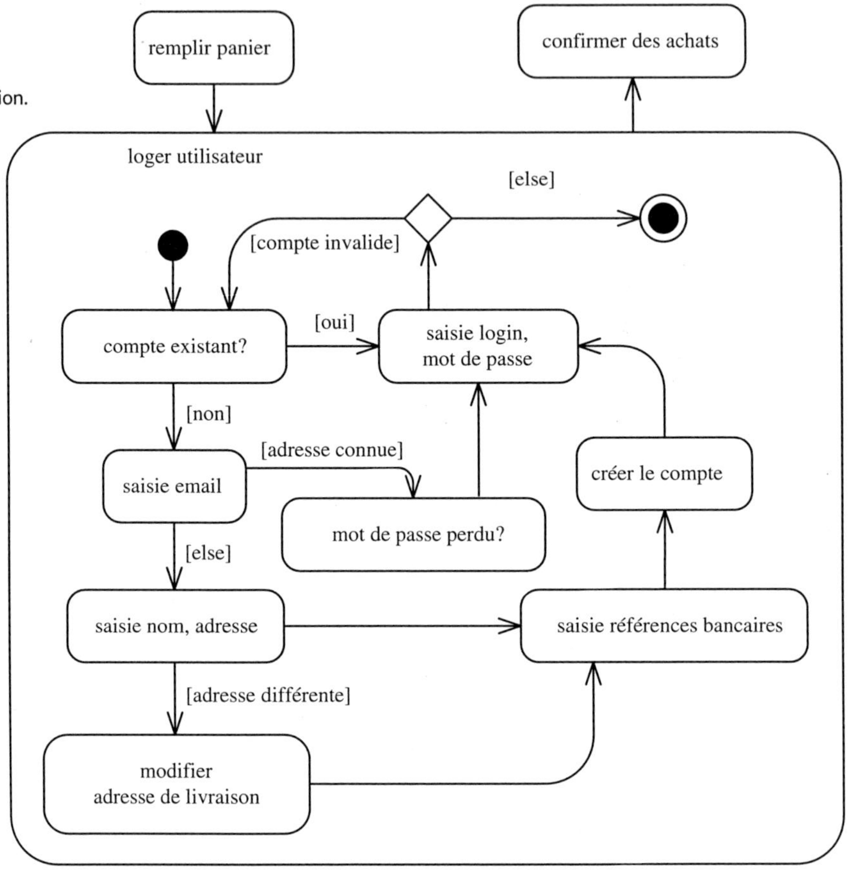

L'organisation proposée correspond à une interface de type « wizard » : il faut valider tous les champs d'une page, cliquer sur Suivant, pour passer à la validation des prochains champs. Si les informations sont incorrectes, un message avertit l'utilisateur et l'écran suivant s'affiche. Cette vérification des champs n'est donc pas représentée ici : il revient à l'activité de saisie de se terminer quand la saisie est validée.

Chaque activité correspond donc assez bien à un écran d'interface, les transitions exprimant une navigation possible entre ces écrans. Vous pourrez réutiliser ces activités ailleurs. Par exemple, la modification de l'adresse de livraison est accessible depuis un menu quand l'utilisateur est connecté à son compte.

Ce niveau de description est bien adapté à la description d'interfaces homme-machine et permet de se concentrer sur la vision logique d'un traitement, sans se perdre dans le modèle structurel en classes.

Exercice 3 : Algorithmique

Les diagrammes d'activités permettent de raisonner sur des algorithmes, au cours de l'activité de spécification détaillée.

Vous allez utiliser les diagrammes d'activités pour décrire des algorithmes de tri.

1. Élaborez une activité *swap* qui prend trois arguments, un tableau *tab* et deux indices *a* et *b*, et échange le contenu de la case *tab[a]* et *tab[b]*.
2. En utilisant *swap*, décrivez un tri par bulles d'un tableau *tab* de taille *n*. L'algorithme consiste en *n – 1* parcours du tableau, chacun amenant (par des appels successifs à *swap* sur des cases contiguës) le plus grand élément du tableau en dernière position (donc en position *n – 1 – i* à l'itération numéro *i*).
3. L'algorithme glouton du tri par bulles est peu efficace, en raison du grand nombre de copies inutiles réalisées. Écrivez un tri par insertion, qui opère en *n* itérations : à chaque itération de numéro *i*, considérez la plage de valeurs de *0* à *i – 1* comme triée. L'algorithme consiste à chercher le bon endroit où insérer la valeur en position *i*, afin de trier la plage de valeurs de *0* à *i*. Copiez la valeur en position *i* dans une variable temporaire et décalez les valeurs avant cette position vers la droite (une par une) jusqu'à trouver l'endroit ou recopier la valeur de la variable temporaire.
4. L'algorithme précédent a encore une complexité élevée. Les tris les plus efficaces sont fondés sur des appels récursifs qui font chuter la complexité. La fusion de deux tableaux triés en un tableau trié est une opération de complexité linéaire sur la taille du tableau résultant. Pouvez-vous concevoir un algorithme (tri par fusion) qui s'appuie sur cette propriété et des appels récursifs pour trier plus efficacement un tableau ? *Indication* : vous pouvez définir une activité *tri fusion* qui prend un tableau *t* et deux indices, *g* et *d*, et trie la portion du tableau comprise entre les indices *g* et *d*.

Notons que les algorithmes présentés ici sont fondés sur le très classique livre *Le Langage C*, de Kernighan et Ritchie. La lecture comparée des versions en C et en diagrammes d'activités est instructive.

Solution

1. Utilisez une variable temporaire pour stocker l'une des deux valeurs des variables à échanger avant de l'écraser en la remplaçant par la valeur de l'autre variable. Ce diagramme met bien en avant le flot des valeurs. La variable temporaire est représentée par un pin.

   Comme vous n'avez pas plus de précisions sur le type des objets contenus dans le tableau, utilisez un template pour représenter ce type : l'opération est en effet générique et valable quel que soit le type *T* contenu dans le tableau.

Figure 5.22
Échange de valeurs de deux variables.

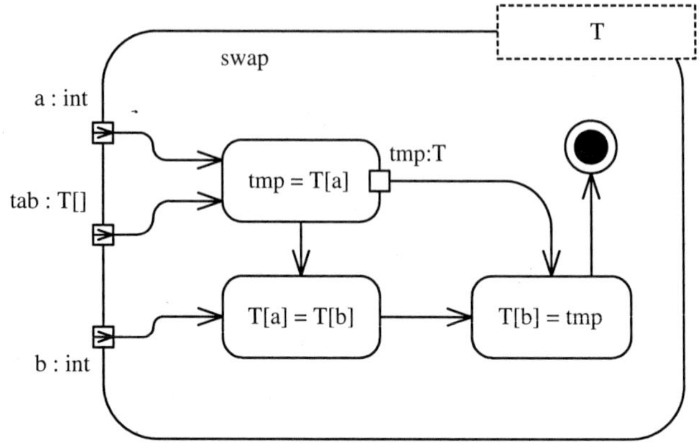

2. Le diagramme de la figure 5.23 présente une structure intéressante pour la représentation de boucles, qui fait apparaître clairement les deux boucles imbriquées. Les cycles dans le graphe traduisent le phénomène de bouclage , et l'imbrication est visible grâce à la hiérarchie.

   Le placement des objets constituant les boucles (corps de boucle, condition d'arrêt…) est reconnaissable visuellement ; il est réutilisé plusieurs fois dans les diagrammes qui suivent.

   Deux points de décision font apparaître plus clairement à la fois le début et la fin de l'alternative dans la boucle interne.

   Une nouvelle contrainte sur le type contenu dans le tableau impose que ce type soit muni d'une relation d'ordre total pour que puisse s'opérer la comparaison de ses éléments. Indiquez-la en mentionnant que le type *T* doit réaliser l'interface *Comparable.* (Voir aussi la section 3.3 et l'exercice 4 du chapitre 3.)

Figure 5.23
Tri par « bulles ».

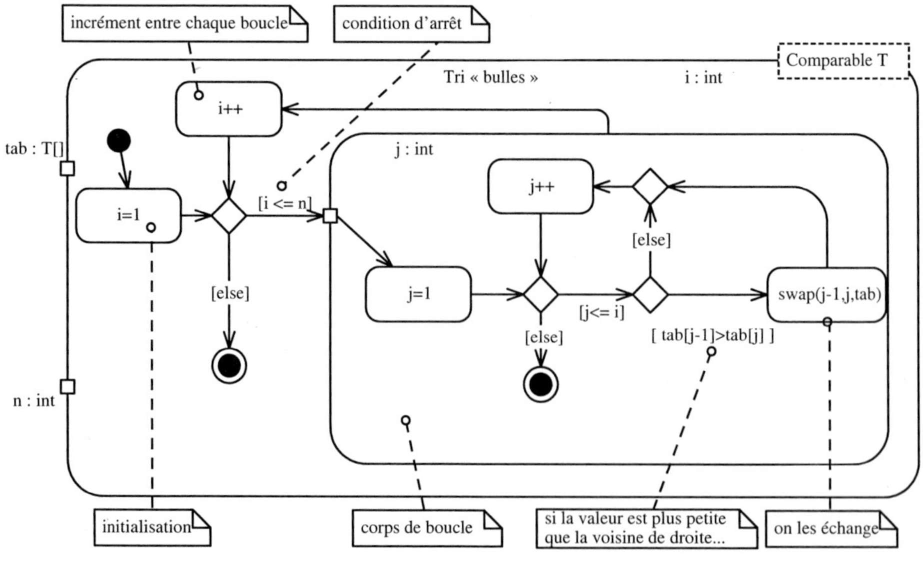

3. Cette version du tri limite le nombre de copies intermédiaires de valeur. Elle réalise un « roulement » des variables (au lieu de les échanger deux à deux) qui déplace tout un bloc avant de recopier la variable temporaire.

   La structure de l'algorithme reste assez proche du tri par bulles. De ce fait, il a la même complexité théorique en $O(n^2)$ en nombre d'opérations que le tri par bulles, mais réalise un peu moins de copies que lui. Vous vous en apercevrez en comparant les deux schémas : l'imbrication des deux boucles apporte le facteur n^2 et les différences entre les actions dans chaque boucle n'apportent qu'un facteur constant, donc théoriquement négligeable en complexité.

Figure 5.24
Tri par sélection.

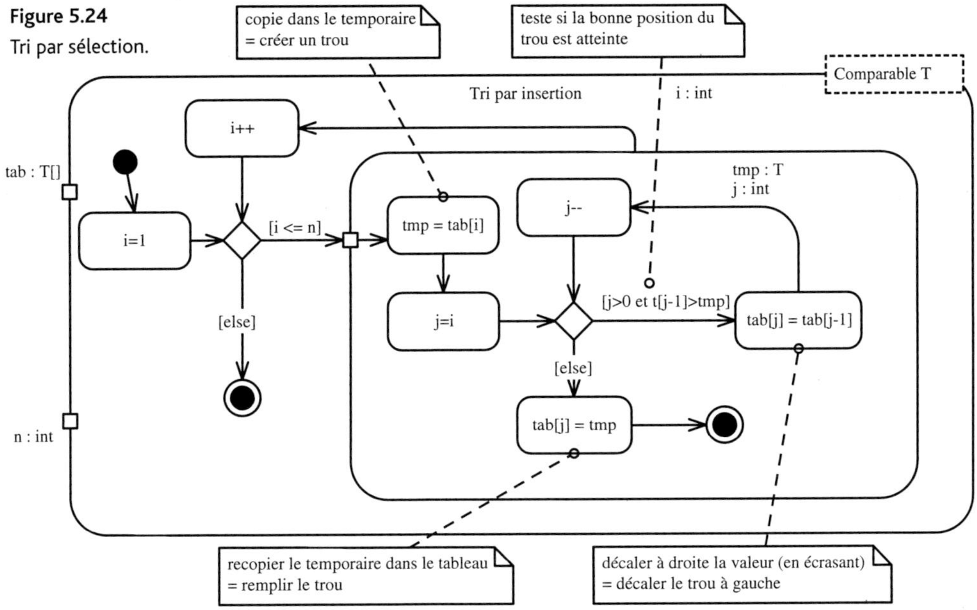

4. Le tri par fusion permet de montrer la modélisation de concepts algorithmiques avancés, en particulier la récursivité et le parallélisme. Ce type de tri est relativement puissant : il a une complexité comparable au *quicksort*, devenu standard, et se prête également à une implémentation sur des listes chaînées. C'est récemment devenu l'algorithme de tri standard (au lieu de *quicksort*) du langage Perl par exemple.

   Comme le montre le diagramme présenté à la figure 5.25, il est possible de l'implémenter avec des traitements en parallèle, ce qui se prête aux architectures parallèles. Pour autant, il n'est pas obligatoire de l'implémenter avec du parallélisme : toute exécution qui respecte l'enchaînement des actions et les barres de synchronisation est correcte.

   Les numéros indiqués à côté des pins donnent l'ordre des arguments. L'appel récursif est représenté comme un appel de fonction normal.

   L'algorithme correspond à l'approche « diviser pour régner ». À chaque profondeur dans l'appel récursif, vous triez un tableau deux fois plus petit : la moitié du tableau précédent. La complexité théorique totale des traitements n'est qu'en $O(n \log n)$, au lieu de $O(n^2)$, comme les deux algorithmes précédents.

Figure 5.25

Tri par fusion.

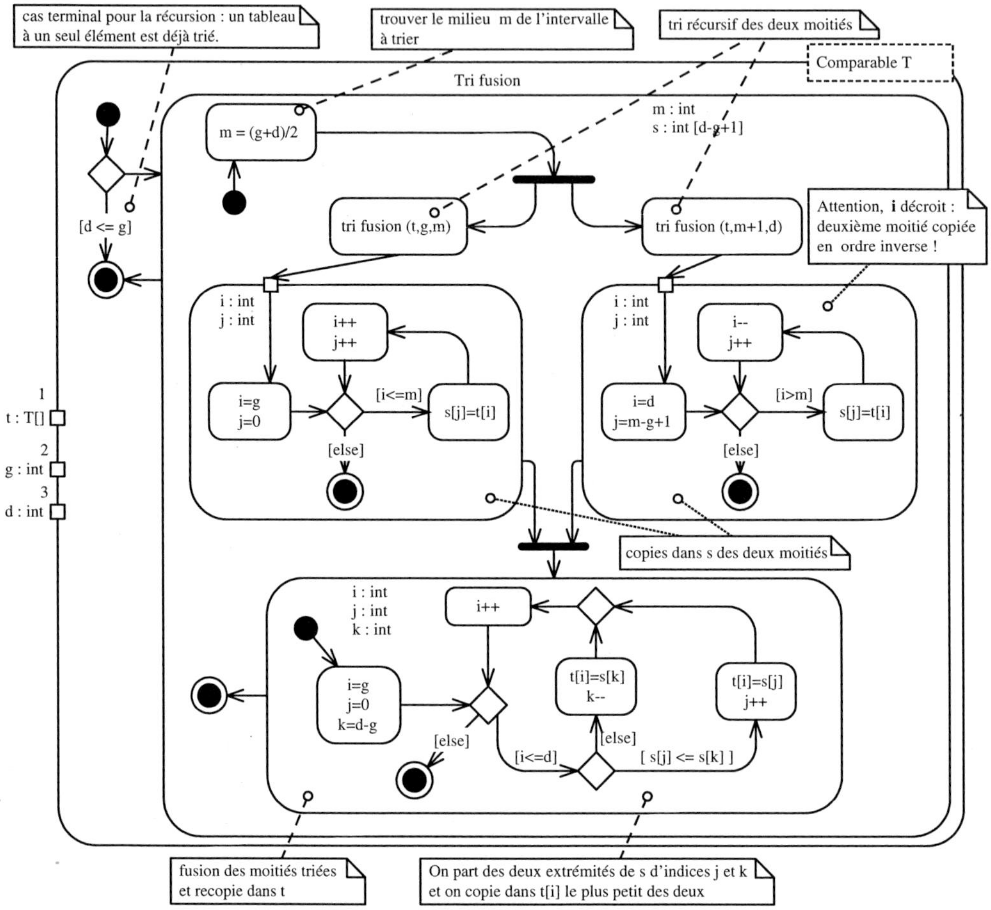

Exercice 4 : Vidéoclub

En vous basant sur la description textuelle du vidéoclub de l'exercice 5 du chapitre 1, représentez par un diagramme d'activités le cas d'utilisation « Emprunter une vidéo ».

Solution

La description des cas d'utilisation est l'une des applications immédiates des diagrammes d'activités. Elle permet d'accompagner la description textuelle par un schéma synthétique, mais ne la remplace pas.

Figure 5.26
Le cas d'utilisation « Emprunter vidéo ».

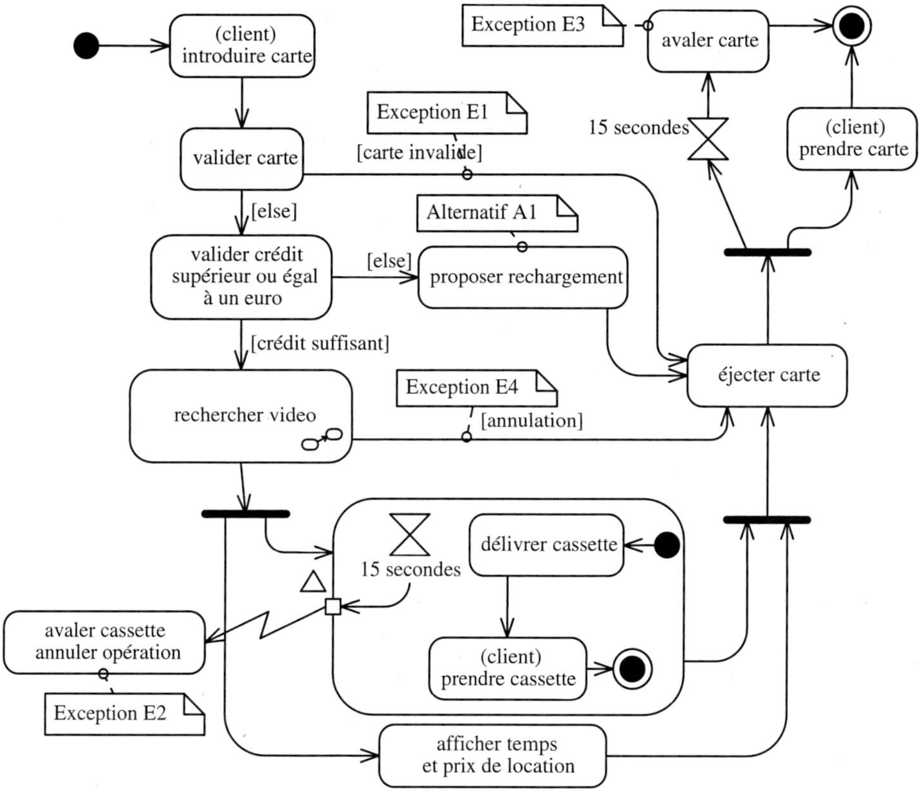

On retrouve sur ce diagramme à la fois la séquence nominale et les différents enchaînements alternatifs et d'exceptions. On distingue les actions se rapportant au client, qui ne fait pas directement partie du système.

À valeur d'exemple, deux mécanismes différents sont utilisés pour représenter le délai de 15 secondes pendant lequel le client récupère sa cassette ou sa carte.

Dans le premier cas, une exception gère cet événement : cela permet, en cas de levée de l'exception, de reprendre le traitement au même point que si le client avait récupéré sa cassette et d'enchaîner sur *éjecter carte*.

Dans le deuxième cas, deux actions sont mises en concurrence : *prendre carte* et le *time event* de 15 secondes. L'astuce ici est que le premier flot de contrôle qui atteint le nœud final force la terminaison de tous les autres flots. Si ce comportement n'est pas celui souhaité, il faut utiliser un nœud *flow final* (cercle avec une croix) pour terminer un flot sans affecter les autres flots de la région.

Exercice 5 : Cache d'opérations

Cet exercice aborde la modélisation d'un mécanisme de cache, permettant de limiter le coût des calculs répétés. Cette stratégie est très utile pour les calculs coûteux en temps, mais consomme en contrepartie plus de mémoire.

Cet exercice propose de modéliser un mécanisme de cache. Une classe *Map* représente une table associative. Elle contient conceptuellement des couples *<clé,valeur>*. La recherche de la valeur associée à une clé donnée (opération *get*) est très rapide (complexité théoriquement constante, quel que soit le nombre de couples dans la table). Une seule valeur peut être associée à chaque clé distincte : si une valeur est déjà associée à la clé, l'opération put d'ajout à la table écrase l'ancienne valeur. Les *tables de hash* ou les *arbres de recherche* sont des implémentations fréquemment rencontrées de tables associatives.

Figure 5.27

Les classes proposées pour implémenter un cache.

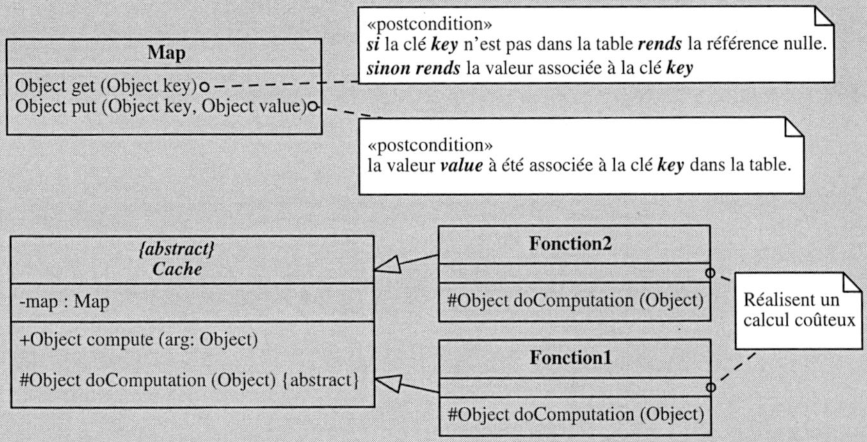

Vous allez réaliser une classe abstraite *Cache* qui offre à ses classes dérivées une fonctionnalité de cache. Elle est munie, pour cela, d'une instance de la classe *Map*, qui sert à stocker les résultats déjà calculés par cette instance de fonction.

Les classes dérivées de *Cache* réalisent un calcul coûteux en temps. De telles classes, qui servent à réaliser un calcul, sont parfois appelées « foncteurs ». Elles doivent implémenter l'opération de visibilité protégée *doComputation* (coûteuse). Elles offrent publiquement l'opération *compute* aux utilisateurs de la fonction.

1. Décrivez à l'aide d'un diagramme d'activités le comportement de l'opération *compute*.
2. Prévoyez que l'argument passé à *compute* n'est pas du bon sous-type de *Object* pour la fonction concrète. Si c'est le cas, l'opération *doComputation* risque de lever une exception de typage quand elle essaie d'interpréter l'objet passé en argument (*ClassCastException* par exemple en Java standard). Pour offrir une gestion propre, si une erreur de ce type se produit, vous voulez que *compute* lève une exception (non standard) de type *TypeException*. Enrichissez le diagramme précédent pour représenter ce mécanisme.

Solution

1. L'opération *compute* cherche si le résultat de l'opération a déjà été calculé pour son argument. Si c'est le cas, elle rend la valeur stockée dans le cache. Sinon, elle réalise le calcul par un appel à la fonction abstraite *doComputation*. Ensuite, elle ajoute ce nouveau résultat dans la table avant de le rendre à l'appelant.

Figure 5.28
Comportement associé à l'opération compute du cache.

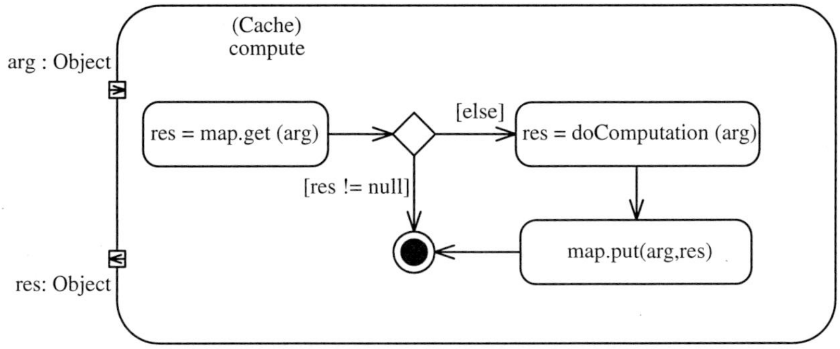

2. Supposez que *doComputation* peut lever une exception : il faut protéger l'activité qui appelle cette fonction par un gestionnaire d'exception. Enrichissez donc le diagramme en ajoutant ce gestionnaire et un pin pour représenter la nouvelle signature complète (avec l'exception *TypeException*) de *compute*. Le corps du gestionnaire d'exception se contente de lever l'exception appropriée : l'opération d'ajout dans la table qui suit l'activité *doComputation* n'est pas réalisée.

Figure 5.29
Opération *compute* avec la gestion des exceptions.

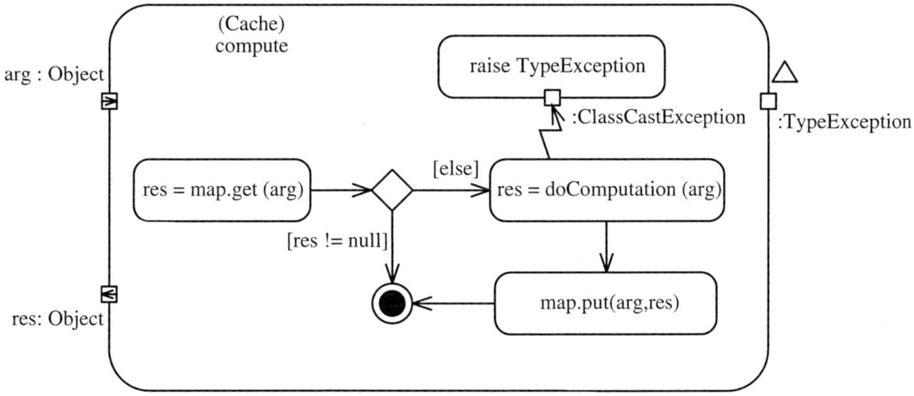

Chapitre 6

UML en pratique

1. Introduction aux méthodes agiles

1.1. Historique des méthodes agiles

Un logiciel doit apporter une solution à un besoin d'un client. Or, ce besoin est souvent soit mal exprimé par le client, soit mal recueilli par l'équipe de projet, ou bien la solution développée ne couvre pas complètement le besoin. Trouver une solution qui réponde correctement au besoin d'un client a toujours été l'objectif prioritaire du développement logiciel. Durant les années 1990, ont émergé petit à petit des nouvelles méthodes, qui impliquaient davantage le client dans la conception du logiciel que par le passé. Une multitude de méthodes ont alors été testées (Extreme Programming, Rapid Application Development, Scrum, etc.). Elles avaient en commun un caractère agile qui se déclinait de plusieurs façons :

- une capacité à réagir au changement plutôt que de suivre un plan ;
- une collaboration accrue avec le client plutôt que le suivi des termes d'un contrat ;
- la livraison d'un logiciel fonctionnel privilégiée plutôt la rédaction d'une documentation complète ;
- la primauté des personnes et de leurs interactions sur l'utilisation d'outils ou le suivi des processus.

En 2001, 17 personnalités éminentes de la conception de logiciel ont publié un *Manifeste agile* (Agile Manifesto http://agilemanifesto.org/) qui énonce les principes des méthodes agiles. Depuis, les méthodes basées sur ces principes ont connu un succès grandissant. De nos jours, parmi toutes les méthodes existantes, Scrum est, sans doute, la plus utilisée. Parmi les principes énoncés dans le *Manifeste agile*, certains concernent la gestion de projet (la gestion des ressources humaines, la planification, etc.), d'autres concernent plus particulièrement le développement logiciel. C'est ce dernier aspect qui nous intéresse dans cet ouvrage. Voici les principes qui ont été énoncés dans ce *Manifeste* :

- « Notre première priorité est de satisfaire le client en livrant tôt et régulièrement des logiciels utiles. »
- « Livrer fréquemment une application fonctionnelle, toutes les deux semaines à deux mois, avec une tendance pour la période la plus courte. »
- « Un logiciel fonctionnel est la meilleure unité de mesure de la progression du projet. »
- « Les gens de l'art et les développeurs doivent collaborer quotidiennement au projet. »
- « Une attention continue à l'excellence technique et à la qualité de la conception améliore l'agilité. »
- « Le changement est bienvenu, même tardivement dans le développement. Les processus agiles exploitent le changement comme avantage compétitif pour le client. »

Le processus de développement qui répond bien à ces principes est un processus itératif et incrémental : le caractère itératif permet une livraison en plusieurs lots du logiciel, tandis que le caractère incrémental indique qu'il faut s'appuyer sur les itérations précédentes pour apporter toujours plus de fonctionnalités, ou services, au logiciel.

Les méthodes agiles contraignent ce processus de plusieurs façons :

- en intégrant le client tout au long du projet ;
- en faisant collaborer le client, les équipes fonctionnelles et techniques ;
- en livrant fréquemment des logiciels fonctionnels qui ont une réelle plus-value pour le client ;
- en adaptant le logiciel aux besoins du client (besoins qui peuvent évoluer au cours du projet).

Tout cela avec une attention continue à l'excellence technique et à la qualité de la conception.

1.2. L'apport et les limites D'UML pour l'agilité

UML permet de modéliser des systèmes complexes. Cependant, ce n'est qu'un langage qui doit être utilisé a bon escient : une mauvaise modélisation, mais qui respecte parfaitement le langage, peut aboutir à une conception d'un logiciel complètement farfelue. Par ailleurs, UML propose de nombreux diagrammes (des cas d'utilisation, de séquences, de classes, etc.) qui peuvent être réalisés à différentes étapes du cycle de vie du développement d'un logiciel. UML n'est cependant pas une méthode. C'est au concepteur de choisir tel ou tel diagramme en fonction du problème qu'il a à modéliser. Non seulement UML n'est pas une méthode, mais il ne donne aucune indication pour bâtir une architecture qui puisse se décliner en des livraisons successives fournies au client selon un processus itératif et incrémental. Dans ces conditions, qu'a donc UML à voir avec l'architecture ? Sans vouloir traiter exhaustivement des problèmes d'architectes – qui ne relèvent pas du cadre de cet ouvrage – on peut poser quelques propriétés essentielles pour une « bonne » architecture, et voir là ou UML peut être utile.

Avant tout, une architecture doit être modulaire et évolutive. Cette modularité est apportée par l'utilisation de composants logiciels qui, comme les composants électroniques, leurs analogues, peuvent être facilement assemblés, remplacés et modifiés. Au fil du temps, les développeurs et les architectes ont standardisé certains composants ou assemblages de composants. Ces standards sont appelés des « design patterns ». Ils fonctionnent comme les outils de la panoplie d'un développeur ou d'un architecte qui, dans une situation donnée, choisit d'implanter une solution en utilisant tel ou tel pattern. UML n'apporte pas la connaissance des design patterns, mais il permet de les représenter et de représenter des composants. Les modèles schématiques produits avec UML sont bien plus simples à comprendre que la lecture du code d'implantation.

Une autre caractéristique importante de l'architecture est qu'elle doit être déduite du besoin du client, et comprise sans ambiguïté par les développeurs. C'est un des objectifs d'UML qui recommande une architecture guidée par les modèles (Model Driven Architecture).

2. Étude de cas

2.1. Présentation

Le but de ce projet est de développer un logiciel qui gère la distribution de carburant dans une station-service.

Le fonctionnement de la distribution de l'essence est le suivant : avant de pouvoir être utilisée par un client, la pompe doit être armée par le pompiste. Mais ce n'est que lorsque le client appuie sur la gâchette du pistolet de distribution que l'essence est pompée. Si le pistolet est dans son étui de rangement, et si l'on appuie sur la gâchette, l'essence n'est pas pompée. La prise d'essence est terminée quand le client remet le pistolet dans son étui.

Il existe quatre types de carburants : diesel, sans plomb avec un indice d'octane de 98, sans plomb un indice d'octane de 95, plombé.

Le paiement peut s'effectuer en espèces, par chèque ou par carte bancaire.

Les pompes ne peuvent être armées que si le niveau des cuves dépasse 5 % de leurs capacités maximales.

2.2. Préparation des itérations

Cette première partie de la modélisation à l'aide d'UML est à réaliser dans les phases en amont du projet (recueil des besoins). Elle requiert peu de connaissances en concepts objets (on n'utilise pas de design pattern, par exemple) et une connaissance suffisante du langage UML pour pouvoir s'exprimer sans ambiguïtés.

Les méthodes traditionnelles (qui ne sont pas agiles) établissent complètement les spécifications du produit à développer avant de le réaliser. Or, quand le produit est un logiciel, l'expérience montre que quel que soit le soin apporté à l'établissement des spécifications, les utilisateurs, face au logiciel qui fonctionne, remarquent souvent quelque chose qui ne va pas. Devant ce constat, les méthodes agiles ont une approche plus pragmatique. En livrant tôt et régulièrement un logiciel fonctionnel, même sur un sous-ensemble des fonctionnalités initialement prévues, l'équipe de projet a un retour rapide sur son travail. Cela permet de corriger des défauts, mais laisse aussi la liberté au client de faire évoluer ses exigences. Avec les méthodes agiles, seules les parties du logiciel qui vont être développées dans la prochaine itération ont des spécifications détaillées. Cela n'évite pas la nécessité d'une phase de préparation des itérations – notamment pour déterminer leur contenu.

La préparation des itérations se base sur l'analyse des besoins du client. Dans le langage UML, seuls les cas d'utilisation sont prévus pour représenter le besoin du client ; rien n'est préconisé pour recueillir ces besoins.

L'analyse qui a permis d'aboutir au diagramme des cas d'utilisation pour la gestion de la station-service (figure 6.1) est détaillée dans la partie exercice du chapitre 2.

Figure 6.1
Diagramme des cas d'utilisation de la station service.

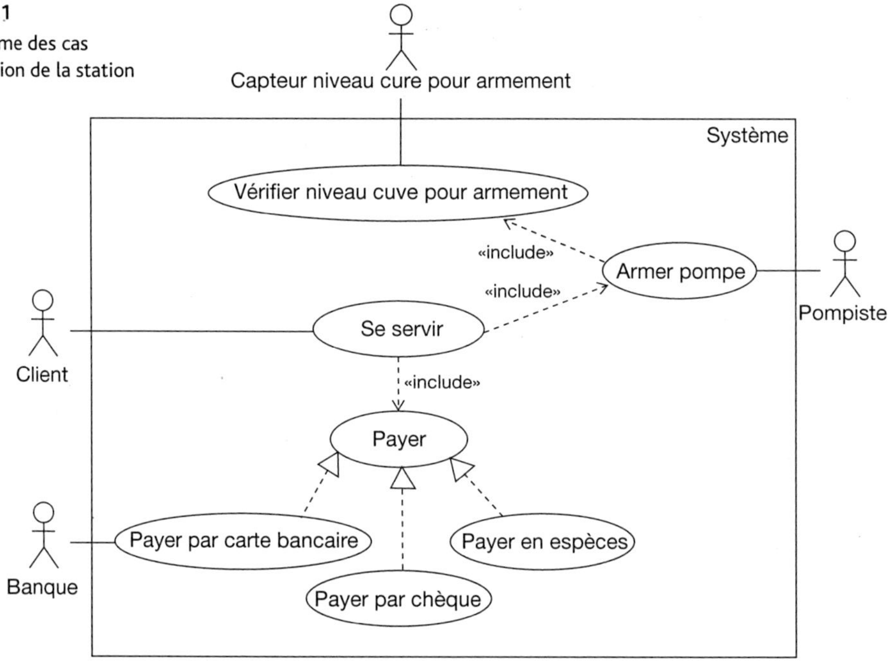

Découvrir les premiers composants

L'équipe de projet doit pouvoir choisir, avec le client, la partie du logiciel qu'elle souhaite développer en premier, puis intégrer d'autres parties en suivant un cycle de vie itératif et incrémental. C'est un des chalenges qui doit relever les méthodes agiles. Un autre chalenge est d'intégrer le client tout au long du projet. Il est alors souhaitable que chaque partie du logiciel à développer apporte sa brique fonctionnelle à la construction de l'édifice qu'est le système complet : il est en effet difficile d'impliquer le client dans un projet si on commence par développer toutes les couches basses, qui sont par nature une affaire de spécialistes (des bases de données, de la programmation objets...), avant de s'attaquer aux couches visibles pour l'utilisateur (celles qui ont des interfaces utilisateur). C'est pourquoi on s'appuie largement sur le diagramme des cas d'utilisation pour choisir les parties à développer et l'ordre dans lequel on les développe. Cependant, le diagramme des cas d'utilisation seul ne suffit pas. En effet, les cas d'utilisation donnent un découpage fonctionnel grossier du système qui peut cacher des sous-fonctions inaccessibles directement aux utilisateurs. Il est bien sûr possible de faire apparaître plus de fonctions dans le diagramme des cas, mais il perd alors en pertinence et en clarté. Une autre solution consiste à découvrir des composants, matériels ou logiciels, qui se cachent derrière les cas d'utilisation. Un bon composant est un composant qui a peu de dépendance fonctionnelle avec les autres composants, et dont un changement dans l'implantation n'aura pas « d'effet de bord » sur les autres composants. Le diagramme des composants d'UML est utilisé pour exhiber les composants d'un système.

Les composants les plus faciles à trouver sont ceux qui s'exécutent sur des machines différentes. Un diagramme de déploiement permet de montrer ces machines. Dans le cas de la station-service, chaque client fait face au terminal d'une pompe, tandis que le pompiste contrôle toutes les pompes *via* un seul terminal (figure 6.2).

Figure 6.2
Diagramme de déploiement montrant les équipements de la station service.

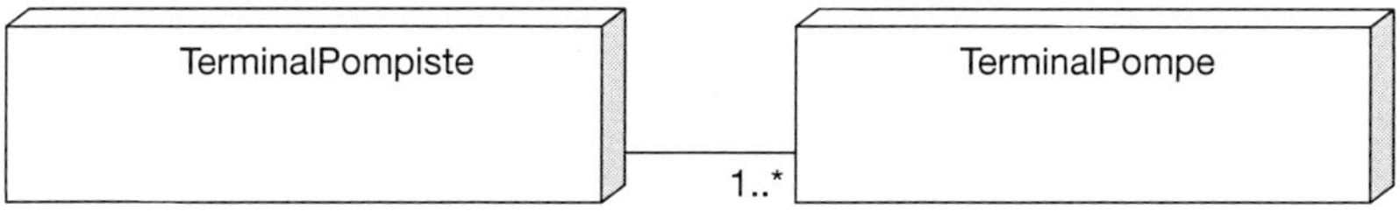

Chaque nœud du diagramme de déploiement aura au moins un composant en son sein.

Figure 6.3
Premiers composants internes aux terminaux.

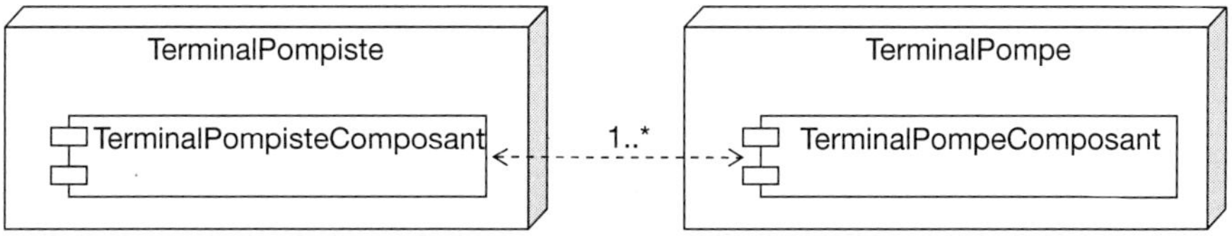

A ce stade, il est difficile de juger des dépendances entre composants, c'est pourquoi une simple relation de dépendance bidirectionnelle lie les composants *TerminalPompeComposant* et *TerminalPompisteComposant*.

Pour mieux étudier les dépendances, il faut définir les interfaces des composants. Ces interfaces peuvent être déduites des échanges entre composants. Les diagrammes de séquences d'UML montrent de tels échanges. Le diagramme de séquence de la figure 6.4 illustre les échanges qui se produisent durant les cas d'utilisation « Se servir » et « Armer pompe ». Ces deux cas sont traités sur le même diagramme, car une relation d'inclusion les lie dans le diagramme des cas d'utilisation (figure 6.1). La séquence commence quand un client décroche un pistolet d'une pompe. Ces informations sont transmises au terminal du pompiste où elles s'affichent. Le pompiste peut alors initialiser la pompe (demander l'armement de la pompe). Les détails de l'armement ne sont pas représentés. On y fait simplement référence au cas d'utilisation « Vérifier niveau cuve pour armement » (d'où le fragment combiné « ref »). Après que la pompe a été armée, elle est prête à l'emploi. Le client peut alors appuyer plusieurs fois sur la gâchette du pistolet pour se servir de l'essence, jusqu'à ce qu'il termine la prise d'essence quand il raccroche le pistolet. Le paiement, simplement référencé sans être complètement décrit, peut alors avoir lieu.

Figure 6.4
Échange entre composants pour se servir de l'essence et armer une pompe.

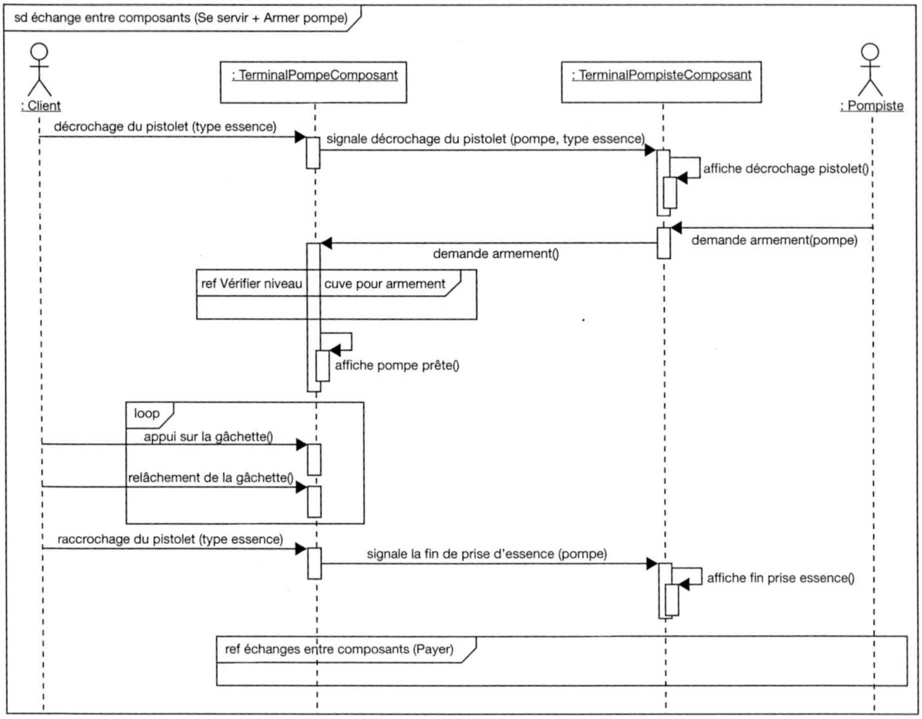

Le diagramme de séquence 6.5 détaille les échanges entre les composants pour le paiement qui sont référencés dans la séquence de la figure 6.4. Le pompiste initialise la séquence en choisissant de débuter la transaction de paiement pour une pompe donnée. La quantité d'essence prise est récupérée auprès de la pompe. Le montant à payer peut alors être calculé et le paiement effectué.

Figure 6.5
Échanges entre composants pour le paiement.

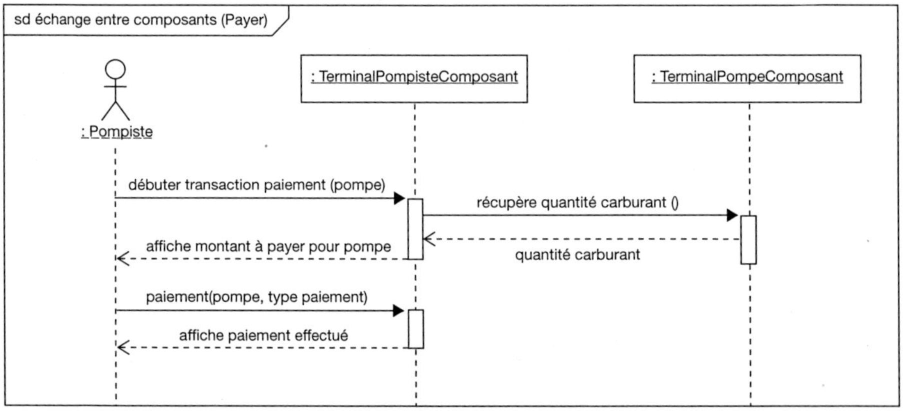

Les interfaces des composants sont déduites des diagrammes 6.4 et 6.5. Le composant *TerminalPompeComposant* (figure 6.4) reçoit des informations directement du client qui se sert de l'essence (décrochage d'un pistolet, appui sur la gâchette...), mais aussi du composant *TerminalPompisteComposant* qui lui transmet les demandes d'armement des pompes. Le composant *TerminalPompeComposant* a donc deux interfaces : *ActionneurPompe* et *TerminalPompeDistant* (figure 6.6). Un raisonnement similaire montre que le composant *TerminalPompisteComposant* a lui aussi deux interfaces puisqu'il reçoit ses informations du composant *TerminalPompeComposant* qui lui indique qu'un pistolet a été décroché, et du pompiste (demande armement pompe). Les interfaces sont complétées avec des méthodes qui permettent d'effectuer le paiement. Ces méthodes sont découvertes grâce à la figure 6.5, et reportées sur le diagramme de la figure 6.6. On trouve notamment des méthodes qui permettent de débuter ou d'effectuer la transaction de paiement pour un type de paiement donné. Les interfaces *AffichagePompe* et *AffichagePompiste* devront être implantées par des composants d'interface graphique non représentés.

Figure 6.6
Diagramme des premiers composants avec leurs interfaces.

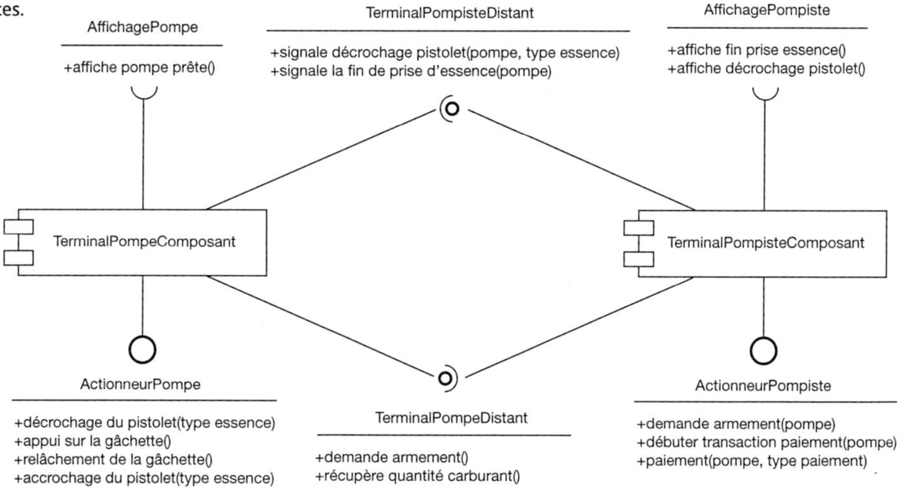

À ce niveau de l'analyse, les interfaces ne déclarent pas encore des méthodes à la signature précise (on peut se contenter de périphrases)

Le diagramme de la figure 6.6 peut être interprété comme suit : le client passe par l'interface *ActionneurPompe* pour utiliser une pompe et décrocher un pistolet. L'information de décrochage est transmise au terminal du pompiste *via* l'interface *TerminalPompisteDistant*. Le pompiste demande alors l'armement de la pompe *via* l'interface *ActionneurPompiste*, la demande est ensuite redirigée vers le terminal de la pompe *via* l'interface *TerminalPompeDistant*. Enfin, le client peut se servir de l'essence en appuyant sur la gâchette. Cependant, cette séquence est bien mieux décrite par le diagramme de séquences des figures 6.4 et 6.5. Les diagrammes de séquences et de composants illustrent deux facettes du même comportement.

Découvrir des sous-composants

Souvent, les équipes de projet sont pressées par le temps. Il est alors tentant d'abandonner l'analyse et de débuter l'implantation en se basant uniquement sur les composants découverts au paragraphe précédent. Or, des sous-composants peuvent se cacher derrière ceux déjà découverts. Ce sont souvent des composants inaccessibles directement aux utilisateurs. L'équipe de projet peut alors, en accord avec le client, pousser plus avant la découverte de composants. Plus il y a de composants, plus la modularité, gage de réutilisabilité, est importante, et donc, plus l'équipe de projet pourra proposer au client différentes compositions de composants dans chaque itération du projet. En revanche, l'architecture sera plus complexe, et le besoin de modèles, en tant que représentations partielles mais juste d'un système, sera important. Répondre à ce besoin est l'objectif d'UML et de son approche dirigée par les modèles (Model Driven Architecture : MDA).

En étudiant de plus prêt le terminal de la pompe de la figure 6.6, on découvre que le composant *TerminalPompeComposant* peut être décomposé en deux sous-composants : un, appelé *TerminalPompeImpl* (Impl comme Implantation) qui contient le logiciel de la pompe à laquelle fait face le client quand il se sert de l'essence, et l'autre, appelé *DisposotifDePompageImpl*, le composant qui réalise le pompage de l'essence proprement dit (figure 6.7). Les composants qui sont découverts ici sont ceux qui seront implantés au final par les développeurs, d'où le suffixe Impl qui leur est accolé. Ainsi, les modèles obtenus seront directement utilisés par les développeurs. C'est une nouvelle illustration de l'approche Model Driven Architecture préconisée par UML.

Figure 6.7
Échanges entre composants dans le terminal d'une pompe durant la prise d'essence.

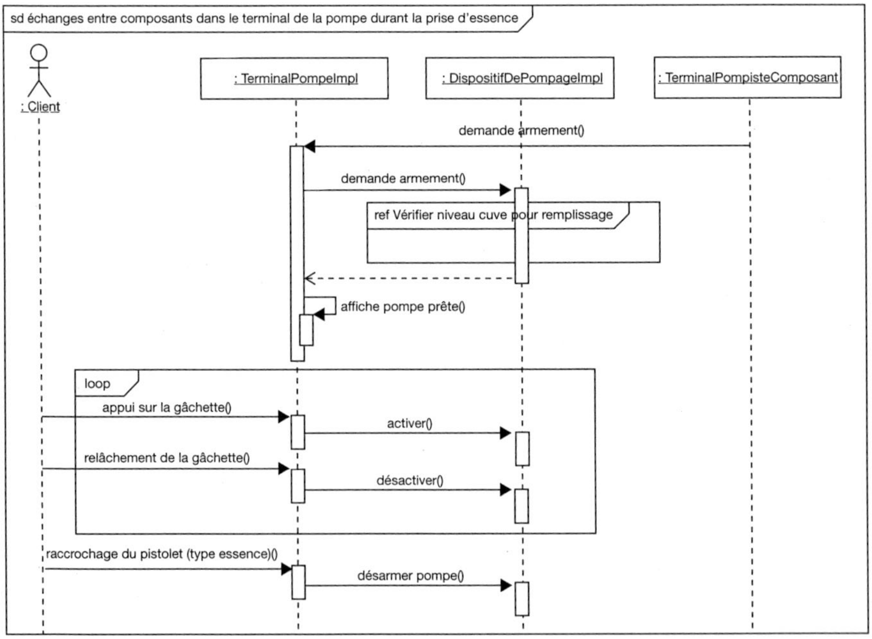

Le composant qui réalise le pompage de l'essence est sollicité aussi au moment du paiement pour connaître la quantité d'essence pompée (figure 6.8) :

Figure 6.8
Échanges entre composants dans le terminal d'une pompe durant le paiement.

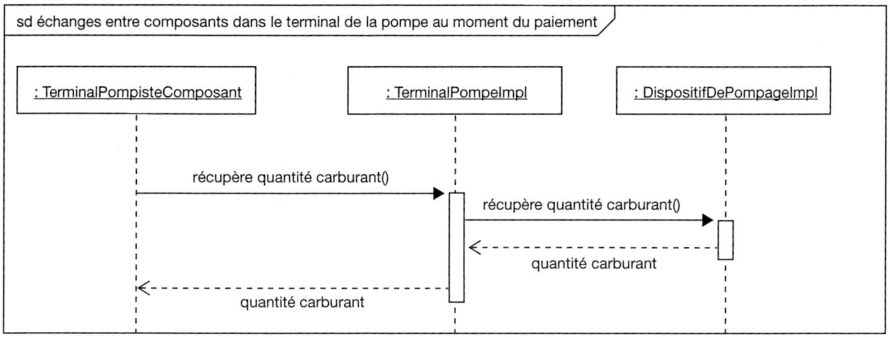

Le composant *DispositifDePompage* sera accessible aux autres composants *via* une interface. Cette interface est représentée sur le diagramme de la figure 6.9 qui résume aussi tous les composants qui s'exécutent au sein du terminal de chaque pompe. Les méthodes de cette interface ont été déduites des deux diagrammes de séquences des figures 6.7 et 6.8.

Figure 6.9
Diagramme des composants internes aux terminaux des pompes.

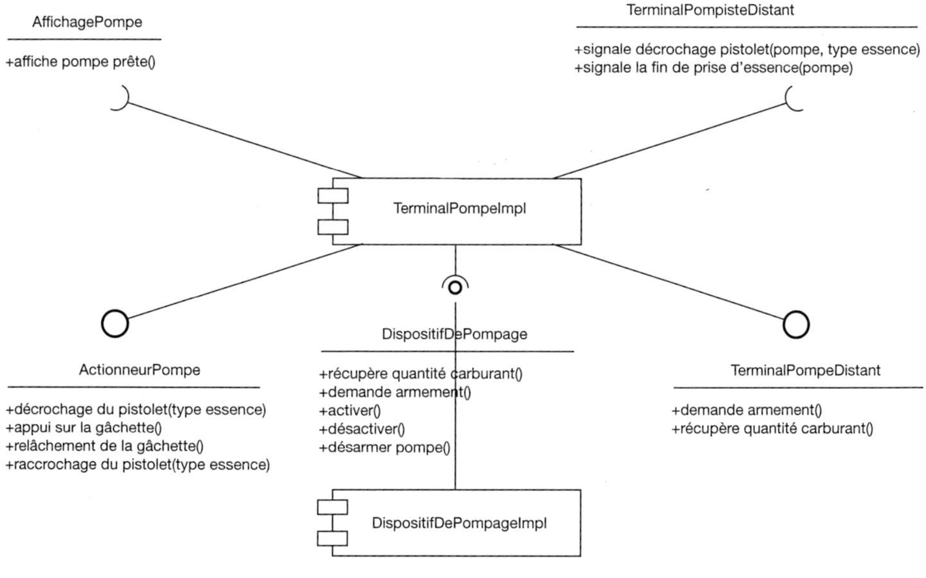

Après avoir étudié en détail les terminaux des pompes, on peut procéder de même pour découvrir des sous-composants dans le terminal du pompiste. Pour cela, on peut repartir du diagramme de séquence « échanges entre composants (payer) » de la figure 6.5 et remarquer que le pompiste contrôle la station-service à partir d'un seul terminal, tandis que les clients ont chacun une pompe pour se servir de l'essence. Le pompiste peut ainsi demander l'armement d'une pompe, puis gérer une autre pompe, pour enfin revenir faire l'encaissement pour la première. D'où l'idée d'introduire des sessions client qui permettent de stocker temporairement des informations sur chaque pompe (le terme session est souvent utilisé en informatique pour représenter l'exécution d'un programme par un utilisateur donné). La figure 6.10 montre l'utilisation d'une telle session. Étant rattachée à une pompe, elle est initialisée dès qu'une pompe a été armée. On y stocke, ensuite, la quantité d'essence prise, le type d'essence sélectionné ainsi que le montant à payer. Enfin, on sollicite la session pour effectuer la transaction de paiement. La session peut alors s'achever et être détruite.

Figure 6.10
Échanges entre composants dans le terminal du pompiste.

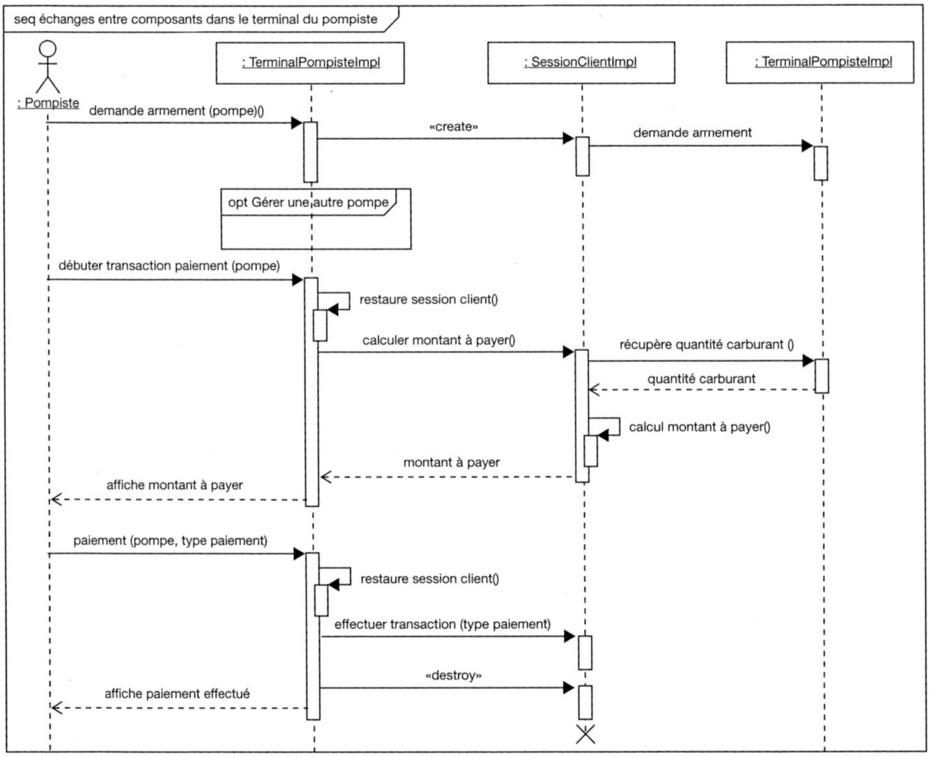

On déduit, de la séquence précédente, le diagramme des composants internes au terminal du pompiste (figure 6.11) où les messages destinés à des instances ont été transformés en opérations.

Figure 6.11
Diagramme des composants internes au terminal du pompiste.

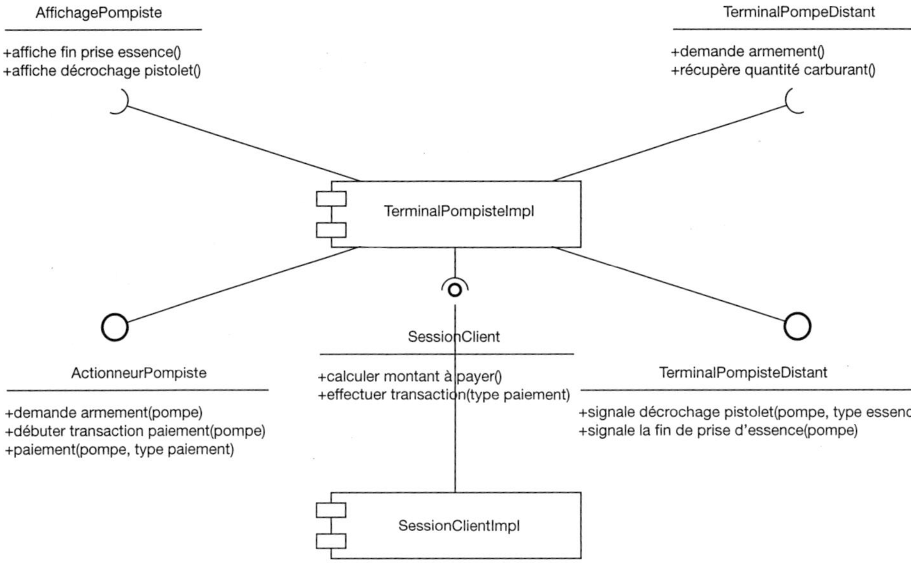

Le diagramme des cas d'utilisation de la figure 6.1 contient quatre cas :

- vérifier niveau cuve pour armement,
- armer pompe,
- se servir,
- payer.

Les diagrammes de composants ont permis de trouver quatre composants : deux internes au terminal des pompes (figure 6.9) et deux internes au terminal du pompiste (figure 6.11) :

- *TerminalPompisteImpl,*
- *SessionClientImpl,*
- *TerminalPompeImpl,*
- *DispositifDePompageImpl.*

Or, à la seule lecture du diagramme des cas d'utilisation, il est difficile d'imaginer les composants auxquels nous avons abouti, ce qui montre bien qu'une méthode agile qui prône un développement itératif et incrémental ne peut pas définir le contenu des itérations en se basant sur les seuls cas d'utilisation. D'où vient cette non-correspondance entre les cas d'utilisation et les composants ? La première raison est qu'un système n'est pas composé uniquement de composants accessibles directement aux utilisateurs. La seconde raison est qu'un seul composant peut avoir plusieurs interfaces (une par utilisateur par exemple).

La phase de préparation des itérations est à présent achevée. La définition de leurs contenus est abordée dans le cadre de la méthode agile Scrum (à la page 240), car le contenu des itérations ne peut pas être dissocié de la planification du projet et de la répartition des tâches au sein de l'équipe de projet. Cependant, l'architecture sous-jacente aux composants peut être déduite des diagrammes précédents. La découverte de l'architecture fait l'objet du paragraphe suivant.

3. Découpage en couches horizontales de l'application

Les cas d'utilisation ainsi que les composants du paragraphe précédent montrent un découpage fonctionnel d'un système : les cas d'utilisation montrent les fonctions du point de vue de l'utilisateur, alors que les diagrammes de composants, ci-dessus, montrent les fonctions du point de vue de l'architecte du système. Un composant ne correspond pas exactement à un cas d'utilisation, et il faut parfois en assembler plusieurs pour réaliser un cas. Cependant, le but est bien, en imaginant une architecture modulaire à base de composants, de réaliser les cas d'utilisation. Pour utiliser un système selon les cas d'utilisation, un utilisateur aura souvent une interface graphique, qui demandera à un composant d'effectuer des traitements sur les données – dans une base de données par exemple. Ainsi, depuis l'interface graphique jusqu'à la base de données, on va traverser des couches successives et horizontales de logiciels et de matériels. Classiquement, on distingue quatre couches dans une application (figure 6.12) :

- *présentation,*
- *application,*
- *modèle,*
- *services.*

Figure 6.12
Le découpage en couches d'une application.

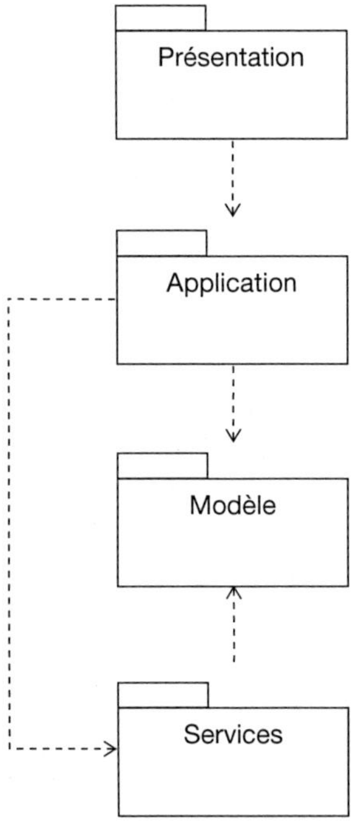

La couche *Présentation* s'occupe de présenter les données (typiquement à un utilisateur) pour qu'elles puissent être interprétées et manipulées. Cette couche peut être subdivisée en sous-couches. Dans le cas ou le modèle « modèle, vue, contrôleur » est utilisé, le nombre de sous-couches est de trois. La couche *Application* contient les implantations des composants (tels ceux découverts au paragraphe précédent). La couche *Modèle* contient les structures de données manipulées par les composants, et la couche *Services* contient les aspects récurrents et indépendants de l'application que l'on trouve dans la plupart des systèmes (la sauvegarde des données [appelée aussi persistance], la gestion des transactions, la sécurité...).

L'intérêt majeur de ce découpage horizontal est d'augmenter la réutilisabilité par parties de l'application. Ainsi, par exemple, il est possible de changer de présentation sans impacter la couche *Application*. A l'autre bout de la chaîne, la couche *Modèle* contient des structures de données qui sont indépendantes du support de stockage, et on pourra alors utiliser aussi bien une base de données XML qu'une base relationnelle, par exemple.

Toutes ces couches ne sont pas forcément présentes. La persistance n'est pas toujours requise par exemple, ou bien certains composants n'ont pas de couche de présentation parce qu'ils ne sont pas accessibles directement aux utilisateurs. Il convient donc, pour chaque composant découvert précédemment, de montrer comment il s'insère dans des couches horizontales.

En revanche, il y a toujours des données à manipuler. Elles remontent des couches basses (*via* la couche de services), ou elles sont créées dans la couche *Modèle*. Cela pose un problème récurrent dans tout logiciel : les accès concurrents aux données. Ce problème est accru par les méthodes agiles qui développent un logiciel par partie en mode itératif. En effet, comment savoir qu'une donnée utilisée par une partie déjà développée du logiciel ne va pas être accédée concurremment par une fonction développée dans la prochaine itération ? Pour le savoir, un diagramme des classes métiers peut être réalisé.

Il est important de ne pas baser la découverte des classes métiers sur les cas d'utilisation si on veut aboutir à une modélisation complète. Chaque diagramme UML est, en effet, un modèle qui se veut une représentation partielle, mais juste du système à réaliser. Chaque modèle doit apporter une vision du système que ne montre pas les autres diagrammes. Le diagramme des cas d'utilisation, par exemple, montre l'aspect externe et fonctionnel d'un système, tandis que le diagramme des classes en montre l'aspect interne et structurel. S'il ne faut pas s'appuyer sur les cas d'utilisation pour établir le diagramme des classes, on se sert des deux diagrammes pour conforter l'exactitude de la modélisation (vérifier la cohérence, la complétude).

Afin de découvrir les classes métiers, il faut commencer par délimiter le domaine de l'application. Le contexte technique du logiciel à concevoir impose d'utiliser des périphériques matériels qui interagissent avec notre logiciel *via* des capteurs (les détecteurs de niveau des cuves par exemple). Notre but n'est pas de concevoir ces périphériques, mais simplement de les modéliser afin de les piloter. Bien entendu, un modèle du domaine doit être le plus indépendant possible des applications qui vont s'appuyer sur lui. Plus le nombre d'applications pouvant être construites à partir d'un modèle du domaine est élevé, meilleur est ce modèle. Cependant, dans notre cas, le domaine est clairement limité à une station-service. Il ne s'agit pas, par exemple, de concevoir un modèle qui puisse être transposé à la distribution d'essence pour des voitures de course pendant une compétition, ni au remplissage des réservoirs d'un avion.

L'analyse du domaine se fait avec l'aide d'un expert. Il connaît les périphériques qui gèrent la distribution d'essence, et notamment les capteurs et les actionneurs qui les contrôlent. Commençons par en dresser une liste exhaustive :

- les capteurs de niveaux des cuves ;
- les dispositifs de pompage qui pompent le carburant dans les cuves ;
- les gâchettes des pistolets de distribution de carburant qui contrôlent les dispositifs de pompage ;
- les capteurs de présence des pistolets dans les étuis de rangement.

Le domaine ainsi délimité, nous pouvons commencer l'analyse. L'étude de la description du problème donne une première liste de classes candidates :

- *pistolet,*
- *gâchette,*
- *pompe,*
- *étui,*
- *carburant,*
- *cuve,*
- *client,*
- *transaction.*

La notion de pompe est centrale dans la prise de carburant, mais que signifie exactement une pompe ? Est-ce l'appareil auquel fait face un client et qui contient un ensemble de pistolets, de gâchettes, d'étuis, etc., ou est-ce la pompe qui puise le carburant dans les cuves ? L'étude des capteurs et des actionneurs reproduite ci-dessus mentionne un « dispositif de pompage qui pompe le carburant dans les cuves ». C'est avant tout le dispositif de pompage que nous devons piloter (et donc modéliser). Pour lever l'ambiguïté pesant sur le mot « pompe », nous utilisons plutôt « dispositif de pompage » et, pour rendre ce nom conforme à la syntaxe d'un nom de classe, renommons-le en *DispositifDePompage*. L'ensemble des pistolets, des gâchettes et des étuis auquel fait face un client est appelé *EnsemblePompe*.

Le dispositif de pompage est contrôlé par un pistolet, une gâchette et un étui. Ces substantifs sont des bons candidats pour des noms de classes. Nous définissons donc les classes : *Pistolet*, *Gâchette* et *Étui*.

La notion de cuve est importante dans notre domaine. Elle permet, notamment, de réaliser la contrainte sur l'armement d'une pompe. Elle est modélisée par une classe appelée *Cuve*. La cuve contient du carburant. *Carburant* constitue un bon nom pour une classe.

Le client et la transaction n'ont pas encore été traités. Pour l'application que nous allons concevoir, un client est celui qui se sert de l'essence : c'est un concept clair et non ambigu pour l'application. Qu'en est-il du domaine de l'application ? Quel concept du « métier » de la distribution de carburant voulons-nous cerner ? Le client prend de l'essence. C'est donc plus la prise d'essence, l'essence délivrée (la quantité, le type de carburant), qui nous intéresse que le client en tant que tel. Du client, nous voulons plutôt savoir avec quel type de paiement il a effectué le règlement (chèque, espèces ou carte bancaire), et éventuellement conserver le numéro d'immatriculation de sa voiture. Il y a donc deux concepts distincts. Pour le premier, l'essence délivrée – appelons cela une *PriseDeCarburant*. La prise de carburant n'englobe pas le type de paiement. Elle est liée au dispositif de pompage qui est au cœur de notre domaine. Le type de paiement est lié à un client. Cela fait-il partie du domaine ou de l'application ? Dans le métier de la distribution d'essence à des particuliers, le paiement fait partie du domaine de l'application. Résumons cette notion par le mot clé *TransactionClient*.

La liste des classes candidates est à présent la suivante :

- *Pistolet,*
- *Gâchette,*
- *DispositifDePompage,*
- *EnsemblePompe,*
- *Étui,*
- *Carburant,*
- *Cuve,*
- *PriseDeCarburant,*
- *TransactionClient.*

Un premier diagramme des classes contenant des associations est présenté sur la figure 6.13. Notre objectif premier est de modéliser l'organisation des périphériques afin de les contrôler.

Figure 6.13
Diagramme des classes métiers.

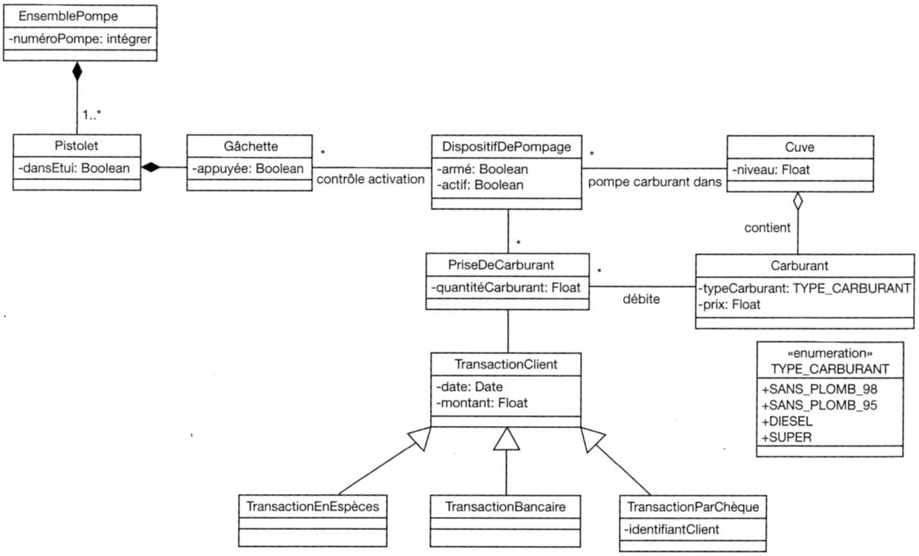

Le modèle s'articule autour du dispositif de pompage. C'est la gâchette qui contrôle l'activation du dispositif de pompage. D'où l'association entre les classes *Gâchette* et *DispositifDePompage*. Ce dispositif pompe le carburant dans une cuve (à noter que l'association de 1 vers plusieurs entre les classes *Cuve* et *DispositifDePompage* indique que plusieurs pompes puisent le carburant dans une même cuve). La gâchette ne peut déclencher le pompage que si le pistolet qui la contient est dans son étui. C'est l'état d'un capteur qui indique si le pistolet est dans son étui ou pas. Pour modéliser cette information nous ajoutons un attribut de type booléen dans la classe *Pistolet*.

La prise de carburant relie les classes *DispositifDePompage*, *Carburant* et *TransactionClient*.

Cependant, nous avons utilisé une énumération pour représenter les types de carburant à la place de l'héritage, car un héritage ne se justifie que si au moins une classe dérivée à un attribut, une association, ou une méthode spécifique, ce qui n'est pas le cas ici.

Le client peut choisir parmi trois modes de paiement. Ces particularités nous incitent à transformer la classe *TransactionClient* en une classe de base dont héritent trois classes : *TransactionEnEspèces*, *TransactionBancaire* et *TransactionParChèque*. L'attribut *identifiantClient* a été ajouté à la classe *TransactionParChèque* pour y conserver l'identifiant d'un client payant par chèque.

Les classes du diagramme de la figure 6.13 vont occuper la couche *Modèle* dans un logiciel décomposé en couches selon l'architecture de la figure 6.12. Cependant, l'ensemble des classes n'est pas utilisé par chaque composant de la couche *Application*. Il faut donc étudier pour chaque composant découvert au à la page 234, quelles sont les classes qui sont requises pour leurs implantations. Cette étude fait l'objet des paragraphes suivants.

3.1. Les couches relatives au composant *DispositifDePompageImpl*

Le composant *DispositifDePompageImpl* est celui de la figure 6.9. Son rôle est de réaliser le pompage de l'essence dans les cuves. Ce composant va occuper le niveau *Application*. Pour définir quelles sont les structures de données au niveau *Modèle* qui seront manipulées par ce composant, on peut utiliser le diagramme de classes de la figure 6.13 et inclure les classes concernées dans un package : station_service.dispositifDePompage (figure 6.14).

Figure 6.14

Les classes utiles au dispositif de pompage.

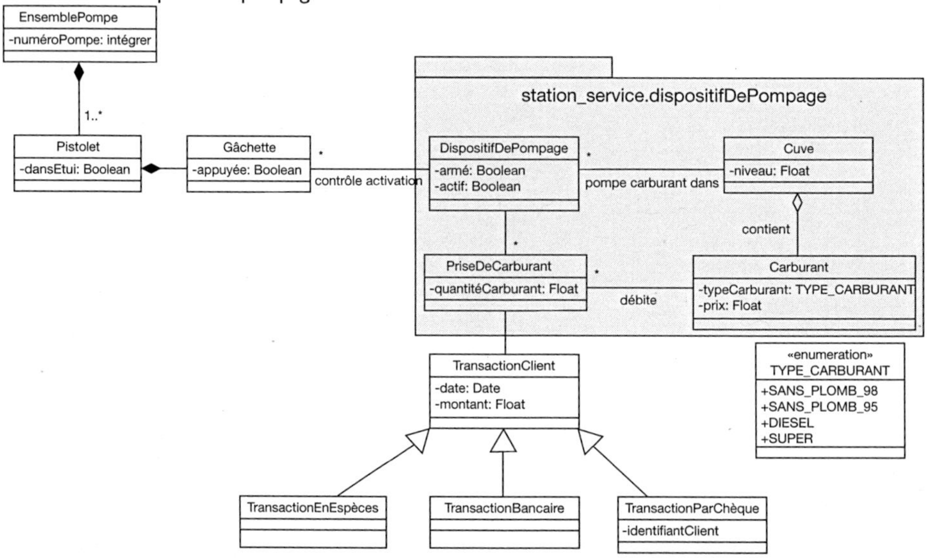

Ce composant contrôle un périphérique matériel de pompage. Il faudrait donc étudier en détail les spécifications de ce matériel afin de savoir comment le piloter. Cette étude sort du cadre de ce livre. Le composant *DispositifDePompageImpl* n'est pas accessible directement à l'utilisateur. Il n'a donc pas besoin d'une couche de présentation au dessus de lui.

Après avoir étudié les spécifications du matériel de pompage, une implantation sous la forme d'un objet bouchon est suffisamment simple pour être réalisée dès à présent. Une fois le code écrit, il est possible de générer le modèle UML suivant par Reverse Ingeneering (Figure 6.15).

Figure 6.15
L'architecture logicielle pour le dispositif de pompage.

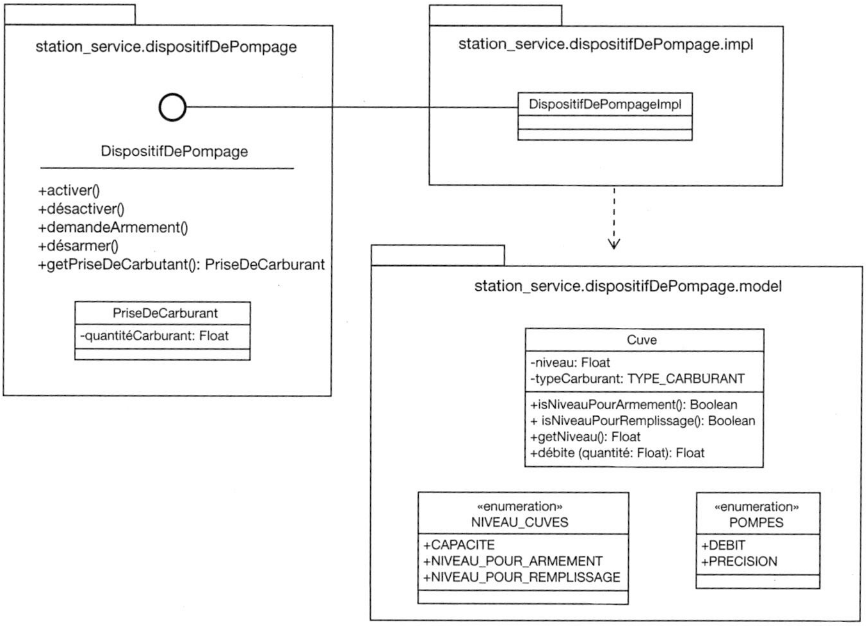

Le package *station_service.dispositifDePompage.model* correspond à la couche *Modèle*, le package *station_service.dispositifDePompage.impl* correspond à la couche *Application*. L'implantation ne figure pas dans le package où est définie l'interface *station_service. dispositifDePompage* : l'implantation ne sera pas accessible directement aux autres composants. Ils ne « verront » que l'interface.

A présent, les méthodes de l'interface *DispositifDePompage* ont leurs signatures définitives. Notamment, la méthode *getPriseDeCarburant* retourne à présent un objet du type *PriseDeCarburant* défini dans le package de l'interface.

La classe *Carburant*, qui figure dans le diagramme des classes (figure 6.14), n'a pas été utilisée lors de l'implantation de la couche *Modèle* car elle n'apportait rien. Elle a simplement permis de mieux comprendre le problème dans les phases amont du projet.

Les valeurs des constantes, telles que le débit des pompes, définies dans les énumérations *POMPES* et *NIVEAU_CUVES*, ont été extraites des spécifications sur le matériel de pompage.

C'est ainsi tout le contenu du package *station_service.dispositifDePompage* qui est à présent dans une version définitive. D'autres composants peuvent l'utiliser sans craindre de devoir faire des changements ultérieurs dans leur code. Cela ne dispense pas de mettre en place la série de tests qui permettra de vérifier la non-régression de l'application dès lors que l'objet bouchon sera remplacé par une autre version plus réaliste.

Le diagramme précédent généré après qu'une solution a été implantée peut être inclus dans la documentation, et être alors utilisé lors du travail sur tout composant qui requiert le dispositif de pompage. C'est le cas du composant *TerminalPompeImpl* qui est étudié dans le paragraphe suivant.

Ce diagramme peut aussi être utilisé pour améliorer la traçabilité : si le code d'un composant a besoin d'être retouché (par exemple pour remplacer l'implantation sous la forme d'un objet bouchon par une implantation plus réaliste), le diagramme de la figure 6.15 est bien plus lisible que le code correspondant.

Cette retouche du code d'un composant en réimplantant ses interfaces est appelée le « refactoring » du code. Cette pratique étant très courante dans les méthodes agiles, c'est rarement une perte de temps que de mettre à jour les diagrammes à chaque nouvelle implantation.

3.2. Les couches relatives au composant *TerminalPompeImpl*

On s'intéresse à présent aux couches relatives au composant *TerminalPompeImpl* de la figure 6.9. Tout comme pour le dispositif de pompage, on commence par repérer les classes du diagramme de classes qui sont susceptibles d'être utilisées par le composant *TerminalPompeImpl*. Ces classes sont regroupées dans le package *station_service.pompe.model* (figure 6.16).

Figure 6.16

Les classes utiles aux pompes.

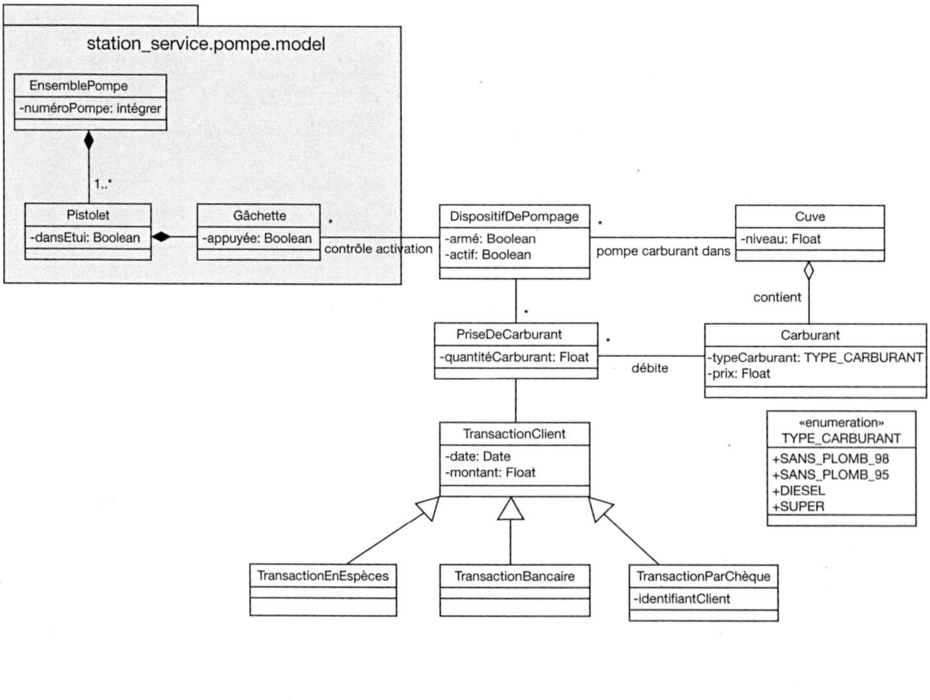

Ces classes vont occuper *a priori* la couche *Modèle*, juste au-dessous de la couche *Application* qui va contenir le code du composant *TerminalPompeImpl*. La question qui se pose ici est de savoir si ces trois classes suffisent pour implanter le composant, c'est-à-dire pour implanter les méthodes définies par les interfaces du composant. Une solution pour répondre à cette question consiste à demander à un développeur d'implanter ce composant. On aboutit alors au découpage en packages de la figure 6.17. Ce modèle peut aussi être réalisé avant d'écrire le code. Il sert alors à guider le développement, à découvrir les tâches à réaliser pour implanter le composant et à estimer leur complexité.

Figure 6.17
L'architecture logicielle pour les pompes.

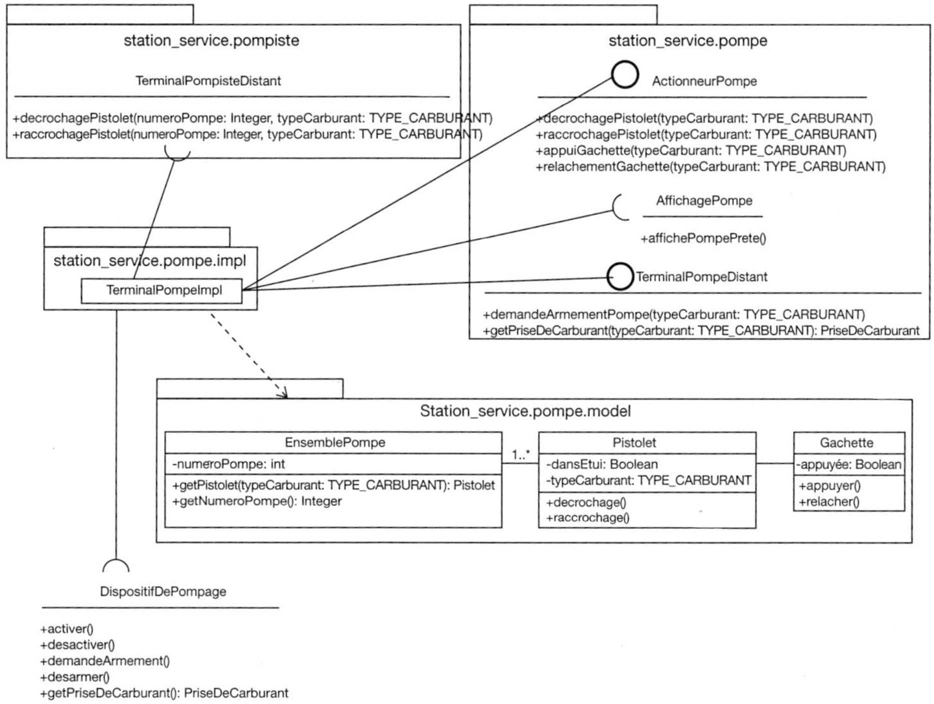

La gâchette en tant que capteur matériel n'est pas représentée. Toute action sur ce matériel se traduit par l'invocation d'une méthode de l'interface *ActionneurPompe* via un pilote qui assure la transition du matériel au logiciel. On peut se demander alors à quoi sert le diagramme de classes du package *station_service.pompe.model* ? L'intérêt est, en implantant ce modèle objet, d'assurer la robustesse du programme qui contrôle le dispositif de pompage dans un langage objet clair (là où un langage de bas niveau comme le C pourrait assurer cette robustesse mais être plus obscur). A titre d'exemple, on donne un extrait du code java du composant *TerminalPompeImpl*. On y trouve deux méthodes : *appuiGachette* qui provient de l'interface *ActionneurPompe*, et *demandeArmementPompe* qui est une implantation de la méthode du même nom définit dans l'interface *TerminalPompeDistant*. On remarque aussi que les signatures des méthodes ont été légèrement modifiées par rapport au diagramme des composants représenté à la figure 6.9. En particulier, la méthode *appuiGachette* reçoit à présent un argument indiquant le type de carburant sélectionné. Ainsi, les premières versions des diagrammes doivent répondre aux besoins des utilisateurs, mais rester l'expression de besoins, et pas de solutions d'implantation. C'est durant la phase de conception que des choix d'implantation sont faits. Les diagrammes produits à ce moment là doivent être conformes au code. C'est le cas du diagramme de la figure 6.17.

```
package station_service.pompe.impl;


public class TerminalPompeImpl implements ActionneurPompe,
TerminalPompeDistant{


    Map<String,DispositifDePompage> dispositifsDePompage;
    EnsemblePompe pompe;


    public void appuiGachette(TYPE_CARBURANT typeCarburant) throws
ErreurPompeException {
            Pistolet pistolet = pompe.getPistolet(typeCarburant);
            if(pistoletPris == null){
                    throw new ErreurPompeException(«Ancun pistolet
décroché»);
            } else if(pistoletPris.equals(pistolet) == false){
                    throw new ErreurPompeException(«Plusieurs pistolets
sont décrochés»);
            }
            pistoletPris.getGachette().appuyer();
    }


    public void demandeArmementPompe(TYPE_CARBURANT typeCarburant) throws
ErreurPompeException {
            Pistolet pistolet = pompe.getPistolet(typeCarburant);
            if(pistoletPris == null){
                    throw new ErreurPompeException(«Impossible d'armer la
pompe car aucun pistolet n'a été décrocé»);
            }
            if(pistoletPris.equals(pistolet) == false){
                    throw new ErreurPompeException(«Plusieurs pistolets
sont décrochés»);
            }
            DispositifDePompage dispositifDePompage = this.getDispositifD
ePompage(pistoletPris.getTypeCarburant());
            dispositifDePompage.demandeArmement();


    }


}
```

3.3. Les couches relatives au composant *TerminalPompisteImpl*

Le terminal du pompiste requiert une attention particulière car il utilise un support de persistance (typiquement une base de données) pour y enregistrer les transactions de paiement. C'est le terminal où on va trouver toutes les couches du modèle représenté à la figure 6.12. La description de ces couches occupe le paragraphe courant et le paragraphe suivant (qui aborde des notions avancées).

Le diagramme reproduit à la figure 6.18 montre un regroupement en packages des composants et interfaces de la figure 6.11.

Figure 6.18
L'architecture logicielle pour le terminal du pompiste.

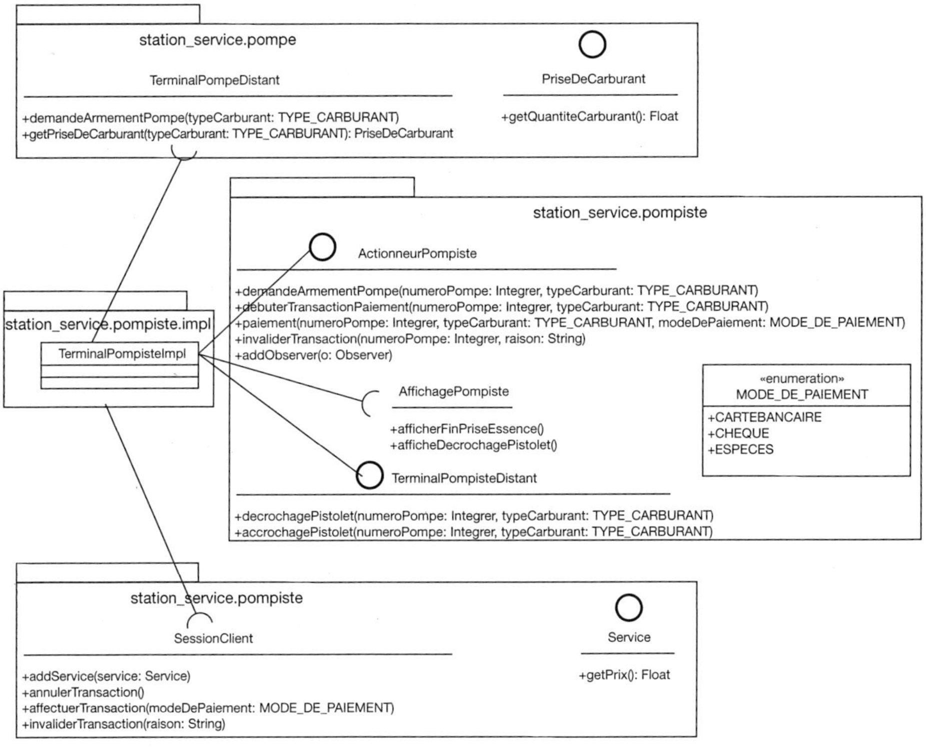

Ce diagramme montre les signatures définitives des méthodes, mais son apport principal est qu'il introduit la notion de multiservice – comme on la rencontre couramment dans une station-service. En effet, on y trouve, outre la distribution d'essence, des services de réparation, de vente de produits divers... Ainsi, l'interface *SessionClient* dispose d'une méthode *addService* qui reçoit un *Service* en argument. Le type *Service* est défini par l'interface de même nom. L'utilisation d'une interface permettra de décliner ce service en une multitude de services : prise d'essence, réparations... La modélisation de ces services est traitée dans le paragraphe suivant.

4. Notions avancées

Jusqu'à présent, la couche *Modèle* utilisée par les composants était directement issue du premier diagramme de classes produit au tout début du projet (figure 6.13). En procédant ainsi, on peut regrouper dans un package les classes qui sont impliquées dans la modélisation d'un service de prise d'essence (figure 6.19).

Figure 6.19
Classes utiles pour la gestion des sessions client.

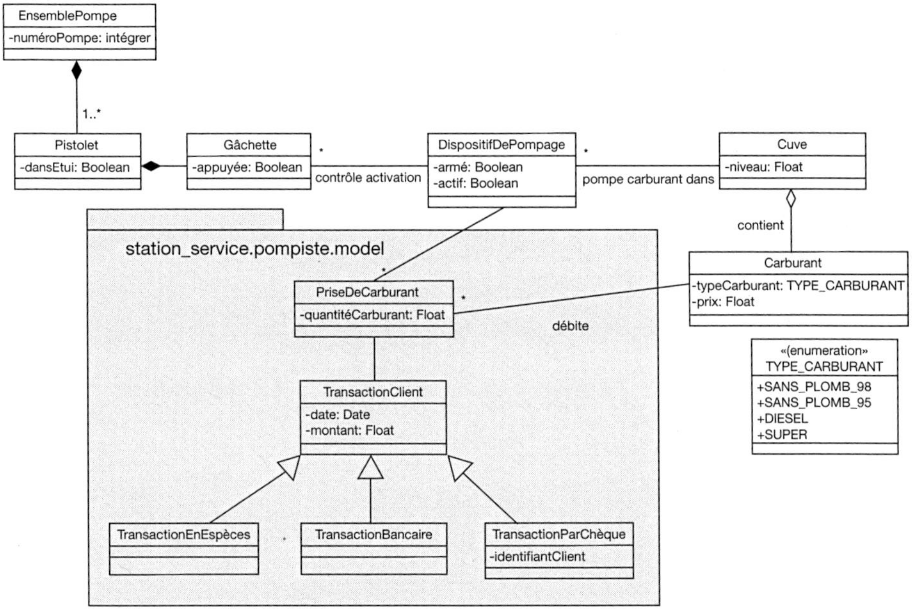

Or, une architecture évolutive doit pouvoir anticiper sur des besoins non exprimés initialement par le client. Une des techniques utilisées pour anticiper des évolutions futures consiste à utiliser la généralisation. Ici, il s'agit de généraliser la notion de service à tous les services présents et futurs proposés par une station-service (réparation, vente de produits divers...). Pour ce faire, on peut ajouter à notre modèle (voir le package *station_service.service.model* de la figure 6.20) un panier de services dans lequel on ajoutera tous les services demandés par un client. Le service de prise de carburant devient alors un service parmi d'autres. C'est une spécialisation d'un service plus général : *ServicePriseDeCarburant* implémente l'interface *Service.*

Une fois que les services désirés ont été ajoutés au panier, la transaction de paiement peut-être effectuée. Les transactions sont sauvegardées. La sauvegarde se fait habituellement dans une base de données relationnelle, mais ce pourrait aussi bien être une base de données objet, un fichier XML... L'indépendance vis-à-vis du support de persistance est assurée par le service CRUD (Create Retrieve Update Delete). Ce service est très fréquemment utilisé. Son implantation se charge d'accéder au support de persistance (*via* Hibernate par exemple), tandis que son interface expose des objets (ici une *TransactionClient* transmise et retournée par les méthodes de l'interface). Un service

CRUD ne s'applique pas toujours à un seul objet, mais il peut assurer la persistance de tout un graphe d'objets (instanciation du diagramme des classes du package *station_service.service.model*).

Figure 6.20
L'architecture logicielle pour la gestion des sessions client.

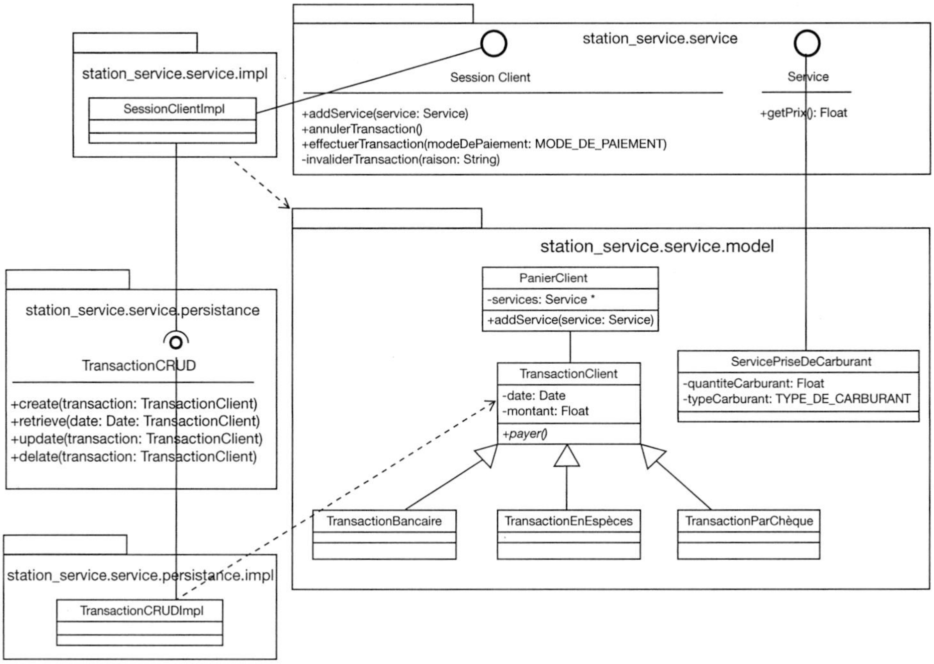

Dans la pratique, un service CRUD complet nécessite aussi des arguments supplémentaires pour mieux fonctionner : par exemple la méthode *retrieve* a souvent un argument qui permet d'obtenir une *TransactionClient* répondant à d'autres critères qu'une simple date.

Dans le cas d'école où ce besoin de nouveaux services arrive au cours du projet, quel impact cela a-t-il sur le code existant ? Avant de modifier le code, il vaut mieux mettre à jour les modèles UML. On reste ainsi dans l'approche Model Driven Architecture, et les diagrammes UML étant bien plus lisibles que le code, on peut avoir une vision globale des modifications à faire. En particulier, on remarque immédiatement à la figure 6.18 que l'interface *ActionneurPompiste* dont l'implantation est située au-dessus du composant de gestion des sessions client, n'a pas de méthode qui permette à un pompiste d'ajouter des services autres que celui de prise d'essence.

L'architecture pour gérer les sessions des clients est à présent complète (figure 6.20). On peut la résumer comme suit : *SessionClient* est l'interface d'accès à la couche *Application*. Au cœur de cette couche, il y a l'implantation de cette interface (*SessionClientImpl*). L'application fait appel à un service CRUD qui est implanté dans la couche de *Services*. Le service CRUD masque les accès sous-jacents à la base de données. Les méthodes du service CRUD reçoivent en argument et retournent un modèle objet composé de plusieurs classes associées (les classes de la couche *Modèle*). En revanche, il n'y a pas de couche de présentation.

À ce stade de la modélisation, tous les composants qui implantent les cas d'utilisation ont leur architecture conçue en couches de logiciel.

5. Scrum

Les paragraphes précédents traitent exclusivement de l'aspect développement agile de logiciels et n'abordent pas l'aspect gestion agile de projet. L'aspect développement tente de respecter les principes d'agilité que nous avons déjà énoncés en début de chapitre :

- « Notre première priorité est de satisfaire le client en livrant tôt et régulièrement des logiciels utiles. »
- « Livrer fréquemment une application fonctionnelle, toutes les deux semaines à deux mois, avec une tendance pour la période la plus courte. »
- « Un logiciel fonctionnel est la meilleure unité de mesure de la progression du projet. »
- « Les gens de l'art et les développeurs doivent collaborer quotidiennement au projet. »
- « Une attention continue à l'excellence technique et à la qualité de la conception améliore l'agilité. »
- « Le changement est bienvenu, même tardivement dans le développement. Les processus agiles exploitent le changement comme avantage compétitif pour le client. »

La gestion agile de projet quant à elle tente de mettre en œuvre des principes complémentaires :

- « Bâtissez le projet autour de personnes motivées. Donnez-leur l'environnement et le soutien dont elles ont besoin, et croyez en leur capacité à faire le travail. »
- « La méthode la plus efficace pour transmettre l'information est une conversation en face-à-face. »
- « Les processus agiles promeuvent un rythme de développement soutenable. Commanditaires, développeurs et utilisateurs devraient pouvoir maintenir le rythme indéfiniment. »
- « La simplicité – l'art de maximiser la quantité de travail à ne pas faire - est essentielle. »
- « Les meilleures architectures, spécifications et conceptions sont issues d'équipes qui s'auto-organisent. »
- « À intervalle régulier, l'équipe réfléchit aux moyens de devenir plus efficace, puis accorde et ajuste son comportement dans ce sens. »

Une méthode agile complète, d'après le Manifeste Agile (Agile Manifesto http://agilemanifesto.org/) doit associer les aspects développement et les aspects gestion de projet. Il y a de nombreuses méthodes agiles. Parmi elles, Scrum est devenu au fil des ans la méthode la plus utilisée [Aubry 2010]. La question qui se pose alors est de savoir si l'approche UML-Model Driven Architecture présentée dans ce chapitre est compatible avec Scrum ? Or, non seulement Scrum et UML-Model Driven Architecture ne sont pas incompatibles mais elles sont complémentaires. L'objectif des paragraphes suivant est d'illustrer cette complémentarité.

5.1. Cas d'utilisation versus User Story

UML représente le besoin d'un client avec un diagramme des cas d'utilisation. Scrum de son côté n'impose rien, mais les User Stories sont fréquemment utilisées. Dans notre étude de cas, une User Story serait :

« En tant que pompiste, je veux armer une pompe afin de permettre à un client de se servir de l'essence. »

Les User Stories peuvent être complétées avec des conditions de satisfaction. Pour l'armement de la pompe, de telles conditions pourraient être :

- Vérifier que la pompe est armée et est prête à l'emploi.
- Vérifier que si le pompiste n'arme pas la pompe, celle-ci est inutilisable.
- Vérifier que seule la pompe correspondant au type d'essence sélectionné par le client est armée.

Pour être exploitées par l'équipe de projet lors d'un développement guidé par les tests, les User Stories sont déclinées en cas de test appelés Storytests. Ainsi, la première condition ci-dessus peut aboutir au Storytest suivant :

Précondition : un client a décroché le pistolet du diesel :

- l'écran du pompiste indique que le pistolet du diesel a été décroché ;
- Le pompiste arme la pompe correspondante.

Post-condition : la pompe a été armée (la confirmation de l'armement apparaît sur le terminal du pompiste) et le client peut se servir de l'essence.

Avec UML, l'armement de la pompe est représenté par un cas d'utilisation dans un diagramme des cas d'utilisation (figure 6.1). Les cas de test quant à eux sont décrits avec des diagrammes de séquences (figure 6.4).

Tentons à présent de comparer User Story et cas d'utilisation :

1. L'intérêt du diagramme des cas d'utilisation est que toutes les grandes fonctionnalités du système accessibles aux utilisateurs sont regroupées sur un seul diagramme (figure 6.1), tandis que chaque User Story est décrite séparément. Par contre, la forme textuelle des User Stories est plus facilement abordable par les utilisateurs.
2. UML permet de décrire en un seul diagramme de séquences un cas test complexe comprenant par exemple un scénario nominal, des scenarios alternatifs... (voir le chapitre 3), mais les Storytests sont plus faciles à écrire.
3. Storytests et diagrammes de séquences servent à guider le développement (approche Test Driven du développement), mais les diagrammes de séquences qui guident les tests sont aussi utilisés pour déduire les interfaces des composants et guident ainsi la conception de l'architecture (Model Driven Architecture).

Les User Stories sont aussi les éléments de base pour définir le contenu des itérations et estimer la charge de travail pour les mener à bien. Cependant, UML et l'approche Model

Driven Architecture vont encore plus loin, puisque non seulement le contenu des itérations peut être défini, mais l'architecture est aussi conçue simultanément. Cette architecture sert également à estimer précisément la charge de travail. Nous aborderons ces points à la page 243.

Au-delà des différences exposées aux points 1 à 3 ci-dessus, User Stories et cas d'utilisation ne servent qu'à représenter le besoin du client, et pas à le recueillir. Ajoutons à cela qu'ils ne représentent qu'un l'aspect fonctionnel, et qu'un système doit répondre aussi à des exigences non fonctionnelles de sécurité, de performance... Pour en finir avec cette comparaison, il faut aussi remarquer que ni les User Stories, ni les cas d'utilisation ne dispensent de spécifier le besoin.

En conclusion, c'est à l'équipe de projet de choisir si elle se sent plus à l'aise avec les User Stories agrémentées de Story tests, ou avec le diagramme des cas d'utilisation complété par des diagrammes de séquences pour représenter le besoin du client, et communiquer avec toutes les parties prenantes du projet. Il est même possible d'utiliser les deux approches conjointement. Par exemple, on peut associer des cas tests sous la forme de diagrammes de séquences à des User Stories.

5.2. Releases, Sprints, Stories et tâches

Pour Scrum, une itération est appelée un Sprint. La propriété principale d'un Sprint est qu'il a une durée fixe, typiquement de un mois. Cette propriété est essentielle pour Scrum car cela oblige l'équipe de projet à terminer une partie avant d'en commencer une autre. A la fin de chaque Sprint, on doit disposer d'une implantation potentiellement livrable. Une pratique courante (bien que non imposée par Scrum) consiste à implanter plusieurs User Stories durant un Sprint (figure 6.21). C'est l'équipe de projet qui choisit les User Stories qu'elle implantera durant chaque Sprint. Dans la phase préparatoire du projet (qui précède les itérations), il faut découvrir les User Stories et les consigner dans un référentiel appelé le « backlog » du produit. Les Users Stories y sont classées dans l'ordre dans lequel elles vont être implantées. Le choix de l'ordre est fait par l'équipe de projet sous la responsabilité d'un membre spécial appelé le « Product Owner ». Les critères de choix sont nombreux, mais le principal est la plus-value qu'apporte la User Story au projet.

Figure 6.21
Le plan de release.

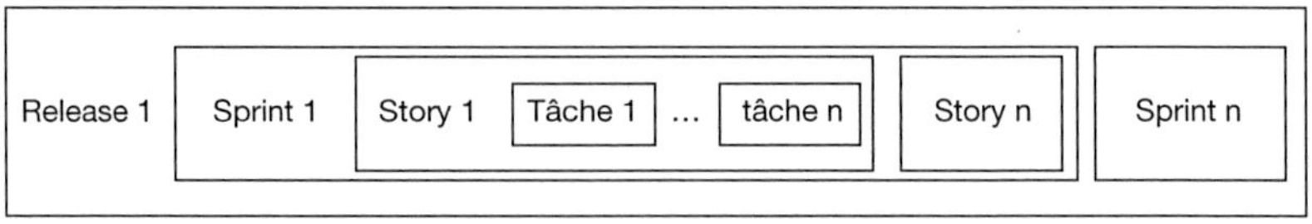

En plus de l'ordre de priorité, une autre caractéristique essentielle des User Stories est qu'elles ont un niveau de description plus ou moins détaillé selon la place qu'elles occupent dans le backlog. Les User Stories qui sont au début du backlog, parce qu'elles vont être bientôt implantées, sont les plus détaillées (les Users Stories sont agrémentées de Storytests, les tâches pour les implanter sont repérées et la charge de travail pour les réaliser est estimée), tandis que celles qui sont à la fin du backlog peuvent être décrites par une simple phrase. Cette description partielle s'oppose à l'approche traditionnelle des projets où les spécifications sont établies entièrement, et une fois pour toutes, au début du projet. *A contrario*, les méthodes agiles font le constat que, quel que soit le soin apporté à la rédaction des spécifications, il n'est pas possible de les définir complètement avant de débuter l'implantation.

Selon la capacité de l'équipe de projet à travailler rapidement, une ou plusieurs User Stories peuvent être implantées durant un Sprint. L'implantation d'une User Story requiert la plupart du temps plusieurs tâches (figure 6.21). Par exemple, une tâche consiste à développer l'interface utilisateur, une autre à programmer l'accès à une base de données... Le nombre de Users Stories par Sprint qu'une équipe de projet accepte d'implanter dépend du nombre et de la durée des tâches. Les User Stories, au fil de leurs implantations, apportent toujours plus de fonctionnalités aux utilisateurs. Le regroupement logique de fonctionnalités implantées à partir des User Stories peut donner lieu à plusieurs *releases* du logiciel.

Pour résumer (figure 6.21), un backlog contient une ou plusieurs *releases*, chaque *release* est décomposée en Users Stories, les Users Stories sont réalisées durant des Sprints de durée fixe, et elles sont décomposées en tâches juste avant d'être implantées.

5.3. Scr-uml ?

Qu'apporte l'utilisation de l'approche Model Driven Architecture d'UML à la méthode Scrum ? Nous avons remarqué deux choses dans les paragraphes précédents :

- l'utilisation de composants permet d'accroître la modularité des logiciels ;
- il n'y a pas toujours une correspondance exacte entre un cas d'utilisation et un composant.

Il en est de même pour une User Story. Le passage des User Stories aux composants n'est pas plus évident que celui des cas d'utilisation aux composants. En effet, cas d'utilisation et User Stories ne sont qu'une description des fonctions accessibles aux utilisateurs ; or, il en est d'autres qui ne le sont pas.

Dans ces conditions, de quoi serait composé le backlog du produit si l'approche UML-Model Driven Architecture était utilisée ?

Pour définir le contenu des itérations il faut classer les composants par ordre de priorité. Le critère le plus important pour fixer la priorité est la plus-value pour l'utilisateur qu'apporte un composant. Les dépendances entre composants doivent aussi être prises en compte. Ces dépendances sont illustrées par les diagrammes de composants des figures 6.9 et 6.11. Ils montrent que le composant *TerminalPompeImpl* dépend de *DispositifDePompage*, et que *TerminalPompisteImpl* dépend de *SessionClient*. En se basant uniquement sur ces dépendances et en commençant arbitrairement par développer les composants des terminaux des pompes, on obtient l'ordre suivant :

- implantation de *DispositifDePompage*,
- implantation de *TerminalPompeImpl*,
- implantation de *SessionClient*,
- implantation de *TerminalPompisteImpl*.

TerminalPompeImpl ayant deux interfaces, *ActionneurPompe* et *TerminalPompeDistant* (voir la figure 6.9), il est possible de décomposer le développement de *TerminalPompeImpl* en implantant les interfaces l'une après l'autre. En remarquant que *TerminalPompisteImpl* implante lui aussi deux interfaces, *ActionneurPompiste* et *TerminalPompisteDistant* (figure 6.11), son développement peut être lui aussi décomposé. On aboutit alors à l'ordre d'implantation suivant :

1. Implantation de *DispositifDePompage*.
2. Implantation de l'interface *ActionneurPompe* pour le composant *TerminalPompeImpl*.
3. Implantation de l'interface *TerminalPompeDistant* pour le composant *TerminalPompeImpl*.
4. Implantation de *SessionClient*.
5. Implantation de l'interface *ActionneurPompiste* du composant *TerminalPompisteImpl*.
6. Implantation de l'interface *TerminalPompisteDistant* du composant *TerminalPompisteImpl*.

L'avantage de l'ordre ci-dessus est que le *refactoring* du code est limité, car chaque composant est entièrement développé avant que l'on passe à un autre. L'inconvénient est que la prise de carburant (l'action de se servir pour un client, et l'action d'armer la pompe pour le pompiste) ne sera complètement implantée qu'au point 6 ! En effet, l'implantation de l'interface *TerminalPompisteDistant* du composant *TerminalPompisteImpl* (point 6) va permettre au terminal du pompiste de recevoir l'information de décrochage d'un pistolet nécessaire à l'armement (figure 6.11). Pour revoir l'ordre d'implantation, on peut utiliser les cas d'utilisation (ou les User Stories). Il est préférable d'implanter d'abord les cas d'utilisation « Se servir » et « Armer pompe » avant de s'attaquer au paiement. Ainsi, les trois premiers points ne changent pas, puisqu'ils concernent uniquement les terminaux des pompes qui gèrent la distribution de l'essence. À partir du point 4, on réorganise l'ordre en n'implantant pas complètement les interfaces, mais uniquement les méthodes qui correspondent à la distribution de l'essence. On aboutit ainsi à l'ordre suivant :

1. Implantation de *DispositifDePompage*.
2. Implantation de l'interface *ActionneurPompe* du composant *TerminalPompeImpl*.
3. Implantation de l'interface *TerminalPompeDistant* du composant *TerminalPompeImpl*.

Étape intermédiaire 1 : à ce stade, les terminaux des pompes sont entièrement développés, et celui du pompiste peut commencer.

4. Implantation du comportement « signale décrochage pistolet(pompe, type essence) » de l'interface *TerminalPompisteDistant* du composant *TerminalPompisteImpl* (figure 6.11).
5. Implantation du comportement « demande armement(pompe numéro) » de l'interface *ActionneurPompiste* du composant *TerminalPompisteImpl* (figure 6.11).

Étape intermédiaire 2 : l'implantation de la distribution de l'essence s'achève au point 5, et celle du paiement peut commencer au point 6 :

6. Implantation de *SessionClient*.
7. Implantation des comportements liés au paiement de l'interface *TerminalPompisteDistant* du composant *TerminalPompisteImpl*.
8. Implantation des comportements liés au paiement de l'interface *ActionneurPompiste* du composant *TerminalPompisteImpl*.

Cet ordre d'implantation permet de livrer tôt et fréquemment une application ayant une réelle plus-value pour les utilisateurs, sans toutefois correspondre exactement aux cas d'utilisation ou aux User Stories. À partir du point 3 par exemple, un client peut se servir de l'essence, mais l'armement de la pompe par le pompiste n'est pas encore pris en compte. Il l'est au point 5. Au point 8, le paiement est opérationnel.

Après avoir fixé l'ordre des implantations, il faut fixer un plan de développement pour les *releases*. Ce plan est représenté par la figure 6.21, dans laquelle n'apparaissent pas encore les tâches et où les stories correspondent aux points 1 à 8 ci-dessus. Sous cette forme, le plan de *release* est accessible à toutes les parties prenantes (incluant le client et les utilisateurs). Il est utilisé pour dialoguer autour du projet. On veillera donc à y faire figurer clairement les étapes intermédiaires énoncées ci-après :

- Étape intermédiaire 1 : à ce stade, les terminaux des pompes sont entièrement développés, et celui du pompiste peut commencer.
- Étape intermédiaire 2 : l'implantation de la distribution de l'essence s'achève au point 5, et celle du paiement peut commencer au point 6.

L'établissement du plan de *release* conduit à estimer le temps nécessaire à l'équipe de projet pour le réaliser. Les techniques d'estimation ne sont pas abordées ici car elles sortent du cadre de cet ouvrage.

Avec ce plan, l'équipe de projet est prête à se lancer dans la première itération (le premier Sprint). Il est cependant important de noter qu'à ce stade du projet, et malgré l'approche UML-Model Driven Architecture, aucun choix sur l'architecture interne des composants n'a été fait, ce qui garantit l'adaptabilité de la méthode à de nombreuses situations.

Au début de chaque Sprint, l'équipe de projet se réunit pour décomposer le travail à faire en tâches, estimer la quantité de travail pour réaliser chaque tâche, et répartir ces tâches entre les membres de l'équipe. Lors de cette étape, l'approche UML- Model Driven Architecture va plus loin que l'approche basée uniquement sur les User Stories. En effet, les tâches correspondent souvent aux couches de logiciel que l'approche Model Driven Architecture permet de découvrir « en douceur » à partir du besoin du client (voir page 238). Les User Stories quant à elles ne donnent pas d'indication pour découvrir une architecture en couches. De plus, l'estimation du travail pour réaliser chaque tâche (chaque couche) est facilitée car les diagrammes UML montrent le détail des couches : le diagramme de la figure 6.20 montre par exemple les classes de la couche *Modèle* nécessaires à l'implantation. Enfin, ce genre de diagrammes UML est un outil incomparable de communication au sein l'équipe de projet entre les personnes qui réalisent des tâches distinctes.

Le contenu des Sprints restants du backlog, parce qu'il sera développé plus tard, n'est pas aussi détaillé. Ainsi, et conformément aux recommandations des méthodes agiles, le contenu du backlog émerge progressivement. Cependant, contrairement à l'utilisation basique des User Stories, avec l'approche UML-Model Driven Architecture, l'architecture à partir de laquelle les développeurs peuvent travailler émerge elle aussi progressivement. Ainsi, UML-Model Driven Architecture répond mieux au principe d'agilité suivant, non couvert par les User Stories : « Une attention continue à l'excellence technique et à la qualité de la conception améliore l'agilité. »

Conclusion

L'introduction de ce chapitre a présenté quelques principes, extraits du *Manifeste agile*, qui définissent ce qu'est une méthode agile. Rappelons ces principes en excluant de cette liste six critères qui concernent la gestion de projet, domaine non couvert par UML :

1. « La priorité est de satisfaire le client en livrant tôt et régulièrement des logiciels utiles. »
2. « Livrer fréquemment une application fonctionnelle, toutes les deux semaines à deux mois, avec une tendance pour la période la plus courte. »
3. « Un logiciel fonctionnel est la meilleure unité de mesure de la progression du projet. »
4. « Les gens de l'art et les développeurs doivent collaborer quotidiennement au projet. »
5. « Une attention continue à l'excellence technique et à la qualité de la conception améliore l'agilité. »
6. « Le changement est bienvenu, même tardivement dans le développement. Les processus agiles exploitent le changement comme avantage compétitif pour le client. »

Passons en revue ces principes à la lumière de l'étude menée dans ce chapitre et montrons là où UML est utile.

Pour garantir l'agilité, nous avons choisi un processus itératif et incrémental, centré sur les besoins du client, et guidé par les tests. Ce cadre nous a conduit à utiliser une approche « composants » (où les composants sont les briques de base pour constituer les livrables fournis à chaque itération). Le processus repose donc en grande partie sur les composants. Pour marquer encore plus l'importance des composants, remarquons qu'ils doivent respecter les principes 1 et 2 du *Manifeste agile*. C'est lors de la découverte des composants qu'UML entre en jeu. Nous avons montré par l'exemple que les composants peuvent être déduits des cas d'utilisation d'UML. Ces derniers représentent le besoin du client. La méthode est la suivante : à partir du diagramme des cas d'utilisation, chaque cas est décrit à l'aide de diagrammes de séquences. De là, les interfaces des composants découlent naturellement. Nous avons aussi montré qu'il n'y a pas une correspondance exacte entre cas d'utilisation et composants. La conséquence de cette non-correspondance est qu'on ne peut pas se baser uniquement sur les cas d'utilisation pour fixer le contenu des itérations.

Pour définir l'ordre dans lequel il faut implanter les composants, on peut utiliser les relations de dépendance entre composants, tout en satisfaisant les utilisateurs en leur livrant le plus tôt possible un logiciel fonctionnel. Pour montrer les dépendances, les diagrammes de composants d'UML offrent une vision claire et globale. Pour livrer le plus tôt possible une application fonctionnelle, on peut trier parmi les interfaces des composants les comportements qu'il convient d'implanter rapidement, et ceux dont le codage peut être différé. Le critère de tri est basé sur l'étude des cas d'utilisation en classant les méthodes des interfaces par cas d'utilisation. Il est alors possible d'implanter cas d'utilisation par cas d'utilisation.

Si les diagrammes de séquences – descriptions des cas d'utilisation – servent à trouver les interfaces des composants, il faut cependant prendre le temps de bien cerner le besoin du client avant de les produire. En effet, un diagramme de séquences est l'expression d'une solution et pas d'un besoin. Le risque est alors de produire trop tôt une solution alors que le besoin du client est mal compris. Pour affiner le besoin, UML propose d'autres diagrammes, notamment les diagrammes d'activité qui peuvent représenter des processus métiers complexes.

Pour respecter le principe 3 du *Manifeste agile*, nous avons opté pour un processus guidé par les tests. Les diagrammes de séquences qui ont servi à découvrir les interfaces des composants peuvent servir de scénarios de test.

En ce qui concerne le point 4 du *Manifeste agile*, UML, grâce à son approche Model Driven Architecture, permet d'impliquer tout au long du projet les personnes concernées (client, utilisateurs, développeurs...). Les modèles s'assemblent et s'enchaînent sans introduire de rupture depuis le recueil des besoins jusqu'à l'implantation. Même dans le cas où UML doit être abandonné pour passer à l'implantation, il est toujours possible de générer les modèles après avoir réalisé le code (*reverse ingeneering*). Ces modèles peuvent être inclus à la documentation et améliorer la traçabilité (à des fins de *refactoring* du code par exemple).

Ce chapitre a aussi montré comment UML-Model Driven Architecture peut s'intégrer dans la méthode agile la plus populaire du moment (Scrum) : non seulement UML-Model Driven Architecture s'y insère aisément, mais il prend le relais là où la technique des User Stories fréquemment associée à Scrum s'arrête. Les bénéfices sont les suivants :

- pas du rupture au moment du passage de la User Story à la conception de l'architecture ;
- amélioration de la communication au sein de l'équipe de projet autour de diagrammes montrant l'architecture ;
- émergence progressive de l'architecture en même temps que les User Stories ;
- découverte des tâches pour implanter une User Story facilitée, et estimation plus fine des tâches.

Cependant, avant de dessiner un diagramme UML il faut se demander ce qu'il apporte. Permet-il de mieux communiquer ? Avec qui ? Sert-il à modéliser le besoin ? À définir l'architecture ? À estimer les tâches pour implanter un composant ? À guider le développement ? La traçabilité qu'il apporte est-elle nécessaire ? Etc. Dans ce chapitre, alors que nous avons utilisé UML pour satisfaire tous les besoins de modélisation énumérés ci-dessus, nous avons produit une vingtaine de diagrammes. Nous pensons aussi que la documentation associée peut être réduite aux seules explications qui accompagnent les diagrammes de ce chapitre, ce qui la limite à quelques pages.

Ce chapitre a aussi montré l'intérêt d'utiliser une architecture en couches pour respecter les principes 5 et 6 du *Manifeste agile*. Ces modèles, largement éprouvés par leur utilisation dans des systèmes existants, sont la base d'architectures plus complexes, notamment orientées services, qui structurent des systèmes d'information d'entreprise. Malgré la complexité de ces architectures, UML permet de les modéliser simplement. Cela n'empêche pas d'avoir recourt à des design patterns qui amélioreront encore la conception. Lorsque la modification du code est malgré tout nécessaire, suite à la prise en compte du nouveau besoin d'un client, ces architectures types sont faites pour réduire l'impact sur le code existant. Mais avant de se lancer dans les modifications du code, il vaut mieux utiliser les modèles UML pour mesurer l'impact induit par ces changements. UML atteint cependant ses limites dans les systèmes complexes. Dans ce cas, les méthodes d'urbanisation des systèmes d'information sont faites pour prendre le relais. Ajoutons pour conclure que des principes de qualité tel CMMI (Capacity Maturity Model + Integration), dont l'objectif est d'optimiser le fonctionnement des entreprises d'ingénierie, sont souvent mis en œuvre à l'aide d'UML pour modéliser leurs processus de travail... agiles.

Annexe A

Comparatif des outils de modélisation

Introduction

Pour se servir efficacement d'UML, il faut utiliser un outil adapté à vos besoins. L'abondance de l'offre en la matière rend son choix très difficile. L'objectif de cette annexe est d'en présenter brièvement quelques-uns afin de permettre le choix rapide et efficace de l'outil le mieux adapté. Un accent sera mis sur le coût des licences. Nous préciserons, en particulier, si les outils disposent d'une licence dite académique, permettant aux professionnels débutants, aux étudiants et aux formateurs d'illustrer l'intérêt d'UML, sans devoir, dans un premier temps, investir dans une licence onéreuse.

Pour un simple éditeur de diagramme UML, adapté aux phases d'analyse et de conception, l'offre est large, et le choix de l'outil importe finalement peu, pourvu que son ergonomie soit raisonnable (placement des objets et des arcs, navigation entre les diagrammes...). On pourra alors regarder du côté de l'open-source où les plugins ou petits outils UML abondent (BoUML, StarUML, PapyrusUML, TopCased...), ou utiliser une version « modeler » d'un outil professionnel.

Un des intérêts de la modélisation qui accompagne le développement informatique est, d'un coté, la production de code et, de l'autre, la génération de modèles à partir du code.

De ce fait, il est important que votre outil propose des fonctions de rétro-ingénierie (extraction de modèle depuis le code) et réciproquement de génération de code depuis le modèle (en général surtout les diagrammes de classe, parfois aussi machines à état). L'idéal dans les phases de conception détaillée et d'implémentation est que l'outil s'intègre dans votre environnement de développement de code (IDE) pour permettre de garder une bonne synchronisation entre le code et les modèles. Il faut également exiger de l'outil qu'il soit capable de générer un document lisible et imprimable, contenant les différents diagrammes qui composent un modèle.

La majorité des outils sont disponibles en version d'évaluation limitée dans la durée, donc n'hésitez pas à en télécharger deux ou trois avant de fixer votre choix ; l'échange de modèles entre outils est quasiment impossible.

La liste ci-après est triée par nom d'éditeur.

Compagnie : **vendeur de l'outil**
Produit : **nom du produit décrit**
Licence académique : existe-t-il une licence gratuite pour les enseignements ?
Licence commerciale : prix de la licence commerciale, varie beaucoup selon le nombre de postes, d'utilisateurs…
IDE : l'outil s'intègre-t-il dans un environnement de développement intégré ?
Langages : pour quels langages les traductions code <-> UML sont-elles possibles ?
Description : une brève description de l'outil.

\+ Points forts de l'outil
– Points faibles

Compagnie : **Borland**
Produit : **Together**
Licence académique : essai 15 jours
Licence commerciale : prix disponible en contactant leur service commercial (!)
IDE : Eclipse
Langages : Java, BPMN (Business Process Modeling Notation), Domain Specific Language
Description : d'une ergonomie sans faille, robuste et rapide, cet outil offre de nombreux services support (vérification de contraintes OCL, audit de projet, extraction de diagrammes de séquence depuis le code, transformation de modèles). Outil réellement de qualité industrielle, qui accompagne le développement de l'analyse des besoins au développement du code.

\+ Ergonomie, prise en main.
\+ Synchronisation code Java.
– Difficulté d'obtention de licence.

Compagnie : **Gentleware**
Produit : **Poseidon**
Licence académique : Community Edition, sévèrement bridée
Licence commerciale : Professional Edition, 700 à 1 200 €
IDE : Professional Edition intégrée dans Eclipse, Community Edition outil java standalone
Langages : Java
Description : basé sur l'outil open-source gratuit ArgoUML, l'ergonomie de Poseidon reste à revoir. Il est parfois choisi cependant pour sa facilité de déploiement (32 Mo, téléchargement sans questions). La politique commerciale de Gentleware a voulu pousser, depuis 2005, sa communauté d'utilisateurs gratuits à passer à la version payante, avec pour résultat un outil CE aux fonctions appauvries (pas d'extraction de modèle), ce qui est un peu dommage.

+ Éditeur graphique UML entrée de gamme.
– Ergonomie et fonctionnalités limitées.

Compagnie : **IBM/Rational**
Produit : **Rational Software Architect**
Licence académique : complète sous programme « IBM Academic Initiative » négociable par les enseignants.
Licence commerciale : 4 000 à 12 000 €
IDE : basé sur Eclipse
Langages : Java, C ++, Corba
Description : un outil énorme, par sa taille (6 Go disque, 1 Go RAM), mais aussi par ses capacités plus avancées que la concurrence. Construit sur Eclipse, supporte bien tout UML 2. Notons que l'offre de IBM/Rational se décline en plusieurs variantes, ce produit constitue leur haut de gamme.

+ Modélisation très avancée, bon support des diagrammes de séquence, machines à état.
+ Services de génération de code/extraction de modèle.
– Lourdeur relative de l'outil, richesse de fonctionnalités qui induit une certaine complexité.

Compagnie : **Microsoft**
Produit : **Visio**
Licence académique : inclus dans le lot Microsoft MSDN Academic Alliance
Licence commerciale : 360 à 780 €
IDE : Visual Studio (menu Visio)
Langages : (partiel) C#, VB. Net
Description : Visio est d'abord un outil de dessin puissant, permettant de produire assez facilement des diagrammes techniques de bonne qualité graphique. Une palette contenant les éléments des diagrammes UML est incluse avec l'outil, ou bien on peut obtenir d'autres palettes en ligne. L'IDE Microsoft Visual Studio offre également une option permettant de produire des diagrammes de classe sous Visio à partir d'un projet, mais cela reste relativement limité. Certaines des illustrations de ce livre sont réalisées à l'aide de Visio.

+ Logiciel de dessin au rendu graphique agréable.
– Pas réellement un outil UML.

Compagnie : **No magic**
Produit : **MagicDraw UML**
Licence académique : version bridée à l'édition de diagrammes disponible par négociation des enseignants
Licence commerciale : 400 à 2 150 €
IDE : Eclipse, NetBeans, JBuilder
Langages : Java, C ++, C# (partiel)
Description : un outil assez plaisant visuellement, et d'une ergonomie globalement bonne. MagicDraw offre un certain nombre de services de transformation de modèles et de définition de profils ou de Domain Specific Language. Propose des fonctionalités pour le travail collaboratif (suivi des modifications, fusion de modèles). L'interaction avec le Java est assez bonne (création de diagrammes de séquence depuis le code), les fonctionnalités pour le C ++ et C# sont beaucoup plus limitées.

+ Un outil de bonne facture, au rendu graphique et à l'ergonomie au dessus de la moyenne.
– La version offerte aux enseignants ne permet que le dessin.

Compagnie : **Omondo**
Produit : **EclipseUML**
Licence académique : prix dégressif avec le nombre de licences, environ 200 €
Licence commerciale : version Studio 3 000 à 7 000 €
IDE : Intégration Eclipse
Langages : Java, J2EE
Description : un des premiers plugins UML pour Eclipse, basé sur les standards open-source. Spécialement dédié au Java, offre une bonne synchronisation code/diagrammes de classe. Bonne connexion avec les bases de données, Oracle en particulier. Les autres diagrammes sont cependant dans l'ensemble plutôt délaissés, même si un éditeur graphique sommaire est fourni pour chaque type de diagramme. Permet d'avoir une visualisation UML du code du projet dans les phases de conception détaillée et d'implémentation.

+ Synchronisation avec le code Java (jdk < = 1.6), intégration dans Eclipse.
+ Facile à télécharger et installer.
– Supporte surtout les diagrammes de classe.

Compagnie : **Visual-Paradigm**
Produit : **Visual-Paradigm for UML**
Licence académique : Programme Academic Partners, version standard gratuite négociable par les enseignants
Licence commerciale : 50 €
IDE : intégration dans la majorité des IDE, effort particulier pour Eclipse
Langages : Java, C ++, PHP, SQL-JDBC, Ada, Python... Support partiel d'autres langages
Description : un outil assez agréable visuellement et ergonomique pour l'édition de diagrammes. La version standard offerte aux enseignants inclut suffisamment de fonctionnalités pour être vraiment utilisable, une version « logiciel de dessin UML » gratuite est disponible. Les différents diagrammes sont faciles à construire. Beaucoup de fonctionnalités sont proposées pour interagir avec les bases de données, certaines sont distribuées dans des produits plus cher (300 €€.

+ Interface ergonomique.
+ Bon support pour une large palette de langages.
– Documentation proche de la publicité, difficile parfois de trouver l'information pertinente.

Annexe B

Classeurs structurés

Les classes découvertes au moment de l'analyse (celles qui figurent dans le diagramme de classes) ne sont pas assez détaillées pour pouvoir être implémentées par des développeurs. L'analyse montre ce que doit faire un système mais pas comment il doit être réalisé. C'est le rôle des concepteurs de faire des choix de réalisation. Une technique de conception consiste à décomposer un système jusqu'à ce qu'apparaissent des niveaux de détails suffisamment fins pour permettre l'implémentation. UML propose de partir des classeurs découverts au moment de l'analyse tels que les classes, les sous-systèmes, les cas d'utilisation, …, et de les décomposer. Les classeurs ainsi décomposés s'appellent des classeurs structurés. Ils se présentent comme des classes qui montrent leurs structures internes. Un classeur structuré est constitué de plusieurs parties reliées par des connecteurs. La figure B.1 illustre une commande de billets de spectacle par un client *via* un classeur structuré.

Figure B.1
Une classe structurée.

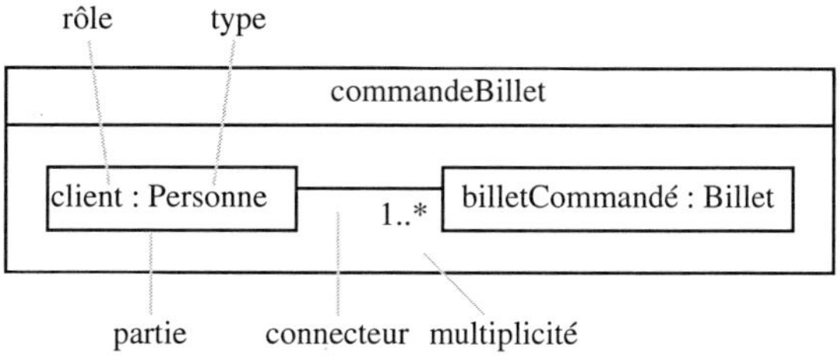

Chaque classeur est constitué de parties spécifiques : une partie ne peut pas figurer dans deux classeurs. Cette condition permet de décomposer un classeur sur plusieurs niveaux.

Définition

Une partie est un fragment d'un classeur structuré.

Notation

Comme un classeur, une partie est représentée par un rectangle contenant une étiquette dont la syntaxe est :

```
<nomDuRôle> [':' <nomDuType> multiplicité ]
```

Tandis que les parties d'un classeur structuré représentent une structure de données, les rôles correspondent à ses différents comportements et permettent de définir le contexte dans lequel il est utilisé.

Un classeur interagit avec son environnement *via* des ports (voir chapitre 2) par où passent des messages. La figure B.2 illustre l'utilisation des ports dans une classe structurée.

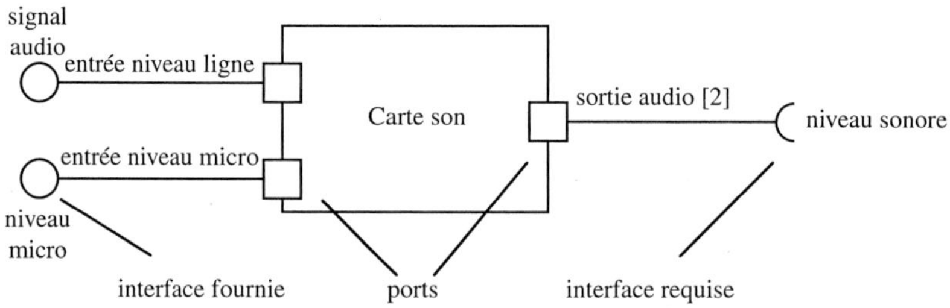

Figure B.2
Une classe structurée avec des ports.

Annexe C

Composants

Un composant est une unité autonome au sein d'un système ou sous-système. C'est un classeur structuré particulier, muni d'une ou plusieurs interfaces requises ou offertes, possiblement à travers des ports explicitement représentés. Son comportement interne est totalement masqué de l'extérieur, seules ses interfaces émergent du composant. Le modèle de composants favorise la réutilisation en fournissant un grain plus grossier que celui des classes, qui permet d'avoir des entités réellement autonomes.

La programmation par composants constitue une évolution technologiques en matière de programmation, soutenue par de nombreuses plateformes (composants EJB, CORBA, COM+ ou .Net, WSDL...). L'accent est sur la réutilisation du composant, et son évolution de façon indépendante des applications qui l'utilisent. Un composant peut être déployé dans diverses configurations, selon ses connexions avec les autres éléments du système. Au contraire, une classe est liée de façon figée au système dont elle fait partie, les associations avec les autres classes représentant des liens structurels. En ce sens, sans perdre la généralité d'un classeur, un composant est plus proche d'une instance de classe que d'une classe, et les diagrammes de composants s'apparentent plus à des diagrammes des objets qu'à des diagrammes de classe.

Un composant est représenté à l'aide d'un rectangle comme un classeur ordinaire, muni du mot-clé « component », et optionnellement d'un graphisme particulier (figure C.1) placé dans un angle.

Figure C.1
Un composant avec une interface requise et une interface offerte.

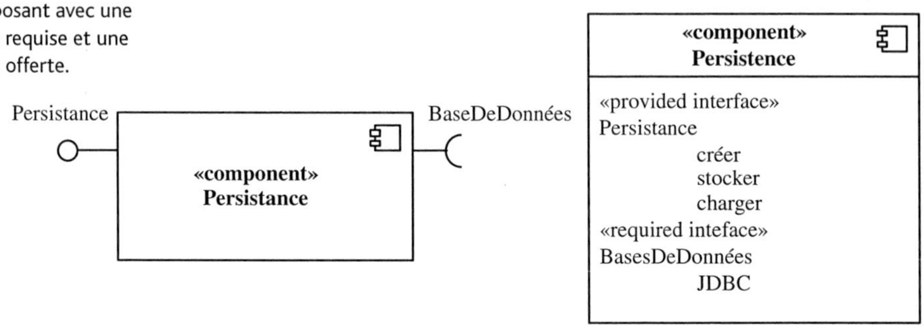

Les composants sont *réalisés* par des ensembles de classeurs, qui implémentent le comportement déclaré par les interfaces du composant. Un composant peut être réalisé de différentes manières, sans affecter ses interfaces. La seule contrainte pour pouvoir substituer un composant à un autre est de préserver les interfaces requises et offertes. La façon dont un composant est réalisé peut être définie à plusieurs niveaux de détail.

Un composant peut être vu comme une *boîte noire*. On ne fait alors émerger que ses interfaces et l'on utilise une des présentations de la figure C.1.

On peut également décrire la structure interne du composant en *boîte blanche*. On expose ainsi la façon dont le composant est réalisé, avec une représentation proche de celle d'un classeur structuré. On connecte alors les ports externes du composant aux ports des classeurs constituant ses parties, par un arc qui représente une relation de *délégation* (figure C.2) : les messages qui arrivent sur ce port sont directement transmis au composant interne. Cette vision hiérarchique permet de décomposer un système en sous systèmes relativement indépendants, et donc plus réutilisables. Les interfaces requises et offertes sont connectées entre elles pour exprimer l'assemblage des parties réalisant le composant.

Figure C.2
La réalisation d'un composant exposée en boîte blanche.

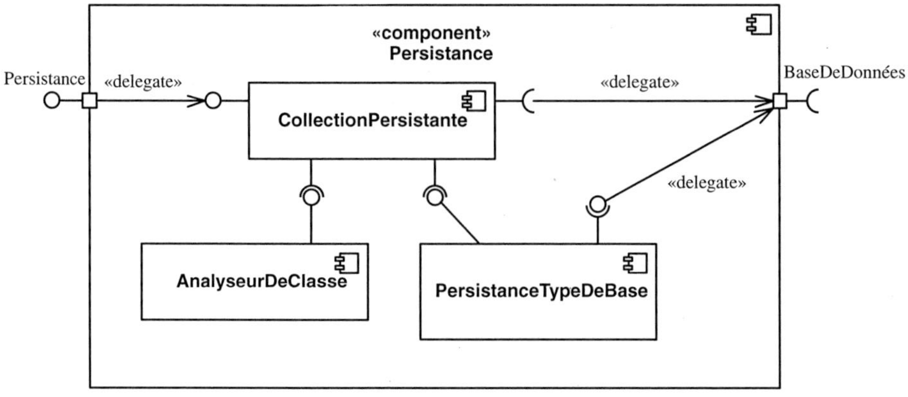

Annexe D

Diagramme de déploiement

UML n'est pas limité à la production de modèles utiles aux phases d'analyse et de conception. Le déploiement qui précède la mise en production constitue une étape importante du développement d'un système. Au final, ce dernier va s'exécuter sur des ressources matérielles (processeurs, mémoire, etc.) dans un environnement particulier. UML permet de représenter un environnement d'exécution ainsi que des ressources physiques (avec les parties du système qui s'y exécutent) grâce aux diagrammes de déploiement. L'environnement d'exécution ou les ressources matérielles sont appelés « nœuds ». Les parties d'un système qui s'exécutent sur un nœud sont appelées « artefacts ». Un artefact peut prendre la forme d'un fichier binaire exécutable, d'un fichier source, d'une table d'une base de données, d'un document, d'un courrier électronique, etc.

La figure D.1 représente le déploiement d'un serveur Web avec lequel une machine cliente, dotée d'un navigateur Web, communique. Le serveur, qui est connecté à une base de données installée sur une machine tierce, exécute l'artefact siteWEB.

Figure D.1
Diagramme de déploiement pour un serveur Web qui présente des instances de nœuds et une instance d'artefact déployée.

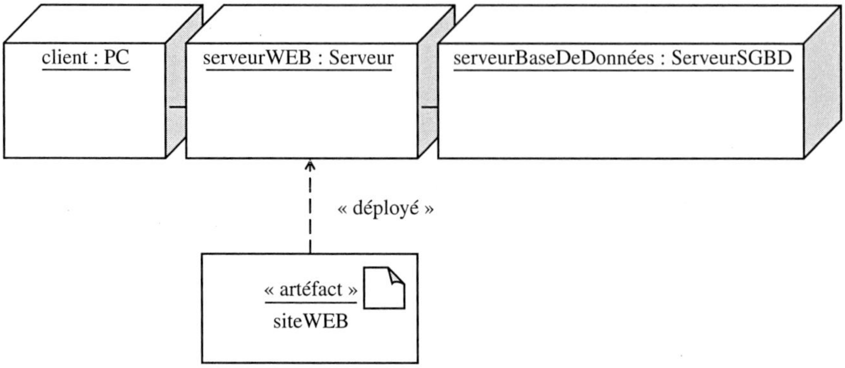

Le diagramme de la figure D.1 contient des instances de nœuds. À un niveau d'abstraction plus élevé (au niveau des nœuds), ce diagramme peut se représenter de la façon suivante.

Figure D.2
Diagramme de déploiement pour un serveur Web qui présente des nœuds.

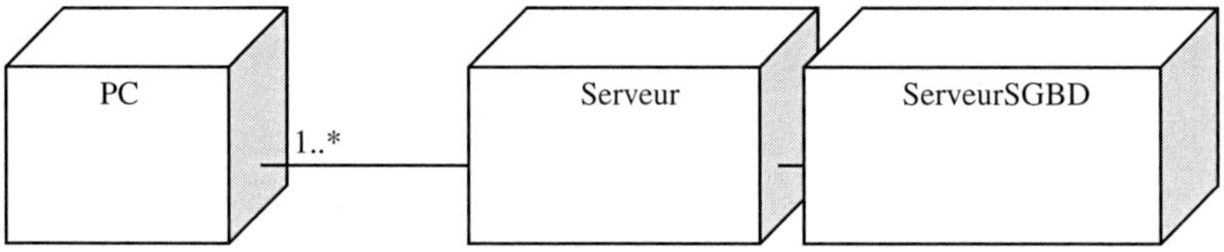

Les associations entre les nœuds sont des chemins de communication tels que des câbles réseaux, des bus, etc., qui peuvent porter une multiplicité : la figure D2 présente plusieurs PC qui sont connectés au site Web du serveur.

Définition

Un nœud est une ressource sur laquelle des artefacts peuvent être déployés pour être exécutés.
Un artefact est la spécification d'une entité physique du monde réel.

Notation

Un nœud se représente par un cube dont le nom respecte la syntaxe des noms de classes (voir chapitre 2). Le nom d'un nœud instancié doit être souligné (figure D.1).
Un artefact se représente comme une classe par un rectangle contenant le mot-clé *artefact* suivi du nom de l'artefact. Celui-ci est souligné quand il s'agit d'une instance. Un artefact déployé sur un nœud est symbolisé par une flèche en trait pointillé qui porte le stéréotype *déployé* et qui pointe vers le nœud (figure D.1). L'artefact peut aussi être inclus directement dans le cube représentant le nœud.
Plusieurs stéréotypes standard existent pour les artefacts : *document, exécutable, fichier, librairie, source.*

Annexe E

Implémentation d'un modèle objet en Java

Dans le cycle de développement d'un système, l'implémentation correspond à la phase de réalisation. Quand il s'agit d'un logiciel, cela consiste à traduire les modèles d'analyse et de conception dans un langage de programmation. Cette phase peut être automatisée en partie avec des outils informatiques de modélisation. Ces outils sont nombreux (GDPro, ObjectTeam, OpenTool, Rhapsody, STP, Visio, Visual Modeler, WithClass...). Certains supportent UML depuis ses débuts (Rose de Rational Software), d'autres viennent du monde du logiciel libre (ArgoUML). Nombreux sont les outils qui permettent la génération automatique de code à partir d'un diagramme de classes vers des langages de programmation variés (Java, C++, C#, etc.). Dans la suite de ce paragraphe, nous montrons comment implémenter les éléments essentiels d'un diagramme de classes, et comment traduire les messages des diagrammes d'interaction (de séquence ou de communication) en Java.

Notation

Les implémentations vers différents langages sont assez proches les unes des autres. À partir d'une implémentation en Java, il est donc facile de passer à d'autres langages.
Une implémentation dans un langage donné peut être réalisée de différentes manières.

Implémentation de l'héritage

Figure E.1

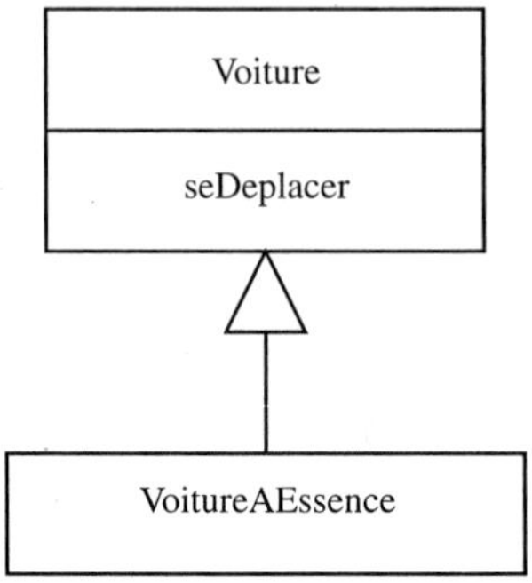

Implémentation d'un héritage

```
public class Voiture{
   public void seDeplacer(){
     // ...
   }
}

public class VoitureAEssence extends Voiture{
                }
```

Figure E.2

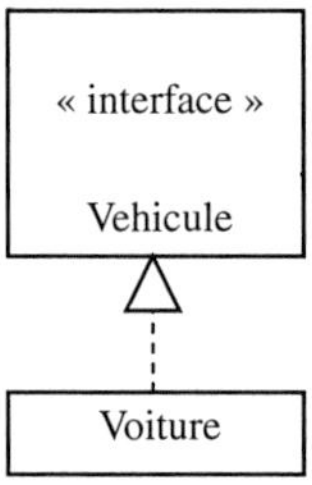

Implémentation d'une interface

```
public interface Vehicule{
   public void seDeplacer();
}

public class Voiture implements Vehicule{
   public void seDeplacer(){
     // ...
   }
                }
```

Implémentation des relations entre classes

Les langages de programmation comme Java n'offrent pas de technique particulière pour implémenter des associations, des agrégations ou des compositions. Ce type de relation s'implémente en ajoutant des attributs dans des classes.

Figure E.3

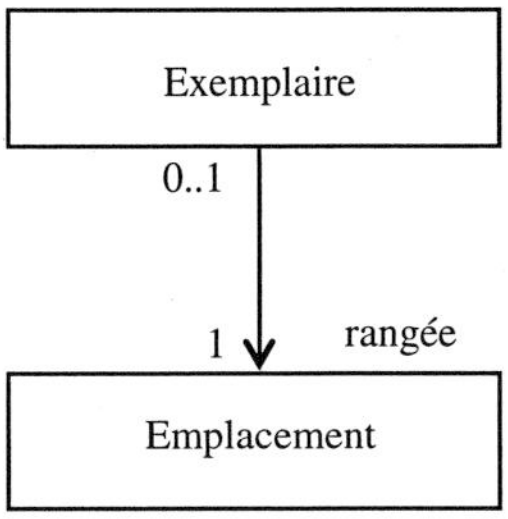

Association unidirectionnelle de 1 vers 1

```
public class Emplacement{
}

public class Exemplaire{
  private Emplacement rangée;
   public void setEmplacement( Emplacement emplacement ){
     this.rangée = emplacement;
   }
   public Emplacement getEmplacement(){
     return rangée;
   }
   public static void main( String [] args ){
     Emplacement emplacement = new Emplacement();
     Exemplaire exemplaire = new Exemplaire();
     exemplaire.setEmplacement( emplacement );
     Emplacement place = exemplaire.getEmplacement();
   }
                  }
```

Remarque

Pour accéder à l'association plus facilement (sans passer par les méthodes *setEmplacement* et *getEmplacement*), il est possible de supprimer le mot-clé *private* (ce n'est possible que si les classes font partie d'un même paquetage).

Figure E.4

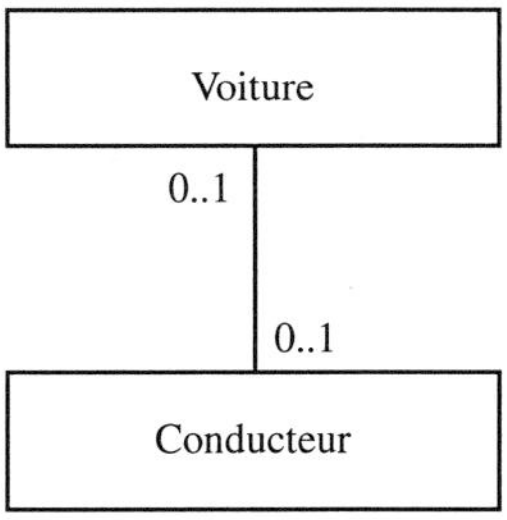

Association bidirectionnelle de 1 vers 1

```
package bagnole;
public class Conducteur{
```

```
        Voiture voiture;
        public void setVoiture( Voiture voiture ){
            if( voiture != null ){
              this.voiture = voiture;
              voiture.conducteur = this;
            }
        }
        public static void main( String [] argv ){
          Voiture voiture = new Voiture();
          Conducteur conducteur = new Conducteur();
          conducteur. addVoiture ( voiture );
        }
    }

    package bagnole;
    public class Voiture{
        Conducteur conducteur;
        public void setConducteur( Conducteur conducteur ){
          this.conducteur = conducteur;
          conducteur.voiture = this;
        }
                    }
```

Figure E.5

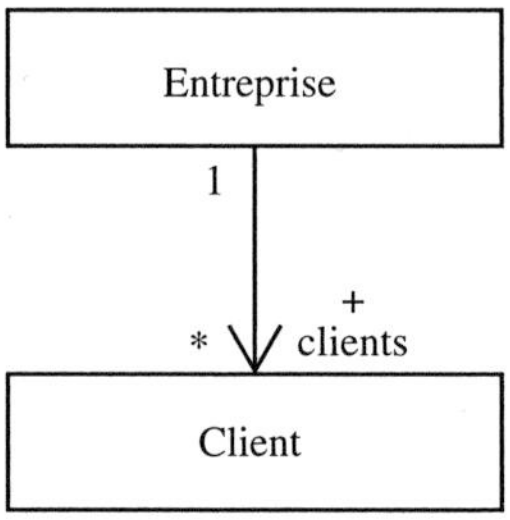

Association unidirectionnelle de 1 vers plusieurs

```
    public class Client{
    }

    import java.util.Vector;
    public class Entreprise{
        private Vector clients = new Vector();
        public void addClient( Client client ){
          clients.addElement( client );
        }
        public void removeClient( Client client ){
          clients.removeElement( client );
        }
        public static void main( String [] argv ){
          Entreprise monEntreprise = new Entreprise();
          Client client = new Client();
          monEntreprise.addClient( client );
```

Couches du métamodèle

Les paquetages définissent la hiérarchie d'abstraction entre les différents modèles, mais ne mettent pas en évidence les différentes couches de modélisation, en particulier les différences entre les métamodèles et le modèle de données. L'OMG propose une organisation en couches de ses langages parmi lesquels figure UML 2. Les caractéristiques qu'ils partagent sont regroupées dans le métamodèle MOF. L'instanciation de ce métamodèle donne naissance à des langages comme UML et CWM. L'utilisateur d'UML définit des classeurs (classes, associations…) décrivant son application en respectant les spécifications du métamodèle UML. Un modèle utilisateur bien employé garantit un modèle d'objets physiques actifs, avec des propriétés bien définies.

Une architecture de modélisation se compose de quatre couches : les couches M0, M1, M2 définissent respectivement les instances actives du modèle utilisateur, le modèle de données utilisateur, et le métamodèle UML, la façon dont est construit ce dernier étant spécifiée par la couche M3. L'exemple présenté à la figure F.4, extrait de la spécification de la superstructure du langage UML, illustre les quatre couches.

La vidéo (aVidéo) qui est en train d'être visionnée est une instance active : elle se situe au niveau M0. Cette vidéo est une instance de la classe *Vidéo* (diagramme de classes), en l'occurrence l'instance « 2001 : A spaceOdyssey » (diagramme d'objets). Les diagrammes de classes et d'objets correspondent au modèle utilisateur : ils sont donc au niveau M1. La classe *Vidéo* et les attributs qu'elle contient sont modélisés dans le respect du métamodèle UML, qui spécifie comment définir une classe et un attribut : ils font donc partie de la couche M2. Un attribut, une classe et une instance respectent les spécifications MOF. Au niveau de la couche MOF, ils sont spécifiés par une classe (cela correspond à la couche M3).

Figure F.3
Paquetages composant la superstructure du langage UML 2.

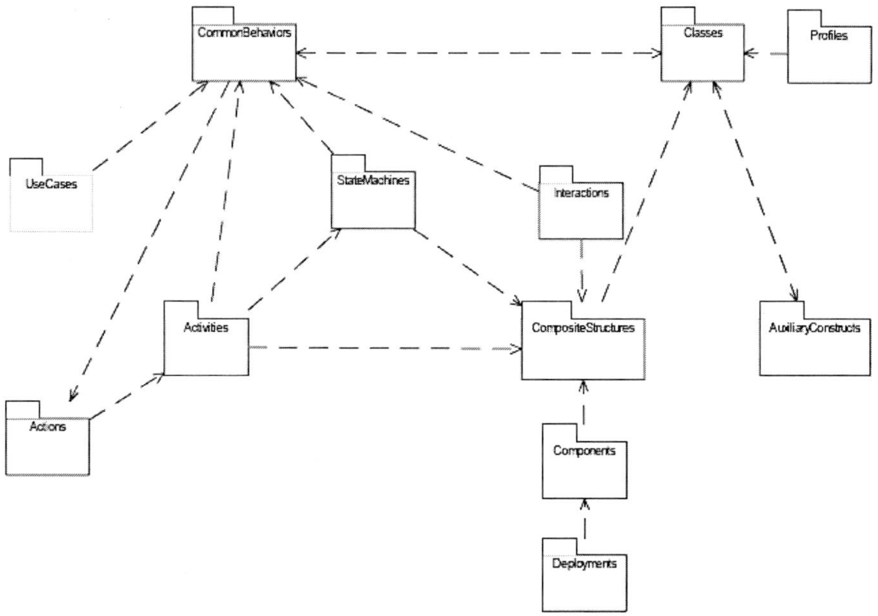

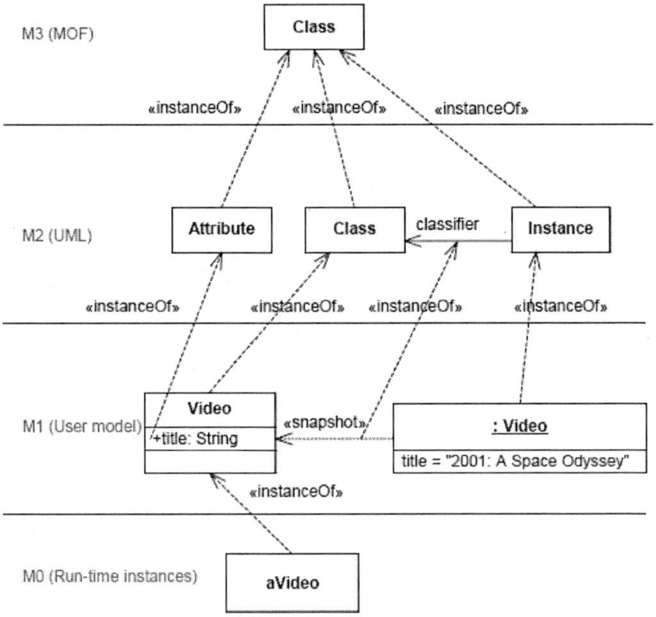

Figure F.4
Exemple mettant en évidence l'organisation en quatre couches du langage UML.

Modèles conceptuels d'UML 2

Les paquetages et les couches donnent une organisation architecturale du langage UML. Un utilisateur n'a pas besoin de connaître cette organisation pour bien utiliser ce langage. Il doit se contenter de respecter la syntaxe et la sémantique d'UML. Il doit également connaître les différents diagrammes mettant en valeur tantôt des aspects statiques, tantôt des aspects comportementaux du système. Une organisation conceptuelle des différents diagrammes UML permet d'avoir une vision plus claire des vues offertes par ce langage. Les trois auteurs à l'origine d'UML proposent un découpage conceptuel en quatre domaines : structurel, dynamique, physique et gestion de modèles. Chaque domaine est composé de plusieurs vues et chaque vue est réalisée par un ensemble de diagrammes UML.

Domaine structurel

Le domaine structurel est composé des trois vues suivantes :

- **La vue fonctionnelle.** Elle conceptualise et structure les besoins de l'utilisateur (diagramme de cas d'utilisation). Elle définit le contour du système à modéliser en définissant les fonctionnalités principales sans pour autant chercher l'exhaustivité. Elle sert d'interface entre les différents intervenants dans le projet.
- **La vue statique.** Elle définit les principaux classeurs de l'application. Elle est modélisée par un ensemble de classes dotées d'attributs et d'opérations. Celles-ci sont organisées via des relations de composition, de généralisation, etc. Des objets en exécution peuvent être modélisés pour illustrer leur comportement et leurs relations. La vue

statique se présente essentiellement sous forme de diagrammes de classes et d'objets.

- **La vue conceptuelle.** Elle met en évidence les collaborations entre classeurs et décrit l'architecture physique du système. Elle est réalisée par le diagramme de collaborations et le diagramme de composants.

Domaine dynamique

Le domaine dynamique regroupe l'ensemble des vues montrant le comportement du système à l'exécution : la vue des interactions (diagramme d'activités), des machines à états (diagramme d'états-transitions), des interactions (diagramme de séquences et diagramme de communication)

Domaine physique

Le domaine physique est composé de la seule vue de déploiement. Elle décrit l'emplacement physique du matériel utilisé et la répartition des composants sur ce matériel. Ces ressources sont modélisées par des nœuds interconnectés. Cette vue est particulièrement importante dans le cas de la modélisation des environnements distribués où une place importante est donnée à l'expression des exigences en termes de performances.

Domaine gestion de modèles

Le domaine gestion de modèles montre une organisation en paquetages du modèle lui-même. Il est réalisé *via* le diagramme de paquetages et est composé de deux vues :

- **La vue des profils.** Les profils permettent d'apporter des changements restreints aux modèles UML pour les adapter à des outils ou plates-formes tout en conservant l'interopérabilité. Ces changements sont assurés par des mécanismes d'extension du langage. Les deux principaux éléments d'extension en UML sont les contraintes et les stéréotypes. On appelle « profil » un ensemble cohérent de stéréotypes avec les contraintes associées.
- **La vue de gestion de modèles.** Elle modélise l'organisation du modèle par un ensemble de paquetages et leurs relations. Un modèle est défini par un point de vue et un niveau de précision. Le choix de la granularité des paquetages et de la manière de les organiser définissent la vue de gestion du modèle.

Annexe G

Bibliographie

[Aubry 2010]
Claude Aubry. Scrum, le guide pratique de la méthode agile la plus populaire, Dunod, 2010

[Blaha 2005]
Michael Blaha, James Rumbaugh. *Modélisation et conception orientées objet avec UML 2,* Pearson Education, 2005

[Gamma 95]
Érich Gamma, Richard Helm, Ralph Johnson et John Vlissides. *Design Patterns: Elements of Reusable Object-Oriented Software,* Addison-Wesley, 1995

[Jacobson 1999]
Ivan Jacobson, Grady Booch et James Rumbaugh. *Le processus unifié de développement logiciel,* Eyrolles, 1999

[Kernighan, Ritchie 1990]
Brian W. Kernighan, Dennis M. Ritchie, *The C Programming Language*, Prentice Hall, Inc. 1988. En français : *Le Langage C : norme ANSI*, traduit par Jean-François Groff et Éric Mottier, Dunod, coll. « Sciences sup », 2e édition, 2004

[Larman]
Craig Larman. *UML et les design patterns, deuxième édition,* CampusPress, 2005

[Norme UML 2.0]
OMG (Object Management Group). *UML 2.0 Superstructure (référence ptc/04-10-02), UML 2.0 Infrastructure (référence ptc/03-09-15),* http://www.uml.org, 2004

[Penders 2002]
Tom Penders. *Introduction à UML,* EOM, 2002

[Rumbaugh 2004]
James Rumbaugh, Ivar Jacobson et Grady Booch. *UML 2.0 - Guide de référence,* CampusPress, 2004

Index

D

E

F

R

S

T

U

V

Z